COLLECTION

COMPLÈTE

DES MÉMOIRES

RELATIFS

A L'HISTOIRE DE FRANCE.

Jean de Troyes, 2ᵉ partie.
Guillaume de Villeneuve; La Trémouille.

PARIS, IMPRIMERIE DE DECOURCHANT.

COLLECTION

COMPLÈTE

DES MÉMOIRES

RELATIFS

A L'HISTOIRE DE FRANCE,

DEPUIS LE RÈGNE DE PHILIPPE-AUGUSTE, JUSQU'AU COMMENCEMENT
DU DIX-SEPTIÈME SIÈCLE;

AVEC DES NOTICES SUR CHAQUE AUTEUR,
ET DES OBSERVATIONS SUR CHAQUE OUVRAGE,

Par M. PETITOT.

TOME XIV.

PARIS,
FOUCAULT, LIBRAIRE, RUE DE SORBONNE, N° 9.
1826.

LES CHRONIQUES

DU TRES CHRESTIEN ET TRES VICTORIEUX

LOUYS DE VALOIS,

FEU ROY DE FRANCE (QUE DIEU ABSOLVE),

UNZIESME DE CE NOM.

SECONDE PARTIE.

Le septiesme jour du mois d'avril l'an 1475, fut publiee à Paris l'alliance d'entre l'Empereur et le Roy; et de l'ordonnance du Roy fut envoyé publier devant le logis de monseigneur du Mayne, duc de Calabre, et l'ambassade de Bretaigne, qui estoit en ladicte ville; et apres par les carrefours d'icelle ville. Audit mois d'avril vint par devers le Roy deux ambassades, l'une de Fleurance et l'autre de l'empereur d'Alemaigne, qui furent moult honnorablement receuz et festiez, tant du Roy que des aultres seigneurs d'autour de luy. Audit mois d'avril, le Roy se partit de Paris pour aler à Vernon sur Seine, auquel lieu l'attendoient monseigneur l'admiral et les aultres capitaines, pour conclure de la guerre, et ce qui estoit à faire de Paris, chascun tenant ung cierge; et fut alé querir le sainct Innocent, et porté à Nostre Dame. Et en ladicte procession estoient monseigneur de Lyon, monseigneur le chancellier de costé luy; et après aloient monseigneur de Gaucourt, lieutenant du Roy à Paris, les prevost des marchans et eschevins de ladicte ville, les presidens et conseilliers de parlement, chambre des comptes, et aultres officiers d'icelle ville. Et après le populaire aloient en grant et merveilleux nombre, que on estimoit à cent mil personnes et mieux; et fut porté ledit sainct Innocent en ladicte procession par monseigneur le premier president, et par Nanterre, president en ladicte court de parlement, et le president des comptes de Ladriesche, et le prevost des marchans. Et pour conduire et mettre ordre en ladicte procession, y estoient les archiers de la ville, et aultres gens ordonnez pour garder de faire bruit et noise en icelle procession. Et le mardy second jour de may audit an, le Roy, qui avoit envoyé sommer les Bourguignons tenans ledit Tronquoy, furent par iceulx Bourguignons tuez ceulx qui estoient alez faire ladite sommation; et pour ceste cause fit tirer son artillerie contre ledit lieu du Tronquoy; tellement que ledit jour à cinq heures après midy y fut livré l'assault fort et aspre, et fut emportee ladicte place d'assault, et furent tuez et pendus tous ceux qui furent trouvez dedens, sauf et reservé ung nommé Motin de Caulers, que le Roy fist sauver, et si le fist esleu de Paris extraordinaire. Mais avant qu'ils fussent prins firent grant resistence iceulx Bourguignons contre les gens du Roy, et tuerent audit assault le capitaine de Ponthoise, qu'on disoit estre vaillant homme, et aultres gens de guerre et pour la treve, qui failloit le dernier jour dudit mois d'avril; et puis s'en retourna à Paris, où il arriva le vendredy quatorziesme jour dudit mois. Et le lundy vingtcinquiesme jour dudit mois d'avril, s'en partit le Roy pour aler à Pons Saincte Maixance, pour illec preparer de son armee; et en emmena pour le conduire et estre autour de luy avecques les gentils-hommes, sa garde et officiers de son hostel, huit cens (1) lances fournies; et y fut menee et conduicte grant quantité d'artillerie grosse et menuë, entre lesquelles y avoit cinq bombardes, dont les quatre avoient nom, c'est assavoir l'une Londres, l'autres Brebant, la tierce Bourg en Bresse, et la quarte Sainct Omer. Et oultre et par dessus la compaignie desdits de la garde escossoise et françoise, et aultres gentils-hommes et officiers de l'ostel, y fut et y ala grande compaignie des nobles et francs archiers de France et Normendie; et pour l'avitaillement de l'ost y furent envoyez vivres de toutes parts.

Et le lundy premier jour de may, le Roy se partit de l'abbaye de la Victoire où il estoit, pour aller audit Pons Saincte Maixance pour faire ses approuches, et ordonner de la guerre en ce qui estoit affaire sur les Bourguignons; et fut envoyé devant le Tronquoy et Mondidier. Et le mardy deuxiesme de may, vint et arriva à Paris monseigneur de Lyon qui venoit de devers le Roy, lequel fut establi lieutenant du Roy au conseil de Paris. Et le mercredy troisiesme jour dudit mois, feste de Saincte Croix, fut faicte une moult belle procession generale audit lieu de Paris de toutes les eglises. En laquelle faisant furent tous les petits enfans

---

(1) *Huit cens* : au manuscrit, *sept cens*.

francs archiers; et puis fut ledit lieu abatu et demoly. Et ledit jour de Saincte Croix s'en ala l'armee du Roy mettre le siege devant Mondidier, pour ce qu'ils furent reffusans d'eulx rendre au Roy. Et le vendredy cinquiesme jour dudit mois d'avril audit an, fut mise et reduite en la main du Roy ladicte ville de Montdidier, et s'en alerent ceulx de dedens leurs vies saulves, et laisserent tous leurs biens, et puis fut toute ladite ville abatue.

Le samedy ensuivant, sixiesme jour de may, fut pareillement renduë la ville de Roye, et s'en alerent les Bourguignons de dedens, vies et bagues saulves; et puis fut aussi rendu le chasteau de Moreul pareillement que ceux de Roye; et en faisant telles executions que dit est sur ledit de Bourgongne et son pays par l'armee du Roy, qui estoit si noble, telle et si belle compagnie et artillerie que là où elle eust esté menee y avoit gens assez pour en brief temps prendre et mettre en la main du Roy toutes les villes et places dudit de Bourgongne, tant Flandres, Picardie, que aultres lieux (car tout fuyoit devant iceulx). Et pour rompre icelle armee fut le Roy adverty par aucuns, et mesmement de par monseigneur le connestable, que besoing luy estoit de garder sa duchié de Normendie, pour les Anglois que on luy disoit qui y devoient descendre : et si luy fut dit par mondit seigneur le connestable, au moins fut mandé ou escript, qu'il fist hardiment ledit voyage en Normendie, et qu'il ne se souciast point d'Abbeville et Peronne, et que cependant qu'il yroit, les feroit reduire en sa main. Et le Roy croyant ces choses s'en ala audit païs de Normendie, et là mena avecques luy monseigneur l'admiral et cinq cens lances,

avecques les nobles et francs archiers de Normandie;
et à ceste cause se departit l'armee, et s'en ala chascun
en son logis. Et puis quant le Roy fut en Normendie,
trouva qu'il n'estoit nulles nouvelles desdits Anglois,
et ala à Harfleu, Dieppe, Caudebec, et autres places.
Et cependant ne se fist riens à l'avantage du Roy; mais
au contraire, au moyen de ladite alee en Normendie,
firent lesdits Bourguignons de grans maulx aux sujects
et païs du Roy, qui y eurent de grans pertes; et puis
s'en vint le Roy à Nostre Dame Descouys, en un hostel
pres d'illec nommé Gaillart-Bois, lors appartenant à
Colon, lieutenant de monseigneur l'admiral, où il se
tint par aucun temps, durant lequel eut nouvelles de
monseigneur le connestable de la venuë et descenduë
que faisoient lesdits Anglois à Calais, et aussi que monseigneur de Bourgongne s'estoit levé de devant Nux,
dont il disoit qu'il avoit la possession, et fait son appointement avecques l'Empereur, lequel Empereur avec
ledit de Bourgongne s'en venoit faire guerre au Roy;
desquelles choses n'estoit rien, et fust trouvé tout le
contraire estre vray.

Durant ces choses fut prins ung herault d'Angleterre
nommé Scales, qui avoit plusieurs lettres qu'on escripvoit de par le roy Edouart à diverses personnes;
lesquelles lettres le Roy vist; et dict et certifia au Roy
ledit Scales que les Anglois estoient descendus à Calais, et que ledit roy Edouart y devoit estre le vingt
deuxiesme jour de ce present mois de juing, à tout (¹)
douze ou treize mil combatans. Et si luy certifia oultre
que ledit de Bourgongne avoit fait son accord avec
ledict Empereur, et estoit retourné à Brucelles, dont

(¹) *A tout*: avec.

de tout il n'estoit rien. Audit lieu Descouys fut aussi le Roy adverty que mondit seigneur le connestable avoit envoyé à monseigneur de Bourbon son scellé, pour suborner et tant faire que mondit seigneur de Bourbon voulsist devenir et estre contre le Roy, et de soy alier avecques ledit duc de Bourgongne ; de toutes lesquelles choses le Roy fut moult merveillé. Et incontinant, par plusieurs et divers messaiges, fut mandé par le Roy mondit seigneur de Bourbon venir à luy, et enfin l'envoya querir par monseigneur l'evesque de Mande, par lequel ledit seigneur de Bourbon avoit envoyé au Roy le seellé dudit monseigneur le connestable des choses devant dictés.

Audit temps le Roy eut nouvelles de mondit seigneur de Bourbon comment les gentils-hommes de sés pays, francs archiers et aultres, que mondit seigneur avoit envoyez faire guerre pour le Roy à la duchié de Bourgongne, par laquelle guerre le Roy avoit commis mondit seigneur à son lieutenant general, qu'ils avoient trouvé lesdicts Bourguignons à Guy près de Chasteauchinon, et illec chargerent sur iceux, lesquels ils desconfirent, et y en eut de prins, de mors et qui s'en fuyrent grant quantité, entre lesquels Bourguignons y fut deffait deux cens lances de Lombardie, dont la pluspart y moururent, et si y mourut le seigneur de Conches et aultres seigneurs ; et y furent prins le conte Roussi, mareschal de Bourgongne, le sire de Longy, le bailly d'Auxerre [1], le sire de Lisle, l'enseigne du seigneur de Beauchamp, le fils du comte de Sainct Martin, messire Louys de Montmartin, messire Jehan de Digoigne, le seigneur de Rugny, le seigneur de

[1] Le manuscrit porte d'*Auxois*.

Chaligny, les deux fils de monseigneur de Vitaulx, dont l'un estoit conte de Joigny, et aultres; et fut ladicte destrousse ainsi faite le mardy vingtiesme jour de juing.

Audit mois de juing, nonobstant les lettres ainsi envoyees par mondit seigneur le connestable au Roy, le Roy eut nouvelles de l'Empereur qu'il avoit fait rafreschir ceulx de ladicte ville de Nux, et d'icelle avoit mis hors tous les navrez et malades, et les avoit avitaillez pour un an entier, et mis gens tous nouveaulx; et partant mist ledit de Bourgongne à sa croix de pardieu, et que avecques ce avoit gaignee grant quantité de son artillerie, sa vaisselle d'argent et aultres bagues. Audit temps de juing, le mardy vingtseptiesme, monseigneur l'admiral et ceulx de sa compaignie qui avoient esté ordonnez de par le Roy à faire le gast en Picardie et Flandres, et de mettre à feu et à sang tout ce qu'ils trouveroient esdits pays, vint ledit jour mettre ses embusches pres de la ville d'Arras; et icelles mises, envoya environ quarante lances courir devant ladite ville d'Arras, lesquels d'Arras cuidans desconfire lesdictes lances firent sur eulx grans saillis, qui vindrent asprement courir sus ausdictes quarante lances, lesquelles se vindrent rendre esdictes embusches, et apres eulx lesdicts de Arras, tous lesquels furent enclos par ceulx desdictes embusches, qui sur eulx chargerent et les mirent en fuite; et en fuyant y en eut de tuez de quatorze à quinze cens hommes, et y fut tué le cheval du sire de Romont, fils de Savoye, et frere de la Royne; mais il se sauva. Le gouverneur d'Arras, nommé Jacques de Sainct Pol, et plusieurs aultres seigneurs et gens de nom, y furent prins, que mondit seigneur l'admiral mena devant icelle ville pour les sommer de eulx rendre és mains du Roy leur souverain seigneur, ou aultrement qu'il feroit coupper les cols ausdits seigneurs prisonniers. Audit mois de juing, le Roy, qui avoit à son prisonnier le prince d'Orenge, seigneur de Harlay, et qui estoit à trente mil escus de finance, le delivra et donna sadicte finance, et en ce faisant devint homme lige du Roy, et luy fist hommaige de ladicte principauté d'Orenge. Et partant le Roy le renvoya à ses despens en ses pays, et luy donna et octroya telle preeminence, qui se peust nommer par la grace de Dieu; puissance de faire monnoye d'or et d'argent de bon aloy, aussi bon que la monnoye du Dauphiné; donner aussi toutes graces, remissions et pardons, reservé de heresie et de crime de leze majesté. Et si donna le Roy dix mil escus contens au seigneur qui avoit prins ledit prince.

Audit mois de juing, le Roy envoya ses lettres patentes à Paris, par lesquelles il fist publier que les Anglois estoient descendus à Calais, et que pour y resister il mandoit au prevost de Paris de contraindre tous les nobles et non nobles, tenans fief ou arriere-fief, pour estre prests le lundy troisiesme jour de juillet, entre Paris et le bois de Vinciennes, pour d'illec partir et aler où ordonné leur seroit, et nonobstant le privilege, et pour ceste fois seulement. En ensuivant lequel cry furent envoyez par ceulx de Paris plusieurs gens en armes, montez et habillez, par devers mondit seigneur le prevost de Paris, au pays de Soixonnois. Au mois de juillet ensuivant, le Roy, qui sejourna en Normendie par aucun temps, s'en revint à Nostre Dame Descouys et à Gaillart-Bois prés d'illec, où aussi il sejourna une piece, et puis s'en partit pour aler à Nostre Dame de la Victoire, où il fut aussi une autre espace de temps, et puis s'en ala à Beauvais.

Audit mois, ledit duc de Bourgongne, qui avoit esté devant la ville de Nux par l'espace de douze mois, s'en partit, et s'en ala de nuict et honteusement de devant icelle ville sans l'avoir peu conquerir, qui luy vint à moult grant blasme, et perte de gens et biens. Et puis s'en revint à ses pays, où il trouva son frere le roy Edoüart d'Angleterre qu'il y avoit fait descendre, pour, en continuant son mal et malice de rechief, faire guerre au Roy, et à ses pays et subjects.

Audit temps se fist de grandes batteries et destructions de pays et terres dudit duc de Bourgongne, et y eut plusieurs villes, bourgs et villaiges ars et destruits.

Et audit temps fut mandé par le Roy venir à luy monseigneur le duc de Bourbon, qui avant qu'il y vint eut plusieurs lettres et messaiges, et puis vint pardevers le Roy, luy estant à Nostre Dame de la Victoire; et arriva en la ville de Paris mondit seigneur de Bourbon au mois d'aoust, à moult belle et honneste compaignie de nobles hommes, et bien fort triomphans, et avoit bien avecques luy de sa compaignie cinq cens chevaulx. Et s'en partit ledit duc de Bourbon de ladicte ville de Paris, pour aler par devers le Roy, le lundy quatorziesme jour d'aoust, et fut ung peu d'espace de temps avecques le Roy, et puis s'en partit de Senlis pour aler à Cleremont.

Audit mois d'aoust, le Roy eut ambassades de par le roy d'Angleterre qu'il s'estoit venu loger à Lihons en Santers, qui communiquerent avecques le Roy d'aucunes matieres; apres lequel pourparlé le Roy en-

voya à Paris monseigneur le chancelier, messeigneurs
les gens des finances et aultres, pour avoir prest d'argent de ceulx de ladicte ville, ausquels fut fait promesse et obligation de leur restituer leur prest dedens
le jour de Toussaincts. Et fut presté de ladicte ville
soixante et quinze mil escus d'or, qui furent baillez
ausdits Anglois au moyen de certain traicté fait avecques eulx. Et si fut envoyé au Roy grant quantité de
gens en armes de par ladicte ville, montez et habillez
aux gaiges et despens des officiers et aultres habitans
de ladicte ville.

Audit mois d'aoust, le mardy vingt-neufiesme jour
dudit mois, le Roy se partit d'Amiens, et aussi messeigneurs de Bourbon, de Lyon, et aultres nobles
hommes, capitaines, gens d'armes et de traict, officiers
et aultres gens, en moult grant et merveilleux nombre,
que bien on estimoit estre cent mil chevaulx, pour
tous aler à Piquigny; auquel lieu le roy Edoüart
d'Angleterre vint parler au Roy, et en amena avecques luy son avant-garde et arriere garde, et demoura
en bataille prés dudit Piquigny. Et dessus le pont dudit Piquigny le Roy avoit fait dresser deux appentis
de bois l'ung devant l'autre, dont l'ung estoit fait
pour le Roy, et l'autre pour le roy d'Angleterre; et
entre lesdits deux appentis y avoit une cloison de bois,
dont la moitié par le hault estoit treillissee, tellement
que chascun des deux Rois pouvoient mettre leur bras
par dedens ledit treillis. Et en l'un desdits appentis
vint et arriva le Roy tout le premier, et incontinent
qu'il y fut arrivé s'en partit ung baron d'Angleterre
illec attendant le venuë du Roy, qui ala dire au roy
d'Angleterre que le Roy estoit ainsi arrivé : lequel roy

d'Angleterre, qui estoit en son parc loing d'une bonne
lieuë dudit Piquigny, accompaigné de vingt mil Anglois bien artillez dedens sondit parc, s'en vint incontinent audit lieu de Piquigny, audit appentis qui
luy estoit appareillé; et amena seulement avecques
luy, pour l'attendre, au joignant d'icelluy appentis,
vingt des lances de sadicte compaignie, qui illec furent
et demourerent dedens l'eauë à costé dudit pont, par
tout le temps que le Roy et ledit roy d'Angleterre
furent et demourerent en icelluy appentis. Durant
lequel temps vint une moult grande et merveilleuse
pluye qui fist moult de mal et perte aux seigneurs et
gentils-hommes du Roy, à cause des belles houssures
et nobles habillemens qu'ils avoient preparez pour la
venuë dudit roy Edouart d'Angleterre. Et lequel roy
d'Angleterre quant il vit et apperceut le Roy il se
getta à un genoil à terre, et depuis par deux fois se y
getta avent que arriver au Roy, lequel le receut bien
benignement, et le fist lever, et parler bien ung quart
d'eure ensemble és presences de mesdits seigneurs de
Bourbon, de Lyon, et aultres seigneurs et gens des
finances, que le Roy avoit faict illec venir jusques au
nombre de cent. Et puis apres ce qu'ils eurent parlé
ensemble en general, le Roy fist tout reculler, et parlerent à privé ensemble, où aussi ils furent et demourerent une espace de temps.

Et au departement fut publié que l'appoinctement
estoit fait entre eulx tel qu'il s'ensuit : c'est assavoir que
treves estoient accordées entre eulx pour le temps de
sept ans, qui commencerent ledit vingt-neufiesme jour
d'aoust l'an 1475, et finiroient à pareil et semblable
jour, qui seroit 1482. Laquelle treve seroit marchande,

et pourroient aler et venir lesdits Anglois par tout le royaulme armez et non armez, pourveu qu'ils ne seroient en armes en une compaignie plus que de cent hommes. Et fut publiee ladicte treve à Paris, Amiens (1), et aultres lieux du royaulme de France; et puis fut baillé audit roy d'Angleterre soixante-quinze mil escus d'or, et si fist le Roy d'aultres dons particuliers à aucuns seigneurs d'autour dudit Edouart, et aux heraulx et trompettes de ladicte compaignie, qui en firent grant feste et bruit, en criant à haulte vois : *Largesse au tres noble et puissant roy de France! largesse, largesse!*

Et si promist encores audit roy Edouart luy payer et donner par chascunes desdites sept annees cinquante mil escus; et si festoya bien fort le duc de Clairance, frere dudit roy d'Angleterre, et luy donna de beaulx dons. Et puis le roy Edouart retira tous ses Anglois qu'il avoit, tant de son ost que aultres qu'il avoit envoyez à Abbeville, Péronne et ailleurs, et fist trousser et baguer (2) tout son bagage, et s'en retourna à Calais pour passer la mer, et s'en aler en son royaulme d'Angleterre; et le convoya jusques audit lieu de Calais maistre Jehan Hesberges, evesque d'Evreux; et si laissa ledit Edouart au Roy deux barons d'Angleterre, l'un nommé le seigneur de Havart, et l'autre le grant escuyer d'Angleterre, jusques à ce que le Roy eust eu aucune chose que ledit Edouart luy devoit envoyer du royaulme d'Angleterre, et lesquels seigneur

(1) *Amiens :* dans toutes les autres éditions on lit *avenuës.* Nous avons relevé un grand nombre de fautes de ce genre, dont nous ne ferons aucune mention particulière. *Voyez* l'Avertissement. — (2) *Baguer :* emballer.

de Havart et grant escuyer estoient fort amis et en la grace dudit Edouart, et qui avoient esté moyen de faire ladicte paix, treves, et autres traictiez entre iceulx Rois. Et furent iceulx Havart et grant escuyer fort festiez à Paris; et puis le Roy, mesdits seigneurs de Bourbon, Lyon, et aultres seigneurs qui estoient à Amiens, s'en retournerent à Senlis, où ils furent une espace de temps.

Et ordonna le Roy gens de sa maison pour mener et conduire lesdits de Havart et escuyer parmy la ville de Paris et aultres lieux, et entre aultres y ordonna et en bailla la charge à sire Denis Hesselin son maistre d'hostel et esleu de Paris, qui en fist bien son debvoir, à l'onneur et loüange du Roy, et demeurerent en ladicte ville par l'espace de huict jours entiers, où ils furent bien fort festiez et menez joüer au bois de Vinciennes et ailleurs. Et entre aultres choses furent bien fort festiez aux Tournelles, en l'ostel du Roy; et pour ce faire leur fut envoyé, pour les honnestement entretenir, plusieurs dames, damoiselles et bourgoises; et puis s'en retournerent lesdits de Havart et escuyer par devers le Roy, qui lors estoit à la Victoire prés Senlis. Et audit mois de septembre le Roy, qui estoit audit lieu de la Victoire, s'en ala vers le païs de Soixonnois et à Nostre Dame de Liece, et en ce voyage print et reduisit en ses mains la ville de Sainct Quentin, que monseigneur le connestable avoit prinse et usurpée sur luy, et bouté hors ceulx à qui le Roy en avoit baillé la charge, ainsi que dit est devant. Et auparavant ledict connestable s'en estoit alé, et avoit habandonné ses villes et places pour aller avec et en l'obeyssance dudit de Bourgongne. Et qui pis estoit avoit escrit et mandé au roy Edouart d'Angleterre, après le traicté par luy fait avecques le Roy, et qu'il estoit retourné à Calais pour passer la mer et retourner en Angleterre, qu'il estoit ung lasche, deshonnouré et povre roy d'avoir fait ledict traictié avecques le Roy, soubs umbre des promesses que le Roy luy avoit faictes, dont il ne luy tiendroit rien, et qu'en fin s'en trouveroit deceu. Lesquelles lettres ainsi audit roy Edouart escriptes par ledit connestable, il envoya dudit lieu de Calais au Roy; lequel apperceut que ledict connestable n'estoit point feal comme estre devoit. Et puis fut donné congié par le Roy auxdits de Havart et grant escuyer d'eux en retourner audit royaulme d'Angleterre; et leur fut donné de beaulx dons, tant en or qu'en vaisselle d'or et d'argent, et si fist le Roy publier à Paris qu'on leur laissast prendre des vins au pays de France tant que bon leur sembleroit pour mener en Angleterre, en les payant.

Audit mois d'octobre, le Roy, qui estoit alé à Verdun et aultres places environ la duché de Lorraine, retourna à Senlis et à la Victoire; et y vindrent les ambassadeurs de Bretaigne qui firent la paix entre le Roy et ledit duc de Bretaigne, qui renonça à toutes aliances et seelez qu'il avoit fait et baillé contre le Roy. Et pareillement ledit monseigneur de Bourgongne print et accepta treves marchandes avecques le Roy, pareillement que la treve des Anglois.

Et le lundy, seiziesme jour dudit mois d'octobre audit an 1475, fut publiée solempnellement au son de deux trompettes, et par les carrefours de ladicte ville de Paris, ladicte treve marchande d'entre le Roy et mondit seigneur de Bourgongne, pour le temps et

terme de neuf ans, commençans le quatorziesme jour
de septembre audit an, et finissans à semblable jour
l'an 1484; par laquelle toute marchandise devoit avoir
cours par tout le royaulme de France, et ce temps
durant chascun povoit retourner en ses possessions
immeubles.

Et puis le Roy s'en retourna à Sainct Denis, et puis
à Savigny prés de Montlehery, et de là au bois de
Malesherbes, et en apres à Orleans, à Tours, et à
Amboise. Et le lundy, vingtiesme jour de novembre
audit an 1475, fut mené escarteller aux halles de
Paris, par arrest de la court de parlement, un gentilhomme natif de Poictou, nommé Regnault de Veloux,
serviteur et fort familier de monseigneur du Maine,
pour occasion de ce que ledit Regnault avoit fait plusieurs voyages par devers divers seigneurs de ce
royaulme, et conseillé de faire plusieurs traictiez, et
porté plusieurs seellez contre et au prejudice du Roy,
dudit royaulme, et de la chose publicque. Et fut ledit Regnault, par l'ordonnance de ladicte court, fort
secouru pour le fait de son ame et conscience; car il
luy fut baillé le curé de la Magdeleine, penancier de
Paris et moult notable clerc, docteur en theologie,
et deux grans clercs de l'ordre des Cordeliers; et furent pendus ses membres aux quatre portes de Paris,
et le corps d'icelluy au gibet de Paris.

Et pour ce que par le Roy nostre sire d'une part et
ses ambassadeurs pour luy, et les ambassadeurs de
monseigneur de Bourgongne, au mois d'octobre qui
estoit passé dernier, en faisant par eulx la treve de neuf
ans entre eulx deulx, dont est faicte mention devant,
avoit esté promis de par ledit duc de Bourgongne de

mettre et livrer és mains des gens et ambassadeurs du Roy ledit connestable de France nommé messire Loys de Luxembourg, fut par ledit duc de Bourgongne baillé et livré ledit connestable és mains de monseigneur l'admiral bastard de Bourbon, de monseigneur de Sainct Pierre, de monseigneur Du Bouchaige, de maistre Guillaume de Cerisay, et aultres plusieurs. Et par tous les dessus nommez en fut mené prisonnier en la ville de Paris, et mené par dehors les murs d'icelle du costé des champs, à l'entree de la bastille Sainct Anthoine, laquelle entree ne fut point trouvee ouverte; et pource fut ordonné et amené ledit monseigneur le connestable passer parmy la porte Sainct Anthoine au dedans de ladicte ville, et mis en ladicte Bastille. Et estoit ledit monseigneur le connestable vestu et habillé d'une cappe de camelot doublee de veloux noir, dedans laquelle il estoit fort embrunché (1), et estoit monté sur ung petit cheval à courts crains, et en ses mains avoit unes moufles fort veluës.

Et audit estat, apres ce qu'il fut descendu audit lieu de la Bastille, trouva illec monseigneur le chancellier, le premier president et les aultres presidens en la court de parlement, et plusieurs conseillers d'icelle court; et aussi y estoit sire Denis Hesselin, maistre d'ostel du Roy nostre sire, qui tous illec le receurent, et apres s'en departirent, et le laisserent en la garde de Phelippe Luillier, capitaine dudit lieu de la Bastille. Et auquel lieu de la Bastille ledict monseigneur l'admiral, present mondit seigneur le connestable, ausdits chancellier, presidens et aultres dessus nom-

---

(1) *Embrunché* signifie également *embarrassé, à couvert.*

mez, profera et dist telles ou semblables parolles, en effect et substance : « Messeigneurs qui cy estes tous « presens, veez cy monseigneur de Sainct Pol, lequel le « Roy m'avoit chargé d'aler querir par devers monsei- « gneur le duc de Bourgongne, qui luy avoit promis le « luy faire bailler en faisant avecques le Roy son der- « nier appointement de la treve entre eulx. En four- « nissant à laquelle promesse, le me a faict bailler et « delivrer pour et au nom du Roy; et depuis l'ay bien « gardé jusques à present, que je le mets et baille en vos « mains pour luy faire son procez le plus diligemment « que faire le pourrez; car ainsi m'a chargé le Roy de « le vous dire. » Et à tant s'en partit ledit monseigneur l'admiral dudit lieu de la Bastille. Et apres que ledit connestable eut ainsi esté laissé és mains des dessus nommez, monseigneur le chancellier, premier et second presidens de parlement, et aultres notables et saiges personnes, en bien grant nombre, à faire ledit procez, vacquerent et entendirent à bien grant diligence et solicitude à faire ledit procez; et en faisant icelluy interroguerent ledit seigneur de Sainct Pol sur les charges et crimes à luy mis sus et imposez, ausquels interrogatoires il respondit de bouche sur aucuns points, lesquels interrogatoires et confessions furent mis au net, et envoyez devers le Roy.

Et le lundy quatriesme jour de decembre audit an 1475, advint que ung herault du Roy nommé Montjoye, natif du pays de Picardie, et qui faisoit la plupart de sa residence avecques ledit seigneur de Sainct Pol, luy estant connestable, vint et arriva luy et ung sien fils en la ville de Paris, par devers maistre Jehan de Ladriesche, president des comptes, et tresorier de

France, natif du pays de Brebant, pour lui apporter lettres de par le comte de Merle, sa femme et enfans, affin de secourir et aider par luy en ce que possible luy seroit audit connestable, pere dudict conte de Merle : lesquelles lettres ledit maistre Jehan de Ladriesche ne voulut pas recevoir d'icelluy herault, sinon en la presence de mondit seigneur le chancellier, et des gens du conseil du Roy. Et à ceste cause ledit maistre Jehan de Ladriesche mena et conduisit ledit herault jusques au logis dudit monseigneur le chancellier, affin que par luy lesdites lettres feussent veuës, et ce que dedens y estoit contenu : mais pource que ledit Jehan de Ladriesche demoura longuement au conseil avecques icelluy monseigneur le chancellier et aultres, ledit Montjoye et sondit fils s'en retournerent en leur logis, et illec monterent incontinent à cheval, et s'en alerent au giste au Bourgel, combien que à leur partement ils dirent à leur hoste que se aucun les demandoit, qu'il dist qu'ils s'en estoient alez au giste au Bourg la Royne. Et quand ledit de Ladriesche cuida trouver ledit herault pour avoir lesdictes lettres, ne le trouva point ; pourquoy fut hastivement envoyé apres ledit herault jusques au Bourg la Royne, où il ne fut point trouvé : mais fut trouvé par deux archiers de la ville de Paris audit lieu du Bourgel, et par eulx ramené le dimenche tiers jour de decembre audit an, lequel fut mené et conduit jusques en l'ostel d'icelle ville ; et illec devant les gens et conseil à ce ordonnez, fut ledit Montjoye et sondit fils chascun à part interrogué, et furent leurs depositions redigees et mises par escrit par le sire Denis Hesselin. Et apres ce furent lesdits Montjoye et sondit fils mis et laissez en la garde de Denis Baudart, archier de ladite ville, et en son hostel, auquel lieu il fut et demoura par l'espace de vingt-cinq jours, et illec bien et diligemment gardé avec sondit fils par trois des archiers de ladicte ville.

Audit temps, au commencement du mois de decembre, fut amené le conte de Roussi (1), qui prisonnier estoit dedens la grosse tour de Bourges, jusques au Plessis du Parc, autrement dit les Montils lez Tours, où le Roy estoit. Et illec fut parlé à luy, et luy fist plusieurs grans remonstrances des grandes folies esquelles par long-temps il s'estoit entremis, et comment il avoit du Roy mal parlé, durant ce qu'il avoit esté et soy porté son ennemy, et fait plusieurs grans et enormes maulx à ses villes, pays et subgects, comme mareschal de Bourgongne pour le duc; et comment villainement et honteusement il avoit esté prins prisonnier par les gens du Roy, qui pour luy estoient en armes audit pays de Bourgongne, soubs la charge de monseigneur le duc de Bourbonnois.

Et par ledict de Roussi baillee sa foy au seigneur de Combronde, et comment il avoit accepté de mondit seigneur le duc vingt-deux mil escus d'or. Et luy fist le Roy de grans paours et effrois, dont ledit seigneur de Roussi cuida avoir froide joye de sa peau (2): mais en conclusion le Roy le mist à quarante mil escus de rançon, et luy fut par luy donné terme de les trouver et rapporter devers le Roy dedans deux mois apres ensuivans, pour tous termes et delais; et que aultrement, et où il y auroit faulte dedens ledit terme, qu'il

---

(1) *Roussi*: Antoine de Luxembourg, fils du connétable. — (2) *Froide joye de sa peau*: expression proverbiale, *craindre pour sa peau*.

feust asseuré qu'il mourroit. Et depuis ces choses fut procédé par toute diligence à faire le procez dudit connestable par mesdits seigneurs le chancellier, présidens et conseillers clercs et lais de la cour de parlement, desdicts de Sainct Pierre, Hesselin, et aultres à ce faire ordonnez et appelez; lequel procez veu fut par eulx conclud. Tellement que le mardy dix-neufiesme jour de decembre audict an 1475, fut ordonné que ledit connestable seroit mis et tiré hors de sa prison, et amené en la cour de parlement, pour luy dire et declarer le dictum donné et conclud alencontre de luy par icelle cour de parlement. Et fut à luy ledit jour de mardy, en la chambre et logis d'iceluy connestable en ladite bastille Sainct Anthoine, où il estoit prisonnier, ledict monseigneur de Sainct Pierre, qui de luy avoit la garde et charge; lequel en entrant en la chambre, luy fut par luy dict : « Monseigneur, que « faictes vous? dormez vous? » Lequel connestable lui respondit : « Nenny, long-temps a que ne dormy; mais « suis icy où me voyez pensant et fantasiant. » Auquel ledit de Sainct Pierre dist qu'il estoit necessité qu'il se levast pour venir en ladicte cour de parlement, pardevant les seigneurs d'icelle court, pour luy dire par eulx aucunes choses qu'ils luy avoient à dire touchant son faict et expedition (ce que bonnement ne pouvoit mieulx faire que en ladicte court) : en luy disant aussi par ledict de Sainct Pierre qu'il avoit esté ordonné que avecques luy et pour l'accompaigner y seroit et viendroit monseigneur Robert Destouteville, chevalier, prevost de Paris; dont de ce ledict connestable fust ung peu espouventé, pour deux causes que lors il declaira.

La premiere, pource qu'il cuidoit que on le vousist

mettre hors de la possession dudit Phelippe Luillier, capitaine d'icelle Bastille, avecques lequel il s'estoit bien trouvé, et l'avoit fort agreable, pour le mettre és mains dudict Destouteville, qu'il reputoit estre son ennemy; et que s'il y estoit, doutoit qu'il luy fist desplaisir; et aussi qu'il craignoit le populaire de Paris, et de passer parmy eulx. A toutes lesquelles doubtes ainsi faictes par ledict connestable, luy fut solu (1) et dit par ledict seigneur de Sainct Pierre que ce n'estoit point pour luy changer son logeis, et qu'il le meneroit seurement audit lieu du Palaiz sans lui faire aucun mal. Et à tant s'en partit dudict lieu de la Bastille, monta à cheval, et ala jusques audict Palais, tousjours au milieu desdicts Destouteville et de Sainct Pierre, qui le firent descendre aux degrez de devant la porte aux Merciers d'icelle court de parlement. Et en montant esdicts degrez trouva illec le seigneur de Gaucourt et Hesselin, qui le saluerent et luy firent le bien venant, et icelluy connestable leur rendit leur salut. Et puis apres qu'il fut monté, le menerent jusques en la tour criminelle dudit parlement, où il trouva monseigneur le chancelier, qui à luy s'adressa, en luy disant telles paroles : « Monseigneur de Sainct Pol, vous avez esté
« par cy devant et jusques à present, tenu et reputé le
« plus saige et le plus constant chevalier de ce royaume ;
« et puis doncques que tel avez esté jusques à mainte-
« nant, il est encores mieux requis que jamais que ayez
« meilleure constance que oncques vous n'eustes. » Et puis luy dist : « Monseigneur, il faut que ostiez d'autour
« de vostre col l'ordre du Roy, que y avez mise. » A quoy respondit ledit de Sainct Pol que voulentiers il le fe-

(1) *Solu*, du latin *solutus* : lui fut signifié comme chose résolue.

roit. Et de fait mist la main pour la cuider oster; mais elle tenoit par derriere à une espingle, et pria audit de Sainct Pierre qu'il luy aidast à l'avoir, ce qu'il fist. Et icelle baisa, et bailla audit monseigneur le chancelier; et puis lui demanda ledit monseigneur le chancelier où estoit son espee, que baillee luy avoit esté en le faisant connestable. Lequel respondit qu'il ne l'avoit point; et que quant il fut mis en arrest, que tout luy fut osté, et qu'il n'avoit riens avecques luy, aultrement qu'ainsi qu'il estoit quant il fut amené prisonnier en ladicte Bastille; dont par mondit seigneur le chancelier fut tenu pour excusé. Et à tant se departit mondit seigneur le chancellier, et tout incontinent après y vint et arriva maistre Jehan de Poupaincourt, président en ladite court, qui luy dist aultres parolles telles que s'ensuivent : « Monseigneur, vous sçavez
« que par l'ordonnance du Roy vous avez esté consti-
« tué prisonnier en la bastille Sainct Anthoine, pour
« raison de plusieurs cas et crimes à vous mis sus et im-
« posez; ausquelles charges avez respondu et esté ouy
« en tout ce que vous avez voulu dire, et sur tout avez
« baillé vos excusations : et tout veu à bien grant et
« meure deliberation, je vous dis et declaire, et par
« arrest d'icelle court, que vous avez esté criminieux
« de crime de leze majesté, et comme tel estes con-
« demné par icelle court à souffrir mort dedans le
« jourd'huy : c'est à sçavoir que vous serez decapité
« devant l'ostel de cette ville de Paris, et toutes vos
« seigneuries, revenuës, et aultres heritages et biens,
« declarez acquis et confisquez au Roy nostre sire. »
Duquel dictum et sentence il se trouva fort perpleux, et non sans cause, car il ne cuidoit point que le Roy

ne sa justice le deussent faire mourir. Et dist alors et respondit : « Ha, ha! Dieu soit loüé, veez cy bien « dure sentence. Je luy supplie et requier qu'il me « doint grace de bien le recongnoistre aujourd'huy! » Et si dist oultre à monseigneur de Sainct Pierre : « Ha, « ha, monseigneur de Sainct Pierre, ce n'est pas cy ce « que m'avez tousjours dict! » et à tant se retrahit. Et lors ledit monseigneur de Sainct Pol fut mis et baillé és mains de quatre notables docteurs en theologie, dont l'un estoit cordelier, nommé maistre Jean de Sordun, l'autre augustin, le tiers penancier de Paris, et le quart estoit nommé maistre Jehan Huë, curé de Sainct Andry des Ars, doyen de la faculté de theologie audict lieu de Paris; ausquels et à mondict seigneur le chancellier il requist qu'on luy baillast le corps de Nostre Seigneur : ce qui ne luy fut point accordé, mais luy fut fait chanter une messe devant luy dont il se contenta assez.

Et icelle dicte, luy fut baillé de l'eauë beniste et du pain benoist, dont il menga; mais il ne bust point lors ne depuis : et ce faict, demoura avec lesdicts confesseurs jusques à entre une et deux heures apres midy dudict jour, qu'il descendit dudict palais, et remonta à cheval pour aler en l'hostel de ladicte ville, où estoient faits plusieurs eschaffaulx pour son execution. Et avecques luy y estoient le greffier de ladicte court, et huissiers d'icelle. Et audict hostel de la ville descendit et fut mené au bureau dudict lieu, contre lequel y avoit un grant eschaffault drecié; et au joignant d'icelluy on venoit par une alee de bois à ung aultre petit eschaffault, là où il fut executé. Et en icelluy bureau fut illec avec sesdicts confesseurs faisans de grans et piteux regrets, et y fist ung testament tel quel, et soubs le bon plaisir du Roy, que ledict sire Denis Hesselin escripvit soubs luy. En faisant lesquelles choses il demoura audit bureau jusques à trois heures dudict jour, qu'il yssist hors d'icelluy bureau, et s'en vint getter au bout du petit eschaffault, et mettre la face et les deux genouils flechis devant l'eglise Nostre Dame de Paris, pour y faire son oraison, laquelle il tint assez longue, en douloureux pleur et grant contrition, et tousjours la croix devant ses yeux, que luy tenoit ledit maistre Jehan Sordun, laquelle souvent il baisoit en bien grant reverence, et moult piteusement plourant.

Et apres sadite oraison ainsi faicte, et qu'il se fust levé debout, vint à luy ung nommé Petit Jehan, fils de Henry Cousin, lors maistre executeur de la haulte justice, qui apporta une moyenne corde dont il lia les mains dudict de Sainct Pol, ce qu'il souffrit bien benignement. Et en apres le mena ledit Petit Jehan, et fist monter dessus ledit petit eschaffault, dessus lequel il se arresta, et tourna le visaige par devers lesdits chancellier, de Gaucourt, prevost de Paris, seigneur de Sainct Pierre, greffier civil de ladicte court, dudit sire Denis Hesselin, et aultres officiers du Roy nostre sire, estans illec en bien grant nombre, en leur criant mercy pour le Roy, et leur requerant qu'ils eussent son ame pour recommandee, non pas, comme il leur dist, qu'il n'entendoit pas qu'il leur coustast riens du leur. Et aussi se retourna au peuple estant du costé du Sainct Esprit, en leur suppliant aussi de prier pour son ame; et puis s'en ala mettre à deux genoulx dessus un petit carreau de laine aux armes de ladite ville, qu'il mist à point, et remua de l'ung de ses

pieds, où il fut illec diligemment bandé par les yeulx
par ledit Petit Jehan, tousjours parlant à Dieu et à
sesdits confesseurs, et souvent baisant ladicte croix.
Et incontinent ledit Petit Jehan saisit son espee que
sondit pere luy bailla, dont il fist voller la teste de
dessus les espaules si tost et si transivement que son
corps cheyt à terre aussi tost que la teste, laquelle teste
incontinent apres fut prise par les cheveulx par icelluy
Petit Jehan, et mise laver en ung seau d'eau estant
prés d'illec, et puis mise sur les appuyés dudit petit
eschaffault, et monstré aux regardans ladite execution, qui estoient bien deux cens mil personnes et
mieulx.

Et apres ladicte execution ainsi faicte, ledit corps
mort fut despoüillé et mis avec ladite teste, tout ensevely dedens ung beau drap de lin, et puis bouté
dedens ung cercueil de bois que ledit sire Denis Hesselin avoit fait faire. Et lequel corps ainsi ensepvely
que dit est, fut venu querir par l'ordre des cordéliers
de Paris, et sur leurs espaules l'emporterent inhumer
en leur eglise; et ausquels cordéliers ledit Hesselin
fist bailler quarante torches pour faire le convoy dudit
corps, apres lequel il fut et le convoya jusques audit
lieu des Cordeliers, et le lendemain y fist aussi faire
ung beau service en ladicte eglise; et aussi en fut fait
service à Sainct Jehan en Greve, là où aussi la fosse
avoit esté faite, cuidant que on luy deust enterrer; et
y eut esté mis, se n'eust esté que ledit Sordun dist à
iceluy de Sainct Pol que en leurdicte eglise y avoit
enterree une contesse de Sainct Pol, et qu'il devoit
mieux vouloir y estre enterré que en nulle aultre part;
dont icelluy de Sainct Pol fut bien content, et pria

à ses juges que sondict corps feust porté ausdits Cordeliers.

Et est vray que apres ladicte sentence ainsi declairee appert audict deffunct de Sainct Pol que dit est, fut tout son procez bien au long declairé au grant parc de ladicte court, et à huis ouvers. Auquel procez fut dict et declairé de moult merveilleux et enormes cas et crismes avoir esté faits et perpetrez par ledict de Sainct Pol, et en iceulx maux soy estre entretenu, continué et maintenu par long temps, et par diverses fois. Et entre aultres choses fut dict et recité comment lesdicts de Bourgongne et de Sainct Pol avoient envoyé de la partie d'icelluy de Bourgongne messire Phelippe Bouton et messire Phelippe Pot, chevaliers, et de la partie dudict connestable Hector de L'Escluse, par devers monseigneur le duc de Bourbon, affin de esmouvoir mondit seigneur de Bourbon de soy eslever et estre contre le Roy, et soy departir de sa bonne loyauté; ausquels fut dit pour ledict seigneur, par la bouche du seigneur de Fleurac son chambellan, qu'ils s'abusoient, et que ledict seigneur aimeroit mieulx mourir que d'estre contre le Roy, et n'en eurent plus pour ceste fois. Et que depuis ce ledict de L'Escluse y retourna de rechief, qui dist audict monseigneur de Bourbon que ledict connestable luy mandoit par luy que les Anglois descendroient en France, et que sans difficulté à l'aide dudict connestable ils auroient et emporteroient tout le royaulme de France; et que pour eschever sa perdition et de ses villes et pays, ledict seigneur de Bourbon voulsist estre et soy alier avec ledit de Bourgongne; et luy dist en ce faisant que luy en viendroit grant prouffit; et où il ne le vouldroit faire, que bien luy en convenist, et que s'il luy en prenoit mal, qu'il ne seroit pas à plaindre. Lequel mondit seigneur de Bourbon dist et respondit audit de L'Escluse qu'il n'en feroit riens, et qu'il aimeroit mieulx estre mort et avoir perdu tout son vaillant, et devenir en aussi grant captivité et povreté que oncques fut Job, que de consentir faire ne estre faict quelque chose que ce feust, qui feust au dommaige, au prejudice du Roy. Et à tant s'en retourna ledict Hector, sans aultre chose faire. Et paravant ces choses, mondict seigneur de Bourbon envoya au Roy lesdictes lettres de seellé dudit connestable, par lesquelles apparoist la grande trahison dudict connestable, et plusieurs aultres grans cas, trahisons et mauvaistiez que avoit confessees en sondict procez ledit connestable, bien au long declairées en icelluy procez, que je laisse icy pour cause de briefveté.

Et si est verité que ledict connestable, apres ce qu'il eust esté confessé et qu'il vouloit venir audit eschaffaut, dist et declaira à sesdicts confesseurs qu'il avoit dedens son pourpoing soixante dix demy escus d'or qu'il tira hors d'icelluy, en priant audit cordelier qu'il les donnast et distribuast pour Dieu, et en aumosne pour son ame et en sa conscience; lequel cordelier luy dist qu'ils seroient bien employez aux povres enfans novices de leur maison, et autant luy en dist ledict confesseur augustin des enfans de leur maison. Et pour tous les appaiser, dist et respondit iceluy deffunct connestable à sesdits confesseurs qu'il prioit à tous lesdits quatre confesseurs que chascun en prenist la quatriesme partie, et que en leurs consciences le distri-

buassent là où ils verroient qu'il seroit bien employé. Et en apres tira un petit auneau d'or où avoit ung diamant qu'il avoit en son doy, et pria audit penancier qu'il le donnast et présentast de par luy à l'imaige Nostre Dame de Paris, et le mist dedens son doy; ce que ledict penancier promist de faire. Et puis dist encore audit cordelier Sordun : « Beau pere, veez cy
« une pierre que j'ay longuement portee en mon col,
« et que j'ay moult fort aymee pource qu'elle a moult
« grande vertu, car elle resiste contre tout venin, et
« preserve aussi de toute pestilence ; laquelle pierre
« je vous prie que portez de par moy à mon petit
« fils, auquel direz que je luy prie qu'il la garde bien
« pour l'amour de moy; » laquelle chose luy promist de le faire.

Et apres ladicte mort, mondit seigneur le chancelier interroga lesdits quatre confesseurs s'il leur avoit aulcune chose baillé, qui luy dirent qu'il leur avoit baillé lesdits demy escus, diamant et pierre dessus declairez. Lequel monseigneur le chancellier leur respondit que au regard d'iceux demy escus et diamant, ils en feissent ainsi que ordonné l'avoit; mais que au regard de ladicte pierre, qu'elle seroit baillee au Roy pour en faire à son bon plaisir.

Et de ladicte execution ainsi faicte que dit est, en fut faict un petit epitaphe tel qui s'ensuit.(1) :

  Mil quatre cens l'annee de grace
  Soixante quinze, en la grant place
  A Paris, que l'on nomme Greve,
  L'an qui fut fait aux Anglois treve,

(1) On trouve dans les recueils de l'abbé Legrand une longue complainte sur la mort du connétable. Aucun passage ne mérite d'être cité.

De decembre le dix-neuf,
Sur un eschaffault fait de neuf,
Fut amené le connestable,
A compagnie grant et notable,
Comme le veult Dieu et raison,
Pour sa tres-grande trahison.
Et là il fut decapité,
En cette tres noble cité.

Et apres ladicte execution ainsi faicte dudict connestable, fut, le samedy vingt-troisiesme jour dudit mois de decembre, faict publier à Paris, à son de trompe et cry publique, le desappointement des generaulx maistres des monnoyes, pour les causes contenues audit mandement. Et au lieu d'eulx le Roy mist et establist quatre personnes seulement : c'est assavoir sire Germain de Merle et Nicolas Potier, Denis Le Breton et Symon Ausortan (1). Et fut ordonné que les escus d'or du Roy, qui auparavant avoient eu cours pour vingt-quatre sols parisis et trois tournois, auroient cours pour trente-cinq unzains, valans vingt-cinq sols huict deniers parisis; et que on feroit des aultres escus d'or qui auroient ung croissant, au lieu de la couronne qui estoit és aultres escus, qui vaudroient trente-six unzains, du prix de vingt et six sols six deniers tournois, et des douzains neufs de douze tournois pour piece. Et ledit jour de samedy, par la permission du Roy, furent alez querir et assembler le corps, qui pendu estoit au gibet de Paris, de Regnault de Veloux; et la teste, qui mise estoit au bout d'une lance és hales de Paris, avecques ses membres attachez à quatre potences aux portes de Paris; et fut tout

(1) *Ausortan* : Anjorand ou Ausoran.

assemblé ensemble. Et puis furent portez inhumer et enterrer au couvent desdits cordeliers de Paris, auquel lieu luy fut fait son service bien et honorablement, pour le salut et remede de son ame, tout au coust, mises et despens des parens et amis dudit deffunct Regnault de Veloux.

Et le mardy ensuivant, jour de Sainct-Estienne, apres Noël, audit an 1475, fut et comparust pardevant l'ostel de ladite ville de Paris un chevalier lombart, nommé messire Boufille, qui avoit esté deffié d'estre combattu à oultrance en lice de pié par ung aultre chevalier natif du royaulme d'Arragon, qui audit jour y devoit comparoir; mais il n'y vint point. Et pour avoir contre luy tel deffault que de raison par ledit Boufille, s'en vint par devers le conte de Dampmartin, illec ordonné juge de par le Roy de la question d'entre lesdictes deux parties. Et vint en icelle place ledit Boufille tout armé de son harnois, et en l'estat qu'il devoit combattre, sa hache au poing; et devant luy faisoit porter son enseigne; et avoit trois trompettes, et apres luy avoit plusieurs serviteurs, dont l'ung luy portoit encores une aultre hache d'armes. Et apres qu'il eut ainsi parlé audict de Dampmartin, et faict sadicte requeste, il se retrahit et s'en retourna en son hostellerie, où pend l'enseigne du grand Godet, prés dudict hostel de la ville.

Et le jeudy vingt-huictiesme jour de decembre audict an 1475, environ l'heure de six heures de nuict, monseigneur d'Alençon dont est parlé devant, et qui avoit esté longuement detenu prisonnier audit chasteau du Louvre, en fut mis dehors par la permission du Roy, qui octroya à ses gardes que on le mist en ladicte ville en ung hostel de bourgeois, où ils verroient estre bon; et il fut mené loger en l'ostel feu maistre Michel de Laillier, et y estoient à le mener, dudit Louvres jusques audict hostel, ledict sire Denys Hesselin, Jacques Hesselin son frere, sire Jehan de Harlay, chevalier du guet, et aultres personnes en armes : et devant ledit seigneur estoient portees quatre torches.

Au mois de janvier ensuivant dudit an 1475, fut publiee à son de trompe, par les carrefours de Paris, les lettres patentes du Roy nostre sire, qui contenoient comme de toute ancienneté il avoit esté permis aux rois de France, par les saincts peres papes, que de cinq ans en cinq ans ils peussent faire assemblee de tous les prelats du royaulme de France, pour la reformation et affaires de l'Eglise, ce qui de long temps n'avoit esté fait: pour laquelle chose, et aussi que le Roy voulant les droits de l'Eglise estre gardez et observez, voult et ordonna qu'il tiendroit le concile de l'Eglise en la ville de Lyon ou aultre lieu prés d'illec, pourquoy il vouloit, mandoit et ordonnoit que tous archevesques, evesques, et aultres constituez en dignité, feussent residens chacun en leurs benefices, et s'y en alassent demourer, pour estre tous prests et appareillez à aler où ordonné leur seroit; et où ils n'auroient ce fait dedens six mois apres ladicte publication, que tout leur temporel feust saisi et mis en la main du Roy. Et apres ledit cry fut fait de rechief publier comme de pieça le Roy, pour luy subvenir à aucuns ses affaires, et pour la necessité de son royaulme, eust mis et ordonné ung escu à estre levé et payé sur chascune pipe de vin à mener dehors du royaulme, et qui en seroit tiré, et de toutes aultres denrees à la valeur qui par aucun temps avoit esté delaissée à cuéillir. Lequel ayde d'ung escu sur chacune pipe de vin seulement, et non point sur aultre marchandise, fut de rechief mis sus par toutes les extremitez de ce royaulme. Et à ce faire et recueillir furent commis maistre Laurens Herbelot, conseiller dudit seigneur, et Denys Chevalier, jadis notaire au chastellet de Paris, nonobstant que de ceste mesme charge le Roy y avoit pieça ordonné maistre Pierre Jouvelin, correcteur des comptes, qui de ce en demoura deschargé.

Au mois de febvrier audit an 1475, le Roy, qui estoit à Tours et à Amboise, s'en partit pour aler au pays de Bourbonnois et d'Auvergne, et de là s'en ala faire sa neufvaine à Nostre Dame du Puy, et de là en Lyonnois, et au pays du Daulphiné. Et luy estant audit lieu du Puy, eut nouvelles que les Suisses avoient rencontré le duc de Bourgongne et son armee, qui vouloient entrer audit pays de Suisse ; et comment ils avoient rué jus (1) ledit de Bourgongne, et tué des gens de son armee bien de seize à dix-huict mil hommes, et si gaignerent toute son artillerie, par la maniere qui s'ensuit. Apres que le duc de Bourgongne eut prins Gransson où il y a ville, il s'en alla au long du lac de Verdon (2), en tirant devers Fribourg, et trouva moyen d'avoir deux chasteaulx qui sont sur les montagnes à l'entree de Saxe (3) : mais les Suisses, qui bien sçavoient sa venuë, et la prise qu'il avoit fait desdicts deux chasteaux et dudit Gransson, s'approucherent; et le vendredy au soir, devant le jour des

(1) *Rué jus* : mis à terre, défait. — (2) *Verdon* : ou de Neufchâtel. — (3) *Saxe* : suivant le manuscrit, *Soixe*.

brandons, trouverent iceulx Suisses moyen de enclorre lesdits deux chasteaux en façon telle que ceulx qui estoient dedens n'en pouvoient saillir, et mirent leurs embusches entre et assez pres desdits deux chasteaux, en ung petit bois pres de là, où les Bourguignons avoient mises leurs batailles. Et le lendemain ensuivant, veille desdicts brandons au bien matin, ledit duc de Bourgongne passa avecques ses gens et son artillerie; et incontinent qu'il fut passé, lesdits Suisses, qui n'estoient que environ de quatre à six mil coulevriniers, et tout à pied, qui se prindrent à tirer et bouter le feu dedans leurs bastons, dont ils firent tel et si bon bruit, que les chefs de l'avantgarde dudit de Bourgongne y furent tous tuez, et ainsi tourna en fuite toute ladicte avant garde; et tantost apres chargerent lesdits Suisses si estroit, que la bataille tourna en fuite. Et nonobstant ce que ledict de Bourgongne fist son pouvoir de ralier ses gens pour resister à la fureur desdits Suisses, finalement luy fut force de tourner en fuite, et s'en eschappa à grant peine et dangier de sa personne, et luy cinquiesme en chevauchant et fuyant sans arrester; et souvent regardoit derriere luy vers le lieu où fut faicte sur luy ladite destrousse, jusques à Joigné, où il y a huict grosses lieuës, qui en valent bien seize de France la jolie, que Dieu saulve et garde. Et y furent mors à ladicte rencontre la plus part des capitaines et gens de renom de l'armee dudit de Bourgongne. Et fut faicte ladicte destrousse le samedy deuxiesme jour de mars audit an 1475; où il y eut grant meurdre fait desdits Bourguignons. Et apres ce que ledit de Bourgongne s'en fut ainsi honteusement fuy que dit est, et qu'il eust perdu toute son artillerie, sa vaisselle, et toutes ses bagues, lesdits Suisses reprindrent lesdicts deux chasteaulx, et firent pendre tous les Bourguignons qui dedens estoient. Et aussi reprindrent les ville et chastel de Gransson, et firent despendre tous les Allemans que ledit de Bourgongne y avoit fait pendre, qui estoient en nombre cinq cens et douze, et les firent mettre en terre saincte. Et puis firent pendre les Bourguignons qui estoient dedens ledit Gransson, és mesmes lieux et des licols dont ils avoient pendu lesdits Allemans ou Suisses.

Audit mois de mars, et audit an 1475, le Roy, qui avoit envoyé monseigneur de Beau-Jeu avecques grant quantité de gens de guerre assieger mondit seigneur le duc de Nemours, qui lors estoit à Carlat en Auvergne, se mist et rendit mondit seigneur de Nemours és mains de mondit seigneur de Beau-Jeu, qui le amena par devers le Roy, estant lors au pays du Daulphiné et Lyonnois. Et fut ledit de Nemours, de l'ordonnance du Roy, mené prisonnier au chasteau de Vienne. Et durant ce qu'il fut ainsi assiegé au chasteau de Carlat, madame sa femme (1), fille de Charles d'Anjou, comte du Maine, accoucha d'enfant en iceluy lieu de Carlat; et tant par desplaisance de sondit seigneur et mary que dudit mal d'enfant, ala de vie à trespas; dont ce fut grant dommage, car on la tenoit bien bonne et honneste dame. Et apres ces choses fut mené ledit seigneur de Nemours à Pierre Assise lez Lyon.

Au mois d'apvril audit an, le conte de Camboba-che, lombart ou millenois, qui avoit la conduicte de deux cens lances de Lombardié qu'il avoit amenées audit duc de Bourgongne, luy tenant le siege devant

(1) *Sa femme*: elle se nommoit Louise.

la ville de Nux, et qui depuis s'estoit trouvé avec ledit de Bourgongne à la destrousse sur luy faite près de Gransson, se partit ledit de Cambobache dudit de Bourgongne, et ala par devers le duc de Bretaigne, duquel il se disoit estre parent (1), et faignant par luy d'aler en pelerinage à Sainct Jacques en Galice; lequel duc de Bretaigne le recueillit tresbien, et luy donna de l'argent. Et illec ledit Cambobache disoit dudit de Bourgongne qu'il estoit tres-cruel et inhumain, et que en toutes ses entreprises n'y avoit point d'effect, et ne faisoit que perdre temps, gens et pays, par ses folles obstinations.

Au mois de may ensuivant l'an 1476, et apres la rencontre sur ledit Bourguignon faite par lesdits Allemans près dudit Gransson, ledit de Bourgongne delibera de poursuivre et continuer sa poursuite sur et alencontre desdits Alemans, et d'aler devant la ville de Strasbourg y mettre le siege, laquelle chose bonnement il ne pouvoit faire sans avoir ayde et secours de gens, et aussi avoir argent de ses pays. Et à ceste cause y envoya son chancelier nommé maistre Guillaume Gonnet, et autres deleguez avecques luy jusques au nombre de douze, en aucuns de ses pays et villes, pour leur dire et remonstrer la destrousse ainsi sur luy faicte par lesdits Allemans ou Suisses; et que nonobstant icelle, son intention estoit de tirer avant, et estre vengié desdits Suisses, pour lesquelles choses luy falloit avoir argent et gens, et qu'ils lui voulsissent ayder du sixiesme de leur vaillant, et de six hommes, l'un puissant de porter arnois, auxquels douze, ainsi deleguez

(1) Il étoit de la maison de Montfort-l'Amaury, alliée à celle de Bretagne.

de luy que dit est, fut renduë et faicte responce par les habitans de Gant, Bruges, Brucelles, l'Isle lez Flandres, et aultres, que au regard dudit de Bourgongne ils le reputoient leur vray et naturel seigneur, et que pour luy feront toute leur possibilité; en disant par eulx que se il se sentoit aucunement empressé desdits Allemans ou Suisses, et qu'il n'eust avecques luy assez de gens pour s'en retourner franchement en ses pays, qu'il le leur fist assavoir, et qu'ils exposeroient leurs corps et leurs biens pour l'aler querir pour le ramener saulvement en sesdits pays : mais que, pour faire plus de guerre pour luy, n'estoient point deliberez de plus luy ayder de gens ne d'argent.

Durant ces choses le Roy demoura à Lyon faisant grant chiere, et vint par devers luy le roy de Cecille son oncle, auquel il fist moult beau recueil à l'arriver par devers luy audit lieu de Lyon, et luy mena voir la foire qui estoit audit lieu, avecques les belles bourgeoises et dames dudit Lyon. Aussi y vint et arriva ung cardinal nepveu du Pape, qui avoit fait aucuns excez en Avignon, contre le Roy et monseigneur l'archevesque de Lyon, legat de Avignon, lequel cardinal demoura par long temps autour du Roy avant que de luy peust avoir son expedition. Et puis tout ledit debat fut appointé entre le Roy, ledit legat d'Avignon, et ledit cardinal.

Audit temps le roy de Cecile apoincta, voulut et accorda avecques le Roy, que apres sa mort sa conté de Provence retourneroit de plain droit au Roy, et seroit unie à la couronne. Et en ce faisant la royne d'Angleterre, fille dudit roy de Cecile, veufve du feu roy Henry d'Angleterre, qui estoit prisonniere audit

Edoüart, fut par le Roy racheptee, et pour sa rançon en paya audit Edoüart cinquante mil escus d'or. Et à ceste cause ladite royne d'Angleterre ceda et transporta au Roy tout le droit qu'elle pouvoit avoir en la conté de Provence, moyennant aussi certaine pension à vie que le Roy luy bailla par chacun an, durant le cours de la vie d'icelle Royne seulement.

En ce temps, le samedy treiziesme (1) jour du moys de juing 1476, le seneschal de Normendie, conte de Maulevrier, fils de feu messire Pierre de Brezé qui fut tué à la rencontre de Montlehery, lequel monseigneur le seneschal, qui s'en estoit alé à la chasse pres d'ung villaige nommé Rouvres (2) lez Dourdan, à luy appartenant, et avecques luy y avoit mené madame Charlote de France sa femme, fille naturelle dudit feu roy Charles et de damoiselle Agnés Sorel, advint par male fortune, après que ladite chasse fut faicte, et qu'ils furent retournez au soupper et au giste audit lieu de Rouvres, ledit seneschal se retrahit seul en une chambre, pour illec prendre son repos de la nuict; et pareillement sadicte femme se retrahit en une autre chambre; laquelle, meuë de lescherie (3) desordonnee, comme disoit sondit mary, tira et mena avecques elle un gentil-homme du pays de Poictou, nommé Pierre de La Vergne, lequel estoit veneur de la chasse dudit seneschal, et lequel elle fist coucher avecques elle; laquelle chose fut dicte audit seneschal par un sien serviteur et maistre d'hostel, nommé Pierre l'apoticaire. Lequel seneschal incontinent print son espee, et vint faire rompre l'uys où estoient lesdits dame et veneur,

---

(1) Le 13 juin étoit un jeudi. — (2) *Rouvres*: ce village est situé à une demi-lieue d'Anet. — (3) *Lescherie*: débauche, libertinage.

lequel de La Vergne il trouva en chemise et pourpoint, auquel il bailla de son espee dessus la teste et au travers du corps, tellement qu'il le tua. Et ce fait, s'en ala en une chambre, où retraict au joignant de ladicte chambre il trouva sadite femme mucee dessous la couste (1) d'ung lict où estoient couchez ses enfans, laquelle il print et tira par le bras à terre. Et en la tirant abas, luy bailla de ladicte espee parmy les espaules; et puis elle descendue à terre et estant à deux genoulx, luy traversa ladicte espee parmy les mammelles et estomach, dont incontinent elle ala de vie à trespas, et puis l'envoya enterrer en l'abbaye de Coulons, et y fist faire son service. Et ledit veneur fist enterrer en ung jardin, au joignant de l'ostel où il avoit esté occis.

En apres le Roy estant à Lyon, qui aupres de illec avoit grant quantité de son armée, eut certaines nouvelles que le duc de Lorraine, qui estoit au pays de Suisse avec les Suisses, Barnes (2), Alemans et Lorrains pour deconfire ledit de Bourgongne, qui par folle obstination et oultrecuidance estoit entré audit pays de Suisse, et avecques luy mené grande quantité d'artillerie, gens de guerre et marchands suivans son ost, qu'il avoit parqué et mis en forme de siege devant une petite ville dudit pays de Suisse, nommée Morat.

Et le samedy vingt-deuxiesme dudict mois de juing audit an 1476, environ l'eure d'entre dix et onze eures de matin, ledit duc de Lorraine, accompagné comme dit est, s'en vint assaillir ledict de Bourgongne en sondit parc. Et de prime venue iceluy de Lorraine et sadicte compagnie desconfit toute l'avant-garde dudit de Bour-

---

(1) *Couste* ou *couéte* : lit de plume, matelas. — (2) *Barnes* : Bernois.

gongne, qui estoient douze mil combattans et mieulx, dont avoit la charge et conduicte monseigneur le conte de Romont, qui bien à grant haste trouva moyen de soy saulver, et mettre en fuitte luy douziesme. Et puis se boutterent les gens de guerre estans dedens ledit Morat, avecques les autres de ladicte armee de mondit seigneur de Lorraine, dedens le parc dudit de Bourgongne, où ils tuerent tout ce qui y fut trouvé, et sans misericorde aucune. Et fut ledit Bourguignon contrainct de se retraire avecques ung peu de gens de guerre de son armee qui se sauverent. Et depuis sondit parc s'enfuit sans arrester, souvent regardant derriere luy jusques à Joigné, qui est bien distant dudit lieu où fut ladicte desconfiture de quinze à seize lieuës françoises : et illec perdit tout son vaillant qui y estoit; comme or, argent, vaisselle, joyaulx, tapisserie, toute son artillerie, tentes, paveillons, et generallement tout ce qu'il y avoit mené : et apres ladite desconfiture lesdits Alemans et Suisses, considerant le grant service à eulx fait par ledit de Lorraine, luy donnerent et delivrerent toute ladicte artillerie et parc dudit de Bourgongne, pour le recompenser de son artillerie qu'il avoit perduë audit lieu de Nancy, que iceluy de Bourgongne, par violence et vouloir desordonné, sans aulcun tiltre, avoit prinse et emportee hors d'icelle ville. Et en ladicte desconfiture moururent vingt-deux mil sept cens hommes qui y furent trouvez morts, tant dedens ledit parc que dehors, par le rapport fait des heraulx et poursuivans, qui pour ladite estimation faire se transporterent audit lieu. Et apres ladicte desconfiture ainsi faicte que dit est, lesdits de Lorraine et Suisses firent leur suite apres ledit de Bourgongne, et tuerent depuis plusieurs aultres Bourguignons qui aussi se retiroient audit lieu de Joigné, et puis firent bouter les feux et destruire toute la conté de Romont en Savoye, où ils tuerent tout ce qui y fut par eulx trouvé, et sans misericorde aucune.

Apres ces choses ainsi faictes, ledit seigneur de Lorraine se retrayt à Strasbourg audit pays de Suisse, et d'illec apres s'en partit à tout quatre mil combatans de ladicte armee, et ala mettre le siege devant sa ville de Nancy, où dedens estoient bien de mil à douze cens combatans pour ledit de Bourgongne, lequel siege il mist et ordonna devant ladicte ville de Nancy. Et apres qu'il eut ce fait, s'en retourna audit lieu de Suisse; et depuis revint audit siege ledit seigneur de Lorraine, à tout grant quantité d'aultres gens de guerre.

En apres le Roy, qui par long temps s'estoit tenu à Lyon et illec environ, s'en retourna au Plessis du Parc lez Tours, où estoient la Royne et monseigneur le Dauphin, où il sejourna un peu de temps, et puis s'en ala rendre graces à Nostre Dame de Beliuart de ce que ses besoignes s'estoient bien portees durant sondit voyage dudit lieu de Lyon, et si envoya argent en plusieurs et divers lieux où est reveree la benoiste et glorieuse vierge Marie. Et entre aultres lieux donna et envoya à Nostre Dame de Ardenbourg en Flandres douze cens escus d'or; et en soy retournant dudit Lyon, fist venir apres luy deux damoiselles dudit lieu jusques à Orleans, dont l'une estoit nommee la Gigonne, qui aultrefois avoit esté mariee à un marchant dudit Lyon; et l'autre estoit nommée la Passe-fillon (1),

(1) *Passe-fillon* : il paroit que cette Passe-Fillon avoit inventé une

femme aussi d'un marchant dudit Lyon, nommé
Anthoine Bourcier. Et pour l'onnesteté desdites deux
femmes, leur fist et donna le Roy de grans biens : car
il maria ladicte Gigonne à ung jeune fils natif de Paris,
nommé Geuffroy de Caulers; et pour ledit mariage
donna argent et des offices audit Geuffroy ; et au mary
de Passe-fillon donna l'office de conseiller en sa chambre des comptes à Paris, au lieu de maistre Jehan de
Reillac, auquel pour ceste cause elle fut ostée; et puis
laissa la conduicte desdites deux femmes, à les amener
à Paris dudit lieu d'Orleans, à damoiselle Ysabeau de
Caulers, femme de maistre Phelippe Le Begue, correcteur en la chambre des comptes à Paris. En apres
le Roy s'en ala dudict lieu d'Orleans à Amboise et à
Tours, par devers la Royne et monseigneur le Dauphin, et depuis en pelerinage à Nostre Dame de Behuart
et aultres saincts lieux. Et apres s'en retourna audit
Plessis du Parc et aultres lieux voisins.

En apres ladicte desconfiture faicte desdits Bourguignons audit lieu de Morat, et que le siege eust esté
ainsi mis devant ledit Nancy que dit est par ledit seigneur et duc de Lorraine, fut icelle ville remise en
ses mains, et s'en alerent lesdits Bourguignons estans
dedens par composition, eulx et leurs biens saufs. Et
apres ce que ledit seigneur de Lorraine eut ainsi recouvré sadicte ville de Nancy, et de nouvel avitaillee,
et mis gens pour la garde d'icelle, ne demoura pas ung

nouvelle manière de se coiffer : Marot en parle dans le dialogue de
deux amoureux.

Linge blanc, ceinture houpée,
Le chaperon fait en poupée,
Les cheveux en Passe-Fillon,
Et l'œil gay en esmerillon.

mois apres que ledict duc de Bourgongne, qui s'estoit retraict en une ville nommee Rivieres, qui est prés de Salins en Bourgongne, et qui avoit assemblé et fait amas de gens le plus qu'il avoit peu, s'en vint de rechief mettre le siege devant ladicte ville de Nancy. Et d'autre part s'en ala ledit duc de Lorraine audit pays de Suisse pareillement faire son amas de gens, pour revenir secourir ses gens dudit Nancy, et lever ledit siege.

Apres ces choses, le roy de Portugal, qui pretendoit à luy apartenir les royaulmes de Leon et Castille, ensemble toutes les Espaignes, à cause de sa femme, se partit de sondit royaulme de Portugal, et vint descendre és marches de France, et puis vint à Lyon, et de là à Tours par devers le Roy, pour luy requerir aide et secours de gens pour luy aider à recouvrer lesdits royaulmes. Et fut receu du Roy moult benignement et honnorablement; et apres ce qu'il eust esté audit lieu de Tours par certaine espace de temps, où il fut fort festoyé et entretenu de plusieurs seigneurs et nobles hommes estans avec le Roy et tout aux couts et despens du Roy, ledit roy de Portugal print congé du Roy et s'en vint à Orleans, où il luy fut fait honneste recueil; et apres s'en partit dudit Orleans et vint en la bonne ville et cité de Paris, dedens laquelle il fist son entree, et y arriva le samedy vingt-troisiesme jour de novembre 1476, environ l'eure d'entre deux et trois heures apres midy, et y entra par la porte Sainct Jacques. Et pour aler au devant de luy et le recueillir aux champs jusques au moulin à vent, y furent tous les estats de Paris, et par ordre, en honnestes et riches habits, tout ainsi que ce eust esté pour faire l'entree du Roy. Et premierement yssirent hors Paris, pour aler à luy, les prevost des marchans et eschevins de ladicte ville, qui pour ladite venuë furent vestus de robes de damas blanc et rouge, fourrees de martres, lesquels estoient accompaignez des bourgeois et officiers de ladicte ville. Et apres y fut aussi messire Robert Destouteville, prevost de Paris, qui estoit accompagné de ses lieutenans civil et criminel, et tous les officiers du Roy et praticiens du chastelet, qui se y trouverent en grand nombre et honnestes habits.

En apres y vint monseigneur le chancelier Doriolle, messeigneurs les presidens et conseillers de la cour de parlement, les conseillers et gens des comptes, les generaux sur le fait des aydes et monnoyes et du tresor, avecques grant quantité de prelats, evesques et arcevesques, et aultres notables hommes, en moult grant et honneste nombre. Et ainsi accompaigné que dit est, fut mené et conduit jusques à la porte Sainct Jacques, où illec en entrant par icelle dedens ladicte ville trouva de rechief lesdits prevost des marchans et eschevins, qui lui presenterent ung moult beau poisle ou ciel, qui estoit armoyé par les costés aux armes du Roy, et au milieu y estoient les armes d'Espaigne; et puis se bouta dessoubs icelluy poisle. Et luy estant ainsi dessoubs, vint et fut conduit jusques à Sainct Estienne des Grés, où il trouva là les recteur, supposts et bedeaulx de l'université de Paris, qui proposerent devant luy sa bienvenuë. Et ce fait, s'en vint jusques en l'eglise de Paris, où il fut receu par le prelat d'icelle moult honorablement. Et apres son oraison faicte, s'en revint au long du pont Nostre-Dame, et trouva à l'entree du marché-Palu cinquante torches allumees, qui le conduisirent autour dudit poisle.

Et au bout dudit pont Nostre Dame, à l'endroit de la maison d'un cousturier nommé Motin, y fut trouvé ung grant eschaffault, où estoient divers personnaiges qui estoient ordonnés pour sadite venuë. Et d'illec s'en ala descendre en son logis, qui luy fut ordonné en la ruë des Prouvaires, en l'hostel de maistre Laurens Herbelot, marchant et bourgois de ladite ville, où il fut bien recueilly; et là luy furent faits plusieurs beaulx presens tant de ladicte ville que d'ailleurs, et y fut voir tous les beaulx lieux et estats de Paris. Et premierement fut mené en la court de parlement, qui fort triompha à ce jour de sadite venuë : car toutes les chambres y furent tenduës et parees, et en la grant chambre y trouva monseigneur le chancelier Doriolle, messeigneurs les presidens, prelats, conseillers, et autres officiers, tous honnestement vestus. Et devant luy y fut plaidoyé et publié une matiere en regalle par maistre François Haslé, archidiacre de Paris et advocat du Roy en ladicte court; et contre luy estoit pour advocat maistre Pierre de Breban, advocat en ladicte court et curé de Sainct Eustace, lesquels deux advocats il faisoit moult bel oyr. Et apres ladicte plaidoirie luy furent monstrees les chambres et lieux de ladicte cour; et par aultres journees fut en la grant salle de l'ostel de l'evesque de Paris, pour illec veoir faire un docteur en la faculté de theologie; et apres ala veoir le chastellet, les prisons et chambres, qui toutes estoient tenduës, et tous les officiers chascun en son estat, vestus de beaulx et honnestes habits. En apres, le dimenche premier jour de decembre audit an 1476, alerent passer pardevant son logis toute l'université de Paris, et toutes les facultez et subgets d'icelle, et puis s'en vindrent chanter une grant messe à Sainct Germain Lauxerrois; et par tout où il aloit par ladite ville estoit mené et conduit par monseigneur de Gaucourt, lieutenant du Roy audit lieu de Paris, qui luy donna en sa maison ung moult beau et riche soupper, où y furent grant nombre de gens notables d'icelle ville, tant hommes que femmes, dames, damoiselles et autres.

Audit mois d'octobre advint à Tours que ung nommé Jehan Bon, natif du pays de Galles, qui avoit belle pension du Roy, et qui l'avoit marié à une femme de Mante qui avoit bien du sien, conspira par l'enhortement du duc de Bourgongne, comme il confessa, de empoisonner et mettre à mort monseigneur le Daulphin, aisné fils du Roy. Et pour ledit cas, qu'il confessa estre vray, fut condempné par le prevost de l'ostel du Roy à estre decapité. Et en le voulant executer, luy fut demandé par ledit prevost s'il vouloit plus rien dire; lequel respondit que non, sinon que pleust au Roy d'avoir sa femme et ses enfans pour recommandés. Et alors luy fust dit par ledit prevost qu'il choisist de deux choses l'une: c'est assavoir de mourir, ou d'avoir les yeulx crevez. Lequel choisit d'avoir les yeulx crevez; ce qui luy fut fait faire par ledit prevost, et puis fut delivré à sa femme, laquelle le Roy voulut qu'elle eust la pension de sondit mary durant sa vie.

Au mois de decembre audit an 1476, feste de Sainct Jehan és festes de Noël, advint par male fortune que le duc de Milan (1) fut tué et meurdry par ung gentilhomme du pays, qui ledit jour, en faingnant de vouloir

---

(1) *Le duc de Milan*: Galéas Marie.

parler à luy dedens la grant eglise dudit Milan, où il se pourmenoit avecques une ambassade qui estoit venuë par devers luy, vint secrettement lui bouter ung cousteau parmy la fente de sa robbe dedens le petit ventre, où le mist soubdainnement par trois ou par quatre fois, et sans dire mot cheyt soudainement à terre tout mort; et fut fait ledit meurdre pour raison de ce que ledit gentil-homme, ses parens et amis avoient mis et employé tout leur vaillant pour payer le vaccant d'une abbaye pour l'un de leurs parens, auquel ledit duc de Milan l'avoit ostee pour la bailler à un aultre : et pource qu'il ne voulût delaisser et en souffrir jouyr leurdit parent, icelluy gentil-homme, apres ce qu'il eut de ce fait plusieurs requestes audit duc de Milan, qui ne luy vouloit accorder, fit et commist ledit homicide à la personne dudit duc de Milan dedens ladicte eglise, en laquelle aussi incontinent ce fait fut tué et meurdry, et un aultre de ladicte ville qui accompaignoit ledit gentil-homme, qui aussi avoit deliberé de tuer ledit duc de Milan, pour ce qu'il luy detenoit et maintenoit sa femme contre son gré et voulenté, estant avecques luy; et par la sentence des nobles dudit pays, des juges et aultres notables personnes dudit Milan, fut dit et deliberé que tous les hommes, femmes et enfans du costé et ligne de icelluy gentil-homme, et celui de sadicte compaignie, quelque part qu'ils seroient trouvez, seroient tuez et meurdris, et leurs maisons et seigneuries demolies et gettees par terre et arrasez, mesmement les arbres portans fruicts à eulx appartenans desracinez, et mise la racine dessus; ce qui fut fait.

Audit mois de decembre 1476, mourut et ala de vie à trespas madame Agnez de Bourgongne, au chasteau de Moulins en Bourbonnois, laquelle en son temps eut espousé feu prince de tres-noble memoire monseigneur Charles, en son vivant duc de Bourbonnois et d'Auvergne, dont est issuë tres-noble et tres-honneste ligniee, tant masles que femelles, comme tres-hault, excellent et puissant prince monseigneur Jehan, duc de Bourbonnois et d'Auvergne, qui espousa tres-excellente princesse madame Jehanne de France, fille aisnee du bon roy Charles, septiesme de ce nom; monseigneur Loys, seigneur de Beaujeu, qui mourut jeune; monseigneur Charles, archevesque et conte de Lyon, primat de France, cardinal de Bourbon; monseigneur Pierre de Bourbon, seigneur de Beaujeu, qui espousa l'aisnee fille du roy de France; Louis, fils dudit feu roy Charles; monseigneur l'archevesque du Liege; Jacques, monseigneur de Bourbon, qui mourut à Bruges; madame Jehanne, qui fut espousee au prince d'Orenge, seigneur d'Arlay; madame Marguerite, femme de Phelippe, monseigneur de Savoye, seigneur de Bresse, et laquelle defuncte dame vesquit sainctement et longuement, et à son trespas fut fort plaint et ploré de tous ses enfans, parens, serviteurs et amis, et de tous aultres habitans esdits pays de Bourbonnois et d'Auvergne. En benoist repos gise son ame! Elle gist en l'eglise de Souvigny.

Et apres que ces choses eurent esté ainsi faictes que dit est, le duc de Bourgongne, qui avoit mis le siege devant la ville de Nancy en Lorraine, pour icelle avoir comme devant avoit eue, mit les gens qui estoient dedans icelle ville pour ledit duc de Lorraine en telle necessité qu'ils n'avoient plus que menger; et par grant contraincte de famine estoient ceux de dedans mis en composition d'eux rendre és mains dudict duc de Bourgongne. Le dimenche veille des Rois, cinquiesme jour de janvier audit an 1476, vint et arriva ledit monseigneur de Lorraine, accompaigné de douze à quatorze mil Suisses, Alemans et aultres gens de guerre, pour lever ledit siege, combatre ledit de Bourgongne, et recouvrer ledit Nancy, dont en advint ce qui s'ensuit : c'est assavoir que quatre jours avant la journee et venuë dudict de Lorraine devant Nancy, qui fut le dimenche veille des Roys, cinquiesme jour de janvier 1476, le conte de Campbasts, le sire Ange et le seigneur de Montfort laisserent le duc de Bourgongne, et l'abandonnerent en sondit parc. Et le mercredy devant la bataille ou journee, iceluy conte de Campbasts en emmena bien avecques luy neuf vingts hommes d'armes; et le samedy ensuivant les deux aultres capitaines dessus nommez en emmenerent bien six vingts hommes d'armes, qui tous vouloient estre François : mais on dissimula de les recevoir pour la treve, et fut ordonné, par plusieurs et diverses personnes, à qui ils s'adresserent, qu'ils s'en iroient en Lorraine : laquelle chose ils firent, reservé une partie qui demoura pour garder Condé, qui est une place sus la riviere de Mezelle, par où tous les vivres dudit duc de Bourgongne passoient, qui venoient du val de Mets et du pays de Luxembourg; et s'en tira ledit seigneur de Campbasts devers monseigneur de Lorraine, et l'advertit de tout le fait dudit de Bourgongne, et incontinent s'en retourna luy et ses gens audit lieu de Condé, qui n'est que à deux lieuës dudit lieu de Nancy. Et ledit jour de samedy quatriesme jour dudit mois de janvier, ledit monseigneur le duc de Lorraine arriva à Sainct

Nicolas de Varengeville et les Suisses avec luy, qui bien estoient dix mil cinq cens, de vray compte fait; et d'aultres Alemans y avoit beaucoup, sans les Lorrains et aultres gens de guerre.

Et le dimenche ensuivant, cinquiesme jour dudit mois, environ huict heures de matin, desemparerent et partirent lesdits seigneurs de Lorraine et de Suisse, et vindrent à Neufville, et oultre un estang pres d'illec firent leurs ordonnances; et en effect lesdits Suisses se mirent en deux bandes, dont le conte d'Abstain et les gouverneurs de Fribourg et de Zurich avoient l'une, et les advoüez de Berne (1) l'autre, et environ midy marcherent tous à une fois, c'est assavoir une bande devers la riviere, et l'autre tout le grant chemin à venir devers ledit Neufville audit Nancy. Ledit duc de Bourgongne s'estoit ja mis hors de son parc et en bataille, et au devant et devers luy y avoit ung ruisseau qui passe à une maladerie nommee la Magdelaine, et estoit ledit ruisseau entre deux fortes hayes des deux costez, entre luy et lesdits Suisses. Et sur le grant chemin par où venoient l'une des bendes d'iceulx Suisses, avoit ledit duc de Bourgongne fait asseoir tout le plus fort de son artillerie. Et ainsi que les deux bandes marchoient, et qu'elles furent à un grant traict d'arc des Bourguignons, l'artillerie dudit duc de Bourgongne deschargea sur iceux Suisses, et y fist quelque dommaige. Laquelle bande des Suisses laissa ledit chemin et tira au dessus vers le bois, et fist tant qu'elle fut au costé dudit duc de Bourgongne, au plus hault du lieu.

(1) *Berne :* dans le manuscrit il y a *de Berne* et *de Terne*; peut-être que ce dernier mot est pour *Tesin.*

En faisant ces choses, ledit duc de Bourgongne fist tourner ses archiers, qui tous estoient à pié devers iceulx Suisses, et ordonna deux esles de ses hommes d'armes pour batailler, dont en l'une estoit Jacques Galiot, capitaine italien, et à l'autre estoit le souverain de Flandres, nommé messire Josse de Lalain (1). Et si tost que lesdits Suisses se trouverent au dessus et au costé dudit duc de Bourgongne, tout à ung coup se tournerent le visaige vers luy et son armee, et sans arrester marcherent le plus impetueusement et orgueilleusement que jamais gens firent. Et à l'approucher pour joindre deschargerent leurs coulevrines à main; et à ladicte deschargé, qui n'estoit pas des generaulx des finances (2), tous les gens de pié dudit de Bourgongne se mirent en fuite. La bende desdits Suisses qui estoient devers la riviere marcherent quant et quant celle dudit Galiot et de ceulx qui estoient avecques luy, et frapperent lesdits Suisses dedens eulx tellement qu'ils furent incontinent deffaits. L'autre esle desdits Bourguignons tourna pareillement sur l'autre bende desdits Suisses, mais ils les recueillirent bien : et si tost que lesdites gens dudit duc de Bourgongne qui estoient à pied se mirent en fuite, tous ses gens de cheval picquerent apres, et tirerent pour passer au pont de Bridores à demie lieuë de Nancy, qui estoit le chemin à tirer vers Thionville et Luxembourg. Et lequel pont ledit conte de Cambasts (3) avoit empesché,

---

(1) Josse de Lalain, qui fut depuis chevalier de la Toison d'or, nommé souverain de Flandre, parce qu'il en étoit bailli souverain.
— (2) *Finances* : jeu de mots fondé sur ce que les receveurs généraux donnoient en papier des décharges des sommes qu'ils recevoient.
— (3) *Cambasts* : Campobáche.

et y estoit luy et ses gens, et aultres gens d'armes tous
en armes, et avoient fait mettre des chariots au travers
dudit pont. Et ainsi que la foule desdits Bourguignons
y arrivoit, trouva illec empeschement monseigneur de
Lorraine et ses gens, qui le suivoient au dos; et pource que on gardoit ledit pont, et qu'il estoit bastillé,
lesdits Bourguignons furent contraints de eux jetter au
guez de la riviere. Et là fut la grant deconfiture, et plus
la moytié que au champ de la bataille : car ceulx qui
se gettoient en l'eauë estoient incontinent tuez par lesdits Suisses qui y vindrent, et ceux de l'autre partie
se noyoient eulx mesmes, et tout le demourant fut
mort ou prins, et bien peu s'en sauva.

Et aucuns, quant ils virent l'embusche dudit pont,
se tirerent vers le bois; et là les gens du pays si les
suivoyent et les prenoient et tuoient, et à quatre
lieuës environ on ne trouvoit que gens morts par
les champs et chemins; et dura la chasse sur lesdits
Bourguignons jusques à plus de deux heures de nuict,
que monseigneur de Lorraine s'enquist par tout et de
tous costez qu'estoit devenu ledit duc de Bourgongne,
et s'il s'en estoit fouy, ou s'il estoit pris. Mais à l'heure
n'en furent sceuës aucunes nouvelles; et tout incontinent apres fut envoyé par ledit de Lorraine homme
propre et expres en la ville de Mets, par devers un
homme qui estoit nommé Jehan Dais, clerc de ladicte
ville de Mets, pour sçavoir si ledict duc de Bourgongne
estoit point passé; et le landemain ledict Jehan Dais
manda dudit lieu de Mets, audit seigneur de Lorraine,
que seurement il n'y estoit point passé, et ne sçavoit-
on qu'il estoit devenu, et qu'il n'avoit point tiré vers
Luxembourg. Et le lendemain qui fut lundy, jour des

4.

Rois, ledit comte de Cambast monstra ung paige qui avoit esté prins, qui avoit nom Baptiste, natif de Rome, de la lignee de ceux de la Coulompne, qui estoit avec le conte de Chalon, neapolitain, lequel estoit avec ledit duc de Bourgongne. Et apres qu'il eust esté interrogué, fut icelluy paige mené, à grant compaignie de gens de guerre, au lieu où ledit de Bourgongne gisoit mort, lequel estoit tout nud. Et en iceluy lieu, le mardy ensuivant de ladicte bataille au matin, ledit paige monstra clairement ledit duc de Bourgongne mort et tout nud, et environ luy quatorze hommes tous nuds, les ungs assez loings des autres.

Et avoit ledit duc de Bourgongne ung coup d'un baston nommé hallebarde à ung cousté du milieu de a teste par dessus l'oreille jusques aux dents, ung coup de picque au travers des cuisses, et ung autre coup de picque par le fundement; et fut cogneu manifestement que c'estoit le duc de Bourgongne à six choses. La premiere et la principale fut aux dents de dessus, lesquelles il avoit autrefois perdues par une cheute; la seconde fut d'une cicatrice, à cause de la playe qu'il eut à la journee de Mont-lehery en la gorge, en la partie dextre; la tierce, à ses grans ongles, qu'il portoit plus que nul autre homme de sa court ne aultre personne; la quarte fut d'une playe qu'il avoit en une espaule, à cause d'une escarboucle(1) que autrefois y avoit éuë; la cinquiesme fut à une fistule qu'il avoit au bas du ventre, en la pennilliere du costé dextre; et la sixiesme fut d'un ongle qu'il avoit retrait en l'orteil. Et ausdites enseignes donna son jugement pour tout vray ung sien medecin portu-

(1) *Escarboucle* : charbon.

galois, nommé maistre Mathieu, que c'estoit ledit duc de Bourgongne son maistre; et aussi le dirent pareillement ses varlets de chambre, le grant bastard, messire Olivier de La Marche, son chappelain, et plusieurs aultres de ses gens prisonniers dudit monseigneur de Lorraine.

Et apres que ledit de Bourgongne ainsi trouvé eut esté porté audit lieu de Nancy, et illec lavé et mondé et netoyé, il fut mis en une chambre bien close où il n'y avoit point de clarté, laquelle fut tenduë de véloux noir, et estendu le corps dessus une table, habillé d'un vestement de toille depuis le col jusques aux pieds, et dessous sa teste fut mis ung oreillier de veloux noir, et dessus le corps ung poille de veloux noir; et aux quatre cornets avoit quatre grans cierges, et aux pieds la croix et l'eauë benoiste. Et ainsi habillé qu'il estoit, le vint veoir mondit seigneur de Lorraine vestu de dueil, et avoit une grant barbe d'or venant jusques à la seinture, en signification des anciens preux, et de la victoire qu'il avoit sur luy euë. Et à l'entree dist ces mots, en luy prenant l'une des mains de dessus ledit poille : « Vos ames ait Dieu! « vous nous avez fait mains maulx et douleurs. » Et à tant vint prendre l'eauë benoiste, et en getta dessus le corps; et depuis y entrerent tous ceulx qui le vouldrent voir, et puis le fist ledit duc de Lorraine enterrer en sepulture bien et honorablement, et luy fist faire moult beau service.

Et incontinent apres ladicte desconfiture et mort dudit de Bourgongne, ledit monseigneur de Lorraine et aultres seigneurs et capitaines se mirent à conseil, et ordonnerent que aucuns d'eulx yroient en la duché de Bourgongne; en la conté, et aultres lieux qui se tenoient pour ledit de Bourgongne, pour tous les reduire et mettre en la main du Roy; laquelle chose fut incontinent faicte sans resistance, et pareillement ceulx de la conté d'Auxerre se rendirent, et firent serment au Roy. En ladicte bataille moururent la pluspart de tous les gens de bien de sadicte compaignie, et y furent prins le grant bastard de Bourgongne, lequel depuis ledit monseigneur de Lorraine mena au Roy, luy estant en Picardie; le bastard Baudouin de Bourgongne, et plusieurs aultres grans seigneurs prisonniers.

Apres ces choses, et que le Roy eut esté duëment acertené de ladicte mort dudit de Bourgongne et des choses dessusdites, il se departit de Tours pour aler en pelerinaige à sa devotion, et apres s'en retourna à Chartres, à Villepereur, à Haubervillier, à Nostre Dame de la Victoire, et apres à Noyon et à Compiengne. Et cependant se reduisirent à luy plusieurs villes et places tenuës et occupees par ledit de Bourgongne, comme Montdidier, Peronne, Abbeville, Monstreuil sur la Mer, et aultres places estans pres d'Arras; mais lesdits d'Arras ne voulurent point obeyr de prime face, et se fortifierent fort en ladicte ville de gens de guerre, vivres et artillerie. Et furent envoyez de par eulx au Roy plusieurs ambassadeurs qui tindrent la chose en treve, pendant laquelle le Roy fist le plus grant amas d'artillerie, pouldres, pionniers, gens de guerre, et aultres preparatoires que jamais on avoit veu, tousjours attendans quelle conclusion prendroient lesdits d'Arras, ou de appointement ou de guerre. Et pour faire les frais des choses dessusdites, fut faict de grans emprunts à Paris et aultres bonnes villes de ce royaulme. Et apres le Roy trouva moyen d'avoir et mettre la cité dudit Arras en sa main, dedens laquelle il entra le mardy quatriesme jour de mars l'an 1476, et fist fortifier et rediffier ladicte cité contre ladicte ville d'Arras, dedens laquelle y avoit ung tas de gens illec venus de plusieurs lieux tenans le party de Bourgongne, et mesmement des villes qui nouvellement s'estoient reduictes au Roy. Et illec, sans avoir chief ne hommes de conduicte, se fortiffierent fort, et firent de grans blasphemes au Roy, comme faire gibets en ladicte ville et sur les murs, et y pendre croix blanches, monstrer leur cul, et autres villenies; et s'entretindrent en leurs folles imaginations jusques à ung peu de temps apres, que vindrent devers le Roy en ladicte cité aucuns manans dudit lieu de Arras pour avoir de luy aucune bonne pacification; avecques lesquels, nonobstant qu'ils feussent de faulse et mauvaise obstination, et que en icelle eussent trop perseveré, le Roy fut content avec eulx que ladicte ville d'Arras seroit mise en sa main comme souverain, et par deffault de homme, droits et devoirs non faits; et que les fruicts et revenuës de ladicte ville et appartenances seroient recueillis par ses commissaires, laquelle revenuë se pourroit prendre par lesdits commissaires, et soubs la main du Roy, par icelle damoiselle de Bourgongne, et jusques à ce qu'elle luy eust baillé homme; et que au regard de ladicte ville d'Arras, le Roy n'y mettroit puissance ne gens d'armes, sans le bon gré et vouloir des habitans dudit lieu. Apres lequel appointement ainsi fait le Roy envoya audit lieu monseigneur le cardinal de Bourbon, monseigneur le chancellier, messire Guyot Pot, bailly de Vermendois, messire Phelippes de Creve-Cœur, seigneur Desquerdes, gouverneur de ladicte ville, et aultres nobles hommes, pour prendre et recepvoir les sermens des habitans dudit Arras, laquelle chose fut faicte : mais en icelle faisant lesdits habitans d'Arras en aucune partie se rebellerent, et vindrent en l'abbaye de Sainct Wast, où estoient assis à disner lesdits seigneurs cardinal et aultres nommez, en armes et fort effrayez, crians : *Tuez, tuez!* dont tous lesdits seigneurs eurent la plus grant paour et frayeur qu'ils eurent onéques en leur vie; mais il n'y eut point de mauvais mal fait pour ceste fois. Et apres ces choses, et qu'ils furent retournez en la cité d'Arras, le Roy s'en partit et ala faire ses pasques à Therouenne, et apres s'en ala à Hedin, où il eut la ville : mais aucuns paillars tenans le party de Bourgongne s'en alerent mettre et bouter dedens le chastel et parc dudit Hedin, auquel lieu le Roy fist tirer de son artillerie, et incontinent y fist une grant bresche, par laquelle les gens du Roy y entrerent. Et en celle mesme heure ceulx de dedens eurent composition de rendre ledit lieu et eulx en aler, eulx et leurs bagues sauves.

L'an 1477, apres ce que ledit lieu de Hedin eust esté ainsi pris que dit est, advint que aucuns habitans dudit Arras, faignans vouloir aler devers le Roy, obtindrent sauf-conduit de monseigneur l'admiral, qui le leur bailla; mais pource qu'il luy sembloit qu'ils avoient aultre imagination que d'aler devers le Roy, les fist suivre; et trouva-on qu'ils aloient en Flandres par devers ladicte damoiselle de Bourgongne, pour laquelle cause ils furent pris et ramenez au Roy au-

dit Hedin, ausquels fut fait leur procez, et par icelui
trouvez qu'ils alloient audit voyage en mauvaise intention; pour laquelle cause furent decapitez audit lieu
de Hedin jusques au nombre de dix-huict, entre lesquels y estoit un nommé maistre Oudart de Bucy, procureur general de ladicte ville d'Arras et de la conté
d'Artois, auquel fut le col couppé dedens un chapperon d'escarlate fourré de letisses (1), et ladicte teste
avec ledit chapperon mise et bouttee au bout d'ung
chevron, auquel fut fort cloué ledit chapperon, affin
qu'il ne feust emblé (2) ensemble ladicte teste; et contre ledit chevron y avoit ung escripteau où estoit escript : « Cy est la teste maistre Oudart de Bucy, con-
« seiller du Roy en sa court de parlement à Paris. »
Et apres ladicte execution faicte, le Roy s'en ala à
Nostre Dame de Boulongne sur la mer; et pour raison des dessusdits ainsi decapitez, le Roy eut grande
malveillance contre ladicte ville d'Arras, et declara
lors qu'elle seroit destruicte : et pour ce faire y envoya manouvriers, gens de guerre, artillerie, vivres,
et aultres choses, et y fut mis le siege fort et aspre. Et
tira l'artillerie dedens icelle ville d'Arras vers la fin
du mois d'apvril, que le Roy retourna en ladicte cité
d'Arras, où incontinent fist tirer sadicte artillerie,
tant bombardes que aultres : à cause dequoy toute la
ville fut fort fouldroyee, et fut abatu le boulevart que
ceulx d'Arras avoient faict contre ladicte cité, tellement qu'on veoit de ladite cité parmy le boulevart
tout au long de ladite ville d'Arras. Et tellement que
apres ces choses lesdits habitans dudit Arras furent
fort espouventez, et cuidoient bien mourir, et trou-

---

(1) *Fourré de letisses* : doublé de fourrure grise. — (2) *Emblé* : volé.

verent le moyen d'envoyer devers le Roy pour de luy obtenir sa bonne grace et misericorde, lequel la leur bailla et octroya, combien qu'il l'avoit habandonnee aux nobles hommes et francs archiers estans pour luy devant icelle, qui se tindrent à mal contens de la composition que leur avoit donnee le Roy, veu sondit habandonnement, et que les dessusdicts, en perseverant de mal en pis, avoient injurié le Roy, tué de ses gens, et fait moult de maulx : parquoy leur sembloit bien que le Roy ne les prendroit point à mercy. Et les gens du Roy, au moyen dudit appointement, entrerent dedens ladicte ville d'Arras le dimenche quatriesme jour de may 1477.

Et apres la composition ainsi faicte dudit lieu d'Arras, s'en partit le Roy, et vint à la Victoire. Aussi s'en partit monseigneur l'admiral, les gentils-hommes et francs archiers de Normandie, pour eulx en aler chacun en leur maison. Et le Roy estant audit lieu de la Victoire, eut nouvelles que cinquante archiers de son ordonnance estoient alez à Peronne pour y mettre et loger cinq prisonniers de par le Roy, ausquels ils avoient fait refus d'y entrer : pourquoy il s'en partit et ala audit Peronne, cuidant qu'on y voulsist faire aucune rebellion, où il fut depuis par aucun temps que les autres nouvelles luy furent apportees que les Flamens et aultres tenans leur party estoient sur les champs pour nuire au Roy et ses pays. Pourquoy incontinent le Roy fist publier son arriere-ban, et que tout homme noble et non noble, privilegié et non privilegié, et pour ceste fois, feust tout prest et en armes pour le servir, et resister à leur fureur. Et fut ledit cry publié à Paris le dimenche dixhuictiesme jour de may audit an 1477. Et apres le Roy s'en ala à Cambray, où il fut receu par composition; et illec fut receu par certain temps, et s'y rafreschirent ses gens d'armes jusques au jour de la Trinité. En ce temps le Roy envoya ses lettres patentes adressans aux gens tenans sa court de parlement à Paris, par lesquelles leur mandoit tous en general aler et eulx transporter en la ville de Noyon, avec aussi les maistres des requestes de l'ostel du Roy, pour, avecques le Roy et aultres seigneurs de son sang et lignage qui seroient illec, veoir prendre conclusion et fin sur le fait du procez fait alencontre dudit de Nemours, qui par long temps avoit esté detenu prisonnier en la bastille Sainct Anthoine à Paris; laquelle chose firent lesdits de parlement, et partirent de Paris pour aler audit lieu de Noyon, le lundi second jour de juing, pour estre le lendemain audit Noyon, ainsi que mandé leur estoit par lesdites lettres.

[Audit an 1477, le samedy septiesme jour du mois de juing, fut crié et publié à son de trompe, par les carrefours de Paris, de par le Roy, comme messire Jehan de Chalon, prince d'Orenge, conte de Tonnerre et seigneur d'Arlay, s'estoit mis et retiré avecques les Bourguignons tenans le party de mademoiselle de Bourgongne en la Franche Conté dudit de Bourgongne, et illec debouté et chassé dehors les bons et vrais subjets qui mis y avoient esté depuis la mort dudit duc de Bourgongne de par le Roy, et auquel de Chalon le Roy avoit fait honneur tel, comme de luy avoir baillé et delivré l'ordre de monseigneur Sainct Michel, comme à loyal chevalier; lequel, nonobstant icelle ordre et en soy parjurant, avoit esté directement à l'encontre, et fait plusieurs mauvaistiez et conspirations contre le Roy et son royaulme, comme de par le Roy et jusques à quatorze trahisons, et avecques ce convoqué le dyable comme herese, et fait plusieurs enormitez, comme par lectres de sa main aparoit, et courroucé Dieu et l'Eglise. Pour lesquelz cas estoit declairé privé dudit ordre, comme faulx et traictre chevalier, et fait pendre en pourtraicture par diverses villes du royaulme (1).]

Audit temps et au mois de juing, le samedy quatorziesme jour d'iceluy mois, ung qui avoit esté de l'ostel du Roy, et qui avoit falsifié son signet et celluy d'ung de ses secretaires, et à ceste cause avoit faict et signees plusieurs lettres, et baillees en diverses villes de ce royaulme, où il avoit au moyen d'icelles prins plusieurs sommes de deniers au nom du Roy, et icelles à luy applicquees, fut pour ledit cas audit delinquant son procez fait de par le prevost de l'ostel du Roy ou son lieutenant, et depuis envoyé audit lieu de Paris, auquel lieu et pour ledit cas fut pillorié et mitré, et puis flastré (2) au fronc, le poing couppé, et banny du royaulme de France, et ses biens et heritaiges declairez acquis et confisquez au Roy.

Audit mois de juin advint que le seigneur de Craon, à qui le Roy avoit baillé la charge de son armee pour aler en la conté de Bourgongne, fist guerre alencontre de monseigneur le prince d'Orenge, qui pour aucunes injures à luy faictes par ledit de Craon, qui n'estoit pas de pareille maison de luy, et pour soy venger

---

(1) Ce qui est entre deux crochets est tiré du manuscrit de la bibliothèque du Roi, et manque dans toutes les autres éditions. —
(2) *Flastré* : marqué d'un fer chaud.

d'icelle injure, et aussi que le Roy, qui avoit baillé le gouvernement du pays audit prince, qui avoit esté aussi au moyen de faire mettre ledit pays en la main du Roy, et l'avoit de ce deschargé pour bailler audit de Craon, s'en courrouça fort, et trouva moyen de faire retourner contre le Roy les pays, villes et places qui à sa requeste s'estoient reduictes à luy. Et avecques et en sa compaignie se mist et bouta ung chevalier dudit pays de Bourgongne, nommé messire Claude de Vauldray, qui soustindrent la guerre contre ledit de Craon jusques à certain temps que ledit de Craon sceust que ledit d'Orenge estoit en une ville nommée Gray, où il vint mettre le siege et y demoura par deux jours, que ledit seigneur de Chasteauguyon, frere dudit d'Orenge, et aultres, vindrent pour le secourir; dont fut adverty ledit de Craon, qui s'en ala mettre en bataille contre ledit seigneur de Chasteauguyon, et y eut grant hurtibilis (1) à ladite rencontre, et de cousté et d'aultre y mourut de gens de façon, comme de quinze à seize cens combatans. Et de ladicte desconfiture en furent faictes par l'ordonnance du Roy processions generales à Paris, en l'eglise Sainct Martin des Champs.

Au mois de juillet ensuivant audit an 1477, le duc de Guerles, qui s'estoit venu loger prés de Tournay à tout quatorze ou quinze mil Alemans et Flamans, vint pour cuider bouter le feu és fauxbourgs dudit Tournay, et soy loger au pont de pierre prés de ladicte ville, dommager icelle. Fut fait saillie par deux fois sur ledit de Guerles, où à la premiere saillie il fut tellement navré qu'il y mourut, et fut son corps apporté

---

(1) *Hurtibilis* : choc.

en ladicte ville de Tournay. Et puis à la seconde saillie yssirent sur ceulx de son armee de trois à quatre cens lances de l'ordonnance du Roy, avec aucuns particuliers de ladicte ville, lesquels mirent en fuite tous lesdits Alemans et Flamens, et bien en tuerent deux mil; et de sept à huict cens prisonniers; et de ladicte desconfiture en fut chanté en l'eglise de Paris *Te Deum laudamus,* et fait faire les feux parmy les ruës de ladicte ville.

Audit an 1477, le lundy quatriesme d'aoust, messire Jacques d'Armignac, duc de Nemours et conte de La Marche, qui avoit esté constitué et amené prisonnier és prisons de la bastille Sainct Anthoine, à tel et semblable quatriesme jour d'aoust en l'annee precedente, pour aucuns cas, delits et crimes par luy commis et perpetrez, durant lequel temps de son emprisonnement en icelluy lieu de la Bastille luy furent faits plusieurs interrogatoires sur lesdites charges, ausquelles il respondit de bouche et par escrit, tant par devant messeigneurs le chancelier de France nommé maistre Pierre Doriolle, qu'aultres des presidens et conseillers de la court de parlement, par plusieurs et diverses journees; et encores par certains grans clers du royaulme, demourans en diverses citez et villes dudit royaulme, pour ce mandez et assemblez de l'ordonnance du Roy en la ville de Noyon, avec et en la compagnie desdits de parlement. Et en la presence de monseigneur de Beaujeu, illec representant la personne du Roy, fut tout veu et visité ladite procedure par ladicte court faicte alencontre dudict de Nemours, ensemble aussi les excusations par luy faictes et baillees servants à sa salvation. Et tout par eulx veu conclurent audit procez, tellement que ledit jour de lundy quatriesme jour d'aoust fut audit lieu de la Bastille messire Jehan Le Boulengier, premier president audict parlement, accompagnié du greffier criminel de ladicte court, de sire Denis Hesselin, maistre d'ostel du Roy, et aultres, qui vindrent dire et declairer audict de Nemours que veuës les charges à luy imposees, ses confessions et excusations par luy sur ce faites, et tout veu et consideré à grande et meure deliberation, luy fut dit par ledit president, et de par la court de parlement, qu'il estoit crimineux de crime de leze majesté, et comme tel condempné par arrest d'icelle court à estre ledit jour decapité és halles de Paris, ses biens, seigneuries et terres acquises et confisquees au Roy : laquelle execution fut ledit jour faite à l'eschaffault ordinaire desdictes halles, à l'heure de trois heures apres midy, qu'il eut illec le col couppé : et puis fut ensepvely et mis en biere, et delivré aux Cordeliers de Paris pour estre inhumé en ladicte eglise, et vindrent querir ledict corps ésdites halles jusques environ de sept à huict vingts cordeliers, à qui furent delivrees quarante torches pour mener et conduire ledit corps dudit seigneur de Nemours en leur dicte eglise.

Audit mois, le Roy, qui estoit à Therouenne, envoya partie de son armee pour combatre et mettre hors de leur parc certaine quantité grande de Flamens qui estoient parquez en un lieu nommé le Blanc Fossé, lesquels Flamens, quant ils ouyrent nouvelles de la venuë du Roy et son armee, s'enfuirent et desparquerent, et audit desparquement faire frapperent nos gens sur les dessusdits Flamens, desquels en y eut bien tué deux mil. Et depuis furent suivis jusques bien huict lieuës dedans le pays de Flandres, et passerent lesdites gens du Roy au mont de Cassel, à Fiesnes et autres places qui furent prises et arrasees, et en tuerent encores bien aultres deux mil; et desdites desconfitures en furent faictes de moult belles processions en la ville de Paris.

Audit mois d'aoust, vingtiesme jour d'iceluy mois, l'an 1477, advint que ung jeune fils bourreau à Paris, nommé Petit Jehan, fils de maistre Henry Cousin, maistre bourreau en ladicte ville de Paris, qui desja avoit faict plusieurs exploicts de bourreau, et entre les aultres avoit executé et couppé le col de messire Loys de Luxembourg, connestable de France, fut tué et meurdry ledit Petit Jehan en ladicte ville de Paris, au pourchas d'ung menuisier qui estoit nommé Oudin Du Bust, natif du pays de Picardie, qui avoit conceu haine mortelle contre ledit Petit Jehan, pour raison et cause de ce que ledit Petit Jehan avoit frappé ou batu long temps paravant ledit Du Bust, pour aucune noise qu'ils eurent ensemble, à cause de ce que ledit menuisier Du Bust luy demandoit la grosse et seel d'une obligation en quoy ledit Petit Jehan estoit obligé à icelluy Oudin Du Bust, et de laquelle obligation ledit Petit Jehan avoit payé le principal, et ne restoit que ledit grossement et seel.

Et pour estre ledit Du Bust vengé dudit Petit Jehan, se associa ledit Du Bust de trois jeunes compaignons demourans à Paris : l'ung d'iceux nommé Lempereur Du Houlx, sergent à verge; l'autre, Jehan Du Foing, fontenier et plombeur; et l'autre, nommé Regnault Goris, orfevre, fils de Martin Goris, courtier(1) de geo-

---

(1) *Courtier de geolerie* : courtier de bijoux et joyaux.

lerie. Tous lesquels quatre de guet, à pense et propos
deliberé, vindrent assaillir ledit Petit Jehan, qu'ils
trouverent au coing de la ruë de Garnelles prés de
l'ostel du Moulinet; et vint le premier à luy le dit
Empereur du Houx soubs fainte amiable, qui le print
par dessoubs le bras en le tenant fermement, en luy
disant qu'il n'eust point de paour des dessusdits, et
qu'ils ne luy feroient point de mal. Et en luy disant
ces choses, vint ledit Regnault Goris, qui frappa ledit
Petit Jehan d'une pierre par la teste, dont il chancella,
et lors ledict Empereur le lascha; et incontinent vint
à luy ledict Jehan Du Foing, qui luy bailla d'une jave-
line au travers du corps, dont il cheyt mort en la place,
et depuis qu'il fut mort ledit Du Bust luy vint coupper
les jambes; et à tant se departirent les quatre dessusdits, et s'en alerent bouter en franchise aux Celestins
de Paris, auquel lieu la nuit ensuivant furent prins
et tirez dehors par l'ordonnance et commandement de
messire Robert Destouteville, chevalier, prevost de
Paris, et gens de conseil; pource que par information
leur apparut dudit guet à pense et propos deliberé; dequoy lesdits Celestins appellerent, et par la court de parlement fut l'appel vuidé, et dit qu'ils ne jouyroient point
de l'immunité de l'Eglise, et apres comme clercs furent
requis par l'evesque de Paris comme ses clercs; auquel
pareillement fut dit par arrest de parlement qu'ils ne
jouyroient point du privilege de clerc, et furent renvoyez
par devant ledit prevost, par la sentence duquel ils
furent tous condempnez à estre pendus et estranglez,
dont ils appellerent en la court de parlement, laquelle
conferma ladite sentence qui fut executee, et furent
tous quatre pendus au gibet de Paris par les mains

dudict maistre Henry, pere dudit Petit Jehan, qui pourtant fut vengié de la mort de sondit fils le jeudy veille de monseigneur sainct Jehan decollasse, vingt-huictiesme jour dudit mois. Et furent pendus en la maniere qui s'ensuit, et tout au joignant l'ung de l'autre : c'est assavoir ledit Empereur le premier, Jehan Du Foing le second, Regnault Goris le tiers, et ledit Jehan Du Bust le quatriesme et dernier. Et est assavoir que lesdicts Empereur, Du Foing et Goris estoient trois beaulx jeunes hommes; et en oultre pour ledit cas fut batu de verges et banny du royaulme de France ung jeune fils cordonnier qui avoit conspiré de la mort dudit Petit Jehan, mais point ne s'estoit trouvé à icelle.

Audit temps le Roy, qui estoit au pays de Picardie, se partit dudit pays, et y laissa pour son lieutenant general monseigneur le bastard de Bourbon, admiral de France, pour la conduite de la guerre et garde de tout le pays. Et au regard des gens de guerre de l'ordonnance du Roy et aultres estans pour luy esdits pays, on leur bailla et assigna l'en leur logis en la cité et ville d'Aras, Tournay, Lens, La Bassee et aultres lieux sur les frontieres de Flandres, et autres pays qui encores se tenoient pour ladicte damoiselle de Flandres, fille d'icelluy feu duc de Bourgongne. Et apres toutes ces choses ainsi faictes et ordonnees, le Roy s'en vint à Nostre Dame de la Victoire veoir la belle dame illec aôuree (1), et puis apres s'en tira à Paris, où il ne sejourna gueres, et y estoit le jour de la feste de sainct Denis, à la reverence duquel sainct il delivra tous les prisonniers estans en ses prisons du

(1) *Aouree* : souhaitée, désirée.

chastellet de Paris, et puis s'en ala à Tours, à Amboise et aultres lieux voisins, où il se tint par assez longue espace de temps, durant lequel les Bourguignons et autres ennemis du Roy, soubs les charges et compaignies du prince d'Orenge, messire Claude de Vaudray et aultres estans en la conté de Bourgongne, firent et porterent de grans guerres aux gens du Roy estans pour luy audit pays, et en fut fait de grans desconfitures sur lesdictes gens du Roy, tant en la ville du Grey sur Sosne et ailleurs, où lesdictes gens du Roy s'estoient logez ; et y tuerent lesdits Bourguignons des gentils hommes de l'ordonnance du Roy, soubs les charges et compaignies de Sallezart et de Conyngan, capitaines des Escossois, en bien grant nombre.

En ladite annee, le Roy ayant en singuliere recommandation les saincts faits de sainct Louys et sainct Charlemaigne, ordonna que leurs images de pierre, pieça mis et assis en deux des pilliers de la grant salle du Palais Royal à Paris, du rang des aultres roys de France, fussent descendus, et voulut iceulx estre mis et posez au bout de ladite grant salle, au dessus et au long de la chappelle estant au bout de ladicte grant salle; ce qui fut fait : et en furent payez les deniers que l'ouvraige cousta à faire par Robert Cailletel, receveur des aydes de ladite ville de Paris.

Au mois de decembre audit an, le Roy, pour tousjours accroistre son artillerie, voulut et ordonna estre faites douze grosses bombardes de fonte et metail de moult grande longueur et grosseur, et voulut icelles estre faictes, c'est assavoir trois à Paris, trois à Orleans, trois à Tours, et trois à Amiens. Et durant ledit temps fist faire bien grant quantité de boules de fer és

5.

forges estans és bois prés de Creil, dont il bailla la charge à maistre Jehan de Reilhac (1), son secretaire. Et pareillement fist faire és carrieres de Peronne grant quantité de pierres à bombarde, et aussi faire dedens les bois grant nombre de chevretes et tauldis de bois, avecques des eschelles à assaillir villes et forteresses, pour avoir et prendre les villes de Flandres et Picardie, qui encores audit temps estoient à reduire.

Audit an 1477, advint au royaulme d'Angleterre que pour ce que le roy Edouart dudit royaulme fut acertené que ung sien frere qui estoit duc de Clairence avoit intention de passer la mer et aler descendre en Flandres, pour donner aide et secours à sa sœur duchesse en Bourgongne, veufve dudit deffunct le dernier duc, fist icelluy roy Edouart prendre et constituer prisonnier sondit frere, et mettre prisonnier en la tour de Londres, où il fut depuis detenu prisonnier par certaine longue espace de temps, pendant lequel ledit Edouart assembla son conseil, et par la deliberation d'icelluy fut condempné à estre mené depuis ladite tour de Londres trainant sur ses fesses jusques au gibet de ladicte ville de Londres, et illec estre ouvert, et ses entrailles gettez dedens un feu, et puis luy coupper le col, et mettre son corps en quatre quartiers : mais depuis, par la grant priere et requeste de la mere desdits Edouart et de Clairance, fut sa condempnation changee et muee tellement, que au mois de fevrier audit an icelny de Clairance estant prisonnier en ladite tour, fut prins et tyré de sadite prison, et apres qu'il eut esté confessé fut mis et bouté tout vif dedens une queue de malvoisie deffoncee par l'ung

(1) *Reilhac* : il avoit été conseiller des comptes.

des bouts la teste en bas, et y demoura jusques à ce qu'il eut rendu l'esprit. Et puis fut tyré dehors, et luy fut le col couppé, et apres ensepvely et porté à enterrer aux Carmes avecques sa femme, jadis fille du conte de Warvich qui mourut à la journee de Conventery avecques le prince de Galles, fils du sainct roy Henry d'Angleterre de Lanclastre.

Audit temps advint à Paris que ung nommé Daniel de Bar, serviteur de maistre Olivier Le Dain, premier barbier et varlet de chambre du Roy, fut mis et constitué prisonnier en la court de parlement, pour raison de plusieurs plaintes qui furent baillees à ladite court alencontre dudit Daniel, et mesmement à la complainte d'une nommee Marion, femme de Colin Panier, et d'une aultre femme dissolüe, qui chargeoient ledit Daniel de les avoir efforcees, et en elles faict et commis l'ord et villain peché de sodomie. Et apres que par ladite court et par la justice du prevost de Paris eust esté vacqué par long temps à besongner audit procez, icelles deux femmes se desdirent desdites charges, en confessant par elles que icelles charges avoient faictes à la petition et requeste dudit Colin Panier et d'ung nommé Janvier, comme ennemis dudit Daniel, et pour eulx vengier de luy : pourquoy lesdites deux femmes, par sentence du prevost de Paris, furent condemnees à estre batuës nues, et bannies du royaume de France, leurs biens et heritages confisquez au Roy; surquoy premierement seroient prins les dommages et interests dudit Daniel, premierement et avant toute œuvre; laquelle sentence fut prononcee, et apres executee par les carrefours de Paris le mercredy unziesme jour de mars audit an 1477.

Audit an et mois de mars, le Roy qui estoit à Tours s'en vint vers Paris loger à Ablon sur Seine, en ung hostel appartenant à Marc Senamy, esleu de Paris, où il ne sejourna que deux jours, et puis vint à Paris coucher en son hostel des Tournelles, et d'illec le landemain matin s'en ala en l'eglise de Paris faire son oraison à la benoiste vierge Marie. Et icelle faicte, s'en ala coucher à Louvres en Parisys, et de là à Senlis, à la Victoire, à Armenonville, et autres lieux voisins, où il sejourna ung peu de temps, et apres ala à Hesdin, Amyens et aultres lieux de Picardie, où le seigneur de Havart de par le roy Edouart d'Angleterre y vint, et communiqua de trouver accord entre le Roy et les Flamens; et du costé du Roy y fut commis le seigneur de Sainct Pierre et plusieurs aultres. Et durant ce temps le Roy fist tousjours passer son armee audit pays de Picardie, tant ceulx de son ordonnance que les nobles, archiers de retenuë, et aultres gens de guerre en bien grant nombre; et si y fut aussi mené grant nombre de bombardes, pouldres, artillerie, vivres, et grans preparations de faire guerre.

Audit an, au mois de mars 1478, apres Quasimodo, vint et arriva à Paris madame d'Orleans, monseigneur le duc d'Orleans, ung jeune enfant fils du duc de Cleves, nepveu d'icelle dame; madame de Nerbonne, fille du feu duc d'Orleans et femme de monseigneur le vicomte de Nerbonne, fils du conte de Fouez; le fils du conte de Vendosme, et aultres plusieurs seigneurs, gentils-hommes, dames et damoiselles, qui moult bien furent festoiees par deux fois en ladicte ville de Paris : pour la premiere fois par monseigneur le cardinal de Fouez, en l'ostel d'Estampes pres la Bastille; et la seconde fois par monseigneur le cardinal de Bourbon en son hostel à ladicte ville de Paris, qui y donna à soupper à icelle dame, à toute sadicte compaignie et plusieurs aultres, le mardy dernier jour de mars audit an 1478. Et fut ledit soupper moult honorable, plantureux (1), et bien et honnestement servy de tout ce qu'il estoit possible de trouver, avecques chantres et plusieurs instrumens melodieux, farcés, mommeries, et aultres honnestes joyeusetés. Et fut l'assiete dudit soupper en la gallerie dorée, reservé madicte dame de Nerbonne qui estoit fort grosse, qui pour son aise avoir avec monseigneur son mary, et jusques au nombre de huict, soupperent en une chambre basse dudict hostel au logis de Jehan de Roye, secretaire de monseigneur le duc de Bourbon, et garde dudit hostel de Bourbon.

Au mois d'avril audit an 1478, fut sceu par Guerin Le Groin, baillif de Sainct Pierre le Monstier, et Robinet Du Quesnoy, lesquels et chascun de eulx avoient charge de cent lances de l'ordonnance du Roy, qui estoient en garnison au pays de Picardie, que les Flamens venoient à Douay pour apporter argent à ceulx dudit lieu, tant pour leurs gaiges et souldees que aussi pour les affaires de ladicte ville. Lesquels capitaines se mirent aux champs pour gaigner ledit argent : ce qu'ils firent, et ruerent jus ceulx qui le portoient, et en tuerent aucuns, et plusieurs prisonniers y furent prins.

Et pour ce que ceux de ladicte ville de Douay et de l'Isle de Flandre eurent certaines nouvelles de ladite destrousse, se mirent aux champs pour rescourre ledit

(1) *Plantureux* : abondant.

argent et prisonniers. Et nonobstant qu'ils fussent moult grant nombre, nosdites gens se saulverent parmy eulx, en tuerent quatre-vingts et mieulx, et en emporterent ledit argent par eulx gaigné. Et n'y mourut point des gens du Roy plus de trente six ou trente sept hommes.

Au mois de may audit an 1478, le Roy, qui estoit au pays de Picardie, ne fist guere de choses, sinon de gaigner et avoir par sa puissance une petite ville nommee Condé, qui estoit tenuë par les Bourguignons, laquelle estoit fort nuisante à avitailler, et porter vivres à ceulx de la cité de Tournay, dedens laquelle ville y avoit des gens de guerre du party du duc en Auteriche qui se laisserent batre : mais en fin quant ils apperceurent le grant mal qui leur estoit apparant, ils prindrent composition avec le Roy de luy bailler ladite ville et le chasteau; à quoy le Roy les receupt, et s'en alerent eulx et leurs biens saufs.

-En ladicte annee vint à Paris ung cordelier natif de Ville Franche en Beaujolois, pour prescher à Paris, et illec blasmer les vices; et y prescha bien longuement, disant et publiant les vices dont les creatures estoient entachees. Et par ses parolles y eut plusieurs femmes qui s'estoient donnees aux plaisances des hommes et aultres pechez qui de ce se retrayrent, et aucunes d'icelles se mirent et rendirent en religion, en delaissant leurs plaisances et voluptez où par avant s'estoient demenees : et si blasma tous les estats, et si prescha de la justice du gouvernement du Roy, des princes et seigneurs de ce royaulme, et que le Roy estoit mal servy, et qu'il avoit autour de luy des serviteurs qui luy estoient traistres; et que s'il ne les mettoit dehors, qu'ils le destruiroient, et le royaume aussi. Desquelles choses en vindrent les nouvelles au Roy, parquoy ordonna qu'on luy deffendist le prescher : et pour ceste cause vint à Paris maistre Olivier Le Dain, barbier du Roy, pour luy faire deffendre le prescher, ce qui luy fut interdit : ce qui fut à la grant desplaisance de plusieurs hommes et femmes, qui fort s'estoient renduës enclins à le suivre, et oyr ses parolles et predications. Et pour doubte qu'on ne le print, ne que on ne luy feist aucun opprobre, le furent veiller nuict et jour dedens le couvent des Cordeliers dudict lieu de Paris. Et si disoit on que plusieurs femmes y alloient curieusement de nuict et de jour, qui se garnissoient en leurs patois de pierres, cendres, cousteaux mucees, et aultres ferremens et bastons pour frapper ceulx qui luy voudroient nuire ou empescher sadicte predication; et qu'ils luy disoient qu'il n'eust point de paour, et qu'ils mourroient avant que esclande luy advinst.

Durant ces choses s'en ala en Picardie par devers le Roy ung legat de par le Pape, pour remonstrer au Roy et au duc d'Austriche le grant mal que faisoient les Turcs infidelles alencontre de la chrestienté, en les exhortant de faire paix entre eulx, et de eulx deliberer d'eux exposer à la deffence de ladicte chrestienté, et destruire lesdits infideles. Au moyen de quoy fut ung peu cessee ladicte guerre, en esperant trouver accord en leursdits debats; mais nonobstant ce ne cesserent point les Bourguignons de la duché et conté de Bourgongne de tousjours faire guerre ausdits pays et à l'armee que le Roy y avoit envoyee, et de prendre sur les gens du Roy villes, chasteaux et places par le Roy recouvrees, et y tuerent des gens du Roy et francs archiers bien grant nombre.

Et le mardy vingt-sixiesme jour de may, fut crié à son de trompe et cry publicque, par les carrefours de Paris, comme de toute ancienneté il soit de coustume et qu'il ne loise(¹) à nuls, de quelque estat qu'ils soient, de faire assemblées de gens en la ville de Paris sans le congié et licence du Roy ou sa justice. Et que ce neantmoins, au moyen de certains sermons et predications puis n'agueres faits en ladite ville par frere Anthoine Fradin de l'ordre des Cordeliers, plusieurs personnes se sont assemblees et venuës au couvent desdits Cordeliers pour illec garder ledit cordelier, auquel n'avoit esté fait aucun opprobre par le Roy ne sa justice, mais y avoient esté envoyez seulement aucuns des conseilliers du Roy pour le interroguer sur aucunes choses et matieres secretes, dont le Roy en vouloit sçavoir la verité. Et illec s'estoient tenus nuit et jour prés de icelluy frere Anthoine pour le garder, si comme ils disoient. Laquelle chose estoit en grande esclandre, parquoy, et par l'advis de la cour de parlement et prevost de Paris, estoit interdit et deffendu à toutes personnes, de quelque condition qu'ils feussent, de non plus faire lesdites telles assemblées en ladicte eglise des Cordeliers ne ailleurs, sur peine de confiscation de corps et de biens; et que, au regard de ceulx qui ainsi estoient assemblez audit lieu des Cordeliers, incontinent apres le cry se departissent, et alast chascun en sa maison sur lesdictes peines; et aux maris qu'ils feissent deffence à leurs femmes de plus aler, ne eulx tenir lesdictes assemblees. Apres lequel cry ainsi fait que dit est, fut par grant derision crié par plusieurs des escoutans que ce n'estoit que folie, et que le Roy

(¹) *Loise* : soit permis.

ne sçavoit riens des choses dessusdictes, et que c'estoit mal fait d'avoir ordonné de faire ledit cry.

Et le lundy premier jour de juing audit an, par le premier president du parlement, et aultres qui se disoient avoir charge du Roy, fut dit et declairé audit frere Anthoine Fradin qu'il estoit à tousjours banny du royaulme de France, et que pour ce faire il vuidast incontinent et sans arrester hors d'icelluy royaulme; ce qu'il fist, et vuida le lendemain de ladicte ville de Paris, qui fut mardy second jour dudit mois de juing 1478. Et quant ledit frere Anthoine partit dudit lieu des Cordeliers de Paris, y avoit grant quantité de populaire crians et soupirans moult fort son departement, et en estoient tous fort mal contens. Et du courroux qu'ils en avoient disoient de merveilleuses choses; et y en eut plusieurs, tant hommes que femmes, qui le suivirent hors de la ville de Paris jusques bien loing, et puis apres s'en retournerent.

Audit temps le Roy, qui estoit alé au pays de Picardie en intention d'avoir et mettre en ses mains et obeissances les villes, places et pays que tenoit le deffunct duc de Bourgongne au jour de son trespas, comme appartenans au Roy, et à luy acquises par la rebellion et desobeyssance du deffunct duc de Bourgongne, et qui pour icelles avoir y avoit menée la plus belle et grande quantité d'artillerie et gens-d'armes de son ordonnance, francs archiers et nobles hommes, qui oncques fut veuë en France. Et demoura longuement audit pays, cuidant tousjours avoir les Flamens et le duc Maximien d'Auteriche, qu'ils appelloient leur seigneur, soubs umbre duquel avoir fut envoyé devers le Roy, luy estant à Cambray et en la cité d'Arras, ambassadeurs dudit duc d'Auteriche, qui pourparlerent de bailler au Roy paisiblement les contez d'Artois et de Boulongne, L'Isle, Douay et Orchies, Sainct Omer et aultres villes, avecques la duché de Bourgongne entiere. Et soubs umbre desdictes promesses, le Roy leur bailla la jouyssance de Cambray, Quesnoy le Conté, Bouchain, et aultres villes. Et pour estre plus prés du Roy pour communiquer des choses dessusdites, s'en vint loger et parquer ledit duc d'Auteriche luy et son ost, que on disoit estre vingt mil combatans et mieulx, entre Douay et Arras. Et illec tindrent le Roy en belles parolles, soubs umbre desdites promesses, jusques en la fin dudit mois de juing, que le Roy n'eut aucune chose de ce qui luy avoit esté promis. Et si avoit eu liberalement du Roy icelluy Maximien lesdites villes, cuidant que de son costé feust entretenu ce que promis luy avoit, dont il ne fist rien, et n'y eut aucune conclusion sur ce prinse.

Durant ledit mois de juing, l'armee que le Roy avoit envoyee en la haulte Bourgongne pour recouvrer ses villes contre luy rebellees, et dont avoit la charge le gouverneur de Champaigne nommé d'Amboise, prospera fort, et regaignerent et mirent és mains du Roy la ville de Verdun, Montsaujon, et Semur en Lauxois, tant par assault que par composition. Et apres alerent mettre le siege devant la ville de Beaulne, où ils furent depuis par aucun temps, et jusques au commencement du mois de juillet ensuivant, et audit an 1478 que ladicte ville de Beaulne se rendit au Roy par composition és mains dudit gouverneur: tellement qu'ils eurent leurs vies et biens saufs, et payerent en ce faisant par forme d'amende, pour leurs defaultes, quarante mil escus, et si furent condempnez à rendre et restituer tout le vin et aultres debtes qu'ils pouvoient devoir aux marchands de Paris et aultres marchands du royaulme, tant en vin par eulx vendu et non livré, que d'argent à eulx baillé et presté. Et au regard des gens de guerre, ils s'en alerent par ladicte composition franchement et quittement, eulx et leurs biens saufs.

Audit mois de juillet, furent et transporterent en ladicte ville d'Arras, par devers le Roy illec estant, une grande ambassade dudit duc Maximien d'Auteriche, et aussi des habitans des villes et pays de Flandres, lesquels furent oys par le Roy et son conseil; et sur ce qu'ils voulurent dire à grande et meure deliberation, fut appointé entre le Roy et lesdits Maximien et Flamens que la guerre qui lors estoit audit pays cesseroit jusques à ung an, pendant lequel yroient seurement de chascun des deux costez toutes personnes de l'ung party en l'autre, et que toute marchandise auroit son plain cours. Et à tant s'en departit le Roy, et s'en vint loger vers Paris, et ne entra point en la ville, pour cause de ce que on luy dist que on s'y mouroit; et s'en ala prés de Vendosme, où il se tint par aucun temps; et apres ala à Behuart, et autres pelerinages à sa devotion.

En ladicte annee et au retour dudit pays, le Roy fist de grans dons à plusieurs eglises et divers saincts : car il vint veoir la benoiste vierge Marie de la Victoire prés Senlis, où il donna deux mil francs, qu'il voulut estre employez à faire des lampes d'argent devant l'autel de ladicte vierge; et aussi fist couvrir d'argent la chasse de monseigneur sainct Fiacre, où il fut employé de sept à huict vingts marcs d'argent. Et en oultre, pour sa grande et singuliere confidence (1) que de tout temps il a eu à monseigneur sainct Martin de Tours, voulut et ordonna estre fait ung grant treillis d'argent tout autour de la chasse dudit sainct Martin, lequel y fut fait, et pesoit de seize à dix-sept mil marcs d'argent, qui cousta, avant que estre prest et tout assis, bien deux cens mil francs. Et est assavoir que pour finer de ladicte grande quantité d'argent à faire les ouvrages dessusdits, furent ordonnez commissaires pour prendre et saisir toute la vaisselle qu'on pouvoit trouver à Paris et aultres villes, laquelle vaisselle fut payee raisonnablement; mais nonobstant ce, en fut grande quantité mucee, et ne fut plus veuë és lieux où elle avoit accoustumé de courir. Et à ceste cause de là en avant, quant on aloit aux nopces franches et aultres, où on avoit accoustumé d'y en veoir largement, n'y estoient trouvez que beaulx verres, et esguieres de verre et feugiere.

En icelluy temps le Roy fist faire grant assemblee des prelats, gens d'Eglise, de grans clercs, tant des universités de Paris, Montpelier, que d'autres lieux, pour eulx trouver et assembler en la ville d'Orleans; pour subtillier et trouver moyen de ravoir la pragmatique, et que l'argent des vaccans et benefices ne fussent plus portez à Rome, ne tyrez hors de ce royaume. Et pour ceste cause se tint ladicte assemblee ainsi estant à Orleans, où presidoit pour le Roy monseigneur de Beaujeu, monseigneur le chancelier, et aultres du conseil du Roy; lequel monseigneur le chancellier, en la presence de monseigneur de Beaujeu, dist et declaira

(1) *Confidence* : confiance.

les causes pourquoy ladite assemblee estoit ainsi faicte
audit Orleans, et les causes qui mouvoient le Roy
d'avoir fait faire icelle assemblee; laquelle proposition
fut responduë par maistre Jehan Huë, doyen de la faculté de théologie pour ladite université de Paris, qui
en ce faisant fist de grandes remonstrances, et parla fort
et hardiment, pour ce qu'il estoit advoué de par lesdits
de l'université de Paris. Et aussi y parla pour ladicte
université de Montpellier ung aultre grant clerc qui
aussi parla moult bien. Et apres que icelle assemblee
eut illec esté certaine espace de temps, le Roy vint à
sa devotion en l'eglise Nostre Dame de Clery, et apres
sa devotion faicte, ala audit lieu d'Orleans, où il ne sejourna que demie journee; et apres qu'il s'en fut retourné, tout ledit conseil ainsi assemblé que dit est
sans conclure se departit, et ala chascun dont il estoit
party pour y venir, et fut ledit conseil remis à Lyon
au premier jour de may apres ensuivant.

En apres le Roy, estant audit pays de Tourraine, envoya ses lettres closes à ses bons bourgois de Paris,
leur faisant sçavoir quant il avoit envoyé ses ambassadeurs par devers le roy de Castille et de Leon, sur
aucuns differens qui estoient entre le Roy et luy, affin
de trouver aucun bon accord entre eulx sur lesdits
differens; lesquels ses ambassadeurs estoient retournez
dudict voyaige, et avoient rapporté que ledit roy de
Castille estoit bien content du Roy, et lui avoit promise et juree bonne amour et vraie alliance : pourquoi le Roy voulant de ces choses estre loué et regracié Dieu nostre createur, et la benoiste glorieuse
vierge Marie, mandoit ausdits de Paris que de ce
ils feissent processions generalles à Paris, et que les

feux en feussent faits parmi les ruës de ladicte ville : laquelle chose fut faicte. Et furent icelles processions faictes, qui allerent de Nostre-Dame à madame Saincte Genevielve au mont de Paris, et y fut illec presché par le prieur des Carmes, qui illec declaira bien au long et honorablement l'intention et contenu desdictes lettres du Roy.

En ladite annee, au mois d'octobre, advint au pays d'Auvergne que en une religion de moines noirs (1), appartenant à monseigneur le cardinal de Bourbon, y eut ung des religieux dudit lieu qui avoit les deux sexes d'homme et de femme, et de chascun d'iceulx se aida tellement, qu'il devint gros d'enfant : pourquoy fut prins et saisi, et mis en justice et gardé jusques à ce qu'il fut delivré de son postume, pour apres iceluy venu estre fait dudit religieux ce que justice verroit estre à faire.

Audit pays advint aussi que ung gentil-homme dudit pays d'Auvergne nourrissoit ung lyon, qui luy eschappa et le perdit par aucun temps, qu'il ne sçavoit où il estoit devenu ; laquelle beste s'en ala à l'escart et sur aucuns chemins, là où mengea et devoura plusieurs creatures, tant hommes que femmes : pour cause de quoy grant nombre de gens dudit pays se mirent sur les champs pour le tuer, et y ala aussi sondit maistre, et tant firent qu'ils trouverent ladicte beste, laquelle entre aultres personnes reconneut et vint à sondit maistre, et incontinent fut tuee et meurdrie. Et pareillement aussi audit pays y sourdit une fontaine en lieu où jamais n'en avoit point eu, et illec de-

---

(1) *En une religion de moines noirs* : Mézeray dit que c'étoit dans l'abbaye d'Issoire, en Auvergne.

vint la terre mouvant et tremblant merveilleusement.

Audit an 1478, au mois de novembre, ung nommé Symon Courtois, que le Roy avoit fait son procureur general par toute la conté d'Artois, au moyen de la treve qui estoit entre le Roy et les Flamens, se partit de la ville d'Arras, faignant aler en ses affaires au païs de Flandres, auquel pays s'en ala par devers la contesse dudit Flandres, femme de Maximien d'Auteriche, par devers laquelle, et non content de l'honneur à luy fait par le Roy de l'avoir ainsi creé sondit procureur general en ladite conté, dist à icelle contesse qu'il estoit bien son serviteur comme ses aultres parens avoient esté, et qu'elle voulsist prendre de luy le serment et creer sondit procureur; et de raison elle luy revauldroit, et aimoit mieux qu'elle feust et demourast en ses mains que en celles du Roy. Lesquelles choses qui furent sceuës par le gouverneur dudit Arras pour le Roy, fut ledit Symon Courtois prins et saisi, et mené devers le Roy à Tours, où il confessa tout ce que dit est dessus; et à ceste cause il fut decapité.

Audit an 1478, le lundy devant les Rois, advint que plusieurs officiers du Roy en son artillerie firent assortir une grosse bombarde qui en ladicte annee avoit esté faicte à Tours, pour illec essayer et esprouver; et fut acculee la queuë d'icelle aux champs devant la bastille Sainct Anthoine, et la gueule d'icelle en tirant vers le pont de Charenton; laquelle fut chargee pour la premiere fois, et tira tres-bien, et porta la pierre d'icelle de vollee jusques à la justice dudit pont de Charenton. Et pour ce qu'il sembla aux dessusdits qu'elle ne s'estoit pas bien deschargee de toute la poudre qui mise et boutee avoit esté dedens la chambre d'icelle bombarde, fut ordonné par les dessusdits que encores seroit chargee de nouveau, et que de rechief seroit tiree pour seconde fois, et que avant ce elle seroit nettoyee dedans la chambre d'icelle avant que d'y mettre la poudre, ce qui fut fait; et fut faite charger et bouté sa boule, qui pesoit cinq cens livres de fer, dedans la gueule d'icelle bombarde, à laquelle gueule estoit ung nommé Jehan Maugue, fondeur, qu'icelle bombarde avoit faite : laquelle boule, en roullant au long de la vollee contre le tampon de la chambre de icelle bombarde, se deschargea incontinent, sans sçavoir dont le feu y vint. A cause dequoy elle tua et meurdrit et mist en diverses pieces ledit Maugue, et jusques à quatorze aultres personnes de Paris, dont les testes, bras, jambes et corps estoient portez et gettez en l'air, et en divers lieux. Et ala aussi ladicte boule tuer et mettre en pieces et lopins ung pauvre garçon oyselleur qui tendoit aux champs aux oyseaulx; et de la poudre et vent de ladicte bombarde y en eut quinze ou seize aultres personnes qui tous en eurent plusieurs de leurs membres gastez et brulez, et en mourut plusieurs depuis; et tellement que de ceulx qui y moururent ledit jour, que de ceulx qui furent happez dudit vent, en mourut en tout de vingt-deux à vingt-quatre personnes. Et apres le trespas dudit Maugue, fondeur de ladite bombarde, le corps fut recueilly et ensevely, et mis en biere, et porté à Sainct Merry à Paris son patron, pour y faire son service; et fut crié par les carrefours de Paris que on priast pour ledit Maugue, qui nouvellement estoit allé de vie à trespas entre le ciel et la terre, au service du Roy nostre sire.

En ladicte annee, le mardy second jour de mars, le corps d'ung nommé Laurens Garnier, de la ville de Provins, qui avoit, par arrest de la cour de parlement, esté pendu et estranglé au gibet de Paris un an et demy par avant ledit jour, pour occasion de ce qu'il avoit tué et meurdry ung collecteur ou receveur de la taille dudit lieu de Provins, et duquel cas il avoit obtenu remission qui ne luy fut point enterinee par ladicte court, fut, au pourchas d'ung sien frere, fait despendre dudit gibet par Henry Cousin, executeur de la haulte justice audit lieu de Paris. Et illec fut ensepvely ledit corps, et mis en une biere couvert d'ung cercueil, et dudit gibet mené dedens Paris par la porte Sainct Denys; et devant icelle biere alloient quatre crieurs de ladicte ville sonnant de leurs clochetes, et en leurs poitrines les armes dudit Garnier; et autour d'icelle biere y avoit quatre cierges et huict torches, qui estoient portees par hommes vestus de dueil, et armoyez comme dit est. Et en tel estat fut mené passant parmy ladicte ville de Paris jusques à la porte Sainct Anthoine, où fut mis ledit corps en un chariot couvert de noir, pour mener inhumer audit Provins. Et l'ung desdits crieurs qui aloit devant ledit corps crioit : « Bonnes gens, dictes vos patenostres pour l'ame de « feu Laurens Garnier, en son vivant demourant à « Provins, qu'on a nouvellement trouvé mort soubs « ung chesne! dictes en vos patenostres que Dieu bonne « mercy luy face! »

En ladicte annee, audit mois de mars, le jeudy dixhuitiesme jour dudit mois, un gentilhomme nommé Oriole, natif du pays de Gascongne, qui auparavant avoit euë la charge et conduicte de par le Roy de cent lances de son ordonnance, laquelle charge et ordonnance le Roy avoit nouvellement fait casser avecques aultres, laquelle chose il print à desplaisance ; et à ceste cause fut raporté que ledit Oriole parloit mal et usoit de menasses, et que avecques ce aussi qu'il mist en deliberation, avecques le lieutenant de sa compaignie, de delaisser le Roy et son service, et aler servir en guerre son adversaire le duc en Auteriche. En quoy faisant commettoit crime de leze majesté envers son souverain seigneur, pour lesquels cas et aultres furent iceulx Oriole et sondit lieutenant decapitez en la ville de Tours ledit jour de jeudy. Et apres ladicte execution faicte, furent portez par maistre Denis Cousin, executeur de la haulte justice, et qui avoit executé ledit Oriole et sondit lieutenant, leurs testes et partie de leurs membres attachez, et mettre aux portes d'Arras et Bethune, au pays de Picardie.

Audit an et mois de mars fut aussi prins prisonnier à Paris ung nommé le seigneur de Mauves, qui aussi avoit esté cassé de la charge de cent lances, dont aussi avoit euë la charge pour le Roy ; et fut prins en l'ostel du Cornet prés Sainct Jehan en Gréve par Phelippe Luillier, escuyer, capitaine de la bastille Sainct Anthoine, et par luy ou par aultres mené prisonnier audit lieu de Tours par devers le Roy, qui lors y estoit ; et depuis fut delivré, comme ignorant des cas à luy imposez.

Au mois d'avril 1479 apres, le Roy qui estoit au pays de Touraine delibera du fait de sa guerre, et de ce qui estoit de faire touchant le fait d'icelle, pource que la treve qui sur ce avoit esté entre luy d'une part, et le duc en Auteriche d'autre-part, estoit presque faillie, et que par ledit d'Auteriche n'avoit estéaucune ambassade envoyée devers luy pour accord faire entreeulx sur leurs differens, et pour conclure de ce qu'ils avoient à faire apres la fin d'icelle treve.

Au mois de may ensuivant, nonobstant que ladicte treve ne feust empiree ne faillie, les manans et habitans de la ville de Cambray mirent et bouterent les Picars, Flamens, et aultres ennemis du Roy tenans le party dudit duc en Auteriche, dedens ladicte ville de Cambray; et d'icelle en deschasserent et mirent dehors les gens de guerre qui estoient dedens le chasteau de ladite ville de par le Roy, nonobstant que ladicte ville le Roy avoit laissee et baillee en la garde et confidence du seigneur de Fiennes; et incontinent apres vindrent de trois à quatre cens lances desdits Flamens et Picars devant la ville et chastel de Bouchain, dedens laquelle n'y avoit en garnison pour le Roy que seize lances qui se retrahirent dedens ledit chastel, pource' qu'ils apperceurent que les habitans dudit Bouchain avoient deliberé de mettre lesdits ennemis du Roy dedens leur ville, incontinent qu'ils y seroient arrivez; ce qu'ils firent. Et incontinent eulx arrivez, vindrent lesdicts habitans assaillir lesdictes gens du Roy, que par force ils prindrent, et les tuerent tous dedens ledit chasteau; et de tous ceulx qui y estoient n'en eschappa que ung seul, lequel s'enferma dedens une chambre, et par ung tuyau des chambres aisees (¹) se laissa cheoir dedens les fossez, et se saulva : desquelles entreprinses et choses ainsi faictes, le Roy en fut fort mal content, et non sans cause, veu que ladicte treve rompuë et entreprises dessusdites ne se faisoient point,

(¹) *Chambres aisees* : des privés.

pour aucune faulte ou coulpe que eussent fait les gens de guerre du Roy sur lesdits ennemis.

Et à ceste cause le Roy envoya certain grant nombre d'artillerie en la duché et Franche-Conté de Bourgongne, avecques grant nombre de nobles hommes et francs archiers du royaulme de France, par devers le gouverneur de Champagne, qui estoit gouverneur et lieutenant general du Roy audit pays de Bourgongne, pour recouvrer ledit pays et mettre de rechief en sa main. Et y besongnerent lesdits gouverneur et ceulx de sa compaignie si vaillamment, que par assault et port d'armes ils gaignerent d'assault le chastel de Rochefort, et tuerent tous ceulx qui estoient dedens, en pillant tout ce qu'ils y trouverent. Et de là s'en alerent devant la cité de Dole, qui fut fort batüe d'artillerie, et apres fut assaillie tellement qu'elle fut prise d'assault; à cause dequoy plusieurs gens de façon et bons marchans y moururent, et si fut ladicte ville arrasee mise par terre.

Au mois de juing ensuivant, messire Robert Destouteville, chevalier seigneur de Beine, qui avoit esté prevost de Paris par l'espace de quarante-trois ans, ala de vie à trespas audit lieu de Paris. Et en son lieu le Roy donna ledit office de prevost de Paris à Jacques Destouteville, fils dudit deffunct prevost, en faveur de ce qu'il disoit que ledit deffunct l'avoit bien et loyaulment servy, à la rencontre de Montlehery et aultres divers lieux.

Durant ces choses le Roy estant à Montargis oyt les nouvelles des choses dessusdictes; dont il fut fort joyeulx, et lors se partit et s'en ala à Nostre Dame de la Victoire prés Senlis y faire ses offrandes, et de là s'en vint au bois de Vinciennes, où il ne sejourna que une nuit. Et d'illec se partit et print son chemin pour aller à Provins, et de là au pays de Champaigne, à Langres et aultres lieux; et cependant fut chargé à Paris par la riviere de Seine moult grant nombre de belle et grosse artillerie, entre laquelle y avoit seize grosses bombardes toutes de fonte, et grant quantité de pouldres et salpestres pour mener à Chalons en Champaigne, à Bar-le-Duc, et d'illec aler conquester la duché de Luxembourg; mais ledit voyage fut rompu, et n'en fut riens fait.

Et le samedy, tiers jour de juillet audit an 1479, vint et arriva à Paris une moult belle et honneste ambassade du pays d'Espaigne, que menoit et conduisoit pour le Roy l'evesque de Lombes, abbé de Sainct Denis en France. Et les furent recepvoir aux champs hors de ladicte ville les prevost des marchans et eschevins de ladicte ville, et aultres estats d'icelle ville; et apres leur entree faicte en icelle ville s'en alerent à Sainct Denis, où ils furent fort festiez par ledit abbé dudit lieu, et aussi audit lieu de Paris par aucuns des gens et officiers du Roy estans en icelle.

En icelle annee 1479 arriva en France ung jeune prince du royaulme d'Escoce nommé le duc d'Albanie, frere du roy d'Escoce (1), qui par ledit Roy estoit dechassé hors dudit royaulme, lequel s'en vint au Roy à refuge, qui luy fist faire grant honneur à l'entree qu'il fist à Paris : car au devant de luy furent aux champs par la porte Sainct Anthoine, sur le chemin alant au bois de Vinciennes, tous les estats de Paris

(1) *Frere du roy d'Escoce*: Alexandre Stuart, frère de Jacques III, roi d'Ecosse; il est mort à Paris en 1483, et est enterré aux Célestins.

avecques et en la compaignie de monseigneur de Gaucourt, qui comme lieutenant du Roy le recueillit bien honnorablement. Et d'illec fut amené et conduit dedens Paris, et mené loger en la rue Sainct Martin à l'enseigne du Coq, où depuis il fut longuement logé, et ses gens et compaignie tout aux despens du Roy, combien que de sa compaignie et gens de sa nation n'avoit avecques luy que de dix à douze chevaux; et le fist le Roy accompagner par messeigneurs de Monypegny, Chevalier, seigneur de Congressault, qui estoit aussi Escossois.

Au mois d'aoust ensuivant, les Picars, Flamens et aultres ennemis du Roy estans logez és pays de Flandres et aultres villes contraires au Roy, se mirent sur les champs, tendans affin de trouver et combatre les gens du Roy, et vindrent pour ce faire prés de la ville de Theroüenne, laquelle ville tenoient les gens du Roy, et lesquels ennemis cuidoient avoir, et emporter ladicte ville par force et violence. Et apres leur venuë la battirent fort de leur artillerie; à quoy il fut vaillamment resisté et contredit par monseigneur de Sainct Andry, comme lieutenant de cent lances de monseigneur le duc de Bourbon, et aultres capitaines et nobles hommes de l'ordonnance du Roy. Et dudit exploict en furent advertis les aultres gens de guerre estans pour le Roy en garnison esdits pays de Picardie, tous lesquels, pour secourir lesdits de Theroüenne et ladicte ville, se assemblerent et mirent sus les champs, et vindrent trouver lesdits Picars, Flamens, et aultres gens de guerre ennemis du Roy, à environ une lieuë prés dudit Theroüenne: lesquels ennemis et adversaires estoient grant nombre, comme soixante mil com-

batans qui estoient menez et conduits par ledit duc
en Auteriche, le conte de Romont et aultres seigneurs
tenans ledit party, dedans lesquels vindrent frapper
les gens du Roy estans en garnison audit Therouenne,
avecques plusieurs des compaignies des lances que le
Roy avoit en Picardie, dont avoit la conduite le seigneur des Querdes et aultres capitaines avecques luy,
tous lesquels par grant vigueur et honneste couraige
frapperent dedens lesdits adversaires et ennemis, et
tellement qu'ils deffirent toute l'avant-garde dudit duc
en Auteriche; à cause de quoy y eut grant occision
des gens dudit duc, et y perdirent beaucoup de biens,
et furent menez chassans par lesdites gens du Roy jusques dedens les fossez és portes d'Aire. Et pour ce que
aucuns francs archiers du Roy qui suivoient ladicte
chasse se mirent à piller le bagaige, et aultres biens
laissez par lesdicts adversaires, ainsi chassez comme
dit est, vint sur lesdits francs archiers et aultres gens
de guerre le conte de Romont, qui bien avoit de quatorze à quinze mil pietons picquiers, qui tuerent partie
desdits francs archiers et autres gens de guerre. Et tant
y en mourut des deux costez, qu'on disoit et estimoit
les morts de quatorze à quinze mil combatans; dont
en y eut desdits Bourguignons, Picars et Flamens,
de morts environ de unze à douze mil combatans,
sans les prisonniers; dont les gens du Roy prindrent
grant quantité : c'est assavoir comme de neuf cens
à mil prisonniers, entre lesquels y fut prins ung des
fils du roy de Poulaine (1), et ung aultre jeune fils
qu'on disoit estre le mignon dudit duc en Auteriche,
avec grant nombre de gens de bonne et grande maison,

(1) *Poulaine* : Pologne.

et tous bons prisonniers. Et au regart des gens de l'armée du Roy, y mourut le capitaine Beauvoisien et Waste de Mompedon, baillif de Rouën; et des gens de guerre de l'ordonnance du Roy y mourut environ trois cens archiers de ladite ordonnance, sans les francs archiers.

Et apres ladicte desconfiture ainsi faicte que dit est, ledit duc en Auteriche, le conte de Romont et aultres de leur compaignie se ralierent et vindrent devant une place nommee Malaunoy, dedens laquelle estoit ung capitaine gascon nommé le Capdet Remonnet, et avecques luy de sept à huict vingts lacquets arbalestriers (1) aussi Gascons, laquelle place par lesdits d'Auteriche et Romont fut assaillie, et par lesdits Gascons fut fort resisté; mais en fin furent emportez d'assault, et y moururent la pluspart desdits lacquets, et les aultres se getterent dedens les fossez. Et au regard dudict Capdet, il fut prins prisonnier, et mené pour asseurance devers ledit d'Auteriche, lequel, nonobstant ladicte asseurance et trois jours apres sadicte prise, et de sang froid et rassis, ledit d'Auteriche le fist pendre et estrangler. Et pour vengeance faire de sa mort, le Roy, tresmal content d'icelle, fist pendre jusques au nombre de cinquante des meilleurs prisonniers que ses gens d'armes eussent en leurs mains, et par le prevost des mareschaulx, lequel les fist pendre: c'est assavoir sept des plus especiaux prisonniers au propre lieu où le Capdet Remonnet avoit esté pendu, dix aultres prisonniers devant Doüay, dix aultres devant Sainct Omer, dix devant la ville d'Arras, et dix devant L'Isle. Et estoit ledit prevost accompagné, pour faire faire ladite execu-

---

(1) *Lacquets arbalestriers*: soldats armés d'arbalétes.

tion, de huit cens lances et six mil francs archiers, tous lesquels apres icelle execution faicte s'en alerent coste la conté de Guynes, et en revenant jusques en Flandres prindrent dix-sept places et maisons fortes, et tuerent et bruslerent tout ce qu'ils trouverent, et en emmenerent bœufs, vaches, chevaulx, jusques és aultres biens, et apres s'en retournerent en leursdites garnisons.

Audit temps fut prins sur mer, par Coulon et aultres escumeurs de mer en Normendie pour le Roy, jusques à quatre vingts navires de Flandres, qui estoient alez querir des seigles en Pruce pour avitailler le pays, et tout le harenc de la pesche d'icelle annee, où il fut fait la plus grant desconfiture qui passé a cent ans fut faicte sur mer, à la grande confusion et destruction desdits Flamens.

En l'annee 1480, passerent la mer d'Angleterre pour venir en France par devers le Roy le seigneur de Havart, ung prothonotaire et aultres ambassadeurs anglois, pour le fait de l'entretenement de la treve d'entre le Roy et le roy d'Angleterre; lesquels ambassadeurs furent bien receups du Roy, et leur fist on bonne chiere et grant, et s'en retournerent apres leur expedition. Et leur fut donné par le Roy de l'or content, et de belle vaisselle d'argent.

En ladicte annee 1480, le Roy bailla lettres de commission à maistre Jehan Avin, conseillier en sa cour de parlement, et à Jehan Doyac, de la ville de Cusset en Auvergne, pour faire sur monseigneur de Bourbon, ses villes, pays, officiers et bons subjects, plusieurs dampnez exploicts et nouvelletez, que lesdits commissaires prindrent joyeusement à faire, cuidans destruire et porter dommaige audit monseigneur le duc contre Dieu et raison, et sans cause, mais pour complaire à la voulenté du Roy qui les menoit, afin de destruire ledit seigneur et mettre en exil. Et par lesdits commissaires, en ensuivant leurdicte commission, firent adjourner à comparoir personnellement en la court de parlement à Paris la pluspart des officiers d'iceluy monseigneur le duc, comme son chancellier, son procureur general, le capitaine de sa garde, et autres plusieurs en grant nombre, qui y comparurent au jour à eux assigné, où par commissaires d'icelle court furent examinez. Et pour ce faire, longuement detenus en arrests en ladicte ville, à l'encontre desquels maistre François Haslé, advocat du Roy en ladicte court de parlement, plaida pour son plaisir faire, contre Dieu et raison, le service de corps et d'ame. Et apres par ladicte court furent eslargis, et renvoyez en leurs maisons.

Et apres ces choses ainsi faictes, fut aussi adjourné à comparoir en ladicte court maistre Jehan Hebert, evesque de Constances, pour respondre à plusieurs crimes et cas à luy imposez, où il vint et comparut, et fut sur ce interrogué, et puis par arrest de ladite court fut fait constitué prisonnier és prisons de la Conciergerie, et tous ses biens et temporels mis en la main du Roy.

En ladicte annee, au mois d'aoust, fut fait treve avec le duc en Auteriche pour sept mois, dont les trois mois devoient estre marchans, les trois autres d'abstinence de guerre, et le septiesme mois de repentailles.

En ladite annee, au mois de septembre, le lundy quart jour dudit mois, ung legat du Pape, nommé le cardinal de Sainct Pierre ad vincula, qui estoit venu en France, et arriva en la ville de Paris, où il fut honnorablement receu par tous les estats de Paris, qui alerent au devant de luy par la porte Sainct Jacques; et par tout son chemin où il passa par ladicte ville estoit tout tendu de tapisserie jusques à l'eglise Nostre Dame de Paris, où il fist illec son oraison; et apres icelle faite, s'en alla en son logis, qui luy estoit ordonné au colliege de Sainct Denys prés les Augustins; et l'accompaignoit et estoit tousjours prés de luy tres-noble, tres-reverend pere en Dieu monseigneur le cardinal de Bourbon.

Et le lendemain, qui fut mardy sixiesme jour dudict mois, maistre Olivier Le Diable, dit le Dain, barbier du Roy, festoya lesdits legat, cardinal de Bourbon, et moult d'autres gens d'Eglise et nobles hommes, tant plantureusement (1) que possible estoit. Et apres disner les mena au bois de Vinciennes esbatre et chasser aux dains dedans le parc dudit bois, et apres s'en revint chascun en son hostel.

Et le jeudy ensuivant, veille de la Nativité de la benoiste vierge Marie, et vendredy ensuivant, ledit legat fut aux vespres et messe en l'eglise Nostre Dame de Paris, où moult de gens de tous estats furent en ladicte eglise pour veoir faire ledit service audit legat, qui le fist bien et honnorablement.

Et le dimanche ensuivant, douziesme jour dudict mois, ledit legat ala disner et soupper en l'ostel de Bourbon à Paris, où monseigneur le cardinal de Bourbon le festoya; et y mena ledit legat plusieurs archevesques, evesques, et aultres seigneurs et gentils hommes, où estoient l'archevesque de Besançon et celuy de

---

(1) *Plantureusement* : abondamment.

Sens, les evesques de Chartres, celuy de Nevers, celuy de Therouane, celuy d'Amyens, celuy d'Alet, et aultres; le seigneur de Culton, Moireau, maistre d'ostel du Roy, et plusieurs aultres gentils-hommes et gens d'Eglise, où ils furent moult honnorablement festoyez.

Et le lundy apres ensuivant, treiziesme jour dudit mois, ledit legat se partit de Paris et s'en ala à Sainct Denis en France, où aussi il fut festoyé par l'abbé de Sainct Denis, et dudit Sainct Denis s'en ala au pays de Picardie et Flandres, pour cuider communiquer avecques les Flamens et Picars, et essayer de faire aucun accord entre le Roy et eulx sur leurs differens, où il fut depuis par long-temps, la pluspart d'iceluy sejournant à Peronne, cuidant avoir seur acceps d'entrer audit pays de Flandres, où le Roy y envoya aussi maistre François Haslé, le prevost de Paris et aultres, qui sans y riens faire retournerent à Paris. Et aussi retourna ledit legat audit lieu de Paris le jeudy devant Noël vingt et uniesme jour de decembre 1480, lequel legat ala voir monseigneur le cardinal de Bourbon, avec lequel il souppa et coucha; et le lendemain s'en partit dudit hostel par la porte dorée, et passa la riviere jusques en l'ostel de Neelle, où il monta à cheval avec ses gens, qui illec l'attendoient. Et s'en ala jusques à Orleans, où il sejourna certain temps, pendant lequel le Roy fist delivrer le cardinal Baluë, et s'en ala audit Orleans devers ledit legat. Et en ce temps se tint le Roy au pays de Touraine, où il demoura par la pluspart de l'yver, et jusques à environ les Rois, qu'il s'en ala à Poictiers et aultres lieux; et puis s'en retourna à Tours et aux Forges vers la fin du mois de janvier.

En ce temps le Roy fist casser et abatre tous les francs archiers du royaume de France, et en leur place y voult estre et demourer pour servir en ses guerres les Souysses et picquiers; et fit faire par tous coustelliers grant quantité de picques, hallebardes, et grans dagues à larges roüelles (1).

En ladite annee l'yver commença tard, et ne gela point qui ne feust le landemain de Noël, jour Sainct Estienne, et dura jusques au 8 febvrier, qui sont six sepmaines, durant lequel temps fist la plus grande et aspre froidure que les anciens eussent jamais veu faire en leurs vies; et furent les rivieres de Seine, Marne, Yonne, et toutes aultres rivieres affluans en ladicte riviere de Seine, prises et gelees si tres-fort, que tous charrois, gens et bestes passoient par dessus la glace. Et au desgel desdites rivieres en advint plusieurs grans maulx et dommages, à cause desdictes glaces qui en emporterent plusieurs estans sur lesdictes rivieres, et les glaçons firent de grans dommages; car ils rompirent et emporterent grant quantité de basteaux, dont partie s'en alerent frapper contre les ponts Nostre Dame, Sainct Michel d'icelle ville de Paris, lesquels basteaulx sauverent plusieurs grans heurs que eussent fait lesdits glaçons contre lesdits ponts, qui furent en bien grand dangier d'estre abatus. Et pour la paour que en eurent les demourans sur lesdits ponts, desemparerent lesdits ponts, eulx et leurs biens, jusques le dangier en feust passé, et lesquels glaçons rompirent sept des pieux du moulin du Temple. Et à ceste cause ne vint point de bois à Paris par la riviere de Seine, et fut bien chier, comme de sept à huict sols pour le

(1) *Roüelles*: lames.

moule : mais pour sécourir le povre peuple, les gens des villaiges amenerent en ladicte ville à chevaulx et charrois grant quantité de bois vert. Et eust esté ledit bois plus chier si les astrologiens de Paris eussent dit verité, pource qu'ils disoient que ladicte grande gelee dureroit jusques au huictiesme jour de mars, et il desgella trois sepmaines avant; mais depuis ledit desgel le temps fut fort froit jusques bien avant le mois de may, à cause dequoy plusieurs bourgeons des vignes qui estoient trop avancees furent perdus et gelez, et les fleurs des arbres et les souches en divers lieux perduës et gellees.

Durant ledit hiver et jusques au mois d'apvril, que failloit la treve entre le Roy et les Flamens, ne fut riens fait de costé ne d'aultre, pource que lesdits Flamens envoyerent leur ambassade devers le Roy à Tours, ausquels il donna expedition, et continua les treves d'ung an, esperant que durant icelluy se trouveroit quelque bon expedient de paix finale.

Audit temps, les ambassadeurs du roy Edouart d'Angleterre vindrent par devers le Roy pour le faict de la treve, et print le Roy la peine d'aler devers eulx jusques à Chasteau Regnault, où le Roy les ouyst sur la matiere pourquoy ils estoient venus; et illec furent expediez par le Roy, et puis s'en retournerent en Angleterre. Et apres leur partement fut dit et publié que la treve d'entre lesdits deux Roys estoit continuee pour bien long temps.

Audit an 1480, au mois de mars, le Roy estant en son hostel du Plessis du Parc lez Tours, fut merveilleusement malade d'une maladie qui soubdainement le print, dont fut dit depuis qu'il fut en grant dangier de mort; mais moyennant l'ayde de Dieu la sancté luy fut renduë, et revint en convalescence.

En l'annee 1481, le Roy voult et ordonna que certain camp de bois qu'il avoit fait faire pour tenir les champs contre ses ennemis feust drecié et mis en estat en une grant pleine prés le Pont de l'Arche, pour illec le veoir; et dedens icelluy certaine quantité de gens de guerre armez, avec halebardiers et picquiers que nouvellement avoit mis sus; dont il avoit donné la conduite desdictes gens de guerre à messire Phelippe de Crevecueur, chevalier seigneur des Querdes, et à maistre Guillaume Picquart, ballif de Rouen; dedens lequel camp il voult que lesdites gens de guerre feussent par l'espace d'un mois, pour sçavoir comment ils se conduiroient dedens; et pour sçavoir quels vivres il conviendroit avoir à ceulx qui seroient dedens ledit camp, durant le temps qu'ils y seroient. Et pour aler audit camp, que le Roy avoit ordonné estre prest dedens le quinziesme jour de juing, le Roy s'approcha prés de Paris, et fist la feste de Penthecouste à Nostre Dame de Chartres, et d'illec s'en ala audit Pont de l'Arche, et de là audit camp, qui fut choisi et assis entre ledit Pont de l'Arche et le Pont Sainct Pierre; partie duquel camp, tel qu'il povoit contenir, fut fossoyé au long de ce qui en fut dressié, et dedens fut tendu des tentes et pavillons, et aussy y fut mis de l'artillerie, et de tout ce qui y estoit requis. Et par ladite portion ainsi dressee, qui fut fort agreable au Roy, fait jugement quel avitaillement il fauldroit avoir pour fournir tout icelluy camp, quant il seroit du tout emply de ce que le Roy avoit intention de y mettre et bouter. Et apres ces choses, et que le Roy l'eut bien veu et visité, s'en vint à bien content, et s'en partit pour s'en retourner audit lieu de Chartres, Selome, Vendosme, et à Tours, et en renvoya toutes les compaignies qui estoient venus audit camp par son ordonnance, chascun en sa garnison.

En ladite annee, le duc de Bretaigne envoya acheter à Milan certaine quantité de harnois, comme cuirasses, sallades, et aultres harnois, qui furent enfardelez (1) en fardeaux, en façon de draps de soye, et aultres marchandises fort enveloppees de cotton, et tellement que à remuer les fardeaux ne faisoient point de noise (2), lesquels fardeaulx, qui se porterent sur mulets, arriverent aux montaignes d'Auvergne; laquelle marchandise de harnois les gens et commis de Doyac prindrent, et incontinent fut mandé au Roy, qui donna lesdits harnois audit Doyac (3) et autres ses satelites.

En ladite annee, toutes les vignes presque universellement par tout le royaulme de France faillirent, et ne rapporterent que ung peu de chose; et le vin qui creust en ladicte annee ne valut guieres, et si se vendit bien chier. Et à ceste cause le vin de l'annee precedente, qui aussi ne valoit guieres, fut vendu moult chier; car le vin, qui au commencement d'icelle annee ne fut vendu à detail et taverne que quatre deniers tournois, fut vendu douze deniers tournois la pinte. Et par aucuns marchans bourgois de Paris et d'ailleurs, qui avoient gardé du vin creu autour de Paris, comme de Champigny sur Marne et aultres lieux voisins, le vendirent bien cherement; car plusieurs en vendirent à detail deux sols parisis la pinte, qui estoit

(1) *Enfardelez*: emballés. — (2) *Noise*: bruit. — (3) *Doyac*: il étoit gouverneur de la province d'Auvergne.

audit prix trente six livres tournois le muy. Et advint que, au moyen de ce que lesdites vignes faillerent comme dit est, et que le vin ne valut guieres, plusieurs marchans s'en allerent cercher les bons en diverses regions loingtaines, lesquels marchans firent amener en la ville de Paris, qui fut pareillement chier vendu, comme six et sept blancs la pinte, et lesquels vins furent alez querir jusques és fins et mettes (¹) des dernieres villes d'Espagne.

En ladite annee, les garnisons pour le Roy estans au pays de Picardie, tenans frontieres sur lesdits Flamens nonobstant la treve, firent de grandes courses les ungs contre les aultres; en faisant mauvaise guerre: car tous les prisonniers de guerre pris de chascun desdits costez, sans misericorde aucune estoient pendus quant prins estoient, sans aucun en mettre à rançon.

Audit temps, le Roy, qui avoit esté malade à Tours, s'en partit dudit lieu de Tours, et s'en ala à Touars, où aussi y devint tres-fort malade, et y fut en tres-grant dangier de mort. Parquoy, et affin de recouvrer sa santé, envoya faire maintes offrandes, et donner de bien grands sommes de deniers, en diverses eglises de ce royaume, et fist de grandes fondations. Et entre les aultres fondations fonda en la Saincte Chapelle du Palais Royal à Paris une haulte messe, pour y estre dicte chacun jour en l'honneur de monseigneur sainct Jehan à l'eure de sept heures du matin, laquelle il ordonna estre chantee par huict chantres qui estoient venus du pays de Provence, lesquels avoient esté au roy René de Cecile, et de sa chappelle, qui s'en vindrent apres le trespas dudit feu roy René leur maistre devers le

(¹) *Mettes:* limites, frontières.

Roy, qui les recueillit comme dit est. Et fonda ladite messe de mil livres parisis, prises sur la ferme et coustume de poisson de mer qui se vend és halles de Paris.

Et apres ce que dit est, et que le Roy eut esté ainsi malade, il se voüa d'aler en pelerinage à monseigneur sainct Claude : ce qu'il entreprit de faire, et s'en vint à Nostre Dame de Clery faire ses offrandes, et puis se partit d'illec pour aler accomplir sondit voyage. Et pour estre seurement de sa personne, y mena avecques luy huict cens lances et plusieurs aultres gens de guerre, qu'on estimoit bien à six mil combatans. Et avant son partement du pays de Touraine, ala à Amboise veoir monseigneur le Daulphin son fils, que jamais n'avoit veu, au moins que bien peu; et au departement luy donna sa benediction, et le laissa en la garde de monseigneur Pierre de Bourbon, seigneur de Beaujeu, lequel il fist son lieutenant general par tout son royaulme durant sondit voyage. Et lors declaira le Roy à monseigneur le Daulphin qu'il vouloit qu'il obéist à mondit seigneur de Beaujeu, et qu'il fist tout ce qu'il luy ordonneroit, et tout ainsi que si luy mesmes luy commandoit.

En ladite annee, durant le voyage de Sainct Claude, fut le blé moult chier universellement par tout le royaulme de France, et mesmement par tout le pays de Lyonnois, Auvergne, Bourbonnois, et aultres pays voisins. Et à cette cause y mourut grant quantité de peuple, tant de maladie que de famine, qui fut merveilleusement grande par toutes contrees; et si ce n'eussent esté les grandes aumosnes et secours de ceulx qui avoient des blez, la mort y eust esté moult douloureuse. Nonobstant ce, se partirent desdits pays plusieurs povres gens, qui allerent à Paris et en plusieurs aultres bonnes villes, et furent mis en une grange ou maison à Saincte Katherine du val des Escolliers, où illec les bons bourgeois et bonnes bourgeoises de Paris les alloient soigneusement penser. Et depuis furent menez à l'ostel Dieu de Paris, où ils moururent tous, ou la pluspart ; car quant ils cuidoient mengier ils ne pouvoient, pource qu'ils avoient les conduits retraits par avoir esté trop sans mengier.

En l'an 1482, le jeudy quatriesme jour de may, environ l'heure de quatre à cinq heures, tres-noble, puissante, saincte, et des bonnes vivans l'exemplaire, c'est assavoir ma tres-redoubtee dame madame Jehanne de France, femme et espouse de monseigneur Jehan, duc de Bourbonnois et d'Auvergne, expira, et rendit l'ame à Dieu en son chasteau de Molins en Bourbonnois, par le moyen d'une forte fievre, si merveilleuse que l'art de medecine n'y peut pourveoir ; et fut son corps inhumé en l'eglise Nostre Dame dudit Molins. Laquelle dame fut fort ploree et lamentee, tant par mondit seigneur son espoux et mary, ses serviteurs et gens de ses pays, et par tous aultres du royaulme de France, qui ladite dame avoient veuë et eu cognoissance, pour les grandes vertus et biens dont estoit par grace remplie.

Et auparavant icelle annee ala aussi de vie à trespas, au pays de Flandres, madame la comtesse de Flandres et Artois, fille du feu duc Charles de Bourgongné, femme du duc en Auteriche, et niepce de messeigneurs de Bourbon ; de laquelle yssirent deux enfans, c'est assavoir ung fils et une fille, lesquels demourerent en la garde des Flamens en la ville de Gant.

En ceste dite annee 1482, de ladite maladie de fievre et raige de teste, moururent en divers lieux moult de notables et grans personnaiges, tant hommes que femmes. Et entre aultres moururent les archevesques de Narbonne et Bourges, l'evesque de Lisieux, et maistre Jehan Le Boulengier, premier president en la court de parlement, et aussi messire Charles de Gaucourt, chevalier, qui avoit esté lieutenant pour le Roy en sa ville de Paris; lequel fut fort plaint; car il estoit ung bon et honneste chevalier, beau personnaige, saige homme et grant clerc. Et de ladicte court de parlement moururent plusieurs des conseillers et advocats d'icelle; et entre aultres mourut un nommé maistre Nicolle Bataille, que on disoit estre le plus grant legiste du royaume de France, bonne personne et fort plaisant, qui fut fort plaint, et non sans cause. Et disoit on qu'il mourut par le courroux qu'il print de sa femme, qui fut fille de maistre Nicole Erlaut, en son vivant tresorier du Daulphiné, combien qu'elle eust de sondit mary tout le plaisir que femme en povoit avoir; et d'élle avoit eu douze enfans en mariage, et avoit ledit deffunct au jour de sondit trespas quarante quatre ans d'aage. Laquelle femme se conduisit en la lescherie de sa pure charougne avecques ribaulx particuliers, durant sondit mariage; et entre aultres entretint en sadicte lescherie ung jeune garçon fils d'une venderesse de poires et poisson de mer des halles de Paris, nommé Regnault La Pie, lequel avoit aultrefois euë grant familiarité autour du Roy, comme son varlet de chambre, et depuis avoit esté mis dehors de son service par les fautes et abus dont l'accusa Olivier Le Diable, dit le Dain, aussi son compaignon, comme barbier, varlet de chambre du Roy. Laquelle femme le print en son amour desordonnee, et pour l'entretenir en vendit et engaiga de ses bagues et vaisselle de sondit mary, et si print aussi de l'argent de sondit mary larcineusement, pour l'entretenement de sondit paillard : de toutes lesquelles choses sondit mary en fut adverty, qui en prit si tres-grand courroux que à cause d'iceluy il ala de vie à trespas, qui fut moult grant dommaige. Au royaulme des cieulx gise l'ame de luy en bon repos!

Et apres que le Roy eut fait et accomply son voyage audit lieu de Sainct Claude, il s'en retourna fort malade à Nostre Dame de Clery, là où il fit sa neufvaine; et apres icelle faite, moyennant la grace et bonté de la benoiste vierge Marie illec requise, et à laquelle il avoit sa singuliere confidence et devotion, revint en assez bonne convalescence, et fut fort alegé de ses maux. Durant et pendant le temps que le Roy estoit audit lieu de Clery, y mourut beaucoup de gens, tant de son hostel que d'aultres; et entre les aultres y mourut ung docteur en theologie que nouvellement il avoit fait son conseiller et ausmonier, qui estoit natif de Tours, fils d'ung bouchier de ladicte ville; et se nommoit ledit docteur maistre Martin Magistri.

Et apres le Roy, qui estoit audit lieu de Clery, s'en partit et s'en ala à Mehun sur Loire, à Sainct Laurens des Eauës et illec environ, et y fut jusques prés la feste de Nostre Dame demy aoust, qu'il se partit dudit Sainct Laurens, et retourna de rechief audit lieu de Clery, à la feste et solemnité de la Nostre Dame demy-aoust.

En ladite annee, au commencement de juillet, se

mirent sus une belle et honneste ambassade du pays de Flandres, pour venir devers le Roy audit lieu de Clery, où ils arriverent, et illec parlerent au Roy, auquel ils firent remonstrer, et à son conseil, les causes pour lesquelles ils estoient venus vers luy, de par les nobles hommes, gens d'Eglise et populaire du pays de Flandres. Lesquelles causes estoient tendans afin qu'il pleust au Roy avoir bon appoinctement avecques luy pour lesdits Flamens, qui ne tendoient à aultre fin que d'avoir paix finalle avecques le Roy. Lesquels ambassadeurs, furent du Roy tres-bien et honnestement receus et recueillis, et leur fut de par luy donné expedition, dont iceulx ambassadeurs furent tres-bien contens. Et ce fait, ils s'en retournerent audit pays de Flandres, et furent conduits et menez de par le Roy en la ville de Paris par monseigneur de Sainct Pierre, qui les fist bien festoyer par le prevost des marchands et eschevins d'icelle ville de Paris bien et honnestement : et puis apres s'en retournerent à Gant et autres villes de Flandres, dont ils estoient partis. Et ainsi que ladite ambassade s'en retournoit, le Roy avoit fait mettre sus les champs grant partie de ses gens de guerre qu'il avoit en garnison au pays de Picardie, dont avoit la charge et conduite le seigneur des Querdes; laquelle compaignie il faisoit beau veoir, car elle estoit fort belle. En laquelle compaignie avoit quatorze cens lances fournies, tres-bien accompaignees de six mil Suisses, et aussi de huict mil picquiers. Tous lesquels gens de guerre, ainsi assemblez que dit est, s'en alerent à grant triumphe et bruit mettre le siege devant la ville d'Aire, qui est une tres-belle place et bien assise, prés de Sainct Omer et Therouenne, de-

dens laquelle ville y avoit plusieurs gens de guerre
de par le duc en Auteriche. En laquelle place, tout
incontinent que les gens du Roy y furent arrivez, la
battirent moult fort d'artillerie, dont et dequoy les
manans d'icelle ville feurent et se trouverent fort
espouventez : mais aucuns des gens de guerre illec
estans, qui avoient bonne intelligence avecques ledit
seigneur des Querdes pour le Roy de luy bailler ladicte place et ville, firent composition pour icelle
ville, qui estoit telle qu'elle seroit mise en la main du
Roy. Et fut faicte ladicte composition par ung chevalier nommé le seigneur Descontrans (1), qui estoit du
pays de Picardie, et lequel avoit la garde de ladicte
ville de Aire de par ledit duc en Auteriche. Et mist
ladicte place en la main du Roy, en luy faisant le
serment de le servir bien et loyaulment; dont, et pour
bien le recompenser, le Roy luy donna la charge de
cent lances, et si luy fut oultre baillé et donné trente
mil escus en or content.

En ladicte annee, és mois d'aoust et septembre,
un chevalier du pays du Liege, nommé messire
Guillaume de La Marche, dit le Sanglier d'Ardaine,
fist et conspira guerre mortelle alencontre de tres-
noble prince et tres-reverend pere en Dieu monseigneur Loys de Bourbon, evesque de ladicte cité de
Liege, qui avoit paravant nourry ledit Sanglier d'Ardaine pour le tuer et meurdrir; et apres ce fait, de
metre et faire evesque dudit Liege le frere dudit Sanglier. Et pour faire par icelluy Sanglier sa dampnee
entreprise, le Roy luy fist delivrer argent et gens de
guerre en grant nombre, au moyen desquels, et

(1) *Descontrans* : il est nommé Cohem dans Comines.

aussi de certain nombre de mauvais garçons, larrons
et pipeurs, et pillars, qu'il print et assembla tant en
la ville de Paris que en aucuns des villaiges voisins
d'icelle ville, jusques au nombre de deux à trois mil,
lesquels il fist vestir et habiller de robes rouges, et à
chascune desdites robes dessus la manche senestre y
fist mettre une hure de sanglier. Et estoient lesdits
mauvais garçons legierement armez : et ainsi ledit
Sanglier les mena jusques audit pays du Liege. Et luy
illec arrivé, trouva façon et moyen d'avoir intelligence
avecques aucuns traistres Liegeois de ladicte ville
alencontre de leur seigneur, de dechasser, tuer et
meurdrir leurdit evesque, et le mettre hors de la cité,
avecques ce qu'il avoit de gens : ce que firent lesdicts
Liegeois; et, soubs umbre d'une amitié fainte qu'ils
disoient avoir à leurdit evesque, luy dirent que force
estoit qu'il alast assaillir sondit ennemy, et que sesdits
habitans le suivroient en armes, et vivroient et mourroient pour luy, et qu'il n'y auroit point de faulte que
ledit Sanglier et sa compaignie demoureroient descon-
fits et destruits. Lequel monseigneur du Liege, incli-
nant à leur requeste, saillit de ladicte cité du Liege,
et ala avecques eulx aux champs tout droit où estoit
ledit de La Marche, lequel quant il vit ledit evesque
se descouvrit de l'embuche où il estoit, et s'en vint
tout droit audit monseigneur l'evesque. Et quant lesdits traistres habitans du Liege virent leurdit evesque
és mains dudit de La Marche son ennemy, luy tournerent le dos, et sans coup ferir s'en retournerent en
ladicte cité de Liege. Et incontinent ledit monseigneur
de Liege, qui n'avoit ayde ne secours que de ses serviteurs et familiers, se trouva fort esbahy : car ledit

de La Marche, qui estoit sailly de sadite embusche, s'en vint à luy, et sans aultre chose dire luy bailla d'une taille sur le visage, et puis luy mesme le tua de sa propre main : et apres ce fait, iceluy de La Marche fist mener et getter ledit evesque, et estendre tout nud en la grant place devant l'eglise Sainct Lambert, maistresse eglise de ladicte cité de Liege, où illec fut manifestement monstré tout mort aux habitans de ladicte ville, et à un chascun qui le vouloit veoir. Et tantost apres ladicte mort y arriverent, cuidans le secourir, le duc d'Auteriche, le prince d'Orenge, le comte de Romont et aultres gens de guerre, lesquels, quant ils sceurent la mort dudit evesque, s'en retournerent sans riens faire, à l'occasion d'icelle.

En ladite annee, au mois d'octobre, le Roy se trouva fort malade en son hostel du Plessis du Parc lez Tours; à cause de laquelle maladie eut grant paour de mourir, et pour ceste cause se fist porter à Amboise par devers monseigneur le Daulphin, auquel il fist plusieurs belles remonstrances, en luy disant qu'il estoit malade d'une maladie incurable, en le exhortant que apres son trespas il vousist avoir aucuns de ses serviteurs pour bien recommandez : c'est assavoir maistre Olivier Le Diable, dit le Dain, son barbier, et Jehan de Doyac, gouverneur d'Auvergne, en disant qu'il avoit esté bien servy d'eux, et que ledit Olivier luy avoit fait plusieurs grans services, et qu'il ne feust riens de luy, si n'eust esté ledit Olivier. Et aussi qu'il estoit estrangier, et qu'il se servist de luy, et qu'il entretenist en son service, et aux offices et biens qu'il luy avoit donnez. Luy recommanda aussi monseigneur Du Bouchaige et messire Guyot Pot, bailly de Vermandois, et luy enchargea qu'il creust leur conseil, car il les avoit trouvez saiges et de bon conseil. Et si dist oultre à mondit seigneur le Daulphin qu'il conservast tous les officiers qu'il avoit faits en leurs offices, et que principalement il eust son povre peuple pour recommandé, lequel il avoit mis en grande povreté et desolation; et plusieurs aultres choses luy remonstra, que depuis il fist magnifester en plusieurs des bonnes villes de son royaulme et en sa court de parlement. Et si luy dist outre que pour la conduite de la guerre il se servist du seigneur des Quérdes, lequel il avoit trouvé en tous ses affaires, bon, loyal et notable chevalier, et de bonne et grande conduite. Et ce fait, s'en retourna aux Montils.

Audit temps le Roy fist venir grand nombre et grant quantité de joueurs de bas et doulx instrumens, qu'il fist loger à Sainct Cosme prés Tours, où illec ils se assemblerent jusques au nombre de six vingts ; entre lesquels y vint plusieurs bergers du pays de Poictou, qui souvent jouerent devant le logis du Roy : mais ils ne le veoient point, affin que ausdits instrumens le Roy y prensist plaisir et passe-temps, et pour le garder de dormir. Et d'ung aultre costé y fist aussi venir grant nombre de bigots, bigottes et gens de devotion, comme hermites et sainctes creatures, pour sans cesser prier à Dieu qu'il permist qu'il ne mourust point, et qu'il le laissast encores vivre.

En ce temps, és mois d'octobre et novembre, se firent de grans alees et venuës par les Flamens de la ville de Gant, qui vindrent en ambassade devers le Roy, lequel pour les oyr y commist maistre Jehan de La Vacquerie, qui estoit du pays de Picardie, et lequel il avoit nouvellement fait et creé son premier president en sa court de parlement à Paris, pour consulter de la matiere, c'est assavoir de bonne paix et union estre faite entre le Roy et lesdits Flamens. Et aussi avecques ledit president y ordonna et commist le Roy ledit monseigneur des Querdes et aultres; et tellement fut communiqué par lesdites parties tant d'ung costé que d'aultre, qu'ils firent et traicterent ladicte paix, en laquelle faisant se debvoit faire le mariage de monseigneur le Daulphin et de la fille du duc en Aulteriche, qui estoit en la possession et garde desdits Flamens de Gant, dont de ce le Roy fut fort joyeux, et eut ladite paix et union pour bien aggreable. Et pour l'honneur d'icelle en fut chanté par tout le royaulme *Te Deum laudamus,* et si en furent faits les feux en la ville de Tours. Et incontinent ces choses faites, fut grant bruit que lesdits Flamens s'estoient partis dudit lieu de Gant pour amener ladicte fille, laquelle, pour la bien et honnestement recueillir, le Roy y avoit ordonné mesdames de Beaujeu sa fille aisnee, madame de Dunois (1), sœur de la Royne, madame de Touars, madame l'amiralle, et plusieurs aultres dames, damoiselles et gentils femmes, qu'on cuidoit qu'ils deussent venir et arriver en la ville de Paris le huictiesme jour de decembre. Mais ladicte venuë sejourna pour aucuns menus differens qui survindrent du costé desdits Flamens, et jusques à ce que lesdits differens eussent esté vuidez.

En ladicte annee, les roys d'Escosses et d'Angleterre eurent grant guerre l'ung contre l'aultre, et entrerent lesdits Escossois bien avant audit royaulme d'Angle-

(1) *Dunois :* Agnès, fille de Louis, duc de Savoie, épouse de François 1, comte de Dunois.

terre, lequel ils dommaigerent moult fort. Et nonobstant que lesdicts Escossois estoient cent mil hommes en bataille plus que n'estoient les Anglois, toutes-fois, afin qu'ils ne frappassent l'ung sur l'autre, se mist et fust fait appoinctement entr'eux par le moyen du duc d'Albanie, frere dudit roy d'Escosse, qui querelloit contre icelluy roy d'Escosse son frere. Laquelle querelle d'entr'eux estoit telle, que ledict duc d'Albanie disoit que sondit frere usurpoit sur luy ledit royaulme, pource que lesdicts roy d'Escosse et duc d'Albanie, qui estoient freres, estoient venus et yssus sur terre d'une ventree, et que d'icelle ledit duc d'Albanie, qui estoit le premier yssu, et que par ainsi il avoit acquis droit d'ainesse devant sondit frere audit royaulme. Et à ceste cause ceulx qui menoient ladicte guerre pour ledict roy d'Escosse firent composition avecques lesdicts d'Albanie et Anglois, qui estoient ensemble; tellement qu'ils ne frapperent point les ungs contre les aultres, et s'en retourna chascun au lieu dont il estoit party.

En ladicte annee, au mois de janvier, vindrent et arriverent en la ville de Paris les ambassadeurs de Flandres, qui avoient moyenné la paix d'entre le Roy et les Flamens au moyen du mariage de monseigneur le Daulphin et de damoiselle Marguerite d'Auteriche, comtesse de Flandres, fille dudit duc en Auteriche: au devant desquels, et pour les recevoir en la ville de Paris, de par le Roy y furent monseigneur l'evesque de Marceille, lieutenant pour le Roy en icelle ville de Paris, accompaigné du prevost des marchans et eschevins, bourgois et habitans d'icelle ville, et d'ung docteur de la ville de Paris nommé Scourable, qui fist une moult honnorable proposition par devant lesdits Flamens, qui moult s'en tindrent pour bien contens. Et le lendemain qu'ils furent arrivez en ladicte ville, qui fut le dimanche quatriesme jour de janvier, furent lesdits ambassadeurs flamens en l'eglise Nostre Dame de Paris oyr la messe; en laquelle eglise Nostre Dame y furent faictes processions generalles, et y prescha ledit Scourable, qui y fist une moult belle predication, dont tous ceulx qui l'ouyrent furent moult bien contens. Et de ladicte venue et publication de ladite paix en fut chanté en icelle eglise *Te Deum laudamus,* fait les feux et aussi de grans chieres parmy les ruës de ladicte ville. Et furent ledit jour de dimenche iceux ambassadeurs, au partir de ladite eglise Nostre Dame, menez disner en l'ostel de ladite ville de Paris, là où illec ils furent moult bien festoyez. Et le lendemain lesdits ambassadeurs se partirent dudit lieu de Paris, et s'en allerent par devers le Roy.

Et d'icelle venuë et bonne paix en furent resjouys et joyeux tres-noble et tres-reverend pere en Dieu monseigneur le cardinal de Bourbon, qui à l'occasion d'icelle bonne paix fist faire, en son hostel de Bourbon à Paris, une moult belle moralité, sottie et farce, où moult de gens de la ville alerent pour les veoir jouer, qui moult priserent ce qui y fut fait. Et eussent les choses dessusdites esté plus triumphantes, se n'eust esté le temps, qui moult fut plouvieux et mal advenant, pour la belle tapisserie et le grant appareil fait en la court dudit hostel; laquelle court fut toute tenduë de la tapisserie de mondit seigneur le cardinal, dont il en avoit grande quantité, et de belle.

Apres lesdits jeux ainsi faits que dit est, lesdits ambassadeurs s'en partirent de Paris le lundy ensuivant, comme dit est, et s'en alerent à Amboise, où ils furent moult honorablement receups de par le Roy, et y virent par deux fois monseigneur le Daulphin, qui les recueillit moult honnestement. Et à leur departement de Tours, où ils furent depuis, le Roy leur fist donner pour leur deffroy trente mil escus au soleil, et de belle vaisselle d'argent largement; et puis iceux ambassadeurs s'en retournerent à Paris, où ils firent publier en la cour de parlement les articles faites pour ladite paix, c'est assavoir publiquement et en pleine court, à huis ouverts. Et apres ladite lecture faicte, leurs furent iceux articles confermez par ladite court. Et au departement d'icelle court maistre Guillaume Le Picard, baillif de Roüen, mena et conduisit lesdits ambassadeurs et aultres officiers du Roy, estans illec, en son hostel assis audit lieu de Paris, en la ruë de Quinquenpois, où illec il donna à disner à toute la compaignie, et y furent moult plantureusement festoyez à ung jour de mardy jour de fevrier, en ladicte annee 1482.

Audit mois de fevrier, le Roy escripvit lettres à tous les estats de Paris, par lesquelles il les prioit tres instamment qu'ils se voussissent transporter en l'eglise de monseigneur Sainct Denis luy faire priere qu'il veille estre intercesseur et moyen envers nostre sauveur Jesus Christ; qu'il vousist permettre que le vent de bise ne courust point, pource que par le rapport de tous medecins avoient esté d'opinion que ledit vent de bise quant il venteroit feroit moult de maulx, tant à la santé des corps humains que des biens de la terre. Et par l'ordonnance du Roy furent tous lesdits estats de Paris, à divers jours, audit lieu de Sainct Denis faire processions et chanter lesdites messes.

Et le samedy, dixneufiesme jour d'avril 1483 apres Pasques, monseigneur de Beaujeu et madame sa femme vindrent à Paris, pour eulx aler en Picardie recepvoir madame la Daulphine des mains des Flamens, qui par le traictié de la paix la debvoient mettre entre les mains de mondit seigneur de Beaujeu pour le Roy. Et fist ladite dame de Beaujeu son entree en la ville de Paris comme fille du Roy, et y fist des mestiers nouveaulx. Et estoient lesdits seigneur et dame bien honnestement accompaignez de grans seigneurs et dames, comme le seigneur d'Albret, le seigneur de Sainct Valier, et aultres nobles hommes, madame l'admiralle et aultres dames et damoiselles, lesquels sejournerent à Paris par trois jours, durant lesquels monseigneur le cardinal de Bourbon les festoya moult honnorablement.

Audit mois d'avril, le roi Edoüart d'Angleterre mourut audit royaulme d'une apoplexie qui le print. Aultres dient qu'il fut empoisonné en beuvant du bon vin du creu de Challuau, que le Roy lui avoit donné, duquel il but en si grande habondance qu'il en mourut, combien que on a dit depuis que il vescut jusques à ce qu'il eust fait roy en son lieu son fils aisné.

Audit mois et an mourut aussi madame Marguerite de Bourbon, femme de Phelippe monseigneur de Savoyé, comtesse de Bresse, de maladie qui longuement luy dura; et d'icelle maladie on n'y peut mettre remede qu'elle n'en mourut etique, dont fut grant dommaige, car elle estoit en son vivant moult honneste et bonne dame, et pleine de grans biens et vertus.

Au mois de may, le samedy tiers jour d'iceluy mois, par l'ordonnance et commandement du Roy, tous les estats de Paris, comme le prevost, juge ordinaire, avecques les supposts et praticiens du chastelet dudit lieu, la cour de parlement, la chambre des comptes, les generaulx des aydes et monnoyes, la chambre du tresor et les esleus, avecques les prevost des marchans et eschevins d'icelle ville, alerent en belle procession, dudit lieu de Paris jusques au lieu et en l'abbaye de monseigneur sainct Denys en France, illec prier pour la bonne prosperité du Roy, de la Royne, monseigneur le Daulphin et les seigneurs du sang, et aussi pour les biens de la terre.

Au mois de juing ensuivant, le lundy second jour dudit mois, environ cinq heures du soir, fist son entree en la ville de Paris madame la Daulphine, accompaignee de madame de Beaujeu, madame l'admiralle, et aultres dames et gentils femmes; et entrerent à ladicte heure audit lieu de Paris par la porte Sainct Denys, où estoient preparees pour sa venuë trois beaulx eschaffaulx, en l'un desquels, tout en hault, estoit un personnaige representant le Roy comme souverain. Au second estoient deux beaulx enfans, ung fils et une fille, vestus de damas blanc, faisans et representans monseigneur le Daulphin et madite damoiselle de Flandres. Et au tiers estaige au des-soubs estoient deux personnaiges, de mondit seigneur de Beaujeu et de madame sa femme; et à chascun d'iceux personnaiges à costé estoient les escussons des armes desdits seigneurs et dames. Et si y avoit aussi quatre personnaiges : c'est assavoir l'un de labour, l'autre de clergié, l'autre marchandise, et l'autre noblesse, qui tous dirent un couplet à icelle entree. Et est assavoir que par tout où madite damoiselle de Flandres passa, tout fut tendu par les ruës, et y furent encores faits plusieurs beaulx personnaiges, tous consonans ausdits monseigneur le Daulphin et madame la Daulphine. Et pour l'honneur de sadite venue furent mis hors et delivrez tous prisonniers de ladite ville de Paris, et y fut fait nouveaux mestiers.

Et le vendredy septiesme jour dudit mois de juing, environ l'eure d'entre huict et neuf heures du soir, se leva grand tonnoire audict lieu de Paris; et à ung des esclats dudit tonnoire, qui fut à ladite heure, vint iceluy tonnoire emflamber et mettre le feu au clochier de madame Saincte Geneviefve au Mont de Paris, lequel brusla toute la charpenterie dudit clochier, qui estoit demouree par l'espace de neuf cens ans, fondit toutes les cloches dudit clochier, et le plomb dont il estoit couvert, où il y avoit par estimation cent mil livres de plomb et plus, et y eut un grand dommaige, qui estoit pitié à voir.

Au mois de juillet audit an 1483, fut fait et solempnisé la feste des nopces de mondit seigneur le Daulphin et damoiselle Marguerite de Flandres en la ville d'Amboise. Et y avoit et estoient presens plusieurs nobles et notables personnaiges de ce royaulme, envoyez des citez et bonnes villes dudit royaulme, et par l'ordonnance du Roy.

En ladicte annee 1483, le Roy delibera d'avoir et luy estre portee la saincte ampolle qui estoit en l'eglise Sainct Remy de Reims, et qui avoit esté apportee par grace divine dés l'an 500 par une coulombe blanche au bon sainct Remy de Reims, pour en oindre

8.

et sacrer à roy de France le roy Clovis, qui fut le premier roy chrestien; lequel mourut en ladite annee, et gist en l'eglise Saincte Geneviefve au Mont de Paris. Et par ainsi estoit demouree ladicte saincte ampolle audit lieu de Sainct Remy neuf cens quatre vingts et trois ans, qu'elle en fut tiree et mise hors de son lieu, et apportee à Paris par Claude de Montfaucon, gouverneur d'Auvergne, à ce commis par le Roy. Et arriva à Paris le dernier jour de juillet, et fut apportee en grande reverence et processions reposer en la Saincte Chappelle du Palais royal à Paris, où elle y demoura jusques au lendemain au soir premier jour d'aoust, qu'elle fut emportee dudit lieu de Paris au Roy en son hostel des Montils lez Tours, avec les verges de Moyse et Aaron, et la croix de la Victoire, qui aussi fut envoyée par grace divine au bon roy sainct Charlemaigne, pour obtenir victoire alencontre des Infideles. Lesquelles verges et croix avoient tousjours esté audit lieu de la Saincte Chappelle à Paris, avecques les sainctes relicques estans illec, au premier jour d'aoust, qu'ils en furent avec ladicte saincte ampolle par l'evesque de Seets, et aultres commissaires à ce ordonnez de par le Roy, emportez.

Audict an, le lundy vingt-cinquiesme jour dudict mois d'aoust, le Roy devint fort malade en son hostel des Montils lez Tours, tellement qu'il perdit la parole et tout entendement; et en vindrent les nouvelles à Paris le mercredy vingt-septiesme jour dudit mois qu'il estoit mort, par unes lettres qu'en escrivit maistre Jehan Briçonnet; ausquelles lettres fut foy adjoustee, pource que ledit Briçonnet estoit homme de bien et de credit. Et à ceste cause les prevost des marchans

et eschevins de la ville de Paris, pour pourveoir aux
affaires d'icelle ville, firent mettre garde aux portes
de ladite ville pour garder que homme n'en yssist ne
y entrast. Et à ceste cause fut bruit tout commun parmy ladite ville de Paris que le Roy estoit ainsi mort,
dont il n'estoit riens, et s'en revint, but, parla et
mengea tres-bien, et vesquit jusques au samedy au
soir ensuivant trentiesme et penultiesme jour dudit
mois d'aoust, environ l'eure de entre six et sept heures
au soir, qu'il rendit l'ame; et incontinent fut le corps
habandonné de ceux qui l'avoient servy en la vie.

En apres ledit trespas, son corps, depuis qu'il fut
appareillé comme on a de coustume de faire, fut porté
inhumer dudit lieu des Montils en l'eglise Nostre-
Dame de Clery, pource qu'il voulut et ordonna en
son vivant que ainsi feust faict, et ne voulut estre mis
avecques les deffuncts tres-nobles rois de France ses
predecesseurs en l'eglise et abbaye de Sainct Denis en
France; et ne voulut jamais dire la raison qui le avoit
meu à ce. Mais aucuns pensoient que ce feust pour
la cause de l'eglise, où il fist moult de biens, et aussi
pour la grande devotion qu'il avoit à la benoiste
vierge Marie, priee audit lieu de Clery. Lequel deffunct Roy en son vivant, à cause d'aucuns personnaiges
qui estoient à l'entour de sa personne, comme Olivier
Le Diable, dit le Dain, son barbier, Jehan de Doyac,
et autres plusieurs, lesquels il creoit plus que gens
de son royaulme, fist durant son regne beaucoup de
injustices, maulx et violences; et tellement qu'il avoit
mis son peuple si au bas, que au jour de son trespas
estoit presque au desespoir : car les biens qu'il prenoit sur son peuple il les donnoit et distribuoit aux

eglises, en grans pensions, en ambassades, et gens de bas estat et condition, ausquels pour les exaulcer ne se pouvoit tenir de leur donner argent, biens et possessions, en telle façon qu'il avoit donné et aliené la pluspart du domaine de son royaulme. Et nonobstant qu'il eut durant sondit regne plusieurs affaires, toutesfois il mist en telle subgection ses ennemis, qu'ils vindrent tous par devers luy à mercy, et fut si craint et doubté qu'il n'y avoit si grant en son royaulme, et mesmement ceulx de son sang, qui dormist ne reposast seurement en sa maison. Et avant sondit trespas fut moult fort molesté de plusieurs maladies, pour le guerir desquelles maladies furent faittes pour luy, par les médecins qui avoient la cure de sa personne, de terribles et merveilleuses medecines; lesquelles maladies lui puissent valoir au salut de son ame, et lui donné son paradis par sa miséricorde celui qui vit et regne au siecle des siecles! *Amen.*

DEO GRATIAS.

FIN DES CHRONIQUES DE JEAN DE TROYES.

MEMOIRES

DE GUILLAUME DE VILLENEUVE,

COMMENÇANT EN 1494 ET FINISSANT EN 1497,

CONTENANT

LA CONQUESTE DU ROYAUME DE NAPLES PAR CHARLES VIII,
ET LA MANIERE DONT LES FRANÇOIS EN FURENT CHASSÉS.

LE PANEGYRIC

DU CHEVALIER SANS REPROCHE,

ou

MEMOIRES DE LA TREMOILLE,

Par JEAN BOUCHET, PROCUREUR DE POICTIERS.

AVERTISSEMENT

SUR

LES MÉMOIRES DE VILLENEUVE,

ET

SUR CEUX DE LA TRÉMOUILLE.

Les Mémoires de Villeneuve retracent les désastres qui suivirent la conquête de Naples par Charles VIII. Ils n'entrent dans aucun détail sur les événemens qui précédèrent et suivirent cette entreprise, et se bornent presque aux aventures de celui qui les a écrits. Les Mémoires de La Trémouille, rédigés par un homme attaché à lui, remontent au règne de Louis XI, et rappellent les actions du héros sous les règnes de Charles VIII, de Louis XII et de François I. Ainsi le premier de ces deux ouvrages ne présente qu'un épisode isolé du règne de Charles VIII, et l'on cherche en vain dans l'autre, qui n'est qu'une histoire particulière, les développemens qu'on aimeroit à rencontrer sur ce règne, l'un des plus singuliers de nos annales.

Les deux derniers livres des Mémoires de Philippe de Comines contiennent, il est vrai, une espèce d'histoire de Charles VIII; mais l'auteur, compromis dans les premières années de ce règne, arrêté et condamné pour avoir embrassé le parti du duc d'Orléans, garde le silence sur les fameux Etats de Tours, et sur la régence de madame de Beaujeu. Envoyé ensuite à Venise pendant l'expédition d'Italie, et n'ayant pas été témoin de la plus grande partie des événemens qui s'y passent, il ne parle avec détail que de la négociation dont il est chargé. Si l'on admire, dans le récit de cette importante mission, la justesse de son esprit et sa prévoyance extraordinaire, on est frappé de la prévention avec laquelle il juge un jeune monarque plein d'honneur et de bonté, auquel il semble ne pouvoir pardonner le traitement qu'il a autrefois éprouvé. La partie des Mémoires de Philippe de Comines qui traite de Charles VIII n'a donc pu nous dispenser de donner un tableau du règne de ce prince.

Quelques personnes penseront peut-être que, afin de réunir tout ce qui appartient à cette époque de notre histoire, nous aurions dû détacher ce fragment de Comines, et le placer après les Mémoires de Jean de Troyes, et avant ceux de Villeneuve et de La Trémouille. Mais, en morcelant ainsi l'un des ouvrages les plus parfaits de notre Collection, nous n'aurions obtenu qu'un ordre apparent; et les vrais amateurs ne nous auroient point pardonné d'avoir en quelque sorte dénaturé un chef-d'œuvre. Les Mémoires particuliers, composés dans des dimensions diverses, par des auteurs qui n'ont pu s'entendre, ne sauroient être classés suivant les règles d'une rigoureuse chronologie. C'est ainsi qu'en liant, comme il étoit indispensable de le faire, ceux de La Trémouille au règne de Charles VIII, nous entamons les histoires de Louis XII et de François I, sur lesquelles cependant nous serons obligés de revenir à l'occasion des Mémoires de Bayard, de Fleuranges, de Du Bellay, etc.

Le tableau du règne de Charles VIII, que nous plaçons en tête des Mémoires de Villeneuve et de La Trémouille, a été composé d'après les écrivains contemporains. Presque aucun historien moderne n'a donné une idée juste de la régence de madame de Beaujeu, qu'on trouve si singulière quand on pense à l'extrême jeunesse de cette princesse lorsqu'elle voulut continuer le gouvernement de Louis XI, et aux difficultés de tout genre qu'elle eut à surmonter. Nous nous sommes efforcés de répandre quelques lumières sur cette époque peu connue, en nous aidant de l'histoire de Jaligny, secrétaire du sire de Beaujeu; du procès-verbal des Etats de Tours par Masselin, des registres du parlement de Paris, et de plusieurs lettres et pièces recueillies par Godefroy. Pour l'expédition en Italie, nous avons principalement consulté Guichardin, Machiavel, Paul Jove, Saint-Gelais, Seyssel, et de Journal d'André de La Vigne, secrétaire d'Anne de Bretagne. Nous espérons que ce tableau, dans lequel nous avons tâché de n'omettre aucune circonstance intéressante, suffira pour remplir les nombreuses lacunes des Mémoires auxquels il sert d'introduction.

Les détails de bibliographie qui concernent ces deux ouvrages se trouvent dans les notices qui les précèdent.

TABLEAU

DU RÈGNE DE CHARLES VIII.

Après la mort de Louis XI, qui arriva le 30 août 1483, la France parut se réveiller d'un sommeil pénible. Presque toutes les anciennes institutions avoient été anéanties; les impôts, levés arbitrairement, étoient montés à un tel degré, que l'agriculture se trouvoit sur le point d'être abandonnée; le domaine de la couronne avoit été engagé ou aliéné pour enrichir des parvenus auxquels le prince accordoit sa confiance, et l'esprit de chevalerie avoit disparu d'une cour où l'on ne voyoit, surtout dans les derniers temps, que des délateurs et des bourreaux. La fin d'un règne à qui la France devoit quelques augmentations de territoire, mais pendant lequel le caractère national avoit été comprimé, pouvoit être suivie de grands troubles, par le penchant naturel qu'ont les peuples à revenir à leurs mœurs et à leurs habitudes lorsqu'on a voulu les changer avec violence; et il étoit à craindre que cette impulsion, abandonnée à elle-même, ne produisît tous les maux de l'anarchie.

Cette crainte avoit occupé sérieusement Louis XI dans les dernières années de sa vie; et les mesures qu'il prit semblèrent, sous plusieurs rapports, conformes aux calculs les plus justes de la prudence humaine. Sa famille lui offroit en apparence peu de ressources pour atteindre le but qu'il s'étoit proposé. La reine Charlotte de Savoie, à laquelle il n'avoit jamais donné aucun crédit, et dont l'ame avoit été flétrie par ses dédains, menoit depuis long-temps une vie obscure dans les châteaux de Loches et d'Amboise : elle n'avoit aucune expérience dans les affaires; et sa santé, qui dépérissoit, faisoit présumer qu'elle mourroit avant son époux, ou qu'elle ne lui survivroit pas long-temps. L'héritier de la couronne, Charles, fils unique de Louis, étoit encore dans l'enfance. Sa complexion très-délicate, et la crainte que les mécontens ne se réunissent autour de lui, avoient déterminé le Roi à le faire élever dans la plus profonde retraite, de manière qu'il étoit presque inconnu au peuple qu'il devoit gouverner un jour. Les autres enfans de Louis XI étoient deux filles, qui, quoique mariées depuis long-temps, étoient fort jeunes. Il avoit uni Jeanne, la moins âgée, à Louis, duc d'Orléans, premier prince du sang, petit-fils de celui qui avoit été assassiné sous Charles VI par Jean-sans-Peur, duc de Bourgogne. Cette princesse, douée du caractère le plus généreux et le plus aimable, avoit des défauts de conformation qui faisoient présumer qu'elle n'auroit jamais d'enfans; et ce motif avoit seul décidé le Roi à la donner au prince qui étoit appelé à la couronne immédiatement après son fils. Anne, son autre fille, objet de toutes ses affections, avoit épousé, à peu près dans le même temps, Pierre de Bourbon, sire de Beaujeu, cadet de famille. Ces deux époux étoient seuls admis au Plessis-lès-Tours dans l'intimité du Roi; et le monarque, dans ses longs entretiens avec la princesse, avoit pu démêler toute la justesse de son esprit et toute l'énergie de son caractère.

Ce fut à cette jeune femme, qui n'étoit alors âgée que de vingt-trois ans, que Louis XI résolut de confier le gouvernement pendant la minorité de son fils. Il calcula très-bien qu'Anne de Beaujeu, ne pouvant prétendre à la couronne ni par elle-même ni par son époux, n'auroit d'autres intérêts que ceux de son frère; qu'elle veilleroit avec soin à sa conservation, et qu'initiée depuis long-temps dans les secrets de l'Etat, elle défendroit avec force et prudence l'autorité royale. En septembre 1482, onze mois avant sa mort, il alla voir à Amboise le jeune Dauphin, et lui donna des instructions qui marquoient ses craintes sur l'avenir. Il lui recommanda de maintenir dans les places ceux qui les occupoient, et s'accusa lui-même d'avoir occasioné, par une conduite opposée, une révolte générale, et la *guerre du Bien public*. Ne craignant pas de s'humilier ainsi devant son fils, il exigea de cet enfant la promesse solennelle de suivre ses conseils (1). Il donna en même temps des ordres pour l'éducation du Dauphin, qui avoit été jusqu'alors fort négligée, et revint au Plessis-lès-Tours, d'où il ne sortit plus que pour quelques pélerinages, par lesquels il croyoit pouvoir retarder l'heure de sa mort.

Au moment où il rendit les derniers soupirs, Anne de Beaujeu, qui prit le nom de *Madame*, s'empara sans contradiction des rênes de l'Etat. Son caractère n'étoit pas connu : elle ne passoit que pour une femme aimable et spirituelle, et ceux qui aspiroient au pou-

---

(1) Instruction donnée par Louis XI à son fils, le 20 septembre 1482.

voir se flattoient de gouverner sous son nom. Leur espoir fut bientôt déçu; et, dans les premiers actes d'autorité qu'elle exerça, ils reconnurent l'esprit dominant, artificieux et inflexible de Louis XI, modifié néanmoins par la douceur naturelle d'un sexe dont la princesse possédoit tous les charmes (1). Ils ne tardèrent pas à démêler ses grandes qualités, qui avoient été long-temps enfouies dans la solitude impénétrable du Plessis-lès-Tours. Ils frémirent d'avoir à lutter contre une hardiesse qui n'alloit jamais jusqu'à la témérité, et contre une prudence qui ne déroboit au courage aucune de ses ressources (2). Cependant ils osèrent accepter le combat; et ils fondèrent leur espoir sur le jeune roi Charles VIII, qu'ils se flattèrent de soustraire à l'ascendant de sa sœur.

La foible santé de ce prince, qui étoit dans sa quatorzième année, avoit empêché qu'on ne le fatiguât par des études suivies; et, au moment où son père étoit allé le voir à Amboise, il savoit à peine lire et écrire. Depuis cette époque, il avoit rougi de son ignorance, et s'étoit appliqué avec ardeur à réparer le temps perdu. Bon comme son aïeul Charles VII, porté comme lui à l'héroïsme, il aimoit à s'entretenir avec sa petite cour des hommes qui avoient acquis une grande renommée. Ce fut alors qu'il fit traduire, pour son usage, les Commentaires de César et l'His-

---

(1) « Fine et deliée, dit Brantôme, s'il en fut oncques, et vraye « image en tout de Louis XI son pere. » — (2) Voici ce que dit un auteur contemporain sur Anne de Beaujeu: *Virago sane supra muliebrem sexum, et consulta, et animosa, quæ nec viris concilio, nec audaciâ cederet, perfecta demum omni ex parte, et ad imperii gloriam nata, si non illi sexum natura invidisset.* (Hist. latine de Louis XII, recueil de Godefroy, page 257.)

toire de Charlemagne. Cette lecture enflamma son imagination, et l'impression qui lui en resta eut beaucoup d'influence sur l'expédition brillante qu'il entreprit par la suite. Les rivaux de Madame espéroient, non sans vraisemblance, s'emparer bientôt de l'esprit de ce jeune monarque, lui faire honte d'être soumis à sa sœur; et leurs spéculations paroissoient d'autant plus fondées, qu'il venoit d'atteindre l'âge fixé par Charles V pour la majorité des rois.

Les dispositions inquiétantes de l'intérieur occupèrent moins Madame, dans les premiers momens, que les relations avec les puissances étrangères. Elles étoient en paix avec la France, mais presque toutes avoient à venger d'anciennes injures et d'anciennes trahisons. Maximilien, roi des Romains et comte de Flandre, se plaignoit de ce que Louis XI avoit dépouillé son épouse Marie de Bourgogne, et de ce qu'il avoit constamment soutenu les révoltés flamands. L'année précédente, sa fille Marguerite avoit été fiancée au Dauphin, et envoyée en France pour y être elevée; mais cet accord avoit été exigé par les Flamands, et conclu à Arras contre le gré de Maximilien. Il avoit été convenu que Marguerite auroit pour dot l'Artois et la Franche-Comté, et que si elle mouroit sans postérité, ces deux provinces retourneroient à Philippe-le-Beau son frère. La paix n'étoit donc rien moins que solide de ce côté. Ferdinand et Isabelle, dont le mariage avoit réuni les deux royaumes d'Arragon et de Castille, élevoient des griefs encore plus graves contre la France. Louis XI s'étoit autrefois déclaré pour Jeanne, princesse de Castille, rivale d'Isabelle. Depuis, il s'étoit ligué contre les deux époux avec

Alphonse, roi de Portugal, et François-Phébus, roi de Navarre. Ses entreprises avoient échoué ; mais il ne s'étoit pas dessaisi du Roussillon, qui lui avoit été engagé par le roi d'Espagne pour une somme considérable. La Provence étoit réunie au royaume depuis la mort de Charles d'Anjou, comte du Maine, qui l'avoit léguée à Louis XI, avec ses prétentions sur le royaume de Naples. Mais René II, duc de Lorraine, qui avoit rendu un si grand service à la France en accablant Charles-le-Téméraire devant Nancy, s'étoit efforcé de disputer cette succession, n'avoit cédé qu'à la force, et se trouvoit en outre dépouillé du duché de Bar. L'entrée de l'Italie étoit en quelque sorte ouverte aux Français par les liens qui unissoient la maison de Savoie à la maison de France ; mais Louis XI avoit tellement abusé de ces liens pour dominer dans le pays, que son fils y comptoit presque autant d'ennemis que de partisans. François II, duc de Bretagne, s'étoit montré l'un des principaux moteurs de la guerre du Bien public. Jamais il ne s'étoit réconcilié sincèrement avec le feu Roi ; et Louis XI avoit formé le projet de dépouiller ses deux filles de leur héritage, en se faisant abandonner par les Penthièvre les avantages d'un prétendu traité qui les appeloit à succéder au duché, à l'exclusion des filles de la maison de Montfort. Edouard IV, roi d'Angleterre, chef de la maison d'Yorck, à qui Louis XI payoit un tribut, fatigué des artifices de ce prince, étoit sur le point de lui déclarer la guerre, lorsqu'il fut enlevé par une mort subite. Richard III, son frère, s'étoit emparé du pouvoir par le massacre des deux héritiers du trône ; et les troubles qui devoient suivre cette usurpation tranquillisoient

pour quelque temps Madame sur les entreprises de
l'Angleterre.

Telle étoit la situation de la France relativement à
ses voisins. Anne de Beaujeu, en suivant à cet égard
le système de son père, y mit peut-être plus d'adresse,
et profita fort habilement du peu de défiance que devoit inspirer une jeune femme appelée tout-à-coup à
gouverner un grand Etat. Elle ménagea le roi d'Espagne et la maison de Savoie, donna des espérances au
duc de Lorraine, entretint des correspondances avec
les mécontens d'Angleterre, et continua de fomenter
des troubles en Flandre et en Bretagne.

La cour, qui s'étoit d'abord soumise aux volontés
du feu Roi, fut bientôt remplie de cabales. Divers partis se formèrent pour disputer l'autorité à Madame;
quelques seigneurs représentèrent qu'il n'y avoit pas
d'exemple dans notre histoire que la régence eût été
confiée à une jeune princesse, au préjudice de sa mère;
que les anciens usages et les droits de la nature appeloient la Reine à veiller à la conservation de son fils, et
que dans cette occasion ils devoient être préférés aux
capricieux désirs d'un monarque qui pendant sa vie
avoit pu faire fléchir toutes les lois, mais dont le pouvoir tyrannique ne devoit point s'étendre au-delà du
tombeau.

Le duc d'Orléans paroissoit en même temps à la tête
d'un parti nombreux : le titre de premier prince du
sang lui concilioit moins de suffrages que les grandes
qualités qu'il déployoit à l'âge de vingt-deux ans. Ayant
perdu son père au moment de sa naissance, il avoit
été élevé avec soin par Marie de Clèves, sa mère : habile
à tous les exercices, montrant un caractère plein de

9.

franchise et de générosité, adoré de la jeune noblesse, il étoit moins dirigé par l'ambition que par le désir de faire valoir des droits qu'il croyoit légitimes. Ses partisans, parmi lesquels on remarquoit le comte d'Angoulême son cousin, le fils du fameux Dunois, et Georges d'Amboise, évêque de Montauban, s'appuyoient sur les dispositions du roi Charles v pour la tutèle de son fils, et soutenoient que la régence ne pouvoit être confiée qu'au duc d'Orléans, assisté des autres princes du sang. Le duc de Bourbon, chef de sa famille, et beau-frère de Madame, avoit aussi des prétentions : il se plaisoit à rappeler les vertus du prince de ce nom qui s'étoit conduit d'une manière si désintéressée et si noble pendant la minorité de Charles vi; et il disoit que, plus éloigné du trône que la maison d'Orléans, il ne devoit inspirer aucune défiance à ceux qui désiroient sincèrement la conservation du jeune Roi.

Les prétentions de la Reine, qui, attaquée d'une maladie mortelle, se prêta malgré elle aux désirs ambitieux de ses partisans, embarrassèrent seules Madame. Elle les contraria sourdement, sans s'écarter du respect qu'elle devoit à une mère : elle donna des espérances et gagna du temps. Les progrès de la maladie de Charlotte de Savoie dissipèrent peu à peu ceux qui avoient fondé sur elle leurs espérances; et sa mort, arrivée à Amboise le premier décembre 1483, fit disparoître l'unique rivalité que sa fille auroit pu redouter.

Si l'on en croit Brantôme, Madame n'avoit pas été insensible aux brillantes qualités du duc d'Orléans, et il faudroit attribuer à un amour méprisé l'acharnement qu'elle montra ensuite contre ce prince (1). Quoique cette tradition soit appuyée sur des anecdotes qui paroissent vraies, elle a été rejetée par un grand nombre d'historiens. Il est possible que la princesse, obligée par son père d'épouser un homme beaucoup plus âgé qu'elle, ait envié le sort de sa sœur, mariée à l'un des princes les plus aimables de son temps : il est possible qu'avant cette époque elle ait été blessée des froideurs du duc d'Orléans, dont le caractère étoit entièrement opposé au sien, et que son orgueil offensé lui ait ensuite inspiré une haine implacable contre lui. Cette conjecture acquerra peut-être plus de force par les développemens qui suivront.

Madame avoit conservé les ministres de Louis XI, contre lesquels la haine publique ne s'étoit pas trop déclarée : son conseil se composoit du sire de Beaujeu son époux, du chancelier Guillaume de Rochefort, distingué par son éloquence ; de François de Bourbon, comte de Vendôme, prince ennemi de toute espèce d'intrigue, et de Louis Mallet, sire de Graville, qui devoit parvenir aux premières charges de l'Etat. On fut étonné de ne pas y voir figurer le célèbre Philippe de Comines, si habile dans la politique : il est probable que la jalousie du chancelier et de Graville l'en éloigna. Il passa dès-lors au service du duc de Bourbon. Le conseil chercha les moyens de désarmer les prétendans à la régence; et, conformément au vœu de la princesse, ils obtinrent de nouvelles dignités, sans qu'on se fût abaissé jusqu'à entamer des négociations avec eux. Le duc de Bourbon, frère aîné du sire de Beaujeu, fut le

---

(1) « Ils avoient, dit Brantôme, des picotemens de jalousie, d'amour « et d'ambition. »

mieux traité : il reçut l'épée de connétable, et le titre de lieutenant général du royaume : on ne donna au duc d'Orléans que les gouvernemens de l'Ile de France et de Champagne; et l'on espéra le séparer de Dunois, en accordant à ce dernier le gouvernement du Dauphiné.

Aucun de ces princes ne fut content de son partage : le duc d'Orléans, jaloux de l'élévation de son rival, lia des correspondances avec Maximilien et le duc de Bretagne; le duc de Bourbon, convaincu que les dignités dont il venoit d'être revêtu ne seroient que de vains titres, tint la même conduite, et tous deux parurent se réunir pour solliciter des réformes dans le gouvernement. Les violences de Louis XI avoient révolté tous les esprits : on étoit fatigué d'un arbitraire qui, en ruinant le royaume, n'avoit profité qu'à quelques particuliers, serviles instrumens des volontés de leur maître; on réclamoit de tous côtés la diminution des tributs, l'exécution des lois, et le libre exercice de la justice. Les princes profitèrent de ces dispositions, et devinrent facilement les organes du vœu public, en demandant la convocation des Etats-généraux. Madame redoutoit cette assemblée, dans un moment où son autorité étoit à peine affermie : disposée à soulager le peuple, à gouverner avec plus de modération que son père, elle auroit voulu ne point y paroître contrainte. Elle sentoit d'ailleurs que les réformes exigées n'étoient qu'un prétexte pour exciter des troubles, et lui ravir son pouvoir. Elle essaya donc de tromper les mécontens, par des promesses dont elle espéroit éluder l'exécution; mais l'accord de tous les ordres dans le même désir se montra si unanime, les symptômes d'une révolte prochaine à la tête de laquelle on auroit vu les princes parurent si évidens, qu'elle se détermina bien malgré elle à convoquer les Etats pour le commencement de l'année suivante [1484].

Jusqu'au moment de leur réunion, Madame tenta fort habilement de satisfaire le vœu public, et de prévenir les demandes qu'elle prévoyoit devoir lui être adressées. Elle affecta de suivre un système entièrement opposé à celui de son père : les prisons furent ouvertes à tous ceux que la haine de Louis XI y avoit plongés; les exilés furent rappelés; on vit reparoître le prince d'Orange, époux d'une sœur du duc de Bourbon, ami intime du duc d'Orléans; et ses biens, qui avoient été confisqués, lui furent rendus. Le domaine de la couronne fut rétabli dans plusieurs propriétés accordées à des délateurs; des réformes importantes eurent lieu dans l'armée; six mille Suisses à la solde de la France furent en apparence congédiés; et le peuple se trouva soulagé par la remise d'un quartier de la taille. Mais toutes ces concessions produisirent moins d'effet que la mise en jugement des deux hommes qui avoient été les principaux instrumens de la cruauté de Louis XI. Olivier Le Daim et Jean Doyac s'étoient distingués par leur férocité : on leur attribuoit des excès monstrueux; et probablement la crainte qu'ils avoient inspirée portoit à exagérer leurs crimes. Le premier fut livré au supplice; le second put sauver sa vie, mais il fut condamné à un bannissement perpétuel.

Ce fut sous ces auspices que les Etats-généraux furent ouverts dans la ville de Tours, le 15 janvier 1484. Le chancelier, chargé spécialement par Madame de défendre les prérogatives du trône, y parla au nom du jeune

Roi : il exhorta les députés à ne songer qu'au bien du royaume, et promit de la part du gouvernement toutes les facilités qui pourroient y contribuer. Dans la fermentation où la France se trouvoit, deux opinions partageoient les députés sur l'influence que devoient exercer les Etats : tous s'accordoient à penser qu'ils avoient actuellement pour objet de pourvoir au gouvernement, sans s'arrêter aux dernières volontés de Louis XI. Les plus exagérés soutenoient que l'autorité résidoit en eux, du moins jusqu'au moment où ils auroient formé le conseil du jeune Roi ; les plus modérés disoient que le pouvoir appartenoit aux princes du sang, comme tuteurs légitimes du monarque : on ne faisoit aucune mention de Madame, et il sembloit qu'elle n'eût aucun partisan dans cette assemblée qui devoit décider du sort de la France (1). Cette opposition formidable ne la découragea pas, et elle conçut sans témérité l'espoir de la désarmer.

Les trois ordres, parfaitement d'accord sur les réformes à faire, résolurent de délibérer en commun : ils partagèrent la France en six nations; les députés de ces nations formèrent autant de bureaux, et l'on décida qu'il ne seroit présenté qu'un seul cahier. Jean de Villiers, évêque de Lombes, député de Paris, fut nommé président. Le duc d'Orléans, qui avoit évidemment la majorité, et qui se croyoit sûr de ne pouvoir la perdre, eut assez peu d'expérience pour ne pas demander qu'on le nommât sur-le-champ régent; ce qui dans ce moment pouvoit s'exécuter sans que Madame fût en état de s'y opposer. Il aima mieux qu'on examinât l'administra-

---

(1) Pièces recueillies par Godefroy sur les Etats de 1684.

tion de Louis XI, se flattant que les abus qu'on remarqueroit redoubleroient les défiances qu'on avoit déjà contre sa fille.

On s'occupa donc dans les bureaux des impôts qui avoient été levés sous le dernier règne; et l'on ne vit pas sans étonnement que les tailles, qui ne s'étoient élevées sous Charles VII qu'à douze cent mille livres, étoient montées sous Louis XI à près de sept millions. On demanda que les états de recette et de dépense fussent produits; et les ministres eurent la maladresse d'en présenter de faux, où la recette étoit diminuée de moitié, et la dépense augmentée dans la même proportion. Cette ruse grossière, qui se découvrit facilement, pensa détruire les sages combinaisons de Madame : elle excita les plus violens murmures; et si le duc d'Orléans eût voulu profiter de cette faute du ministère, il seroit probablement parvenu le jour même au but qu'il se proposoit. Il lui parut plus digne de son noble caractère de donner avec les princes ses partisans l'exemple du désintéressement, et d'ouvrir le premier la voie la plus sûre pour soulager les peuples. Il chargea l'évêque de Laon de déclarer aux Etats que lui et les comtes d'Angoulême et de Dunois renonçoient aux pensions qu'ils tenoient du Roi. « Dans cette circonstance, ajoutoient « ces princes, nous ne voulons pas que nos intérêts « particuliers enchaînent nos opinions, qui doivent être « entièrement libres. » Cet acte de générosité n'ajouta presque rien à l'idée favorable qu'on s'étoit formée du duc d'Orléans : une scène d'un tout autre genre le fit bientôt oublier.

Sous le règne de Louis XI, le comte d'Armagnac avoit été massacré dans Lectoure en présence de son épouse, et cette femme infortunée avoit été empoisonnée à la fin d'une grossesse. Charles d'Armagnac, frère du comte, avoit subi une prison de quatorze ans, pendant laquelle il s'étoit vu enfermé dans une cage de fer, et livré à toutes les espèces de tourment. L'esprit égaré par ses longues souffrances, il parut devant les Etats dans une situation propre à toucher les ames les plus dures, et demanda, par l'organe d'un homme de loi, qu'on châtiât les persécuteurs de sa maison, et qu'on lui rendît ses biens. Il fut bientôt suivi par des orphelins de la même famille, dont le sort avoit été encore plus rigoureux : c'étoient les enfans de Jacques d'Armagnac, comte de Nemours, qui, placés par l'ordre de Louis XI sous l'échafaud de leur père, avoient été inondés de son sang. Tous ces supplians attribuoient leurs désastres à Robert de Balzac, neveu du comte de Dammartin. Les Etats leur promirent justice ; et cette scène, qui venoit d'augmenter la fermentation des esprits, pensa être suivie d'une violence qui, en ensanglantant le palais du jeune Roi, devoit avoir des suites incalculables. Au moment où ce monarque sortoit de son appartement, le comte de Dammartin, rassuré sur la clameur publique par les amis qui le suivoient, dit à haute voix que *ce qui avoit été fait au comte d'Armagnac avoit été bien fait, ayant été traître au roi Louis XI.* A l'instant Lescun, sire de Comminges, et d'autres partisans des Armagnac, s'écrient que Dammartin a menti : on se défie des deux côtés, les épées se croisent ; et si l'un des officiers du Roi n'eût rappelé le respect qu'on devoit à sa présence, la guerre civile commençoit à l'instant sous ses yeux.

Les bureaux s'étant entendus sur la rédaction du cahier, il fut dressé au commencement de février; et le peu d'opposition qu'il éprouva contribua beaucoup à calmer l'ardeur qu'avoient montrée d'abord les députés. Ces doléances, quoique présentées dans un temps de fermentation, offrent quelques vues très-sages, et jettent beaucoup de lumière sur divers points de notre ancien droit public : elles suffisent presque à l'apologie du duc d'Orléans, qui les dicta, et qui les prit ensuite pour règle de conduite lorsqu'il fut parvenu au trône. Nous allons donner une idée de cette pièce fort curieuse, qui traite dans des chapitres différens de l'Eglise, de la noblesse, du tiers-Etat, de la justice et des finances.

Les Etats rappellent que les libertés de l'Eglise gallicane ont été soigneusement maintenues par saint Louis, Philippe-le-Bel, Charles v, Charles vi, et Charles vii. Ils se plaignent de ce qu'au mépris des décrets des conciles de Constance et de Bâle, et de la pragmatique-sanction de Charles vii, Louis xi ait souffert que les abus proscrits par ces actes se soient renouvelés. Ils représentent que si l'on ne s'empressoit de les réprimer, le royaume, déjà bien pauvre, seroit entièrement ruiné par les exactions de la cour de Rome, et qu'on verroit, comme cela étoit souvent arrivé sous le dernier règne, les bénéfices donnés à des laïcs et à des gens non-lettrés, et les monastères soustraits à leurs règles primitives. Ils protestent que, par cette humble remontrance, ils sont loin de vouloir se soustraire à l'obéissance filiale qu'ils doivent au Pape, et observent qu'un bon père reçoit avec indulgence les plaintes de ses enfans lorsqu'elles sont légitimes (¹); ils demandent qu'il soit ordonné par un édit que désormais tous les droits, franchises, prérogatives et immunités de l'Eglise gallicane *in rebus et personis* soient loyalement conservés, comme sous le règne de Charles VII.

La noblesse avoit été surtout l'objet des persécutions de Louis XI : il auroit voulu, s'il eût été possible, l'anéantir entièrement. Le cahier des trois ordres exprime le vœu qu'elle soit rétablie dans ses franchises, libertés, prééminences, droits, priviléges et juridictions. Les Etats représentent qu'elle est le nerf et la force du royaume, et qu'elle est absolument nécessaire à sa garde et à sa conservation. Ils exposent qu'elle a été opprimée et ruinée sous Louis XI, après avoir tant contribué à la restauration de son père Charles VII. Ils se plaignent de ce que les principaux emplois militaires ont été souvent confiés à des étrangers ou à des hommes obscurs; ils rappellent que la noblesse a été sans cesse fatiguée par des appels pour des entreprises injustes, et n'a point été dédommagée de ses sacrifices. Ils observent que la défense expresse de chasser dans les forêts royales a multiplié les bêtes fauves, fléau des laboureurs; et que sous le feu Roi les animaux ont été plus libres que les hommes. Leur vœu, relativement à l'ordre de la noblesse, est que

---

(¹) Cette pensée est exprimée dans l'original avec beaucoup de naïveté et de grâce: « Les gens des trois Estats n'entendent eux se departir
« de filiale obédience de nostre Saint Pere, lesquels, comme enfans
« de l'Eglise, le veulent cognoistre comme vicaire universel d'icelui
« seigneur Jesus-Christ, qui est le chef de l'Eglise; et pour ce qu'il ne
« répugne à obédience filiale que si le fils se sent grevé du pere, qu'en
« bonne crainte et reverence ne puisse faire sa plainte à autre pour
« en avertir le pere. »

tous ces griefs soient redressés : ils désirent que la chasse soit permise dans les forêts royales, que les nobles ne soient plus mandés si souvent aux bans et arrière-bans, qu'ils soient indemnisés lorsqu'ils s'y rendent, et que cet appel n'ait lieu qu'après une délibération du conseil. Ils demandent enfin que la garde des places frontières ne soit plus confiée à des étrangers, qui souvent les livrent aux ennemis; mais à la noblesse seule, dont la fidélité n'est pas douteuse.

Le tiers-Etat n'avoit pas été moins opprimé sous le règne précédent que les ordres supérieurs. Le cahier entre dans de grands détails sur les causes de la misère du peuple : il rappelle les troubles du règne de Charles VI, et les guerres opiniâtres du commencement du règne de Charles VII, désastres qui ont duré depuis 1407 jusqu'en 1450. Il loue Charles VII d'avoir donné la pragmatique, rétabli la justice, et discipliné les troupes. Les onze dernières années de son règne ont soulagé la France, mais depuis sa mort toutes les plaies se sont rouvertes. Louis XI a sacrifié les libertés de l'Eglise gallicane, et une grande partie du numéraire a été transportée à Rome. Dans les guerres continuelles qu'il a suscitées à ses voisins, il n'a fait observer aucune discipline, et les sages réglemens de son père ont été abolis. Il n'a pas craint d'aliéner son domaine pour enrichir ses favoris; les tailles ont été levées en vertu de commissions, et non par les receveurs ordinaires. Les pensions ont été prodiguées à des hommes qui n'en étoient pas dignes. « Au paye-« ment d'icelles, dit le cahier, il y a telle piece de « monnoye qui est partie de la bourse d'un labou-« reur, duquel les enfans mendient aux portes de

« ceux qui touchent ces pensions. » La gendarmerie a été abusivement augmentée, et elle a vécu aux dépens des habitans; enfin, contre les anciens usages, le peuple, qui ne jouit d'aucun privilége, a été forcé de répondre aux bans et arrière-bans. Le tiers-Etat réclame, comme les autres ordres, le rétablissement de la pragmatique; il demande en outre que le domaine de la couronne demeure désormais intact, et que tous les dons et aliénations soient révoqués; il insiste pour l'abolition de la taille, dont le nom seul est odieux. Si une guerre s'allume, les trois ordres subviendront d'une autre manière aux besoins du royaume. A l'avenir, les impositions ne pourront être levées que par les receveurs ordinaires. « Ceux qui
« ont des pensions, dit le cahier, seront priés de n'en
« plus prendre, et de vivre de leurs biens et revenus. »
Le tiers-Etat ne sera plus obligé de répondre aux bans et arrière-bans. « Charles VII, ajoute le cahier,
« avec sa gendarmerie et sa noblesse seulement, sans
« bans et sans arrière-bans, ni troupes extraordinaires,
« chassa les Anglois de son royaume, et fit de belles
« conquestes.... Le peuple, dit-on plus loin, ne se con-
« sole que par la patience et l'espérance d'estre sou-
« lagé. »

L'article de la justice est celui sur lequel les doléances sont plus vives et paroissent plus fondées. Charles VII avoit ordonné qu'il fût pourvu aux offices de judicature par voie d'élection, c'est-à-dire que les compagnies se renouvelassent elles-mêmes; en faisant subir aux candidats plusieurs épreuves qui devoient donner la garantie de leur savoir et de leur intégrité. C'étoit un usage qui remontoit fort loin, et auquel les rois n'avoient guère dérogé que par un petit nombre de recommandations particulières. Louis XI, que des tribunaux ainsi formés auroient gêné dans ses projets de vengeance, y fit entrer des gens de guerre, des étrangers, des inconnus, des hommes illétrés : ce qui n'empêcha pas qu'il n'éprouvât quelquefois de leur part une courageuse opposition. Ces offices jusqu'alors avoient-été considérés comme inamovibles : il les dégrada en destituant arbitrairement les magistrats, et il diminua le respect qu'ils inspiroient au peuple, en créant un grand nombre de charges dont l'utilité n'étoit pas démontrée. Par un abus qui n'avoit existé que dans les années désastreuses de Charles VI, on vit un même homme réunir plusieurs offices; et comme si cette révolution dans les tribunaux n'eût pas suffisamment assuré Louis XI de leur obéissance aveugle, il fit souvent juger les accusés par des commissaires, qui se partagèrent ensuite les produits des confiscations.

Les États, après s'être étendus sur ces abus, demandent qu'il ne soit pourvu aux offices que par élection, et qu'en aucun cas ces offices ne puissent être vendus. « Un officier royal et bien exerçant son office, « dit le cahier, doit estre assuré de son état et de sa vie, « et d'estre continué en icelui s'il ne fait faute; il n'en « doit estre privé ni débouté, et n'en doit estre désap- « pointé sans cause raisonnable, lui sur ce ouï en « justice; car autrement il ne seroit vertueux ni si « hardi de garder et bien défendre les droits du Roy, « comme il est tenu de faire, et si seroit plus aigu et « inventif à trouver exactions et pratiques, pour ce « qu'il seroit tous les jours en doupte de perdre son « office. » Les États expriment le vœu que les magistrats qui ont été destitués sous Louis XI soient réintégrés ou jugés, que les offices extraordinaires soient supprimés, que nul à l'avenir ne puisse en posséder plus d'un, que jamais les accusés ne soient traduits devant des commissaires, et que toutes les condamnations et confiscations prononcées ainsi sous le dernier règne soient révoquées. Ils insistent en outre pour que les coutumes des diverses provinces soient officiellement rédigées, afin que la justice puisse être rendue avec plus de facilité.

Les Etats, comme on l'a vu, avoient eu sur les finances de vives discussions avec les ministres. L'article qui concerne cette partie de l'administration porte le caractère de la défiance, et d'une économie poussée à l'excès. Ils octroient une imposition de douze cent mille livres, somme à laquelle Charles VII s'étoit autrefois borné, et trois cent mille livres tant pour joyeux avénement que pour les frais du sacre. L'imposition n'aura point le nom de taille, et la levée en sera surveillée par les Etats, qui ne se sépareront que lorsqu'elle sera terminée. Ils seront convoqués de nouveau dans deux ans, et nul impôt ne sera mis sur le peuple sans leur consentement.

Les Etats, en présentant ce cahier, supplièrent le jeune Roi de presser le moment de son couronnement. Comme il étoit majeur, suivant l'ordonnance de Charles V, le duc d'Orléans espéroit que cette cérémonie lui donneroit plus d'indépendance, et qu'il deviendroit alors plus facile de le soustraire au pouvoir de sa sœur.

Madame reçut les doléances, sans paroître effrayée des demandes qu'elles contenoient. Elle observa qu'il falloit du temps pour y réfléchir et pour y répondre, et congédia les députés sans leur laisser entrevoir le parti qu'elle prendroit. Elle profita de cet intervalle dans les délibérations pour faire naître des difficultés, et pour occuper le public d'autres affaires. René II, duc de Lorraine, lui en fournit l'occasion : il se plaignit aux Etats, comme tant d'autres, d'avoir été, malgré ses services, opprimé et dépouillé par Louis XI. On a vu que Charles, comte du Maine, possesseur de la Provence et roi titulaire de Naples, avoit reconnu le roi de France pour héritier, au préjudice de son parent le duc de Lorraine ; et que ce dernier avoit vainement réclamé auprès du Roi, qui lui avoit encore enlevé le duché de Bar. René, sans s'occuper beaucoup du royaume de Naples, alors fort tranquille sous Ferdinand d'Arragon, demanda qu'on lui rendît la Provence et le duché de Bar. Il ne fut pas difficile à Madame de faire sentir aux véritables amis de leur pays combien la réunion de la Provence étoit avantageuse au royaume ; et les prétentions de René à cet égard furent écartées ; quoiqu'elles pussent fournir des déclamations contre le dernier règne. Il ne s'agissoit plus que du duché de Bar, dont l'usurpation étoit évidemment injuste : Madame prévint le vœu des Etats en le rendant au duc de Lorraine.

Plusieurs personnes étoient intéressées aux abus qui faisoient l'objet des doléances. L'interruption des délibérations, leur fit reprendre courage, et elles se pressèrent autour de Madame, dont elles augmentèrent considérablement le parti. Quelques prélats, et plusieurs dignitaires ecclésiastiques, voyant dans le rétablissement de la pragmatique la ruine de leur fortune, se déclarèrent les premiers. Après s'être concertés avec les ministres, ils représentèrent qu'on ne pouvoit statuer sur ces matières sans assembler les évêques; que les Etats n'étoient point appelés à réformer la discipline de l'Eglise; et ils se plaignirent du peu de respect qu'on témoignoit au Saint-Siége. Leurs raisons furent développées dans une requête qu'ils présentèrent au Roi.

Lorsque ces semences de division eurent été suffisamment répandues dans les Etats, Madame fit connoître la réponse du Roi aux doléances. Sur les matières ecclésiastiques, elle annonça que l'opposition des cardinaux et des prélats empêchoit toute espèce de résolution, et que le gouvernement ne pourroit adhérer au vœu exprimé par les trois ordres que lorsque cette opposition seroit levée. Quant aux autres objets, elle s'exprima avec beaucoup de mesure et de précision. La noblesse fut remise en possession de toutes ses prérogatives; on lui promit de ne plus l'appeler à prendre les armes que pour des motifs graves, et de lui donner dans ce cas de justes indemnités. La chasse dans les forêts royales lui fut permise; on lui fit espérer que la garde des places fortes lui seroit confiée. Il fut représenté au tiers-Etat qu'on avoit prévenu ses vœux en travaillant, depuis l'avénement du Roi, au recouvrement des parties du domaine qui avoient été aliénées. On n'entra dans aucun détail sur les autres objets de ses demandes, et l'on se contenta de lui donner l'assurance qu'il ne seroit plus appelé aux arrière-bans. Toute satisfaction fut promise sur les réclamations relatives à la justice. Il fut annoncé que les ordonnances de Charles VII sur les élections seroient exécutées; que nul officier ne perdroit sa place, sinon par mort, résignation ou forfaiture, et qu'on reviendroit sur les confiscations qui n'avoient pas été duement faites, et adjugées par juges compétens.

Après avoir réglé ce qui concernoit les finances, et les réformes dans l'administration et dans la justice, il restoit à traiter un article aussi important que délicat : c'étoit celui du conseil du Roi. Toutes les démarches des partis n'avoient eu pour but que d'y obtenir la principale influence. Plusieurs discussions très-vives s'élevèrent entre les députés et le ministère. Le chancelier défendit les droits du trône avec beaucoup d'éloquence; et l'opposition eut dans Jean Masselin, official de Rouen, un orateur fort énergique.[1] Enfin la conduite habile des ministres, et l'adresse de Madame, parvinrent à dominer l'opinion de la majorité. Il fut convenu que le duc d'Orléans, qui n'avoit pas su profiter du moment favorable pour s'emparer du pouvoir, n'obtiendroit que les honneurs qu'il étoit impossible de refuser à son rang, et que Madame, dont on avoit pu apprécier la haute prudence, conserveroit l'essentiel de l'autorité. Lorsque cet arrangement eut été revêtu de l'approbation définitive des chefs, le chancelier parut dans les Etats, et s'exprima ainsi: « Le Roi
« formera son conseil conformément à vos délibérations.
« Il veut que des hommes habiles et vertueux, pris
« dans votre sein, y soient agrégés. Il donne à ce con-
« seil le pouvoir de régler tout ce qui intéresse l'Etat,
« sans cependant qu'aucun acte puisse avoir force de
« loi, s'il n'est fait en son nom. »

D'après ce discours, concerté avec la majorité, on

---

[1] Jean Masselin a laissé une relation latine des Etats de Tours.

choisit dans les bureaux des six nations douze personnes que l'on adjoignit aux anciens conseillers. Le duc d'Orléans, comme premier prince du sang, eut la présidence de ce conseil; et, en cas d'absence, le duc de Bourbon ou le sire de Beaujeu son frère, époux de Madame, durent le remplacer. Mais le conseil ne pouvant rien faire sans la volonté du Roi, l'autorité se plaça naturellement dans les mains de celle qui continua d'être chargée de sa tutèle. Il fut décidé sur cet objet qu'il n'y auroit point de régent; mais que Madame, qui étoit *sage, prudente et vertueuse*, veilleroit à la conservation de son frère tant qu'il seroit jeune, conformément aux volontés du feu Roi.

Après que cette décision eut obtenu l'assentiment des Etats, le duc d'Orléans reconnut les fautes qu'il avoit faites; et plusieurs députés se repentirent d'avoir confié le pouvoir à la fille de Louis XI, contre laquelle on leur avoit inspiré tant de préventions. Ils vouloient remettre la chose en question, lorsque Madame, qui connoissoit tout le prix des instans, envoya tout-à-coup le chancelier annoncer aux Etats que le Roi alloit y paroître [7 mars]. Le monarque vint une heure après, combla d'éloges les députés sur la conduite qu'ils avoient tenue, et leur ordonna de se séparer. Ils obéirent; quelques mécontens murmurèrent, mais le plus grand nombre ne put s'empêcher d'admirer l'habileté avec laquelle toute cette affaire avoit été conduite.

Ainsi le résultat des États de Tours, où l'on avoit médité la ruine de Madame, fut le triomphe de cette jeune princesse, qui montra que, dans des circonstances aussi difficiles, elle sauroit tenir d'une main ferme les rênes du gouvernement. Elle n'en abusa pas dans les premiers momens, et combla au contraire de bienfaits ceux qui lui avoient été le plus opposés.

Cette conduite habile enleva au duc d'Orléans presque tous ses partisans : il ne lui resta que ceux dont le dévouement ne tenoit à aucune ambition personnelle, tels que le comte de Dunois et le respectable Georges d'Amboise, alors évêque de Montauban, destiné à devenir l'un de nos plus grands ministres. Ce dernier pouvoit être fort utile au duc d'Orléans, parce qu'il résidoit auprès du Roi, dont il étoit aimé, et ne paroissoit inspirer aucune défiance à Madame.

Un abandon d'autant moins attendu que le prince étoit, quelques jours auparavant, l'objet des espérances et de l'amour du peuple, l'irrita au lieu de le décourager. La présomption de la jeunesse l'empêcha de remarquer qu'il est presque impossible de recouvrer un pouvoir qu'on a laissé échapper par sa faute, et qu'on ne doit plus compter sur un parti dont on n'a pas su employer les forces à propos. Il avoit déjà des liaisons avec Maximilien, roi des Romains, et François II, duc de Bretagne : il les resserra. Comme Maximilien, engagé dans une guerre contre ses sujets, n'étoit pas en état de lui donner de prompts secours, il tourna toutes ses vues du côté de la Bretagne.

Ce duché, soumis à un prince foible qui, depuis la guerre du Bien public, ne s'étoit jamais réconcilié sincèrement avec Louis XI, étoit alors gouverné par un ministre sorti des derniers rangs de la société. Le crédit de Landais près de François II avoit succédé à celui des maîtresses, et étoit encore plus odieux. Les seigneurs bretons avoient résolu de le renverser; et cet imprudent favori venoit d'attirer sur lui l'indignation générale, en essayant de livrer aux Anglais le comte de Richemont, prétendant au trône, qui s'étoit réfugié auprès de son maître, et qui, averti de cette trahison, avoit sollicité et obtenu la protection de Madame. Landais, se voyant en danger, appela le duc d'Orléans, et lui promit de mettre à sa disposition toutes les forces de la Bretagne. Le prince s'y rendit, et fut accueilli avec transport dans cette cour, dont les deux filles du duc, Anne et Isabelle, étoient le principal ornement. La beauté de la première fit sur lui la plus forte impression. Anne parut sensible à ses soins, et il forma dès-lors le projet de faire rompre les liens qu'il avoit été obligé de contracter avec l'infortunée Jeanne, sœur de Madame. Sa présence affermit pour quelque temps le ministre; mais il fut bientôt rappelé en France par le sacre du Roi, qui avoit été fixé au mois de juillet 1484. Il n'avoit pu rien terminer pour l'accomplissement de ses desseins; et ce voyage, qui donna lieu à Madame de concevoir les soupçons les plus fondés, ne fut utile qu'à Landais.

Cependant le jeune Roi, l'esprit rempli de grands desseins, murmuroit d'être nul, et auroit voulu se soustraire à l'autorité de sa sœur. Au moment de son sacre, il avoit vu des tournois : vivement frappé de l'adresse et de la bonne mine du duc d'Orléans, il avoit senti pour lui cette sorte d'attachement que les qualités extérieures inspirent à l'enfance. Georges d'Amboise, évêque de Montauban, partisan zélé du premier prince du sang, l'entretenoit soigneusement dans ces dispositions. Un jour le monarque l'interrompit au moment où il récitoit les heures devant lui. « Mandez,

« lui dit-il, au duc d'Orléans qu'il poursuive son en-
« treprise, et que je voudrois bien être avec lui. »
Quelque temps après il témoigna au comte de Dunois
le même désir : « Mon oncle, lui dit-il, emmenez-
« moi ; il me tarde de me trouver hors de cette com-
« pagnie (1). »

Madame, instruite de ces discours, fit surveiller
plus exactement son pupille, et le conduisit au château de Vincennes, où aucune de ses actions ne pouvoit lui échapper. Elle apprit bientôt que trois chambellans, Maillet, Pot et Gouffier, chéris du monarque,
avoient, de concert avec lui, formé le projet de l'enlever. Le péril qu'elle auroit couru si cette entreprise
eût réussi la fit sortir de sa modération ordinaire.
Elle entra furieuse dans la chambre du Roi, éclata en
reproches contre lui, chassa en sa présence les trois
chambellans, et menaça de faire arrêter le premier
prince du sang, s'il osoit paroître à la cour. Bientôt
elle quitta Vincennes, qu'elle regardoit comme trop
voisin de Paris, dont le duc d'Orléans étoit gouverneur,
et conduisit son frère à Montargis, où elle passa le reste
de l'année 1484 et les premiers mois de 1485.

Les seigneurs bretons s'étoient montrés très-irrités
de l'appui que le duc d'Orléans avoit prêté à un ministre objet de leur haine. Madame profita de cette
disposition, non-seulement pour arracher à son rival
les secours qu'il pouvoit attendre de la Bretagne,
mais pour réunir cette province à la couronne, en
faisant valoir les droits que Louis XI avoit prétendu
tenir de la maison de Penthièvre. Elle fit à Montargis un
traité avec ces seigneurs [22 octobre 1484], par lequel

(1) Saint-Gelais, *Histoire de Louis XII*.

il fut convenu que Charles VIII succéderoit au duc, à l'exclusion de ses deux filles, et que tous les privilèges de la province seroient confirmés. Les signataires de ce traité furent le prince d'Orange, qui, après avoir été persécuté par le feu Roi, s'étoit récemment attaché à sa fille; le seigneur de Rieux, que nous verrons figurer dans les troubles qui se préparent; Jean Du Perrier, seigneur de Sourdiac; Pierre de Ville-Blanche, seigneur de Brout; et Jean Le Bouteiller, seigneur de Maupertuis. Madame, non contente de ce traité, exigea et obtint des mêmes seigneurs l'engagement solennel qu'ils se soumettroient au Roi immédiatement après la mort de leur duc.

Elle traita vers le même temps avec les sujets révoltés de Maximilien, l'autre allié du duc d'Orléans; et il fut décidé qu'on n'admettroit à jouir des avantages de la dernière paix que les Flamands, qui, unis aux habitans de Gand, se seroient déclarés contre le roi des Romains.

Ces deux traités, très-conformes aux principes de Louis XI, offrent une singularité qui n'est pas sans exemple dans l'histoire. On voit d'un côté le duc d'Orléans, chef de ceux qui s'efforcent de changer en France l'ordre régulier du gouvernement, ligué avec des princes dont il veut défendre les justes droits; et de l'autre Madame, exerçant au nom de Charles VIII l'autorité légitime, unie au dehors avec des rebelles qui ne tendent à rien moins qu'à renverser leurs souverains : contraste qui, dans tous les temps, ne peut avoir que les résultats les plus dangereux.

Le peu d'opposition qu'avoit éprouvée Madame à l'exécution de ses desseins l'avoit portée à ne pas tenir fort exactement les promesses qui avoient été faites aux États. Les fonds votés pour les dépenses annuelles étant évidemment insuffisans, elle avoit pris sur elle d'en augmenter le montant, et cette levée avoit excité beaucoup de murmures. Le duc d'Orléans, ayant perdu tout espoir de secours étrangers, résolut de profiter de cette nouvelle fermentation, beaucoup moins forte cependant que celle qui s'étoit manifestée à l'époque de la mort de Louis XI. Il étoit à Paris, chef-lieu de son gouvernement, où il tenoit une grande maison, accueilloit tout le monde, et croyoit se concilier le vœu général par une popularité qui étoit dans son caractère. Madame, ayant tout disposé pour lui résister, continuoit d'habiter Montargis avec le Roi, et pratiquoit à Orléans des intelligences plus sûres que celles que le duc entretenoit à Paris [1485]

Lorsque ce prince eut préparé ses partisans de la capitale à la démarche qu'il vouloit faire, il se rendit au parlement le 17 janvier 1485, en grande pompe, et accompagné du comte de Dunois et du seigneur de Richebourg. Après avoir pris place, il donna l'ordre à Denis Le Mercier, son chancelier, de développer ses griefs.

Le Mercier exposa que le duc d'Orléans étant la seconde personne du royaume, et se trouvant chargé du gouvernement de Paris, avoit des objets importans à communiquer à la cour. Il rappela que ce prince, malgré les efforts de monsieur et de madame de Beaujeu, étoit parvenu à faire convoquer les Etats; qu'il avoit défendu leur liberté et leur indépendance contre les menées des ministres, et que leur cahier avoit été l'expression du vœu général. Madame de Beaujeu, en n'admettant qu'un petit nombre de leurs justes réclamations, n'avoit pas même tenu l'engagement qu'elle avoit pris au nom du Roi de s'y conformer. Il avoit été décidé que le monarque gouverneroit d'après les avis du conseil, où devoient entrer douze membres des Etats. Cependant le conseil est demeuré tel qu'il étoit auparavant ; les promesses les plus solennelles ont été violées ; le Roi n'a pas été obéi, et tout a été fait par madame de Beaujeu et ses adhérens. Elle s'est même vantée qu'elle tiendroit son frère en tutèle jusqu'à ce qu'il eût vingt ans accomplis, se fondant sur de prétendues coutumes, d'après lesquelles la fille d'un roi, quelque jeune qu'elle soit, peut être revêtue seule du pouvoir pendant une minorité. Connoissant tout l'ascendant de l'or sur les agens qu'elle emploie, elle s'est emparée des finances du royaume, qu'elle dissipe, comme son père, en dangereuses profusions. Les Etats avoient spécifié les sommes qui devoient être annuellement perçues : cependant elle a levé trois cent mille francs de plus pour le sacre, et elle se propose de lever encore d'autres fonds qui rendront la taille presque aussi onéreuse que du temps de Louis XI. Madame de Beaujeu n'a pas craint d'attenter à l'autorité royale en exigeant de la part des gardes un serment qui n'est dû qu'au monarque : ainsi le Roi est en quelque sorte prisonnier entre ses mains. Le duc d'Orléans, profondément affligé de la captivité du monarque, l'a conjuré, par plusieurs lettres très-pressantes, de venir à Paris, où il sera libre, et pourra se choisir un conseil : mais les volontés de ce prince infortuné sont probablement contrariées par sa sœur ; et dans ce cas le duc d'Orléans est disposé à sacrifier, pour le délivrer, sa fortune et celle de ses amis. A Dieu ne plaise que, dans ce dévouement dont le premier prince du sang est disposé à donner les preuves les plus éclatantes, il soit guidé par aucun motif d'ambition ! il n'a d'autre désir que de voir le Roi libre ; et si madame de Beaujeu veut se retirer à dix lieues de la cour, il s'en éloignera de quarante. Son unique vœu est que l'Etat soit bien gouverné ; et il ne prétend se rapprocher du monarque que s'il est appelé librement par lui. Le duc d'Orléans dédaigne de rappeler ici les sourdes persécutions que lui fait éprouver Madame : il voudroit pouvoir dissimuler qu'un seigneur a déclaré en mourant qu'il avoit reçu l'ordre de lui dresser des embûches et de le faire périr ; mais il ne doit rien cacher à la cour, qui jugera de sa position et de celle du royaume.

Le chancelier du duc d'Orléans conclut, en requérant le parlement d'aider ce prince dans ses justes desseins, en procurant une nouvelle réunion des Etats, et en appelant le Roi à Paris.

Ce discours, où se trouvoient quelques inculpations fondées, auroit pu produire beaucoup d'effet dans une assemblée populaire ; mais il fut accueilli froidement par le parlement, qui démêla sans peine les secrètes pensées du duc d'Orléans et de ses partisans. Le premier président Jean de La Vacquerie, qu'on avoit vu autrefois résister courageusement aux volontés tyranniques de Louis XI, recueillit les voix, et presque tous les avis se réunirent pour rejeter les propositions du prince. Dans cette circonstance, le parlement maintint les anciens principes de la monarchie, qui, ne reconnoissant dans les cours souveraines que le droit de faire des remontrances sur des édits et ordonnances, ne leur accordent qu'une opposition en quelque sorte passive. Le premier président répondit en ces termes :

« Le bien du royaume, dit-il au duc d'Orléans,
« consiste dans la paix entre le Roi et son peuple,
« laquelle ne peut exister sans l'union de la grande
« famille, dont les princes du sang sont les chefs : ainsi
« la cour refuse de faire une réponse au discours sé-
« ditieux qui vient de lui être adressé. Elle se borne à
« dire à monseigneur d'Orléans, par forme d'exhor-
« tation, qu'il est trop éclairé pour ajouter foi aux
« faux rapports qui ont pu lui être transmis par des
« ambitieux ; qu'il auroit dû faire de sérieuses ré-
« flexions avant de se décider à une démarche au
« moins dangereuse, si elle n'est pas imprudente ; et
« que son premier devoir est de maintenir la maison
« royale sans division. Quant à la cour, elle déclare
« qu'elle est instituée par le Roi pour rendre la jus-
« tice, et non pour se mêler de guerre, de finances,
« et des intérêts des princes. Messieurs du parlement
« sont gens clercs et lettrés, dont les fonctions se
« bornent à interpréter les lois et à enregistrer les
« édits : quand il plaira au Roi de les requérir de leurs
« devoirs, ils s'empresseront de lui obéir. Ils pensent
« donc qu'il est contre la règle de venir leur pré-
« senter des plans d'administration et de gouverne-
« ment, sans le bon plaisir et exprès consentement
« du monarque. »

Le Mercier et le comte de Dunois insistèrent vainement pour développer les motifs de la démarche du duc d'Orléans. La Vacquerie refusa de les entendre. Le surlendemain 19 janvier, le parlement, les chambres assemblées, décida qu'il seroit fait un rapport au Roi sur ce qui venoit de se passer. Les députés, chargés de porter ce rapport à Montargis, où se trouvoit la cour, furent le premier président, les conseillers Guillaume de Cambray, Jean Simon, Raoul Pichon, Jean Pellieu, et l'avocat du Roi Robert Thibout (1).

Le duc d'Orléans et ses partisans, déconcertés par la conduite du parlement, s'adressèrent à l'université, corps puissant qui, dans les troubles des règnes précédens, avoit pu mettre sur pied près de vingt mille hommes, et qui dans ce moment tenoit une assemblée générale au couvent des Bernardins. C'étoit un parti désespéré; car le parlement restant fidèle à ses devoirs, le soulèvement des suppôts, parmi lesquels se trouvoit un grand nombre d'étrangers, auroit pu occasionner une horrible guerre civile, et des désastres que le prince n'auroit pu arrêter. Heureusement les chefs de l'université prirent le même parti que le parlement.

Madame attendoit très-impatiemment à Montargis le résultat de ces démarches du duc d'Orléans. Lorsqu'elle eut appris qu'il avoit complètement échoué, elle se crut en position de ne plus garder aucune mesure avec lui. Elle donna l'ordre à plusieurs soldats de se glisser, sous divers déguisemens, dans les faubourgs de Paris; et lorsqu'ils seroient en nombre suffisant, d'enlever le duc et de le lui amener. Ce coup hardi auroit réussi, sans le zèle vigilant de Jean de Louhans et de Gui Pot, l'un des chambellans que Madame avoit chassés de la cour. Ils découvrirent ce

(1) Registres du parlement de Paris, lundi 17 et mercredi 19 janvier 1485.

complot au moment où il alloit éclater, et coururent avertir le prince, qui, aussi tranquille qu'en pleine paix, jouoit à la paume dans un lieu public, au milieu des halles. Les soldats approchoient, et le peuple, frappé de surprise, ne faisoit aucun mouvement. Le duc d'Orléans n'eut que le temps de monter sur une mule qu'on lui amena, et de se sauver avec un petit nombre d'amis. Il poussa jusqu'à Verneuil dans le Perche, ville appartenant au duc d'Alençon, l'un de ses partisans.

Madame, regrettant que cette entreprise n'eût pas entièrement réussi, mais satisfaite d'avoir fait fuir son ennemi, conduisit le Roi à Paris le 5 février, et fut reçue avec de grandes acclamations dans cette ville, dont le duc d'Orléans croyoit quelques jours auparavant être l'unique maître. Son premier soin fut d'aller au parlement, où elle remercia les magistrats de la noble conduite qu'ils avoient tenue; elle déclara qu'elle ôtoit le gouvernement de l'Île de France au duc d'Orléans, et qu'elle le donnoit au comte de Dammartin, ancien serviteur de son père. Elle dépouilla en même temps du gouvernement du Dauphiné le comte de Dunois, qui eut pour successeur le comte de Bresse, prince de Savoie, beau-frère du sire de Beaujeu. Tous les partisans connus du premier prince du sang furent privés de leurs pensions.

Après avoir terminé ces arrangemens, Madame se rendit avec le Roi à Évreux, et fit investir Verneuil, où le duc d'Orléans s'étoit renfermé. Elle intercepta soigneusement ses correspondances dans les provinces; elle ne craignit même pas, à l'exemple de Louis XI, de faire fabriquer une lettre où l'écriture de ce prince étoit parfaitement imitée, et par laquelle il étoit supposé prier le duc de Bretagne de ne point lui envoyer de troupes. Cette ruse l'ayant empêché de recevoir les secours qu'il attendoit, il fut obligé de négocier : Madame lui dicta les dispositions d'une paix désavantageuse, et il alla trouver à Evreux le jeune Roi, qui, en présence de sa sœur, n'osa lui témoigner l'inclination qu'il avoit pour lui.

Au milieu de ces troubles, Madame avoit préparé à l'extérieur l'exécution des plus grands desseins. On a vu que le comte de Richemont, prétendant au trône d'Angleterre, s'étoit réfugié à la cour de France, après avoir pensé être livré à ses ennemis par Landais, favori du duc de Bretagne. Madame avoit résolu de perdre ce ministre, qu'elle savoit dévoué au duc d'Orléans, et de favoriser l'expédition que le comte de Richemont projetoit contre Richard III. Son but, dans cette double entreprise, étoit de brouiller irrévocablement l'Angleterre avec la Bretagne, de priver pour long-temps son rival des secours de François II, et de réaliser par la suite, sur l'héritage de ce dernier, les prétentions qu'avoit formées Louis XI. Conformément au traité conclu l'année précédente avec les seigneurs bretons, elle avoit ordonné à Lescun, comte de Comminges, sénéchal de Guyenne, de réunir les milices de cette province, et de les conduire en Bretagne, pour soutenir les ennemis du favori. En même temps elle avoit fourni des fonds au prétendant, et lui avoit permis de faire des levées en France. Ces deux projets étant fort avancés, elle fit avec le Roi une tournée en Normandie pour veiller de plus près à leur exécution, et voulut que le duc d'Orléans fût du voyage.

L'affaire de Bretagne éclata la première : Lescun, s'étant réuni aux Bretons révoltés, rencontra l'armée du duc près d'Ancenis : il n'y eut point de combat; mais toute la cour de François II s'étant soulevée contre Landais, ce malheureux prince fut obligé de le livrer à ses ennemis, qui le firent pendre le 19 juillet 1485. Alors Lescun et le prince d'Orange, qui l'avoit accompagné, succédèrent au crédit du favori, et l'employèrent d'abord dans les intérêts de Madame. Le 2 août suivant, le comte de Richemont partit d'Harfleur avec une flotte nombreuse ; il descendit le 7 dans le pays de Galles. Un parti considérable, révolté de la cruauté de Richard III, vint le joindre; et le 22 du même mois il gagna contre son rival la bataille de Bofwoth, triomphe qui le fit presque aussitôt déclarer roi d'Angleterre, sous le nom de Henri VII.

Madame paroissoit avoir complétement réussi dans les deux révolutions qu'elle avoit méditées en Angleterre et en Bretagne. Mais Henri VII ne devoit pas être long-temps reconnoissant de l'assistance qu'elle lui avoit prêtée; et la Bretagne, quoique ayant changé de ministre, ne pouvoit manquer de reprendre bientôt le système qui lui étoit dicté par ses intérêts. Sans attendre le moment où ces nouvelles discordes devoient éclater, le duc d'Orléans, irrité de l'état d'humiliation dans lequel il se trouvoit, se servit de Philippe de Comines, ancien conseiller de Louis XI, mécontent du gouvernement présent, pour animer le connétable de Bourbon contre Madame : ce prince, quoique beau-frère de la princesse, entra dans les projets du duc, et ils résolurent de tenter un soulèvement. Ils essayèrent de s'emparer d'Orléans, chef-lieu de l'apanage du premier prince du sang; mais Madame, pendant son séjour à Montargis, s'y étoit fait un parti considérable : les princes n'y furent pas reçus, et le duc d'Orléans se replia sur Beaugency avec une petite armée. Il y fut investi par Louis de La Trémouille, zélé partisan de Madame, et qui, très-jeune encore, sembloit destiné à devenir l'un des plus grands capitaines de son siècle. Obligé de négocier encore, par le découragement de ceux qui le suivoient, il fit comprendre dans le traité le connétable de Bourbon, et obtint en même temps qu'on accordât la paix au duc de Bretagne. Il ne put empêcher que le comte de Dunois, qui lui étoit très-utile par son habileté dans les négociations, ne fût relégué en Dauphiné.

Cette pacification n'empêcha pas Madame d'entretenir le mécontentement des seigneurs bretons, le duc de Bretagne de prendre les mesures qu'il croyoit nécessaires à sa conservation, et le duc d'Orléans de nourrir des ressentimens aigris par tant de revers. Le conseil crut un moment pouvoir calmer la fermentation des esprits, en prenant part à une expédition lointaine. Plusieurs seigneurs napolitains, irrités contre leur roi, appelèrent, au commencement de 1486, René, duc de Lorraine, comme ayant hérité des droits de la maison d'Anjou. Quoique Madame se fût opposée, pendant les Etats de Tours, aux prétentions de ce prince, elle ne balança pas à lui donner des secours, ne doutant pas qu'il ne fût suivi de presque tous ceux qui avoient fondé leurs espérances de fortune sur les troubles de la France. Mais elle apprit bientôt que René, avant de commencer son expédition, vouloit essayer de recouvrer la Provence, dont il prétendoit avoir été dépouillé injustement. Alors, ayant l'air de prendre au sérieux les projets gigantesques de Charles VIII, elle défendit au prince lorrain de songer à une conquête que le Roi se réservoit. René étoit à Lyon : il retourna très-irrité à Nancy, et embrassa plus vivement que jamais le parti des mécontens. A la même époque, François II, de concert avec le premier prince du sang, conclut à Bruges un traité avec Maximilien, par lequel les deux souverains se liguoient contre Madame, et s'engageoient à ne point poser les armes qu'elle ne fût éloignée des affaires. Elle ne connut ce traité, qui avoit été tenu très-secret, que par une démarche des plus singulières que fit Maximilien dans les premiers jours du mois de septembre 1486.

Fort mal instruit de la situation de la France, où le parti du duc d'Orléans diminuoit tous les jours, il fit partir un héraut, porteur d'une lettre adressée au corps municipal de Paris, par laquelle, comme beau-père du Roi, il menaçoit de déclarer la guerre, si l'on ne dépouilloit pas sur-le-champ Madame de la régence, et si l'on ne convoquoit pas ensuite les Etats pour la réforme du gouvernement. Cet ordre, dicté par un prince étranger, ne pouvoit que révolter des Français. La lettre ayant été lue à l'hôtel-de-ville, les magistrats appuyèrent leur refus sur les motifs les plus nobles, et envoyèrent à la cour, qui étoit à Beauvais, une députation chargée d'avertir Madame de ce qui se passoit. Le conseil, assuré de la fidélité de la capitale, répondit avec hauteur au héraut de Maximilien qui avoit accompagné les députés, et lui rappela que jamais les Allemands n'avoient subjugué la

France, tandis que Charlemagne, empereur français, avoit autrefois soumis l'Allemagne. Le jeune Roi, enthousiasmé des exploits de ce héros, qu'il se proposoit de prendre pour modèle, sembla partager l'indignation de sa sœur, quoiqu'il fût très-fatigué du joug qu'elle lui imposoit (1).

Il paroît que la démarche de Maximilien n'avoit pas été ignorée du connétable de Bourbon, qui figuroit toujours au nombre des mécontens. Ce prince arriva quelques jours après à Beauvais, accompagné du seigneur de Culant et de Philippe de Comines. Poussé par eux, il blâma ouvertement la politique de Madame, et se plaignit de ce qu'elle avoit attiré sur la France une guerre désastreuse. Sans vouloir entendre à aucun accommodement, il quitta brusquement la cour, en déclarant qu'il alloit se mettre à la tête de l'armée. Cette armée étoit commandée par les maréchaux de Querdes et de Gié, qui avoient rendu sous Louis XI de grands services, et qui étoient entièrement dévoués à sa fille. Ils réunirent leurs efforts pour calmer le connétable, et le déterminèrent à retourner près de Madame, qui venoit d'arriver à Compiègne avec le Roi.

La princesse l'attendoit avec impatience, et ne négligea rien pour le gagner. Elle fit valoir les liens qui l'unissoient à lui comme époux de son frère, lui représenta que leurs intérêts étoient communs, et lui fit les plus belles promesses. Il étoit difficile que le connétable, déjà avancé en âge et ami du repos, résistât aux sollicitations d'une princesse aussi adroite. Il consentit à ce qu'elle désiroit : tous deux convinrent

---

(1) Histoire de Jaligny, secrétaire du sire de Beaujeu.

qu'ils vivroient désormais en bons parens, et qu'ils se prêteroient une mutuelle assistance. Le connétable, pour prouver la sincérité de ses nouveaux engagemens, éloigna de lui le seigneur de Culant et Philippe de Comines, qu'il accusa de l'avoir trompé par de faux rapports. Dès ce moment leur perte fut décidée.

Maximilien, qui avoit compté sur une guerre civile en France, attaqua sans succès les frontières de Picardie. Contenu par les maréchaux de Querdes et de Gié, il manqua Guise, et ne put s'emparer que de Lens, ville ouverte. N'ayant plus d'argent, il fut obligé de licencier son armée.

Alors la cour revint à Paris, où l'on fut bientôt instruit que le duc de Bretagne étoit dangereusement malade. Madame, réclamant au nom du Roi les droits que Louis XI avoit fait valoir sur ce duché, et comptant sur le traité qu'elle avoit conclu avec les seigneurs bretons, conduisit aussitôt le Roi à Tours, afin d'être plus à portée de lui procurer cette riche succession. A cette nouvelle, le comte de Dunois, qui, comme nous l'avons vu, avoit été relégué en Dauphiné, quitta secrètement le lieu de son exil, et vint se jeter dans Parthenay, qui lui appartenoit. Son projet étoit de soutenir contre toutes les forces du royaume les droits de la princesse Anne, fille aînée du duc de Bretagne. Il ne répondit aux menaces que lui fit faire Madame qu'en amassant des munitions dans Parthenay, et en cherchant à s'y fortifier. Le duc d'Orléans, qui avoit les mêmes desseins, et qui étoit d'autant plus dévoué à la princesse qu'on vouloit dépouiller, qu'il espéroit obtenir sa main après avoir fait annuler son mariage avec la sœur de Madame, se tenoit confiné dans Blois, et y attendoit le moment d'éclater. Sa conduite mystérieuse, son éloignement de la cour, inspirèrent de justes soupçons. On le manda près du Roi, dans l'intention de l'arrêter; il refusa de s'y rendre, et se déclara ainsi de nouveau en révolte contre l'autorité royale.

[1487] Quoique la maladie du duc de Bretagne n'eût pas eu de suite, Madame retint le Roi dans le château du Plessis-lès-Tours, afin de surveiller les affaires de ce duché. Elle y reçut des ambassadeurs de François II, qui se plaignirent qu'on eût voulu disposer de la succession de ce prince avant sa mort. Ils eurent probablement des relations secrètes avec le duc d'Orléans, qui, au milieu du mois de janvier, quitta furtivement Blois, se rendit à Château-Renault, et passa de là en Bretagne. Cette évasion, que Madame avoit prévue, et qu'elle avoit essayé d'empêcher en tenant des troupes sur les passages, la détermina enfin à prendre des mesures sévères contre les principaux partisans du prince. Elle fit arrêter le seigneur de Culant, Philippe de Comines, l'évêque du Puy, et Georges d'Amboise, qui, n'ayant pas quitté la cour, instruisoient le duc d'Orléans de tout ce qui s'y passoit. Les évêques furent d'abord traités avec quelques égards : on enferma les laïcs dans des cages de fer. L'évêque d'Alby, frère de Georges d'Amboise, auroit été aussi arrêté dans son diocèse, s'il n'eût été averti à temps par un ecclésiastique de la cour. Il se réfugia dans Avignon, où il sollicita en faveur de son frère l'intervention du pape Innocent VIII.

La présence du duc d'Orléans en Bretagne ranima les espérances des ennemis de Madame. Lescun et le prince d'Orange, qu'elle avoit placés auprès de François II après la mort de Landais, dans l'espoir qu'ils soutiendroient les intérêts du Roi, avoient changé de parti; et non-seulement ils vouloient que la succession du duché fût assurée à la princesse Anne, mais ils étoient décidés à servir les projets ambitieux du premier prince du sang. On intercepta dans le même temps les lettres de Lescun à René, duc de Lorraine, et à Maximilien, par lesquelles il se flattoit de faire soulever la Guyenne, où il avoit toujours la charge de sénéchal, et d'être soutenu dans ce projet par le comte d'Angoulême, qui étoit alors à Cognac. Cette découverte inquiéta Madame, et lui fit prendre la résolution de conduire le Roi en Guyenne, espérant que sa présence suffiroit pour maintenir dans le devoir ceux qui n'attendoient qu'un éclat pour en sortir. Le jeune monarque avançoit en âge, et montroit chaque jour davantage l'impatience d'être en tutelle. Aucune précaution ne fut négligée par sa sœur pour le maintenir dans la dépendance. « Audict voyage, dit « Jaligny, estoit toujours avec le Roy madame de « Beaujeu, sans aucunement l'abandonner, et avoit « toujours le soin et la garde de sa personne; et ne se « faisoit aucune chose que ce ne fust de son sçeu, « vouloir et consentement. » Graville, élevé depuis peu au rang d'amiral, avoit toute sa confiance, et remplissoit les fonctions de principal ministre.

L'arrivée inattendue du monarque suffit, comme on l'avoit prévu, pour soumettre la Guyenne. La sénéchaussée de cette province fut ôtée à Lescun, et le comte d'Angoulême, resserré dans Cognac, n'eut d'autre ressource que de solliciter un pardon qu'il obtint. Pour l'attacher irrévocablement à elle, Madame lui fit épouser Louise de Savoie, âgée de onze ans, et nièce, par sa mère, du sire de Beaujeu. De ce mariage, contracté dans de si tristes circonstances, devoit sortir François 1, l'un de nos plus grands rois. Après avoir fait cette glorieuse expédition dans la saison la plus rigoureuse, la cour reprit la route de Bretagne, et mit le siége devant Parthenay, où, comme on l'a vu, le comte de Dunois s'étoit enfermé. Le Roi y entra le 8 mars, et Dunois se retira dans Nantes.

Au moment où l'on attaquoit la Bretagne, la guerre alloit recommencer sur les frontières de Picardie. Maximilien avoit réuni de nouveau une armée, et se préparoit à profiter d'une diversion qui devoit occuper la plus grande partie des forces de la France. Madame lui opposa, comme l'année précédente, les maréchaux de Querdes et de Gié, habitués à le vaincre ; et, suivant le système de son père, elle crut lui nuire plus sûrement en faisant passer dans les Pays-Bas des émissaires qui, à force d'argent, déterminèrent les habitans de Gand à se révolter contre lui. Alors elle tourna toute son attention du côté de la Bretagne. L'armée qu'elle avoit destinée à cette guerre parut être sous les ordres du connétable de Bourbon, que son grand âge privoit de l'activité nécessaire ; mais elle étoit réellement commandée par Louis de La Trémouille, jeune guerrier déjà célèbre, dont le dévouement à la princesse alloit jusqu'à l'enthousiasme.

Ce général ouvrit la campagne sous les auspices les plus favorables. Aidé par les Bretons, partisans de la France, il pénétra dans le cœur de la Bretagne, et s'empara de Vannes, que le duc d'Orléans essaya vainement de défendre. Ce succès inattendu déterminea Madame à ordonner qu'on fît le siége de Nantes, ville alors très-fortifiée, où le duc de Bretagne et sa famille s'étoient renfermés. Elle se croyoit tellement sûre de prendre cette place, qu'elle la demanda au Roi, pour récompense de ses services. Le duc d'Orléans, qui s'y étoit jeté, résolut de la défendre jusqu'à la dernière extrémité.

Le duc de Bretagne, menacé des plus grands désastres, implora les secours du nouveau roi d'Angleterre, de Ferdinand, roi d'Espagne, et de Maximilien. Henri VII, malgré les obligations qu'il avoit à Madame, ne pouvoit voir sans inquiétude l'asservissement de la Bretagne, ancienne alliée de son royaume. Il auroit voulu néanmoins éviter la guerre, mais son parlement le poussoit à prendre part à cette querelle. L'Espagne avoit d'anciens griefs contre la France, mais Ferdinand et Isabelle se bornoient à des promesses qui ne devoient avoir aucun résultat. Toutes les espérances de François II se tournèrent donc du côté de Maximilien, à qui le maréchal de Querdes venoit d'enlever Saint-Omer et Térouenne. Pour le déterminer à le secourir, il lui promit la main de sa fille aînée, que le duc d'Orléans s'étoit flatté d'épouser. Le roi des Romains, excité par cet espoir, fit partir quinze cents hommes, qui, sous la conduite de Baudouin, bâtard de Bourgogne, arrivèrent par mer à Saint-Malo, et entrèrent dans Nantes quelques jours après.

Pendant que le duc flattoit Maximilien de l'espoir d'épouser sa fille, Lescun son principal ministre, et madame de Laval, gouvernante de la princesse, la promettoient au seigneur d'Albret, dont le fils avoit épousé la reine de Navarre, Catherine de Foix. Ils pensoient que c'étoit l'homme qui pouvoit être opposé avec le plus d'avantage aux prétentions de Charles VIII, parce qu'ayant épousé en premières noces une Penthièvre, il pourroit faire valoir les droits de cette maison, sur lesquels s'appuyoit le roi de France. En cela, ils n'avoient aucun égard aux inclinations d'Anne de Bretagne, qui aimoit le duc d'Orléans, et qui avoit la plus forte aversion pour d'Albret, homme avancé en âge, et père de sept enfans. Ce seigneur, enivré de l'espoir de devenir l'héritier présomptif de la Bretagne, s'empressa de répondre à l'appel de ses partisans, et se mit en route bien accompagné; mais Madame, instruite de ses desseins, avoit déjà fait parvenir ses ordres au duc de Candale, gouverneur de Guyenne, qui, ayant levé à la hâte les milices de cette province, poursuivit d'Albret, et l'arrêta dans le château de Nantron, sur les confins de l'Angoumois et du Limosin. Il promit de renoncer à ses desseins, et Madame lui pardonna, quoique convaincue qu'il étoit loin de les abandonner.

Elle venoit d'être obligée de lever le siége de Nantes, dont la prise auroit terminé la guerre, et qui avoit été défendu avec le plus grand courage par le duc d'Orléans. Elle se dédommagea en forçant le seigneur de Laval, qui avoit voulu rester neutre, à se déclarer pour elle, et à lui livrer la ville de Vitré [2 septembre], place importante, d'où l'armée royale pouvoit faire des courses vers Rennes, vers Nantes et vers Dinan. A la fin de la campagne, dans les premiers jours de novembre, le Roi se trouvoit en possession de Clisson, de La Guerche, d'Ancenis, de Châteaubriand, de Vitré, de Vannes, de Dol, de Saint-Aubin-du-Cormier, de Châtillon, de Redon et de Ploërmel. Madame fit mettre des garnisons dans toutes ces villes, et conduisit le monarque en Normandie, pour surveiller de plus près la conduite de Henri VII. Elle s'arrêta au Pont-de-l'Arche, où la cour s'établit pour quelques jours.

François II avoit conservé Nantes et Rennes, mais une grande partie de son duché étoit occupée par les troupes françaises, qui y exerçoient les plus horribles ravages, et il n'espéroit plus aucun secours de Maximilien, dont les sujets flamands s'étoient révoltés. Dans cette perplexité, il chargea Lescun d'aller traiter avec Madame. Ce négociateur s'étant mis en route, passa par Ancenis, qui appartenoit au seigneur de Rieux, l'un des signataires du traité de Montargis : il lui peignit des plus vives couleurs les désastres de la Bretagne, et le conjura de rentrer sous l'obéissance du duc. Rieux ébranlé ne voulut pas se déclarer encore; mais il chargea Dubois, l'un de ses gentilshommes, d'accompagner Lescun, et d'appuyer ses sollicitations. Lorsqu'ils furent arrivés au Pont-de-l'Arche, Dubois, s'acquittant de sa mission, représenta vivement, au nom de son seigneur, l'injustice des prétentions du Roi, et insista pour une suspension d'armes pendant qu'on négocioit. « Mon ami, lui répondit Madame
« avec aigreur, vous direz à mon cousin de Rieux, votre
« maître, que le Roi n'a point de compagnons, et qu'il
« doit continuer son entreprise puisqu'il l'a com-
« mencée. » Les négociateurs ne purent rien obtenir;
et le seigneur de Rieux, piqué du ton qu'avoit pris

Madame, résolut de quitter le parti de la France.

Après cette entrevue, où la princesse manqua de politique, elle ramena le Roi à Paris, le 20 décembre 1487. Pendant son absence, les amis de Georges d'Amboise, partisan le plus fidèle du duc d'Orléans, prélat aimé du Roi et recommandable par ses vertus, avoient fait plusieurs démarches pour adoucir sa prison; et son frère l'évêque d'Alby, qui s'étoit réfugié à Avignon, avoit supplié le pape Innocent VIII de revendiquer le jugement d'une affaire où deux évêques étoient impliqués. D'Amboise étoit enfermé dans la grosse tour de Corbeil, et traité depuis quelque temps avec beaucoup de rigueur : il y tomba malade; et ses amis conjurèrent le parlement de permettre qu'il fût transporté à Paris sous bonne garde, afin d'y être soigné. Le parlement, après avoir pris les ordres de Madame, chargea deux célèbres médecins, René Hangrand et Michel de Creil, de visiter le malade; et il résulta de leur rapport que s'il n'étoit pas tiré de la tour, il se trouveroit en danger de mort. Malgré ce rapport, ses amis ne purent obtenir qu'il vînt à Paris : le parlement décida seulement qu'il seroit mis dans une des chambres du château, *duement close, fermée, et treillissée de treillis de fer, en laquelle il seroit gardé par le capitaine ou son lieutenant, et où il pourroit estre traité par les medecins* (1).

Les démarches que le Pape fit en sa faveur ne devoient pas avoir, pour le moment, plus de succès. Il chargea ses deux nonces en France, Antonio de Florès et l'évêque de Tréguier, de le réclamer, ainsi que l'évêque du Puy, son compagnon d'infortune. L'in-

(1) Arrêt du parlement de Paris, du 24 juillet 1487.

struction qu'il leur donna, et qui nous a été conservée, est un monument curieux, très-propre à faire connoître le ton que, vers la fin du quinzième siècle, les papes prenoient avec les rois.

« Sa Sainteté s'intéressant vivement au salut de Sa
« Majesté le roi de France, et considérant combien il
« est dangereux et criminel devant Dieu de mettre la
« main sur ses ministres, attentat qui, suivant le té-
« moignage des historiens tant anciens que modernes,
« a fait tomber sur plusieurs princes tout le poids de
« la vengeance divine; craignant ainsi que l'arresta-
« tion des évêques de Montauban et du Puy, s'ils sont
« livrés à des juges laïcs, ne cause au Roi quelque
« grand malheur, dont le Seigneur veuille le préser-
« ver; n'ignorant pas que le Roi a écrit à Sa Sainteté
« qu'il auroit soin de faire connoître les motifs de cette
« violence (ce que le grand nombre d'affaires dont il
« est occupé l'a probablement empêché de faire jus-
« qu'à ce jour:)

« A ces causes, Sa Sainteté, tant pour remplir ses
« devoirs de premier pasteur, que pour veiller au sa-
« lut du roi Très-Chrétien et aux droits sacrés des évê-
« ques, ordonne à ses nonces de requérir, près dudit
« Roi les personnes et les biens des évêques de Mon-
« tauban et du Puy, afin que lesdits évêques compa-
« roissent devant elle, et qu'elle puisse, assistée du col-
« lége des cardinaux, connoître de leur innocence ou
« de leur culpabilité (1). »

Madame accueillit avec respect la réclamation des nonces, mais ne leur donna aucune espérance: elle

---

(1) Recueil de Godefroy sur le règne de Charles VIII, p. 151 et 152.

montra au contraire qu'elle vouloit être implacable envers le duc d'Orléans et ses partisans, en faisant tenir, au mois de février 1488, un lit de justice où le premier prince du sang, le duc de Bretagne et le comte de Dunois furent accusés de félonie par l'avocat général Jean Le Maître. Le connétable de Bourbon, le comte de Nevers et le comte d'Angoulême, quoique ayant abandonné le parti rebelle, refusèrent de paroître à ce lit de justice, qui révolta les personnes modérées, parce qu'elles y virent, de la part de la princesse, un acharnement trop grand contre un prince plein d'excellentes qualités, et qu'elle passoit pour avoir aimé.

Les intrigues qu'elle avoit ourdies dans les Pays-Bas avoient eu un plein succès. Maximilien étoit pour long-temps hors d'état de donner aucun secours au duc de Bretagne. Arrêté à Bruges par ses sujets révoltés, il y éprouva une captivité de quatre mois, pendant laquelle il fut exposé aux traitemens les plus ignominieux. Mais la manière peu modérée dont Madame usa de ses avantages nuisit à ses affaires, et retarda l'exécution de ses desseins. Le seigneur de Rieux, dont elle avoit congédié l'envoyé avec des paroles piquantes, se déclara contre elle, et entraîna dans sa défection le seigneur de Châteaubriand, ainsi que quelques autres seigneurs bretons. D'Albret, ne comptant point sur le pardon qu'il avoit obtenu l'année précédente, et conservant toujours l'espoir d'épouser l'héritière de François II, arma de nouveau, s'embarqua à Fontarabie, et vint en Bretagne augmenter les forces des ennemis de la France.

Ce parti, devenu plus fort, s'empara d'Ancenis et de Châteaubriand; et le duc d'Orléans, qui commandoit l'armée bretonne sous les ordres de d'Albret, entra dans Vannes. Ces succès, obtenus par une puissance que Madame croyoit entièrement abattue, la rappelèrent sur le théâtre de la guerre à la fin de février. Elle établit le jeune Roi à Tours, et y apprit la mort du connétable de Bourbon. Cette mort, qui rendoit son époux héritier de propriétés considérables, augmenta son influence, et la délivra d'un prince dont elle craignoit toujours la défection. Elle ne nomma point de connétable; et Louis de La Trémouille fut chargé seul du commandement de l'armée.

Il reprit, non sans difficulté, Châteaubriand et Ancenis, et fit éprouver à cette dernière ville un traitement rigoureux, parce qu'elle appartenoit au seigneur de Rieux, que Madame regardoit comme un traître. Le duc d'Orléans et les seigneurs bretons entamèrent alors des négociations pour avoir le temps de fortifier leurs villes, et surtout Fougères, dont ils vouloient faire leur place d'armes. Ils fondoient leurs espérances sur quelques secours qu'ils venoient d'obtenir de Henri VII, forcé par son parlement à se déclarer contre la France.

On négocioit encore, lorsque La Trémouille vint assiéger Fougères, foudroya les fortifications qui n'étoient pas encore achevées, et détourna la petite rivière du Coësnon, qui passoit dans la ville. Les assiégés ne purent résister, et la place fut prise avant que le duc d'Orléans pût venir la secourir. Le désespoir s'empara de ce prince, et il résolut, quoique inférieur en forces, de livrer bataille à l'armée royale.

Sa position étoit des plus terribles. On l'avoit averti que d'Albret, irrité de ce qu'Anne de Bretagne le préferoit à lui, avoit résolu de l'assassiner dans sa tente. Cette monstrueuse accusation avoit divisé les seigneurs, et le danger commun avoit pu seul empêcher qu'elle n'eût les suites les plus funestes. D'un autre côté, on avoit persuadé à d'Albret que le duc d'Orléans venoit de faire son traité avec le Roi; et le prince n'avoit trouvé d'autre moyen d'écarter ce soupçon que de déclarer qu'il combattroit à pied, et se mettroit ainsi dans l'impossibilité de passer à l'ennemi pendant le combat. Il y a tout lieu de croire que ces bruits, évidemment faux, avoient été répandus par des émissaires de Madame.

Ce fut au milieu de ces défiances que l'armée bretonne rencontra, le 28 juillet 1488, l'armée de La Trémouille, près de Saint-Aubin-du-Cormier, ville située à quelques lieues de Rennes (1). Avant le combat, le découragement s'étoit emparé des Bretons. Cependant le premier choc fut terrible: le duc d'Orléans et le prince d'Orange combattirent avec l'infanterie, qui plia la première, et furent faits prisonniers. D'Albret, qui ne put rétablir le combat, parvint à s'échapper avec une partie de la cavalerie. La haine qui animoit les deux partis rendit les vainqueurs cruels: ils passèrent le reste de la journée à massacrer les vaincus, et le duc d'Orléans lui-même ne dut la vie qu'à un homme d'armes qui, l'ayant pris en croupe, l'éloigna de cette scène de carnage.

Cet abus de la victoire paroît contraire au caractère de La Trémouille, qui, si l'on en croit ses Mémoires, étoit aussi humain que brave. La conduite que lui attribue un historien contemporain, dans la soirée de

(1) Saint-Aubin n'est plus qu'un village.

cette journée sanglante, est encore plus extraordinaire. Nous rapporterons cette anecdote, sans en garantir la vérité.

Lorsque la nuit fut venue, La Trémouille retint à souper le duc d'Orléans, le prince d'Orange et les officiers prisonniers. Le premier prince du sang eut la place d'honneur, le prince d'Orange s'assit à côté de lui, et le général se mit en face d'eux. Au moment où l'on apporta le dessert, deux franciscains furent introduits par ordre de La Trémouille : aussitôt la terreur s'empare des convives, persuadés que ces moines n'ont été appelés que pour les préparer à la mort. Un silence morne règne dans l'assemblée, et La Trémouille prend la parole. « Princes, dit-il, je n'ai aucun pouvoir
« sur vous, et quand j'en aurois, je ne voudrois pas
« en faire usage : c'est au Roi seul qu'il appartient de
« vous juger. Pour vous, officiers qui, en donnant
« lieu à cette guerre, avez manqué à vos sermens et
« violé la discipline militaire, vous allez payer de votre
« tête ce crime de lèse-majesté. Si vous voulez mettre
« ordre à votre conscience, ces moines sont là pour vous
« confesser. » A ces mots, un cri de désolation se fait entendre : les deux princes conjurent La Trémouille de sauver des hommes qui n'ont été coupables que pour les avoir servis; leur douleur est plus grande que s'ils étoient eux-mêmes condamnés. La Trémouille est inflexible : les officiers sont mis à mort, et les princes sont envoyés à Madame sous bonne escorte (1).

Les doutes qu'on pourroit élever sur la vérité de ce récit sont fondés sur ce qu'il ne se trouve que dans

---

(1) Cette anecdote est tirée d'une histoire latine de Louis XII, qui se trouve dans le recueil de Godefroy, pages 273 et 274.

l'histoire d'où nous l'avons tiré, et que l'historien ne nomme pas les officiers qui périrent dans cette occasion : d'un autre côté, les détails dans lesquels il entre, les circonstances qu'il rapporte, le caractère quelquefois très-emporté de Madame, et l'obéissance aveugle que lui avoit vouée La Trémouille, peuvent donner quelque vraisemblance à cette tradition, que nous regardons cependant comme fort incertaine.

Lorsque Madame eut les deux princes en son pouvoir, elle prit des mesures pour qu'ils ne pussent lui échapper. Elle fit enfermer le prince d'Orange dans le château d'Angers, et elle mit le duc d'Orléans dans la tour de Sablé, dont le gouverneur lui étoit dévoué, afin que le Roi lui-même ne pût le délivrer. A en croire Brantôme, le duc d'Orléans auroit encore pu adoucir le courroux d'une ennemie dont les emportemens, selon lui, tenoient à une passion bien éloignée de la haine. Si l'on s'en rapporte à cette tradition, on reconnoît dans Madame tout l'acharnement dont peut être capable une femme offensée. Ce malheureux prince fut bientôt transporté au château de Lusignan, puis à la tour de Bourges, où il ne conserva de tous ses serviteurs qu'un médecin, et où il étoit enfermé la nuit dans une cage de fer.

La Trémouille victorieux voulut d'abord marcher sur Rennes; mais il crut plus utile de s'emparer de Saint-Malo, port de mer le plus important de la Bretagne. Il l'assiégea au mois d'août; et quoique la place eût une bonne garnison, et pût recevoir des secours de l'Angleterre, il la força bientôt à capituler. Cette suite de succès lui fit donner le nom de *grand capitaine*; et porta la terreur dans le conseil du duc de Bretagne. Ce prince, ne croyant plus avoir aucune ressource, envoya au Roi des ambassadeurs pour le supplier de lui accorder la paix; dans ses lettres, il l'appelle *son souverain seigneur*, titre qu'il lui avoit jusqu'alors refusé. Charles VIII, qui avoit atteint l'âge de quinze ans, ne fut pas insensible à ces supplications du plus puissant de ses vassaux : il voulut qu'on négociât, malgré les représentations de Madame, qui pensoit qu'il seroit facile d'achever la conquête de la Bretagne. Le traité fut signé le 21 août, au Verger, château appartenant au maréchal de Gié, et situé entre Angers et La Flèche. Il portoit que François II congédieroit tous ses soldats étrangers, qu'il l'engageroit à n'en plus appeler, et que ses deux filles ne pourroient être mariées sans le consentement du Roi. Le duc mettoit en dépôt, entre les mains du monarque, les villes de Saint-Malo, de Fougères, de Dinan et de Saint-Aubin; et s'il n'exécutoit pas toutes les conditions du traité, ces villes devoient rester à perpétuité au pouvoir des Français. Par cette dernière clause, le traité n'étoit qu'une trêve que Charles VIII pouvoit rompre à son gré, lorsqu'il voudroit profiter d'une occasion favorable pour achever d'accabler son vassal.

Le malheureux duc de Bretagne ne survécut pas à cette humiliation; il mourut de chagrin, quelques jours après, dans le château de Coiron. Par son testament, il nomma le seigneur de Rieux tuteur de ses filles, et les laissa sous la conduite de Charlotte de Dinan, comtesse de Laval, qui avoit été jusqu'alors leur gouvernante. Madame réclama pour le Roi le titre de tuteur des princesses, ne put l'obtenir, et alors elle regarda le dernier traité comme non avenu. Cependant la saison étant avancée, et ses troupes occupant les principales forteresses de la Bretagne, elle remit la continuation des hostilités au printemps de l'année suivante, et revint à Paris avec le Roi.

Pendant cette campagne, le parlement de Paris avoit pris les mesures les plus rigoureuses contre les partisans du duc d'Orléans. Le comte de Dunois fut déclaré criminel de lèse-majesté, et la confiscation de ses biens fut ordonnée. On fit en même temps le procès à Philippe de Comines. L'arrêt par lequel il fut condamné porta que la quatrième partie de ses biens seroit confisquée au profit du Roi, et que pendant dix ans il seroit relégué dans une de ses terres.

Ces dispositions sévères redoublèrent l'intérêt qu'on prenoit au duc d'Orléans. Peu de temps après sa détention, le comte d'Angoulême, qui, en abandonnant son parti, lui étoit demeuré fort attaché, envoya près de Madame un gentilhomme solliciter sa grâce. « Je « la suppliai humblement, dit ce gentilhomme, d'être « favorable à la délivrance de Monseigneur : elle me « fit bonne chère, et me dit de très-belles et bonnes « paroles touchant la matière dont j'étois chargé ; « mais ce fut tout, car il n'y en eut nul effet (1). » La princesse ne se relâcha un peu de sa rigueur qu'à l'égard du prince d'Orange, à qui elle donna la ville de Riom pour prison.

Les prières de la malheureuse épouse du duc d'Orléans n'eurent pas plus de succès. On nous a conservé deux lettres de cette vertueuse princesse, par les-

(1) Histoire d'un gentilhomme du comte d'Angoulême, recueillie par Godefroy.

quelles elle conjure sa sœur de rendre la liberté à un époux dont elle connoissoit cependant tous les torts. « Comme je pense incessamment, lui dit-elle, à la « délivrance de monseigneur mon mari, je me suis « avisée de mettre par écrit la forme par laquelle on « pourroit avoir paix, et mondit mari délivré; et ré- « cris au Roi, et le tout verrez. Je vous prie que teniez « la main que les choses puissent venir en bon effet, et « vous obligerez mondit mari et moi à vous à toujours; « et sur ce, je vous dis adieu, ma sœur. » La duchesse d'Orléans, craignant sans doute que cette sollicitation ne soit pas assez pressante, ajoute en *postscriptum* : « Ma sœur, je vous prie que teniez la main que j'aie « en bref response. Vostre bonne sœur, JEANNE DE « FRANCE. » Dans l'autre lettre, elle craint d'insister sur ce qu'elle désire si ardemment, et se borne à donner à Madame des témoignages de tendresse. « Ma sœur, « lui dit-elle, je me recommande bien fort à vostre « bonne souvenance, en laquelle je vous prie que je de- « meure; et me faites ce plaisir de souvent me faire « savoir de vos nouvelles. Il m'est bien arrivé en mal « de ce que je ne vous vois plus. » Elle lui parle en- suite, à mots couverts, des torts de son époux, les excuse, et la supplie de s'intéresser à lui.

La cour, comme on l'a vu, étoit de retour à Paris depuis le mois de janvier 1489. Madame y reçut une ambassade du sultan Bajazet II, dont le résultat pou- voit avoir beaucoup d'influence sur les destinées de l'Europe. Il s'agissoit d'une affaire qui avoit beaucoup occupé Louis XI, et sur laquelle Madame avoit pris un parti peu de temps après la victoire de Saint-Au- bin. Il est nécessaire d'en rappeler ici l'origine.

Mahomet II, conquérant de Constantinople, avoit eu deux fils, Zizim et Bajazet, qui à sa mort se disputèrent l'empire. Zizim, éloigné de la capitale, ne put empêcher que son frère ne fût reconnu. Ayant vainement tenté de faire valoir ses droits, il prit le singulier parti de se réfugier à Rhodes, chez les chevaliers de Saint-Jean de Jérusalem, ennemis implacables des Musulmans. Le célèbre Pierre d'Aubusson, gentilhomme français, étoit alors grand-maître. Il accueillit avec empressement le prince turc; et connoissant l'importance d'un tel otage, il le fit garder avec soin. Bientôt Bajazet réclama son frère, et fit à l'ordre les plus belles promesses, s'il consentoit à le lui livrer. D'Aubusson rejeta hautement des propositions contraires à l'humanité et à la bonne politique; mais il se trouva peu de temps après fort embarrassé, par les prétentions et les intrigues auxquelles son prisonnier donna lieu.

Le Pape et le roi de Naples vouloient l'avoir en leur pouvoir, afin de prévenir l'invasion dont les Turcs menaçoient l'Italie; les Vénitiens le demandoient, dans l'espoir d'intimider Bajazet, et de conserver par là leurs riches possessions dans la Grèce; le Sultan, de son côté, menaçoit les chevaliers d'une guerre terrible, et prodiguoit les trésors pour séduire les gardiens de son rival. Le grand-maître ne trouva d'autre moyen de sortir de cette position difficile que d'envoyer Zizim en France. Louis XI, enchanté que la destinée lui livrât un otage aussi précieux, promit à d'Aubusson tout ce qu'il voulut; et le prince turc débarqua bientôt en Languedoc, d'où il fut transporté au château de Bocalamy dans le comté de La Marche, sous la garde des chevaliers de Rhodes. Il y étoit, depuis quelques années, étroitement renfermé, lorsque les nonces, qui avoient sollicité la délivrance des évêques de Montauban et du Puy, insistèrent plus vivement que jamais pour qu'il fût mis au pouvoir d'Innocent VIII. Ils menaçoient, si Madame s'y refusoit, d'accorder à d'Albret les dispenses nécessaires pour épouser Anne de Bretagne, dont il étoit parent. Comme, depuis la captivité du duc d'Orléans, ce seigneur étoit devenu l'unique espoir des Bretons, la princesse craignoit l'effet de cette menace, qui auroit renversé tous ses desseins. Elle consentit donc, à la fin de 1488, à ce que Zizim fût conduit dans Avignon.

Il venoit d'y arriver, et il étoit encore possible qu'il ne fût pas transféré à Rome, lorsque les ambassadeurs de Bajazet parurent à la cour. Ils conjurèrent Madame, au nom de leur maître, de revenir sur les arrangemens qu'elle avoit conclus avec le Pape, de faire enlever Zizim, et de le leur remettre. Non-seulement ils promettoient de donner à la France toutes les reliques qui étoient restées à Constantinople depuis la prise de cette ville, mais ils offroient de conquérir pour Charles VIII le royaume de Jérusalem. Quelques membres du conseil penchoient pour accepter des propositions si brillantes. L'imagination du jeune Roi en étoit frappée; mais Madame, préférant un intérêt présent à des avantages éloignés et chimériques, persista dans sa première résolution, et le Pape, instruit de la tentative de Bajazet, se pressa de faire venir le prince turc à Rome, où il fut enfermé au château Saint-Ange.

Les nonces profitèrent de leur crédit pour solliciter de nouveau la mise en liberté de Georges d'Amboise et de l'évêque du Puy. Madame ne l'accorda qu'à regret, et dans la crainte que la cour de Rome, malgré ses promesses récentes, ne délivrât les dispenses dont d'Albret avoit besoin pour exécuter ses projets ambitieux. Elle savoit que d'Amboise étoit aimé du Roi; elle connoissoit son dévouement pour le duc d'Orléans, et elle étoit persuadée avec raison qu'il emploieroit tous ses efforts pour mettre fin à la captivité de ce prince. Elle ne brisa donc les chaînes des deux prélats qu'en les reléguant dans leurs diocèses.

Elle n'attendit pas le retour du printemps pour retourner sur les frontières de la Bretagne, où elle espéroit réussir par ses intrigues, plus que par la force des armes. Elle avoit envoyé ses meilleures troupes en Picardie, sous les ordres des maréchaux de Querdes et de Gié. Maximilien, délivré par l'Empereur son père de la prison où les habitans de Bruges l'avoient retenu quatre mois, venoit d'y rallumer la guerre; et les Français avoient été chassés de Saint-Omer. Les deux maréchaux rencontrèrent, au mois de février, l'armée flamande près de Béthune; ils livrèrent bataille, et, après avoir remporté une victoire complète, ils firent prisonniers le duc de Gueldre et le prince de Nassau, généraux de Maximilien. Cette victoire assura pour long-temps le repos de la Picardie. Le prince de Nassau entama des négociations, et Madame put porter toute son attention sur les affaires de Bretagne. Elle persista dans le plan qu'elle avoit d'abord adopté, et résolut de ne plus irriter ce peuple fougueux en lui faisant éprouver les horreurs de la guerre, mais de le soumettre en fomentant les divisions dont il étoit tourmenté depuis la mort de François II.

Le prince d'Orange, qu'elle tenoit prisonnier à Riom, lui parut très-propre à l'exécution de ce dessein : partisan sincère du duc d'Orléans, il étoit très-opposé aux prétentions de d'Albret, et sa présence en Bretagne ne pouvoit qu'augmenter la puissance du parti contraire à ce seigneur. Elle eut donc l'air de céder aux sollicitations de la princesse d'Orange, qui étoit sœur de son époux; et le prince, mis en liberté par elle, partit aussitôt pour la Bretagne.

Les deux partis qui déchiroient ce malheureux pays étoient à peu près aussi forts l'un que l'autre. Dunois étoit devenu le principal ministre d'Anne de Bretagne, qui avoit pris le titre de duchesse; et cette princesse, ainsi qu'Isabelle sa jeune sœur, avoient en lui la plus grande confiance. Leur cour, peu nombreuse, erroit dans cette province dévastée, où elles ne possédoient qu'un petit nombre de places; mais, quoique foible en apparence, ce parti se composoit d'une multitude de personnes qui, n'osant encore se déclarer, détestoient l'ambition de d'Albret, et ne pouvoient souffrir qu'il contraignît la princesse à l'épouser. Ce seigneur, soutenu par le maréchal de Rieux, qui passoit pour le plus habile général de la Bretagne, et à qui le feu duc avoit donné la tutèle de ses filles, possédoit la ville et le château de Nantes, et comptoit sur la ville de Rennes, qui sembloit encore garder la neutralité. Il avoit à sa suite un grand nombre de seigneurs, presque tous irrités en secret de son ambition, et disposés à l'abandonner au premier revers. Le projet de d'Albret et du maréchal de Rieux étoit de s'emparer des deux princesses par ruse ou par force. « Je crois bien, dit Jaligny, que s'ils eussent

« tenu les filles, qu'ils eussent fait, bon gré ou mal-
« gré, le mariage de mondit seigneur d'Albret avec
« icelle fille aînée ; mais elle n'y vouloit pour rien du
« monde entendre. »

L'arrivée du prince d'Orange ranima les espérances du parti d'Anne de Bretagne. Cette princesse, ayant rassemblé une armée, s'avança vers Nantes, se tenant en croupe sur le cheval de Dunois. Le maréchal de Rieux, qui avoit d'abord évité la bataille, reparut bientôt avec une armée plus nombreuse, et la prise de la princesse parut inévitable. Alors Dunois promit au maréchal qu'elle se rendroit volontairement à Nantes, et donna pour otage de cette promesse Jean de Louhans, chevalier plein d'honneur, et serviteur dévoué du duc d'Orléans, dont il avoit été autrefois le capitaine des gardes. A peine Jean de Louhans eut-il appris qu'Anne de Bretagne étoit en sûreté, qu'il écrivit à Dunois pour le dégager de sa parole, s'exposant ainsi à toute la vengeance de d'Albret pour empêcher qu'il n'obtînt par violence la main de la princesse. Le silence de l'histoire sur les suites d'un dévouement si noble fait présumer que Jean de Louhans n'en fut pas victime.

Cependant le comte de Dunois et le prince d'Orange conduisirent d'abord Anne de Bretagne à Vannes, puis ils l'amenèrent à Redon, ville plus voisine de Rennes. Ils entretenoient depuis long-temps des intelligences dans cette dernière ville, fort attachée au sang de ses ducs. Bientôt les magistrats de Rennes vinrent trouver la duchesse, et lui offrir un asyle : ils déclarèrent, au nom de leurs concitoyens, qu'ils détestoient la conduite des Nantais, et lui protestèrent que si elle vouloit accepter leur offre, elle seroit entièrement libre de disposer de sa main. Anne ne douta point de ces sentimens de fidélité, qui lui étoient exprimés par les magistrats de sa capitale : elle partit pour Rennes, où elle fut reçue avec transport; et aussitôt les habitans s'imposèrent eux-mêmes une contribution pour subvenir à ses plus pressans besoins.

Cette noble conduite de la ville de Rennes auroit probablement déconcerté le parti contraire, s'il n'eût été soutenu par Henri VII, qui venoit de faire passer des troupes en Bretagne. Vainement la jeune duchesse lui fit-elle représenter qu'elle étoit irrévocablement décidée à ne point donner sa main à d'Albret, et que si l'on vouloit l'y contraindre, elle aimeroit mieux prendre le voile, et s'ensevelir pour toujours dans un cloître : le roi d'Angleterre persista dans sa résolution, jugeant bien que, si ce mariage ne s'accomplissoit pas, la Bretagne seroit tôt ou tard réunie à la France.

Madame, qui habitoit avec le Roi le Plessis-lès-Tours, examinoit tranquillement ces sanglantes divisions : elle se bornoit à veiller à la défense des places que le traité de l'année précédente avoit mises en son pouvoir, et elle voyoit avec une sorte de satisfaction les Anglais achever de ruiner la Bretagne.

Mais pendant que Madame employoit toute sa politique pour empêcher d'Albret d'épouser Anne de Bretagne, elle étoit loin de soupçonner qu'il se présentoit pour cette princesse un prétendant plus redoutable. Maximilien, avec lequel la France négocioit depuis la bataille de Béthune par l'entremise du prince de Nassau, avoit des intelligences secrètes avec la jeune duchesse, qui, ayant perdu l'espoir d'épouser le duc d'Orléans, consentoit à donner sa main à un prince qui pourroit la défendre. Madame, ignorant cette intrigue, et instruite que Maximilien étoit sur le point de conclure avec les princes de l'Empire une ligue contre la France, ne refusa point de faire la paix. Il fut convenu que les villes et places fortes de la Bretagne, quelles qu'elles fussent, seroient rendues à la duchesse, et que les Anglais seroient renvoyés. On fit aussi mention, dans le traité, du duc d'Orléans, dont Maximilien ne voulut point paroître sacrifier les intérêts. Il fut décidé que Maximilien et Charles VIII auroient incessamment une entrevue : Charles devoit y déclarer pourquoi il tenoit enfermé le premier prince du sang; et si, après cette explication, Maximilien insistoit pour qu'il fût mis en liberté, il sortiroit de sa prison, à la condition néanmoins que son protecteur donneroit des garanties suffisantes de sa conduite future. On voit, par cet article du traité, que Madame étoit décidée à ne pas mettre fin à la captivité du duc d'Orléans, et que Maximilien ne prenoit à lui qu'un bien foible intérêt.

Ce traité entraîna des conférences avec les deux partis qui divisoient la Bretagne. La duchesse chargea Dunois de négocier sur les mêmes bases. D'Albret et de Rieux, toujours maîtres de Nantes, envoyèrent aussi des députés à la cour, et élevèrent leurs prétentions très-haut. En même temps Maximilien, glorieux d'avoir trompé une princesse aussi habile que Madame, fit partir pour la France trois seigneurs, sous le prétexte de veiller à l'exécution du traité. Après avoir rempli leur mission près du Roi, ils témoignèrent le désir de passer en Bretagne pour aplanir les difficultés qui s'opposoient encore à la paix générale. Madame, très-éloignée de soupçonner leurs desseins, les fit conduire honorablement à Rennes par deux hérauts; mais à peine y furent-ils arrivés, que l'un d'eux épousa la duchesse au nom de son maître.

La cérémonie de ce mariage, conforme aux usages du temps, a paru très-extraordinaire aux historiens modernes : ils devoient seulement observer que le fondé de pouvoir de Maximilien n'oublia aucune des formalités qui pouvoient le rendre indissoluble. Après la messe nuptiale, la jeune princesse fut mise au lit par sa gouvernante, madame de Laval; alors on introduisit l'ambassadeur, qui, tenant à la main la procuration de son maître, plaça dans le lit sa jambe nue, et déclara le mariage consommé. Ainsi Maximilien, prince de peu de mérite, se trouvoit avoir épousé les deux plus belles et les deux plus riches héritières de l'Europe, Marie de Bourgogne et Anne de Bretagne; mais il ne profita pas de ce dernier mariage comme du premier, qui avoit préparé l'élévation de sa maison. Appelé par l'Empereur son père au fond de l'Allemagne, il ne vint pas voir celle qu'il nommoit son épouse; et comme elle ne tira aucun avantage de ce lien, formé par la seule politique, il devint moins difficile par la suite de la décider à le rompre.

Ce mariage fut d'abord tenu très secret : mais il paroît que Madame en fut instruite à l'époque de la mort d'Isabelle, sœur unique de la duchesse, qui arriva au commencement de 1490. Elle résolut de tout entreprendre, afin de dissoudre cette union qui pouvoit avoir pour la France les conséquences les plus funestes, et ne vit d'autre moyen de réussir que de faire épouser au Roi, qui étoit âgé de vingt ans, l'héritière de François II. Sa politique se tourna entièrement de ce côté, et elle fit de bonne foi des efforts pour pacifier la Bretagne. Elle commença par traiter avec d'Albret, qui étoit toujours maître de Nantes : en lui rendant ses terres confisquées, et en payant ses dettes, elle obtint de lui qu'il remettroit cette ville au Roi, et qu'il renonceroit à toutes ses prétentions. Elle gagna en même temps le maréchal de Rieux, qui rentra au service d'Anne de Bretagne. Le prince d'Orange et Dunois, voyant qu'il étoit impossible de compter sur Maximilien et sur les secours de l'Angleterre, promirent d'appuyer ce grand projet, et parvinrent à y faire consentir madame de Laval, qui avoit beaucoup d'empire sur la duchesse, et qui, possédant en France des propriétés considérables, avoit intérêt à ce qu'on se rapprochât de cette puissance. Toute cette intrigue se tramoit à l'insu de la jeune princesse, qui se croyoit toujours unie indissolublement à Maximilien.

Cependant le prince d'Orange et le comte de Dunois, fidèles amis du duc d'Orléans, insistoient vivement pour qu'il fût mis en liberté, et n'obtenoient de Madame que de vaines promesses[1491]. L'épouse de ce malheureux prince crut pouvoir profiter de cette occasion pour faire une démarche qu'elle crut décisive. Oubliant tous les torts que le duc d'Orléans avoit eus avec elle, elle parut devant le Roi son frère en habits de deuil, se jeta à ses pieds, et lui parla ainsi :

« Vous savez, mon frère, que, depuis plus de
« quatre ans, mon époux traîne dans une prison une
« vie plus affreuse que la mort : quand j'y pense, mon
« cœur se brise, et je suis tellement troublée que je

« ne sais pas bien ce que je dois dire pour sa défense.
« Dois-je l'avouer coupable, ou soutenir qu'il est in-
« nocent ? Il est accusé du crime de lèse-majesté, parce
« qu'il s'est retiré chez le duc de Bretagne, parce qu'il
« a pris les armes contre vous, parce qu'il a fait al-
« liance avec vos ennemis, et parce qu'il a eu le pro-
« jet de me répudier, moi, votre sœur, pour épou-
« ser la fille du duc de Bretagne. J'espère l'excuser
« sur tous ces points. Lorsqu'il a quitté la cour, il
« croyoit sa sûreté compromise : réfléchissant au pou-
« voir absolu que ma sœur exerce sur toute la France,
« et ayant eu avec elle des démêlés très-vifs, il a cru
« ne pouvoir trouver d'asyle qu'en Bretagne : il y au-
« roit attendu tranquillement la fin de la tempête, si
« vous l'eussiez permis. Il a fui, dites-vous, et il ne de-
« voit pas fuir; sa fuite ne laisse aucun doute sur ses
« projets criminels. Cependant, en se soumettant à sa
« disgrâce, il ne vous a pas offensé; et si l'on peut lui
« reprocher un tort, c'est de ne s'être pas abandonné
« à votre clémence. Mais on lui fait d'autres reproches :
« il a levé l'étendard contre vous, il a combattu vos
« troupes, et il a été pris les armes à la main. Il fut,
« vous le savez, entraîné dans ce soulèvement plus
« par les circonstances que par sa volonté : les Bre-
« tons se trouvèrent engagés dans une lutte malheu-
« reuse, qui bientôt dégénéra en guerre ouverte : pou-
« voit-il les abandonner? Votre tendresse pour moi,
« mon frère, vous fait trouver plus grave le tort qu'il
« a eu de demander la main de la jeune duchesse : je
« le connois assez pour être convaincue que ce n'étoit
« qu'une feinte. Il cherchoit à s'attacher les Bretons,
« en leur donnant cette espérance; et ce qui prouve

« qu'il n'a jamais eu l'intention de me répudier, c'est
« qu'il n'a point pressé la conclusion de ce mariage.
« Du reste, s'il a eu en cela quelque reproche à se
« faire, je suis la seule qu'il ait outragée. Daignez,
« mon frère, lui pardonner; laissez-vous vaincre par
« la clémence : jamais vous n'aurez une si heureuse
« occasion d'être généreux. Le duc vous devra d'être
« rendu à la vie, à la liberté, et à son épouse : il sa-
« crifiera pour vous des jours que vous aurez sauvés.
« Croyez-moi, vous acquerrez plus de gloire en ten-
« dant la main à un vaincu, que vous n'en avez acquis
« en triomphant de lui. Les haines entre parens sont
« souvent violentes, mais doivent-elles être éternelles?»

Le Roi, n'ayant pas eu le temps de consulter Madame, fut vivement touché de la tendresse désintéressée de l'épouse du duc d'Orléans : il connoissoit le sort qui lui étoit réservé lorsque le prince seroit libre. « Vous aurez, ma sœur, lui dit-il en l'embrassant, « celui qui cause vos regrets : et veuille le ciel que « vous ne vous repentiez pas un jour de ce que vous « venez de faire pour lui! (1) »

Madame suspendit encore l'effet des bonnes dispositions de Charles VIII pour le duc d'Orléans. Le dépit qu'elle conservoit contre ce prince la fortifioit dans l'idée que s'il devoit obtenir sa liberté, ce ne devoit être qu'après le mariage du Roi avec Anne de Bretagne; mais cette opiniâtreté accéléra la chute de son crédit. Le Roi supportoit depuis long-temps avec peine le joug qu'elle lui imposoit. Gêné dans ses goûts, dans ses plaisirs, ne jouissant pas même de la

(1) Cette scène touchante se trouve dans l'histoire latine de Louis XII, recueillie par Godefroy, page 275.

liberté à laquelle il croyoit avoir droit depuis qu'il étoit sorti de l'enfance, nourrissant dans son imagination des projets gigantesques, auxquels l'imperturbable sang-froid de sa sœur ne cessoit de mettre obstacle, il résolut de régner enfin par lui-même.

Deux jeunes seigneurs de sa cour, Miolans, l'un de ses chambellans, et René de Cossé, son pannetier, l'encouragèrent dans ce dessein, et lui firent sentir que le premier acte d'indépendance qu'il devoit se permettre étoit de délivrer lui-même le duc d'Orléans, qui, touché d'un si grand bienfait, lui seroit à l'avenir entièrement dévoué. Ce complot contre l'autorité de Madame fut tramé dans le plus grand secret. Un soir, le Roi, avec une suite peu nombreuse, partit du Plessis-lès-Tours sous le prétexte d'une partie de chasse. Ayant trouvé des relais, il poussa jusqu'à Montrichard, et arriva le lendemain au pont de Barangon. De là il envoya d'Aubigny tirer le duc d'Orléans de la tour de Bourges. Ce prince, pendant une captivité de quatre ans, avoit habité diverses prisons. Madame, craignant toujours qu'il ne fût enlevé, ne l'avoit laissé que peu de temps à Sablé, et l'avoit successivement fait transporter dans les châteaux de Lusignan, de Mehun-sur-Yèvre et de Bourges. Enfermé la nuit dans une cage de fer, il n'avoit eu pour compagnie que Salomon de Bombelles, son médecin. Ce fut là que ce grand prince, se livrant à l'étude de l'histoire, mit à profit sa longue infortune. Il puisa dans l'expérience des temps passés ces nobles idées d'ordre et de bien public qu'on lui vit pratiquer lorsqu'il fut parvenu au trône [1].

---

[1] Histoire de Louis XII, par Saint-Gelais.

On peut se figurer la joie qu'il éprouva d'être en liberté, au moment où le peu de succès des sollicitations de son épouse lui avoit fait perdre toute espérance. Le Roi, qui avoit beaucoup d'inclination pour lui, le combla de bontés. « Il ne savoit quelle chere « lui faire, dit un contemporain, voulant bien donner « à connoistre à chacun que ce qu'il avoit fait estoit de « son propre mouvement et libre volonté (1). » Suivant l'usage du temps, les deux princes couchèrent ensemble, et parurent contracter l'un pour l'autre la plus tendre amitié. Le Roi confia à son nouvel ami son projet d'épouser Anne de Bretagne. Le duc, plein de reconnoissance pour son libérateur, lui sacrifia sa passion, et promit d'employer ses partisans bretons pour l'exécution de ce dessein.

Madame étoit trop habile pour ne pas voir que cette action hardie de Charles VIII mettoit fin à sa puissance. Elle parut céder de bonne grâce au coup qui la frappoit, bien convaincue que son frère apprécieroit un jour les services importans qu'elle lui avoit rendus. Le Roi lui-même s'empressa de la rassurer, sur la crainte d'une disgrâce entière, par une lettre qu'il lui écrivit le 21 juin de cette année. « Ma bonne sœur mamie, « lui dit-il, Louis de Peschin m'a informé que vous « avez sçu que aucunes choses m'ont esté rapportées « contre vous; à quoi je lui ai fait response que rien « ne m'en a esté rapporté, et je vous assure que l'on « ne m'en oseroit parler; car en quelque façon que « ce soit n'y voudrois adjouter foy; ainsi que j'espere « vous dire quand nous serons ensemble, vous disant

(1) Histoire d'un des gentilshommes du duc d'Angoulême.

« adieu, ma bonne sœur, mamie. » On voit dans quels termes Madame resta avec son frère.

Sa régence, qui dura près de huit ans, et dans laquelle on ne peut critiquer que les fautes auxquelles l'entraîna son dépit opiniâtre contre le duc d'Orléans, fut très-utile à la France. Elle réprima fort habilement les factions qui s'élevèrent après la mort de Louis XI, vainquit Maximilien dans plusieurs campagnes, donna un roi à l'Angleterre, et réduisit la Bretagne à ne pouvoir plus être qu'une province française. Son systême avoit quelques rapports avec celui de son père, mais il étoit plus mesuré, plus prudent et plus sûr. On ne la vit pas, comme lui, s'engager inconsidérément dans des dangers extrêmes, pour s'en tirer ensuite avec habileté. Elle se bornoit à employer les ressources de son esprit à prévoir ceux qui pouvoient la menacer, et à les prévenir par toute sorte de moyens.

Le Roi, devenu l'unique maître, continua les négociations entamées en Bretagne par sa sœur. Il fallut alors instruire la duchesse qu'un nouvel époux prétendoit à sa main. Anne, élevée dès sa plus tendre enfance dans la haine de Charles VIII, rejeta cette proposition avec hauteur; elle soutint que son mariage avec Maximilien ne pouvoit être rompu, implora les secours de cet époux; qu'une révolte des Flamands empêchoit de rien faire pour elle, et annonça le projet de fuir en Angleterre. Le duc d'Orléans employa vainement l'ascendant qu'il avoit sur elle pour détruire ses préventions : elle parut inflexible.

Charles VIII, dont l'imagination étoit enflammée par les récits qu'on lui avoit faits des charmes de la princesse, résolut, à la manière des anciens preux, d'aller conquérir ses Etats, dans l'intention de la laisser ensuite libre de lui donner sa main si elle l'en jugeoit digne. Tout fut bientôt disposé pour cette expédition chevaleresque, et La Trémouille eut le principal commandement de l'armée. La duchesse s'enferma dans Rennes avec le prince d'Orange, le comte de Dunois et le maréchal de Rieux, qui ne désespéroient pas de la fléchir. Elle y fut bientôt assiégée; et la position où elle se trouvoit exaltant son noble caractère, elle se montra moins disposée que jamais à céder aux vœux du Roi.

On eut recours à un moyen qu'on crut décisif : dans un moment de trève, le jeune monarque entra dans Rennes, vit la duchesse, et chercha, mais en vain, à la disposer en sa faveur. Le siége traînant en longueur, et la famine menaçant les habitans, le comte de Dunois ne dissimula point qu'il faudroit bientôt capituler. La princesse fit alors déclarer au Roi qu'elle vouloit être libre, et lui demanda la permission de se retirer où elle jugeroit à propos. La générosité du monarque ne lui permit pas de balancer sur la conduite qu'il devoit tenir dans cette circonstance délicate : Anne obtint un sauf-conduit, et sortit de Rennes avec ses ministres. Charles trembloit qu'elle ne persistât dans le projet de passer en Angleterre. Elle prit une autre route, et se rendit à Langeais en Touraine, d'où elle fit dire au Roi qu'elle consentoit à lui donner sa main.

Le jeune prince, au comble de ses vœux, vola près de la duchesse, accompagné de l'évêque d'Alby, frère de d'Amboise, et de Du Bouchage, chargés par lui de faire le contrat. Il se présentoit de grandes difficultés, parce que Charles avoit été fiancé dès son enfance à Marguerite, fille de Maximilien, et qu'Anne de Bretagne avoit épousé ce dernier par procureur. L'empressement du monarque, la nécessité des affaires, l'avantage qui résultoit pour la France d'une telle union, la crainte qu'elle ne fût rompue si on la différoit, aplanirent tous les obstacles ; et l'évêque d'Alby célébra le mariage le 6 décembre 1491. Il fut stipulé dans le contrat que si Charles VIII mouroit sans enfans, la Reine épouseroit son successeur au cas qu'il fût libre, et à son défaut le premier prince du sang ; afin que la Bretagne ne passât point aux étrangers. Le comte de Dunois, qui avoit beaucoup contribué à déterminer Anne de Bretagne, mourut subitement quelques jours après ce mariage. Il auroit fait une grande fortune, par la faveur dont il commençoit à jouir auprès des deux époux.

Charles s'empressa de montrer la nouvelle reine aux Parisiens. La riche dot qu'elle apportoit, ses charmes, ses malheurs, lui concilièrent dès-lors l'amour des Français. Dans les premiers jours de 1492, son époux la fit couronner à Saint-Denis : elle y parut dans tout l'éclat de sa beauté, coiffée en cheveux, et vêtue de satin blanc. « Ce fut, dit un témoin oculaire de cette cérémonie, une chose d'une merveil-
« leuse solennité. Il la faisoit beau voir, car elle estoit
« belle et jeune, et pleine de si bonne grace que l'on
« prenoit plaisir à la regarder. » Madame de Beaujeu, à la tête des duchesses, fit partie du cortége de cette princesse, qu'elle avoit autrefois tant persécutée.

Tout annonça d'abord la prospérité d'un mariage

contracté en apparence sous d'aussi heureux auspices.
La Reine devint grosse, et mit au monde, avant la fin
de l'année, un fils qui fut nommé Charles Orland, et
qui eut pour parrain saint François de Paule, ce célèbre Calabrois que Louis XI avoit appelé dans ses
derniers momens. En plaçant un enfant si précieux
sous la protection particulière de la Divinité, on avoit
conçu des espérances que l'avenir ne justifia pas.

Le Roi, en ôtant l'autorité à madame de Beaujeu,
avoit entièrement changé le conseil formé par cette
princesse. Le chancelier Guillaume de Rochefort étant
mort, Adam Fumé étoit devenu garde des sceaux. L'amiral de Graville et François de Bourbon, comte de
Vendôme, n'avoient pas été éloignés : mais l'habileté
du premier et la loyauté du second ne leur donnoient
que très-peu d'influence. Tout le crédit appartenoit à
deux hommes qui avoient obtenu la faveur du Roi,
en le flattant dans ses projets de conquête. Guillaume
Briçonnet, autrefois général des finances en Languedoc, avoit été recommandé par Louis XI à son fils,
et s'étoit montré opposé au ministère précédent. Devenu veuf, il avoit embrassé l'état ecclésiastique, et
avoit été nommé deux ans auparavant évêque de Saint-
Malo. Son caractère entreprenant, vif et hardi, avoit
plu à Charles VIII, qui lui accordoit une confiance
entière. *Soli Briconnetto*, dit Paul Jove, *ad interiorem Regis amicitiam aditus patebat.* L'autre favori
étoit Etienne de Vesc, qui avoit été auparavant valet
de chambre du Roi. Il avoit amusé les loisirs du monarque pendant la longue régence de madame de
Beaujeu, et venoit d'être élevé par lui à la charge de
sénéchal de Beaucaire.

Livré à ces nouveaux conseillers, Charles VIII songea sérieusement à entreprendre les conquêtes qui avoient été l'objet des rêves de son enfance. Il vouloit porter la gloire de ses armes plus loin que Charlemagne, et surpasser la réputation de ce grand monarque qu'il avoit pris pour modèle. André Paléologue, neveu et unique héritier du dernier empereur grec, lui ayant cédé ses droits, il crut possible de rétablir en Orient cet empire français fondé par Baudouin, comte de Flandre, et dont l'existence momentanée avoit été si funeste aux vainqueurs et aux vaincus. Son projet étoit de s'emparer d'abord du royaume de Naples, afin de s'assurer une retraite en cas de revers.

On a vu qu'au commencement de 1486 plusieurs seigneurs napolitains, irrités contre leur roi Ferdinand, avoient appelé René, duc de Lorraine, comme héritier de la maison d'Anjou, et que l'entreprise de ce prince avoit été arrêtée par madame de Beaujeu, qui, regardant alors les projets de Charles VIII comme des chimères, n'en avoit pas moins pris pour prétexte que le Roi se réservoit cette conquête.

Ferdinand, bâtard d'Alphonse, roi d'Arragon, régnoit à Naples depuis vingt-quatre ans. Il avoit d'abord montré des talens pour l'administration, et avoit augmenté les richesses de son royaume en favorisant le commerce et l'industrie; mais ses cruautés et ses débauches le rendirent odieux, et le parti de la maison d'Anjou, devenu très-nombreux, résolut de le renverser. L'entreprise de René ayant échoué, ce parti fut obligé de traiter avec Ferdinand, qui parut oublier le passé, accorda la paix aux seigneurs révoltés, et leur donna une fête dans son palais [13 août 1486].

C'étoit un piége horrible qu'il leur avoit tendu. Au moment où les seigneurs se livroient sans défiance à la joie d'une réconciliation qui paroissoit sincère, ils furent arrêtés et mis aux fers. Quelques-uns périrent sous le bâton comme de vils esclaves, d'autres furent livrés aux plus cruels supplices, et un petit nombre n'échappa que par hasard.

Cette trahison, qui montra que Ferdinand ne vouloit plus régner que par la crainte, exaspéra les partisans de la maison d'Anjou. Errans et fugitifs dans l'Italie, ils appeloient de tous côtés des vengeurs. Leurs vues se portoient sur René, duc de Lorraine, qui n'avoit pu les secourir; sur Ferdinand-le-Catholique, roi d'Espagne et de Sicile, et sur Charles VIII, qui étoit encore sous la tutèle de madame de Beaujeu. Tous trois avoient des droits au royaume de Naples, et les deux derniers étoient assez puissans pour enlever le trône à Ferdinand.

Ce fut dans ces dispositions qu'Antoine, prince de Salerne, chef de la maison de San-Severin, attachée très-anciennement à la France, fit un voyage à Venise en 1489. Il exposa au sénat les plaintes et les projets des Napolitains. Ce corps illustre, qui veilloit à la tranquillité et à l'indépendance de l'Italie, vit avec regret que les étrangers alloient être appelés dans ce pays : mais jugeant avec beaucoup de sagacité que le roi de Naples ne pourroit se maintenir, ne se figurant pas que Charles VIII secoueroit bientôt le joug de sa sœur, et préférant des chances éloignées à un danger présent, il fit répondre au prince de Salerne qu'il ne falloit pas compter sur le duc de Lorraine, dont le rôle étoit fini, et qui n'avoit pas assez de puissance; que le roi d'Espagne en avoit trop, et qu'il deviendroit le maître de l'Italie s'il réunissoit la couronne de Naples à celle de Sicile; qu'enfin le roi de France, borné en Italie au royaume de Naples, surveillé d'un côté par le Pape son suzerain, de l'autre par le roi d'Espagne son rival, seroit moins à craindre, en même temps qu'il seroit plus agréable au parti de la maison d'Anjou. Cette décision du sénat de Venise, dont il étoit loin de croire l'exécution si prochaine, tourna toutes les vues des ennemis de Ferdinand du côté de la France : tant que madame de Beaujeu gouverna, on ne leur donna que de vaines promesses; aussitôt que le jeune Roi fut le maître, on traita sérieusement avec eux. Mais il falloit aplanir de grands obstacles, avant de s'occuper de cette conquête éloignée.

Charles VIII étoit loin d'être en paix avec ses voisins. Henri VII n'avoit pas vu sans peine la réunion de la Bretagne à la France : quoique peu entreprenant, il pouvoit entretenir la fermentation qui continuoit de régner dans cette province, et y exciter de nouveaux troubles. Les ministres du roi de France cherchèrent à l'occuper de sa propre sûreté; en favorisant Perkin, jeune aventurier qui se faisoit passer pour le duc d'Yorck, l'un des fils d'Edouard IV. Il fut attiré à la cour, où l'on parut ajouter foi à ses récits fabuleux; et, comblé de bienfaits, il alla en Normandie, d'où le roi d'Angleterre actuel, n'étant encore que comte de Richemont, étoit parti quelques années auparavant pour renverser Richard III. Henri VII, sentant la nécessité de détourner promptement cet orage, vint à Calais avec une armée : l'intention de Charles VIII n'étoit pas de lui faire la guerre, mais d'obtenir de lui une paix solide, afin de pouvoir exécuter ensuite ses grands projets. Les négociations furent bientôt entamées, et les deux Rois conclurent à Etaples un traité, dans lequel la France fit de grands sacrifices [décembre 1492]. Il fut stipulé que toutes les dettes contractées par la Bretagne pour les secours que l'Angleterre lui avoit fournis dans la dernière guerre seroient acquittées, et que Charles VIII continueroit de payer à Henri VII la pension que Louis XI avoit autrefois faite à Edouard IV.

Il étoit surtout important pour Charles VIII d'être en paix avec le roi d'Espagne, qui, possédant la Sicile, pouvoit mettre les plus grands obstacles à la conquête du royaume de Naples. Ferdinand et Isabelle, persuadés que cette entreprise n'auroit que des résultats funestes pour la France, se prêtèrent volontiers aux avances qui leur furent faites, et profitèrent de cette occasion pour recouvrer une province qui avoit été autrefois engagée à Louis XI. Le jeune Roi, pressé de conclure, accueillit sans examen leurs prétentions, et leur rendit le Roussillon, sans exiger même la somme qui avoit été stipulée si ce pays rentroit sous la domination de l'Espagne. Tel fut le traité de Barcelonne, signé le 19 janvier 1493, et contre lequel les consuls de Perpignan, très-attachés à la France, réclamèrent en vain par une lettre adressée à madame de Beaujeu, qu'ils croyoient encore puissante.

Maximilien étoit l'ennemi dont Charles VIII avoit le plus à redouter la vengeance, parce qu'il l'avoit doublement outragé. En se mariant avec Anne de Bretagne, non-seulement il lui avoit enlevé une épouse avec laquelle il croyoit avoir contracté des liens indissolubles, mais il avoit en quelque sorte répudié sa fille

Marguerite, envoyée en France dix ans auparavant, et qu'on avoit jusqu'alors traitée en reine. Maximilien sacrifia ces motifs de haine à la politique : espérant que Charles VIII, occupé des guerres d'Italie, ne fomenteroit plus la révolte parmi ses sujets flamands, voulant recouvrer l'Artois et la Franche-Comté, qui avoient été donnés en dot à Marguerite, il se prêta volontiers aux propositions avantageuses qui lui furent faites de la part de Charles VIII. Par le traité de Senlis [23 mai 1493], il rentra en possession de ces deux provinces : sa fille lui fut renvoyée, et elle attesta, par une déclaration du 12 juin, qu'elle avoit été bien traitée en France. La destinée de cette princesse, célèbre par ses grâces et par son esprit, fut très-singulière : elle épousa successivement un infant d'Espagne et un prince de Savoie, et joua ensuite un grand rôle en Flandre, sous le règne de Charles-Quint (1).

Ainsi Charles VIII, sacrifiant tout à ses projets de conquête, avoit considérablement diminué les ressources de la France, soit en prodiguant l'argent pour obtenir la paix avec l'Angleterre, soit en abandonnant des provinces importantes au roi d'Espagne et à Maximilien. Lorsqu'il crut ne plus avoir rien à redouter de ses voisins, il fit ses préparatifs pour passer en Italie.

Le bruit de ses desseins avoit excité beaucoup de fermentation dans ce pays, qui, après une très-longue paix, alloit éprouver une secousse terrible, et de grandes révolutions. Il est nécessaire d'en représenter la situation, et de développer les divers intérêts des princes qui le gouvernoient.

(1) *Voyez* Précis de l'histoire de la Maison de Bourgogne, servant d'introduction aux Mémoires de La Marche, tome IX, page 83.

Jamais, dit Guichardin, l'Italie n'avoit été si heureuse et si florissante : soumise à des princes qu'elle avoit vus naître, indépendante de toute influence étrangère, jouissant de la tranquillité intérieure, elle avoit porté les lettres, les sciences, les arts et l'industrie à la plus haute perfection. Enrichie par l'agriculture et le commerce, elle offroit les cours les plus brillantes, les villes les plus somptueuses; et les plaisirs, résultats nécessaires d'une longue prospérité, étoient arrivés à un degré de délicatesse et de recherche inconnu au reste de l'Europe. Mais dans ce tableau séduisant, que trace avec complaisance l'historien italien, on remarque les signes d'une prochaine décadence. Tous les vices de la mollesse, la perfidie, la lâcheté, la corruption des mœurs, s'unissoient aux qualités aimables des Italiens du quinzième siècle; et cet état de bonheur ne tenoit qu'à l'existence de deux hommes, dont la perte devoit attirer sur leur pays les plus terribles fléaux.

A la tête de l'union des princes qui gouvernoient l'Italie se trouvoient le pape Innocent VIII et Laurent de Médicis. Le premier, pontife plein de sagesse et de modération, le second, simple citoyen de Florence, mais ayant obtenu par ses bienfaits l'autorité d'un souverain, tenoient la balance entre les diverses ambitions, et rien ne pouvoit se faire sans leur médiation ou leur consentement. Ils moururent tous deux presque en même temps en 1492, et furent remplacés par d'indignes successeurs. Alexandre VI devint pape, et Pierre de Médicis hérita des richesses, mais non de la considération, de son père.

Les princes d'Italie, jusque là très-unis, se partagèrent alors en deux factions, l'une favorable à la France, et l'autre décidée à s'opposer à toute espèce d'invasion.

Ludovic Sforce, tuteur du jeune duc de Milan Jean Galéas, entraîné par la plus criminelle ambition, se mit à la tête de la première. Ce prince, frère du dernier duc assassiné en 1476, avoit aspiré à la régence; mais elle avoit été déférée à Bonne de Savoie, duchesse douairière, et au chancelier Cecco Simonetta. Les menées de Ludovic l'ayant fait exiler, il avoit conservé dans le Milanais un parti puissant. La conduite imprudente de la duchesse, qui, encore jeune, passoit pour fort galante, et qu'on accusoit d'avoir une intrigue avec Antoine Thesino, l'un de ses domestiques, irrita contre elle le peuple de la capitale. Ludovic profita de ce mécontentement pour s'introduire dans Milan et pour s'emparer du château, qu'on regardoit comme une des plus fortes places de l'Europe. Il fallut alors que Bonne et le chancelier partageassent avec lui la régence. Pendant cette union passagère de deux partis qui avoient l'un pour l'autre une haine mortelle, Isabelle, petite-fille de Ferdinand, roi de Naples, fut demandée en mariage pour le jeune duc. Cette princesse, d'une grande beauté, eut le malheur, lorsqu'elle fut arrivée à Milan, de plaire à Ludovic, qui voulut en vain l'enlever à son neveu, et qui conçut dès-lors le dessein de perdre les deux époux. Il commença d'abord par susciter une affaire au chancelier, entièrement dévoué au jeune duc; et il le fit décapiter en 1480. Quatre ans après, ayant feint de découvrir une conjuration tendante à remettre toute l'autorité entre les mains de la duchesse douairière, il la fit arrêter, confina le jeune duc et son épouse dans le château de Pavie, s'empara du pouvoir, et résolut d'usurper la couronne ducale.

Il ne pouvoit exécuter ce projet sans avoir une guerre avec le roi de Naples, dont le fils Alphonse, père de l'infortunée Isabelle, passoit pour un des capitaines les plus redoutables de l'Italie. Laurent de Médicis et le pape Innocent VIII parvinrent, tant qu'ils vécurent, à contenir son ambition : aussitôt qu'ils furent morts, l'union qu'ils avoient maintenue avec tant de soin fut entièrement rompue. Ludovic se lia étroitement avec Alexandre VI, qui, voulant procurer à ses fils des principautés, cherchoit à entamer le royaume de Naples ; et les Vénitiens, qui, pour leur commerce, désiroient avoir quelques places maritimes de ce royaume, ne s'opposèrent pas à ses desseins.

D'un autre côté le roi de Naples, irrité du traitement qu'éprouvoit Isabelle, et redoutant l'ambition du Pape, contracta une alliance intime avec Pierre de Médicis, qui paroissoit disposer de toutes les forces des Florentins, mais contre lequel s'élevoit une faction redoutable, dirigée par le fameux dominicain Jérôme Savanarole.

Ces deux ligues, qui partageoient l'Italie, étant à peu près d'égale force, la lutte pouvoit être douteuse ; et Ludovic n'étoit pas encore sûr de pouvoir exécuter sans danger les sinistres projets qu'il avoit formés contre son neveu. Il pensa donc que pour consommer un si grand attentat, et pour assurer le succès de son usurpation, il avoit besoin d'un bouleversement général. Ce fut alors qu'il accueillit avec faveur les Napolitains mécontens, qu'il leur promit son appui et celui du Pape, et que, de concert avec eux, il envoya près de Charles VIII une ambassade solennelle pour lui offrir la couronne de Naples. En même temps il s'assura de Maximilien, devenu libre par le mariage d'Anne de Bretagne avec le roi de France : il lui donna avec une riche dot Blanche-Marie, sœur du jeune duc qu'il tenoit en prison, et obtint de lui la promesse de l'investiture du duché de Milan.

Le prince de Salerne, l'un des principaux seigneurs napolitains qui avoient résolu la perte de leur roi, précéda de quelques mois à Paris l'ambassade de Ludovic, et disposa Charles VIII à lui faire un accueil favorable. Cette ambassade, composée du comte de Cajazzo, fils aîné de Robert de San-Severin, de Charles de Balbiano, comte de Beljoyoso, et de Galéas Visconti, eut d'abord des conférences secrètes avec les ministres, puis elle fut admise devant le Roi, entouré de son conseil, de plusieurs prélats, et d'un grand nombre de seigneurs.

Balbiano, qui porta la parole, représenta au jeune monarque [1] qu'aucune puissance d'Italie ne s'opposeroit à son passage; que les Vénitiens ne voudroient pas rompre l'alliance qu'ils entretenoient depuis long-temps avec la maison royale de France, pour maintenir Ferdinand, leur plus grand ennemi; que Pierre de Médicis se garderoit bien de s'écarter du respect que sa famille avoit toujours témoigné à cette illustre maison, et que s'il osoit tenir une autre conduite, sa témérité seroit facilement réprimée; qu'Alexandre VI favoriseroit cette expédition par ses armes spirituelles et temporelles, et que Ferdinand, ayant à lutter

---

[1] Guichardin, liv. 1ᵉʳ, page 28 et suiv.

contre une si grande puissance, se trouveroit hors d'état de lui résister. Ensuite Balbiano, qui connoissoit l'imagination vive et ardente de Charles VIII, lui présenta les images les plus propres à l'exalter.

« Ainsi, grand roi, lui dit-il, vous recouvrerez un
« royaume auquel votre sang vous donne des droits,
« un royaume qui, je le sais, ne peut être comparé à
« la France, mais qui vous offrira d'immenses res-
« sources. J'en ferois le détail, si je ne savois que la
« générosité française se propose un plus noble but,
« et que Votre Majesté, dans ses hautes pensées, ne
« songe point à son intérêt particulier, mais à la pros-
« périté de la république chrétienne. Une occasion
« plus heureuse se présentera-t-elle jamais? Et quelle
« situation plus favorable que celle du royaume de
« Naples pour faire la guerre aux ennemis de notre
« religion? La mer qui le sépare de la Grèce n'a que
« soixante-dix milles; ce malheureux peuple, opprimé
« par les Turcs, brûle de voir sur ses bords les ban-
« nières françaises. Il se levera tout entier lorsque
« vous paroîtrez; et combien alors ne vous sera-t-il
« pas facile de frapper Constantinople, siége de cet
« empire? Quel monarque, grand roi, est plus digne
« que vous de tenter cette sainte entreprise? Vous y
« êtes appelé par la puissance formidable que Dieu
« vous a donnée, par le nom de *très-chrétien* que
« vous portez, par l'exemple de vos illustres ancêtres,
« qu'on vit tant de fois sortir de leurs États, soit pour
« délivrer l'Eglise de Rome, asservie par des tyrans,
« soit pour combattre les Infidèles, soit pour recouvrer
« le tombeau de Jésus-Christ : exploits héroïques,
« qui ont élevé jusqu'aux cieux la majesté des rois de

« France. C'est par de telles actions, dirigées vers un
« semblable but, que Charlemagne est devenu em-
« pereur de Rome. Vous portez son nom, il s'agit d'ac-
« quérir sa gloire. »

Ce discours produisit, sur un roi âgé de vingt-deux ans, l'effet que les ambassadeurs avoient attendu. Cependant il s'éleva de grandes discussions dans le conseil : Graville et ceux qui avoient été attachés à Louis XI et à madame de Beaujeu s'opposèrent de toutes leurs forces à ce qu'on tentât une entreprise aussi périlleuse. Ils rappelèrent que le feu Roi avoit eu la prudence de rejeter les séduisantes propositions qui lui avoient été faites par les Génois et les Napolitains, et insistèrent pour qu'on suivît cet exemple. Mais Briçonnet et le sénéchal de Beaucaire, qui avoient toute la confiance du Roi, et qui savoient que son génie étoit entièrement opposé à celui de Louis XI, traitèrent ces craintes d'exagérées, développèrent toutes les chances heureuses d'une si brillante expédition, et conjurèrent le monarque d'entrer dans la carrière glorieuse qui lui étoit ouverte. Un traité fut fait avec Ludovic, qui promit des secours d'hommes et d'argent.

Cette résolution, dont les suites furent loin de répondre aux espérances qu'on avoit conçues, a excité l'humeur chagrine de presque tous les historiens modernes; mais sans se rendre, comme la plupart des contemporains, l'apologiste des illusions romanesques de Charles VIII, ne doit-on pas observer que la France, à peine affranchie de la tyrannie de Louis XI, et remplie de factions, avoit besoin d'un grand mouvement qui, en portant l'enthousiasme dans les ames, les réunît dans un même dessein, et leur rendît cet ardent patriotisme qui sous Charles VII avoit sauvé l'État; sentiment que la servitude du dernier règne et l'anarchie des premières années du règne actuel avoient presque entièrement fait disparoître. Il n'est pas probable que cette idée, dont l'administration glorieuse de Louis XII prouva depuis la justesse, soit entrée pour rien dans les motifs qui déterminèrent Charles VIII et son conseil.

La cour partit pour Lyon dans les premiers jours du printemps de 1494. Toute la noblesse française y accourut, et pour exciter son ardeur on donna des tournois et des fêtes brillantes. Pendant qu'on paroissoit ne s'occuper que de plaisirs, les deux ministres qui avoient conseillé l'entreprise travaillèrent à en préparer les voies. Ils envoyèrent des émissaires dans les principales villes d'Italie, entretinrent des relations avec l'archevêque de Durazzo, qui promettoit de faire soulever la Grèce, et s'assurèrent du concours de d'Aubusson, grand-maître de Rhodes. André Paléologue, qui, comme on l'a vu, avoit cédé au Roi ses droits sur l'empire d'Orient, étoit allé l'attendre en Italie (1). Le monarque comptoit s'emparer, en passant à Rome, de Zizim, frère du sultan, et se servir de ces deux princes pour l'exécution de ses desseins.

On tint encore un grand conseil sur l'expédition dont on s'occupoit. Les anciens serviteurs de Louis XI persistèrent dans leur opinion, et le maréchal de

(1) Il paroît que les derniers arrangemens avec Paléologue ne furent faits qu'en Italie. La minute du traité est du 6 septembre 1494: elle a passé de la bibliothèque du Capitole à celle du Roi. Selon le Journal du Voyage de Naples, par Pierre Durey de Troyes, Charles VIII étoit alors à Asti.

Querdes, qui s'étoit couvert de gloire en défendant la Picardie contre les armées de Maximilien, crut pouvoir concilier tous les avis, en proposant de substituer à la conquête de Naples celle du Milanais; à la possession duquel le duc d'Orléans avoit des droits par son aïeule Valentine Visconti. Il soutint que cette entreprise étoit beaucoup plus facile, et ne présentoit presque aucun danger dans ses résultats, quels qu'ils fussent. Les ministres en faveur n'eurent pas de peine à faire sentir au Roi qu'il seroit indigne de lui de trahir ainsi Ludovic, et qu'en suivant un conseil aussi pusillanime il ne rempliroit pas les grandes destinées auxquelles le ciel sembloit l'appeler. Le maréchal tomba malade quelques jours après, et mourut dans une maison de campagne voisine de Lyon, où il s'étoit fait transporter. Sa mort leva toutes les difficultés qui pouvoient encore s'opposer à l'expédition projetée.

Avant de partir, le Roi pourvut à l'administration de la France. La régence fut confiée à la Reine et au seigneur de Beaujeu, devenu duc de Bourbon depuis la mort du connétable. Les gouvernemens furent ainsi distribués : Baudricourt eut la Bourgogne, d'Avaugour et Rohan la Bretagne, Gravillé la Normandie et la Picardie, et le comte d'Angoulême la Guyenne. Charles VIII prit la route de Grenoble le 27 août 1494, laissant à Lyon la Reine, qui devoit y rester pendant son absence, pour avoir plus facilement de ses nouvelles.

Les seigneurs les plus puissans et les généraux les plus renommés l'accompagnèrent. On distinguoit parmi eux deux princes de la maison de Bourbon, les seigneurs de Montpensier et de Vendôme, auxquels cette expédition devoit être funeste; les maréchaux de Gié et de Rieux, et Louis de La Trémouille, qui s'étoient distingués dans les dernières guerres. Le duc d'Orléans avoit pris les devans, et étoit chargé de porter les premiers coups. Outre ce cortége imposant des premiers personnages du royaume, Charles avoit encore à sa suite d'illustres étrangers, tels que le marquis de Saluces, le prince de Salerne, chef de la maison de San-Severin, et Jean-Jacques Trivulce, qui, détestant en secret Ludovic dont il étoit sujet, devoit s'attacher irrévocablement à la France, et y parvenir aux premiers grades militaires (1).

L'armée du Roi, leste et brillante, étoit à peu près de quarante mille hommes, et se trouvoit surtout forte en artillerie. On dit qu'elle traînoit avec elle deux cent quarante pièces de siége, et deux mille quarante pièces de campagne (2). Elle avoit en outre un corps de troupes suisses, qui passoient alors pour la meilleure infanterie de l'Europe (3). Mais les dépenses excessives qu'on avoit faites pour l'équiper, et pour obtenir la paix des princes voisins de la France, avoient entièrement épuisé le trésor. Les ministres furent obligés de faire des

---

(1) Journal du Voyage de Naples, par Durey de Troyes. — (2) Antiquités de Saint-Denis. — (3) Quoique madame de Beaujeu eût promis, comme on l'a vu, aux Etats de Tours, qu'elle n'entretiendroit plus de Suisses, il paroit, d'après une chronique du temps, qu'elle ne cessa point de s'en servir, et que cette année même elle renouvela avec eux les traités faits par Louis XI. *Porro filius Ludovici Carolus VIII, anno 1484, paternum fœdus cum Helvetiis renovavit, et eorum milite usus est bello quo Franciscum Britanniæ ducem vicit, potissimum vero bello Napolitano fortem, et fidelem operam militis Helvetii multis in locis expertus est.* (Smlerus, de Republicâ Helvetiorum.)

emprunts onéreux à Gênes et à Milan, et les seigneurs les plus riches ne purent s'empêcher de les garantir.

Cet obstacle n'arrêta point l'ardeur bouillante du Roi : ses troupes passèrent les Alpes sans difficulté, parce qu'il avoit contracté l'alliance la plus intime avec Blanche, duchesse douairière de Savoie, sa proche parente, et gouvernant ce pays au nom du jeune duc Charles II, son fils. Aussitôt qu'il fut arrivé à Turin, cette généreuse princesse lui donna ses diamans, qui furent engagés pour douze mille ducats. Il éprouva le même dévouement de la part d'une autre femme qui partageoit ses illusions sur la possibilité de délivrer l'empire d'Orient, mais qui jugeoit mieux que lui la position dans laquelle il se trouvoit. Marie, princesse grecque, et marquise de Montferrat, mit à ses pieds ce qu'elle avoit de plus précieux, et n'exigea de lui d'autre preuve de reconnoissance que de se défier de Ludovic, dont elle avoit pénétré le caractère perfide. Il est à remarquer que, pendant tout le cours de cette expédition, les Italiennes, à l'exemple des deux princesses, frappées de la hardiesse et de l'intrépidité des Français, leur témoignèrent le plus vif intérêt, et firent les vœux les plus ardens pour le succès de leur entreprise.

De Turin, le Roi passa dans la ville d'Asti, seule place qui restât au duc d'Orléans de l'héritage de Valentine. Il y eut une entrevue avec Ludovic, dont il ne soupçonna pas les desseins secrets, et y fut attaqué de la petite vérole, maladie qui inspira les plus vives inquiétudes à l'armée française, mais qui n'eut pas de suite. Ce fut là que Philippe de Comines, rentré en grâce, mais n'ayant la confiance entière ni du Roi ni des ministres, fut chargé de l'importante ambassade de Venise.

A peine le Roi entroit-il en convalescence, qu'il apprit des succès qui semblèrent d'un favorable augure pour l'expédition. On a vu que le duc d'Orléans avoit été destiné à porter les premiers coups à la puissance dont la perte étoit jurée. Il étoit parti au moment où Charles se trouvoit encore à Lyon pour aller défendre Gênes, menacée par le roi de Naples.

Avant de parler de la victoire que le duc remporta près de Rapalo, il est nécessaire d'entrer dans quelques détails sur les forces que Naples et les autres puissances italiennes pouvoient opposer aux Français, et sur la manière de combattre des deux peuples. Cette courte digression expliquera l'étonnante facilité que trouva Charles VIII à traverser l'Italie dans toute sa longueur, et les suites presque inévitables de cette invasion téméraire.

Il y avoit beaucoup de différence entre l'armée française et les armées italiennes. La première étoit moins redoutable par le nombre que par la discipline et la valeur : composée en grande partie de gentilshommes, et ne recevant sa solde que du Roi, elle étoit toujours bien équipée et au complet. Les sentimens d'honneur dont elle étoit animée la rendoient capable des plus grands efforts; et l'avancement, qui étoit la récompense certaine des services, entretenoit en elle une noble émulation. Les chefs, qui étoient presque tous de grands seigneurs, ne trafiquoient point de leurs troupes, se ruinoient dans la guerre au lieu de s'y enrichir, et n'embrassoient cette carrière que pour acquérir de la gloire, et attirer sur eux les regards du Roi.

Les troupes italiennes étoient d'une toute autre espèce : formées d'un mélange d'aventuriers et de paysans, soudoyées par des capitaines indépendans auxquels on donnoit le nom de *condottieri*, elles n'avoient aucun zèle pour le prince qu'elles servoient. Rarement ces capitaines étoient-ils sujets de ce prince, et souvent leur intérêt se trouvoit opposé à leur devoir. Leurs rivalités nuisoient au bien du service, et leur avarice les portoit presque toujours à ne pas tenir sous le drapeau le nombre de soldats qu'ils s'étoient engagés à fournir. Guidés par l'unique désir du gain, ils étoient aux ordres de celui qui les payoit le mieux, et passoient ainsi d'un service à un autre sous le moindre prétexte. Propriétaires de leurs soldats, ils les ménageoient au point de ne presque jamais les laisser combattre ; et cependant ces chefs de bande, aussi fanfarons que peu redoutables, prenoient les noms les plus terribles, tels que *Fracassa*, *Forte Braccio*, *Taglia Cozza*, *Brazzo di Ferro*, etc. (1). Les résultats de cette singulière organisation militaire ont été parfaitement peints par l'abbé Dubos, dans son histoire de la ligue de Cambray. « Jusqu'à l'invasion de Char-
« les VIII, dit-il, les campagnes en Italie avoient été
« plutôt des scènes de comédie que des champs de
« bataille. On ne faisoit jamais la guerre pendant la
« nuit ; et, de peur de troubler le repos du soldat,
« l'artillerie se taisoit depuis le coucher du soleil jus-
« qu'au jour, sur les remparts des assiégés et dans les
« batteries des assiégeans ; il n'y avoit guère de sang
« répandu dans les batailles que par inadvertance. Le

(1) Tous ces détails sont puisés dans Guichardin, témoin oculaire, *Historia d'Italia*, livre 1, pages 91 et 92.

« plus grand mal que les combattans cherchassent à se
« faire, c'étoit de se prendre prisonniers pour gagner
« une rançon. Il y eut deux grandes batailles, dont
« parle Machiavel, celle d'Anghiari et de Castracaro :
« dans celle de Castracaro, il n'y eut ni tués ni bles-
« sés; dans celle d'Anghiari il ne mourut qu'un homme
« d'armes, qui, s'étant laissé tomber de cheval dans la
« mêlée, fut étouffé par un escadron qui lui passa sur
« le corps. » Les Italiens étoient tellement habitués
à cette manière paisible de faire la guerre, qu'ils ne
purent revenir de leur étonnement et de leur terreur,
au premier choc meurtrier qu'ils eurent avec les Fran-
çais(1) : mais ceux-ci sembloient ignorer que les peuples
d'Italie détestoient une domination étrangère ; qu'ils
étoient aussi avancés dans l'art des intrigues, qu'en ar-
rière des autres nations dans le métier des armes, et
qu'à la longue cette souplesse, qui tient à une civilisa-
tion avancée, l'emporte presque toujours sur une valeur aveugle.

L'artillerie influa beaucoup aussi sur le succès mo-
mentané qu'obtint Charles VIII dans son invasion.
Cette arme avoit été très-perfectionnée en France,
depuis le règne de Charles VII : les canons des Français étoient de bronze, attelés de chevaux, suivant les
évolutions de l'infanterie, et tirant plusieurs coups en
peu d'instans; tandis que ceux des Italiens étoient de
fer, traînés lentement par des bœufs, et très-difficiles
à manœuvrer.

(1) *Cosa nova*, dit Guichardin, *è di spavento grandissimo a Italia, gia lungo tempo assuefatta à veder guerre piu presto belle di pompi e d'apparati, e quasi simili a spectacoli, che pericolose e sanguinee.* Livre I, page 101.

Ce fut moins à ces avantages qu'à sa valeur personnelle que le duc d'Orléans dut sa première victoire.

Ferdinand, roi de Naples, instruit de l'orage qui le menaçoit, avoit fait, quoique accablé par les maladies et par la vieillesse, toutes les dispositions nécessaires pour se bien défendre. Il s'étoit rapproché d'Alexandre VI, qui, inquiet d'une entreprise provoquée par lui-même, avoit essayé d'engager Charles VIII à ne pas venir en armes, et lui avoit promis, comme suzerain de Naples, de lui rendre justice. On dit même qu'Alexandre et Ferdinand avoient demandé des secours au sultan Bajazet, en lui apprenant que le projet des Français étoit d'employer son frère Zizim pour le renverser du trône. Au milieu de ces négociations, et des mesures qu'exigeoit la sûreté du royaume de Naples, Ferdinand étoit mort de fatigues le 25 janvier 1494.

Alphonse, son fils aîné, lui succéda. Aussi haï que son père, mais plus habile, il tourna tous ses efforts contre Ludovic, qui tenoit en prison l'époux de sa fille, le jeune duc Jean Galéas. Persuadé qu'il rendroit l'invasion impossible, s'il parvenoit à renverser cet usurpateur qui avoit appelé les Français, il résolut d'attaquer le Milanais par la côte de Gênes et par la Romagne. Il confia la première expédition à Frédéric son frère, qui passoit pour un bon capitaine; et chargea son fils Ferdinand de la seconde : leurs instructions étoient de se déclarer les partisans de Galéas, de briser ses fers, de soulever les peuples contre Ludovic, et d'acquérir ainsi un allié fidèle, en détruisant un ennemi implacable.

Le jeune Ferdinand, à la tête d'une brillante armée augmentée par les troupes du Pape, arriva sur les frontières du Milanais : il y trouva un détachement de l'avant-garde française, commandée par d'Aubigny, qui lui disputa le terrain, et évita de livrer bataille. Bientôt Alexandre VI lui retira ses troupes, et il fut obligé de se replier. Frédéric parut en même temps sur les côtes de Gênes avec une flotte considérable : mais le duc d'Orléans, qui étoit parti subitement de Lyon pour prendre le commandement de la flotte française, arriva près de Rapalo, dont Frédéric venoit de s'emparer, attaqua cette place avec furie, en chassa les Napolitains, et les força de retourner dans leur pays. Ainsi le plan d'Alphonse, si sagement combiné, échoua des deux côtés; et Ludovic, délivré par les Français de ce danger pressant, ne songea plus qu'à se défaire du jeune duc son neveu, qu'on avoit voulu faire servir d'instrument à sa ruine.

Le duc d'Orléans, qui venoit de se couvrir de gloire, mais à qui les fatigues avoient donné la fièvre quarte, arriva dans Asti au moment où le Roi alloit en partir [6 octobre]. Il fut chargé de la garde de cette place, qui lui appartenoit; et cette disposition déplut à Ludovic, qui craignoit qu'on n'inspirât au prince français l'idée de faire valoir sur le duché de Milan les droits qu'il tenoit de son aïeule Valentine.

Ludovic accompagna Charles VIII à Pavie, où étoit détenu l'infortuné Galéas avec son épouse. Ce jeune prince étoit consumé d'une maladie de langueur qu'on attribuoit au poison, et la voix publique accusoit l'usurpateur de ce crime. Le Roi, sans paroître ajouter foi à cette accusation, voulut loger dans le château, quoiqu'on lui eût assigné une autre maison, et témoigna le désir de voir le prisonnier. Ludovic trembla que le monarque n'essayât d'approfondir des secrets qui auroient rempli d'horreur son ame généreuse, et n'osa cependant s'opposer à cette entrevue. Il suivit le Roi dans la chambre du duc, qui, accablé par ses maux, sembla se ranimer en voyant un prince dont il espéroit exciter la compassion. La présence de Ludovic l'empêcha de s'expliquer clairement : il ne fit parler que ses soupirs et ses larmes, et Charles fut vivement ému. Au moment où cette scène touchante alloit se terminer par de pénibles adieux, Isabelle, épouse du duc, et fille du roi de Naples, ayant échappé à ses surveillans, entre dans la chambre, et se jette aux pieds du monarque. Sa beauté, sa jeunesse, ses malheurs font sur lui la plus forte impression. Elle le conjure d'avoir pitié de son époux mourant, et de son fils encore au berceau : sans accuser Ludovic, dont les regards la contiennent, elle laisse entrevoir ses affreux desseins. Elle implore en même temps la bonté de Charles pour le roi de Naples son père, qui n'a jamais offensé la France, et qui offre de payer un tribut, si l'on veut détourner l'orage qui le menace. Charles s'attendrit de nouveau, relève la duchesse, et lui donne des espérances qu'il n'est plus en son pouvoir de réaliser.

Le monarque poursuivit sa route, et entra dans Plaisance, où il apprit la mort du jeune duc Galéas, dont il avoit vu l'agonie [18 octobre]. La joie féroce que Ludovic ne put dissimuler ne laissa plus aucun doute sur son affreux caractère. Cependant on eut la foiblesse de le laisser partir pour aller consommer son usurpation. Il courut à Milan, répandit partout que la veuve du duc, et son fils, âgé de cinq ans, étoient incapables de gouverner dans des circonstances si difficiles, fit valoir ses prétendus services; et comme il tenoit depuis plusieurs années les rênes de l'Etat (ce qui mettoit dans sa dépendance tous les hommes puissans), il se forma en apparence une sorte de vœu public qui le pressa de prendre la couronne ducale. Ce prince, qui avoit tenu prisonnier son malheureux pupille, qui peut-être l'avoit fait périr, et qui venoit de préparer les longues calamités de son pays en y appelant les Français, eut donc l'air de céder aux désirs du peuple, en s'emparant de l'autorité.

Cette conduite sembla un moment ouvrir les yeux à Charles VIII. Il mit en question, dans son conseil, s'il ne devoit pas retourner sur ses pas pour châtier l'usurpateur, et pour faire valoir les droits de la maison d'Orléans sur le Milanais; mais une démarche imprudente du Pape le fit revenir à ses premiers desseins. Un nonce arriva à Plaisance, et lui défendit de mettre le pied sur les terres de l'Eglise, sous peine d'encourir l'excommunication. Cette menace l'irrita; mais, cachant sa colère sous l'apparence du dédain, il répondit au nonce : « Vous direz au Saint-Père que
« j'ai fait vœu de visiter le tombeau de saint Pierre, et
« qu'il faut absolument que je m'en acquitte. »

Si l'Etat de Florence se fût opposé au passage de Charles VIII, il est probable qu'il eût éprouvé de grandes difficultés; car Ludovic, qui avoit rempli le but qu'il s'étoit proposé en appelant les Français en Italie, se seroit, selon toute apparence, déclaré contre lui. Déjà, par suite de ses prodigalités, l'armée éprouvoit de grands besoins. On voit, par un édit daté de

Plaisance, qu'il fut obligé d'engager le domaine de la couronne pour la somme de cent vingt mille écus d'or; et, par des lettres patentes de la même époque, qu'il fit au clergé de France un emprunt de quinze mille écus couronnés, qu'il promit de rendre l'année suivante [1]. Dans les préambules de ces deux actes, il dit que c'est pour ne pas fouler le peuple qu'il engage son domaine; que ses affaires prennent la meilleure tournure, et qu'il est trop avancé pour reculer. Il ajoute qu'il veut négocier dans Rome même pour le maintien des libertés de l'Eglise gallicane, et qu'ensuite il ne s'occupera plus que de la conquête de Constantinople et de la délivrance de la Terre Sainte. Malgré ces promesses brillantes, on remarque l'embarras du monarque, et l'inquiétude qui commence à le tourmenter.

Les choses tournèrent à Florence tout autrement qu'on ne l'avoit craint : le dominicain Savanarole étoit, comme on l'a vu, chef du parti opposé à Pierre de Médicis : prédicateur éloquent et fougueux, il prodiguoit dans ses sermons les injures à ceux qui ne pensoient pas comme lui, faisoit un éloge outré de Charles VIII et des Français, soutenoit que la cour de Rome avoit besoin d'une réforme, annonçoit que le roi de France étoit chargé de cette grande mission, et ne craignoit pas de prédire qu'il réussiroit dans toutes ses entreprises. L'agitation causée par ses discours contraignit Pierre de Médicis à venir trouver le Roi à Pontremolo. Rompant tous ses engagemens avec le roi de Naples, il offrit à Charles le passage et des vivres : mais le monarque, qui avoit lieu de se défier de lui, exigea la remise de toutes les places fortes de

[1] Pièces recueillies par Godefroy, pages 685 et 687.

la Toscane, condition honteuse, à laquelle Pierre se crut obligé de souscrire.

De retour à Florence, il fut désavoué par ceux mêmes qui l'avoient forcé à cette démarche : une révolte générale éclata contre lui; le palais des Médicis, où Cosme et Laurent avoient réuni la plus belle bibliothèque de l'Europe et les objets d'art les plus précieux, fut saccagé; et leur fils, après avoir fait une vaine tentative pour recouvrer son autorité, fut obligé de fuir comme un proscrit. Alors Florence se constitua en aristocratie, état dans lequel elle se maintint jusqu'au commencement du siècle suivant.

Cependant Charles approchoit lentement de cette ville, où régnoit la plus horrible anarchie. Arrivé à Pise le 11 novembre, il y fut reçu avec des transports de joie : les Pisans, fatigués du joug des Florentins, dont ils avoient été long-temps les rivaux, le supplièrent de leur rendre la liberté. Sur une parole peu mesurée qui lui échappa dans sa réponse, ils agissent comme s'il avoit comblé leurs vœux, et proclament partout qu'ils sont devenus libres sous la protection des Français. Ce fut à Pise que Savanarole vint trouver Charles VIII. Le ton d'inspiré qu'il prit dans son discours dut singulièrement frapper l'imagination du jeune monarque. « Ministre des vengeances du ciel, lui
« dit-il, j'ai donc enfin le bonheur de vous contem-
« pler! Depuis quatre ans j'annonce ici votre arrivée.
« Entrez dans cette terre que Dieu vous a livrée; rem-
« plissez vos hautes destinées : mais, en exerçant la
« justice du Tout-Puissant, imitez sa miséricorde, et
« sauvez la malheureuse ville de Florence. Quoique
« atteinte de la corruption, elle renferme encore un

« grand nombre de justes qui demandent grâce pour
« elle. Défendez la veuve et l'orphelin, conservez la
« chasteté des épouses de Jésus-Christ; ou tremblez
« que, dans sa colère, il ne brise la verge dont il se
« sert pour châtier l'Italie. »

Ce discours rendit à Charles toute sa confiance. Il marcha sur Florence, et y entra le 17 novembre, en conquérant, les enseignes déployées. Regardant cette ville comme soumise, il voulut y exercer les droits de souverain, et exigea qu'on rappelât les Médicis. Mais ce peuple, qui avoit cru, sur la foi de Savanarole, que le Roi, en venant dans la ville, n'avoit eu en vue que de consolider le nouveau gouvernement, et qui étoit irrité de ce que la souveraineté de Pise lui eût été enlevée, entra dans la plus grande fermentation, et menaça d'un soulèvement général, qui auroit pu avoir pour résultat le massacre des Français. Un des chefs osa même défier Charles VIII. « Faites battre le
« tambour, lui dit-il fièrement ; nous allons sonner le
« tocsin. » Les ministres du Roi lui conseillèrent de se relâcher de ses prétentions : il obtint une contribution de cent vingt mille écus, et dans le traité il ne fut point parlé de Pierre de Médicis, qui, reçu froidement à Venise, y vivoit en simple particulier.

L'armée française entra, au commencement de décembre, sur le territoire du Pape, qui avoit en vain menacé le Roi des foudres ecclésiastiques. Dans la ville d'Aquapendente, loin d'être reçu en ennemi, il vit venir au devant de lui le clergé, qui s'empressa de lui rendre hommage. Arrivé à Viterbe, il envoya La Trémouille à Rome pour y déclarer ses volontés. Alexandre VI, embarrassé dans ses propres piéges, frappé de crainte, étoit incertain sur le parti qu'il adopteroit. Attendroit-il le Roi ? c'étoit se mettre entièrement en son pouvoir. Prendroit-il la fuite? c'étoit laisser Rome au pouvoir de ceux des cardinaux qui étoient ses ennemis, et il s'exposoit à être déposé. Après bien des irrésolutions, il dit à La Trémouille qu'il conjuroit le Roi de ne point faire passer son armée par Rome. Le lendemain, n'ayant pas eu de réponse, il fit partir quatre cardinaux, qui trouvèrent Charles à Bressagna, et qui lui déclarèrent, au nom de Sa Sainteté, qu'il seroit reçu avec toutes ses troupes dans la capitale du monde chrétien.

Il y fit son entrée à l'approche de la nuit, le 30 décembre, par la porte Flamine. A la lueur des flambeaux, les Romains virent briller les armes françaises, et furent frappés de consternation. Charles se logea au palais de Saint-Marc, qui fut aussitôt entouré d'une formidable artillerie. Alexandre VI s'étoit enfermé au château Saint-Ange, dont les murs tomboient en ruine. Dès le lendemain, on tint conseil sur ce qu'on devoit faire relativement au chef de l'Eglise. Les cardinaux ses ennemis, et Savanarole qui avoit suivi le Roi, y furent admis. Ils proposèrent de convoquer sur-le-champ un concile général pour faire le procès au Pape, dont ils exagérèrent les crimes, et pour le déposer. Cette mesure violente répugnoit au caractère généreux du jeune Roi : il continua de négocier.

Cependant il exerçoit à Rome la même autorité qu'en France. Il y établit quatre tribunaux qui rendirent la justice en son nom. Une querelle s'étant élevée, à l'occasion des juifs, entre la populace et les gardes françaises, le maréchal de Gié informa et punit sévèrement les coupables : plusieurs furent pendus, décapités, ou jetés dans le Tibre. On négocioit toujours, lorsqu'une partie des murailles du château Saint-Ange s'écroula, et laissa le Pape sans défense. Savanarole s'empressa de faire considérer cet événement comme un miracle, et engagea le Roi à exécuter l'arrêt prononcé par le ciel contre un pontife coupable. Le monarque, jugeant indigne de lui d'abuser de la foiblesse d'un ennemi désarmé, n'en fut que plus disposé à lui accorder la paix. Il fut convenu que les deux princes se verroient le 15 janvier dans l'église de Saint-Pierre.

Le Roi s'y rendit avec sa noblesse, et rencontra le Pape qui l'y attendoit. Comme s'ils n'eussent eu aucun sujet de ressentiment, ils se précipitèrent au devant l'un de l'autre, et se tinrent long-temps embrassés. « Leur familiarité paroissoit si grande, dit un témoin « oculaire, que deux pareils et deux égaux ne pou- « voient pas en user réciproquement avec plus de ci- « vilité et de courtoisie qu'ils s'entrefirent lors, comme « deux parfaits amis et fidelles compagnons (1). » Les principaux articles du traité, dans lequel Charles VIII mit toute sa générosité et Alexandre VI toute sa perfidie, furent que Zizim seroit livré au Roi pour être gardé à Terracine; que César Borgia, cardinal de Valence, fils puîné du Pape, lui seroit en outre donné en otage; que Civita-Vecchia et Ostie seroient occupées par les troupes françaises; et que le Pape pardonneroit sincèrement à tous ceux qui s'étoient déclarés pour la France dans les villes de Rome, de Viterbe, de Montefiascone et d'Aquapendente. De son côté,

(1) Journal du Voyage de Naples, par Pierre de La Vigne.

le Roi s'engageoit à rendre Zizim et le cardinal de Valence à son retour, d'évacuer à la même époque Civita-Vecchia et Ostie, et de prêter au Pape obédience personnelle. Le jour même du traité, Alexandre VI nomma cardinal Briçonnet, évêque de Saint-Malo, l'un des principaux ministres du vainqueur.

Après la conclusion de ce traité, Charles resta encore plusieurs jours à Rome, et les employa comme en pleine paix, soit à des actes de dévotion, soit à des parties de plaisir. Il toucha les écrouelles, et les Italiens ne furent pas peu étonnés de voir un roi de France essayer de faire des miracles; il se montra dans les églises, fit des offrandes, et répandit des aumônes. Dans d'autres momens, il parut à la tête de superbes cavalcades, donna des fêtes, assista, comme un ancien empereur, à des combats d'animaux, et voulut visiter tous les monumens qui rappeloient la gloire des Romains. A son départ, qui eut lieu le 28 janvier, le Pape le combla de témoignages d'affection, lui remit Zizim et le cardinal de Valence, et renouvela ses promesses d'être irrévocablement attaché au parti de la France.

Charles, après avoir quitté Rome, passa quelques jours à Veletri, dont les environs étoient délicieux. Il logea dans la maison de l'évêque, avec les trois princes qu'il croyoit faire servir d'instrumens à ses projets, André Paléologue, Zizim, et le fils du Pape. Ce dernier s'échappa furtivement, et le prince turc mourut quelques jours après. Le bruit commun fut qu'Alexandre VI avoit fait empoisonner cet infortuné avant de le livrer aux Français. La perte subite de deux otages aussi précieux inspira au Roi des soupçons, qui furent bientôt changés en certitude. Le Pape venoit de conclure un traité avec Ferdinand et Isabelle, souverains d'Espagne, et les principales puissances de l'Italie formoient à Venise une ligue, contre laquelle Philippe de Comines protestoit vainement.

Antoine Fonseca, ambassadeur d'Espagne près d'Alexandre VI, vint trouver Charles à Veletri, et lui déclara que son maître n'entendoit pas que les Français s'établissent si près de la Sicile. Le Roi, ne pouvant ajouter foi à tant de perfidie, fit présenter à l'ambassadeur le traité de Barcelone, par lequel Ferdinand et Isabelle, pour prix de la restitution du Roussillon, s'engageoient à ne pas troubler les Français dans leur expédition de Naples. Fonseca, se figurant que les Français étoient perdus sans ressource, eut l'insolence de déchirer le traité, et se retira en menaçant. Charles, loin d'être intimidé de cette bravade, ne persista qu'avec plus d'ardeur dans l'exécution de ses desseins.

A son approche, le royaume de Naples étoit tombé dans la plus horrible confusion. Alphonse, redoutant la haine de ses sujets, avoit pris le parti d'abdiquer en faveur de son jeune fils Ferdinand, qui montroit les dispositions les plus heureuses, et dont le caractère n'annonçoit pas les vices de son père et de son aïeul. Cette cérémonie eut lieu à Naples le 23 janvier. Alphonse se retira en Sicile, où, renonçant au monde, il entra dans un ordre religieux ; et le nouveau Roi, devenu l'unique espérance des partisans de la maison d'Arragon, s'avança au devant des Français.

Il essaya de défendre les bords du Garigliano, près duquel se trouvoient deux villes très-fortes, Mont-

Saint-Jean et San-Germano. S'étant enfermé dans la seconde, il confia la garde de la première à une troupe d'aventuriers de diverses nations, disciplinée avec soin par son père, dévouée à sa cause, et déterminée à s'ensevelir sous les ruines de la place. Les Français, qui dans un si long voyage n'avoient encore vu aucune image de la guerre, se réjouirent de pouvoir enfin se mesurer avec leurs ennemis. Le château de Mont-Saint-Jean étoit considéré comme imprenable : encouragés par la présence de leur Roi, faisant usage de leur excellente artillerie, ils l'emportèrent en huit heures, passèrent la garnison au fil de l'épée, et, profitant de la terreur que devoit inspirer cet éclatant fait d'armes, ils mirent aussitôt le siége devant San-Germano. Le jeune Roi étoit décidé à s'y défendre jusqu'à la dernière extrémité; mais la crainte s'étoit emparée de la garnison, qui redoutoit le même sort que celle de Mont-Saint-Jean. Voyant qu'il ne pouvoit manquer de tomber au pouvoir des ennemis s'il restoit dans la ville, il en sortit pendant la nuit, et se rendit à Capoue, où il espéroit trouver des troupes plus dévouées. Ses exhortations ne purent ranimer les courages abattus : le découragement des partisans de sa maison étoit au comble; et il apprit bientôt que la faction française s'efforçoit d'engager la capitale à envoyer une députation à Charles VIII.

Il vola aussitôt à Naples, laissant Capoue au pouvoir du vainqueur. Au lieu des témoignages d'amour et de dévouement qu'il croyoit pouvoir encore attendre, il ne rencontra partout que froideur et mécontentement. Sa présence même n'empêchoit pas les partisans de la France de s'occuper des préliminaires de la capitulation. Forcé de céder à l'orage, il réunit les principaux magistrats de Naples, et abdiqua entre leurs mains la couronne qu'il avoit possédée pendant vingt-six jours.

« Je prends Dieu à témoin, leur dit-il, que je n'ai
« accepté le trône que pour faire oublier les torts de
« mon père et de mon aïeul; mais le malheur de ma
« maison ne me permet pas d'exécuter ce noble des-
« sein. La situation où nous nous trouvons est moins
« due à la valeur des Français qu'à la défection in-
« attendue de mes troupes. Si j'avois pu tenir quel-
« ques mois, les secours du roi d'Espagne et des
« princes d'Italie auroient sans doute rétabli mes
« affaires, ou m'auroient du moins fourni l'occasion
« de mourir avec gloire en vous défendant. Dans
« l'impossibilité de faire aucune tentative sans vous
« exposer à d'incalculables dangers, je me sacrifie
« pour mon pays. Je vous conseille d'entrer sur-le-
« champ en négociation avec le roi de France; et,
« pour que vous puissiez le faire sans manquer à
« l'honneur, je vous dégage librement des sermens
« que vous m'avez prêtés il y a peu de jours. Essayez,
« par l'obéissance et la soumission, de tempérer l'or-
« gueil naturel des Français. Si la dureté de leur ad-
« ministration vous inspire de la haine, et que vous
« veniez à désirer mon retour, je serai toujours prêt à
« répondre à votre confiance; si au contraire vous
« vous habituez à leur empire, je ne chercherai ja-
« mais à exciter aucun trouble, ni dans cette ville
« ni dans le royaume. Je trouverai ma consolation
« dans le témoignage que je me rendrai de n'avoir
« eu jamais aucun tort avec vous. Privé de ma pa-

« trie, je ne serai pas tout-à-fait malheureux dans
« mon exil, si je peux croire que le souvenir de ce
« dernier sacrifice ne s'effacera point de vos cœurs (1). »

Ce discours, aussi adroit que touchant, du jeune Roi ne parut faire presque aucun effet sur ses amis consternés; mais il augmenta l'empressement du parti contraire à changer de gouvernement. Ce parti, d'accord avec la garnison, résolut d'arrêter Ferdinand, et de le vendre au vainqueur. Averti à temps de cet horrible complot, il s'échappa le 21 février par une porte secrète de son palais, et se sauva dans l'île d'Ischia avec sa femme et la Reine son aïeule.

Charles, instruit de ce qui se passoit, entra le même jour dans Aversa, où il reçut une députation de Napolitains, composée d'ecclésiastiques, de nobles et de bourgeois; cette députation lui offrit les hommages de la ville, et lui en présenta les clefs. Le maréchal de Gié fut aussitôt envoyé pour s'assurer de l'état de la capitale, et pour y faire les préparatifs de l'entrée du roi de France. Le lendemain cette entrée eut lieu, aux acclamations du peuple; et Charles alla loger dans le palais que venoit de quitter Ferdinand.

Persuadé que son pouvoir étoit affermi dans le royaume de Naples comme en France; ne redoutant ni les armemens que faisoit le roi d'Espagne, ni la ligue des princes d'Italie; rêvant toujours la délivrance de l'empire d'Orient, il fit dans cette capitale un séjour de trois mois, peu fertile en événemens importans, mais dont quelques particularités sont curieuses.

Les Français s'occupèrent d'abord de réduire les châteaux de Naples, qui firent peu de résistance. La

(1) Guichardin, livre 1, page 138.

citadelle ne tint que deux jours, et fut livrée par des Allemands qui en formoient la garnison : c'étoit là que les trésors des rois de Naples étoient déposés. « Il s'y « trouva tant de biens, dit un contemporain, que l'on « fut plus de huit jours à la vuider par force de gens « et de charettes : encore n'en put-on venir à bout, « tant il y en avoit. » Le château de L'OEuf tint plus long-temps, et ne fut rendu que vers le milieu de mars. Charles alloit dîner à la tranchée, et excitoit par sa présence le courage des soldats. Pendant ce dernier siége, il eut une entrevue avec Frédéric, oncle de Ferdinand, qui avoit été vaincu par le duc d'Orléans à Rapalo. Ce prince, qui commandoit la flotte napolitaine échappée au vainqueur, demanda qu'on laissât son neveu en possession de la Calabre, et promit, à cette condition, que Ferdinand renonceroit à toute prétention sur les autres provinces. Charles, ne doutant pas qu'il conserveroit entièrement sa conquête, rejeta cette proposition, et offrit seulement à la famille détrônée un établissement en France. Après la rupture de cette conférence, le sénéchal de Beaucaire alla s'emparer de Gaëte, et d'Aubigny partit pour soumettre la Calabre, qui n'opposa point de résistance.

Le monarque n'ayant rencontré jusqu'alors aucun obstacle, voulut que le repos succédât à tant de fatigues, et ne se mit point en garde contre les délices de Naples, qui devoient plus nuire à son armée que des batailles. Son séjour favori étoit un établissement royal fondé par le père du jeune Ferdinand, où l'on avoit réuni tout ce qui pouvoit amollir le cœur et flatter les sens. La description de cette maison de plaisance, appelée Ponge-Reale, et située aux portes de Naples, donnera une idée des progrès qu'avoient faits le luxe et l'industrie dans ce royaume vers la fin du quinzième siècle.

Les bâtimens se composoient de plusieurs appartemens où l'on avoit réuni les recherches du luxe le plus raffiné, et de vastes galeries ornées de statues de marbre et d'albâtre. Ils étoient entourés de jardins délicieux, où des prairies verdoyantes, des allées touffues, et une multitude de ruisseaux et de fontaines, entretenoient la fraîcheur. Le parc, clos de murailles, étoit, dit l'historien contemporain, plus spacieux que celui de Vincennes. On l'avoit consacré à divers objets d'économie rurale, et à différentes espèces de culture. On y voyoit des enclos où l'on élevoit des animaux étrangers, des volières qui contenoient les oiseaux les plus rares, des haras d'où sortoient d'excellens chevaux, et des fours qui, suivant la méthode de l'Orient, faisoient éclore des milliers d'œufs. Dans d'immenses parterres croissoient des oliviers, des orangers, des grenadiers, des figuiers et des dattiers. Un quartier étoit spécialement destiné à la culture des roses, et l'on en tiroit des parfums presque aussi parfaits que ceux d'Arabie. Sur les côteaux qui se trouvoient dans l'enceinte du parc, on rencontroit des vignes qui produisoient un vin muscat exquis. A tous ces objets d'utilité et d'agrément, se joignoit une fontaine jaillissante qui, du milieu du parc, répandoit ses eaux de tous côtés, et qui étoit assez considérable pour circuler, s'il en étoit besoin, dans toute la ville de Naples. « Bref, dit « l'historien contemporain en terminant ce tableau, « il nous sembloit que ce fût là un vrai paradis ter- « restre (1). »

(1) Journal d'André de La Vigne, page 122.

C'étoit dans ce séjour enchanteur que Charles VIII, âgé de vingt-cinq ans, sembloit oublier les dangers qui le menaçoient. Tous les genres de séduction l'entouroient : « Il y avoit en outre, dit un auteur du temps, « des belles dames à merveille (1). » Le jeune monarque ne s'occupoit avec elles que de fêtes et de parties de plaisir : on cherchoit à les diversifier. Un jour la fille de la duchesse de Melfi, l'une des beautés les plus célèbres de Naples, très-habile dans tous les exercices, lui donna un spectacle nouveau. Elle dompta en sa présence un cheval fougueux, et lui fit ensuite admirer la légèreté et la grâce avec lesquelles elle sut le soumettre aux mouvemens les plus difficiles. Le Roi enchanté fit de riches présens à cette charmante amazone, et combla sa famille de faveurs.

Enivré de l'encens des flatteurs et des femmes, il voulut se faire reconnoître empereur d'Orient, roi de Naples et de Jérusalem, au moment où la ligue des princes d'Italie lui fermoit déjà le retour dans son royaume. Le 13 mai, il fit dans Naples une entrée solennelle, revêtu du manteau impérial, tenant d'une main un sceptre, et de l'autre un globe d'or. Arrivé à la cathédrale, il y fut couronné, et jura sur le sang de saint Janvier de maintenir les droits et priviléges du royaume. Alors une multitude de dames, magnifiquement parées, l'entourèrent, lui présentèrent leurs jeunes fils, et obtinrent de lui qu'il les fît chevaliers.

Il paroît qu'immédiatement après cette cérémonie, Charles VIII reçut de Philippe de Comines les nouvelles les plus alarmantes. Tout espoir d'envahir cet empire d'Orient, dont il venoit de recevoir la cou-

(1) Histoire d'un gentilhomme du comte d'Angoulême.

ronne, étoit évanoui. Le grand-maître d'Aubusson, sur lequel il avoit compté, avoit été gagné par le Pape, dont il avoit reçu le chapeau de cardinal. L'archevêque de Durazzo, qui avoit promis de soulever contre les Turcs l'Albanie et la Grèce, et qui étoit allé à Venise pour acheter des armes, venoit d'y être arrêté par ordre du sénat : ses papiers avoient été envoyés à Bajazet, qui, effrayé d'une conjuration si dangereuse, avoit fait périr quarante mille chrétiens. Non-seulement, par la ligue conclue à Venise, les puissances d'Italie s'étoient réunies pour exterminer l'armée française; mais tous les princes voisins de la France avoient promis d'attaquer en même temps ce royaume, privé de son Roi. Tandis que Ludovic assiégeroit le duc d'Orléans dans Asti, et que les Vénitiens avec quarante mille hommes attendroient Charles VIII à la descente de l'Apennin, le roi d'Espagne devoit envoyer une armée à Naples, et faire une diversion du côté des Pyrénées, Maximilien pénétrer dans le cœur de la France par la Champagne, et Henri VII se transporter à Calais pour attaquer la Picardie.

Ces nouvelles déterminèrent le Roi à revenir en France; mais, s'aveuglant toujours sur le danger, il voulut conserver sa conquête, et il ne craignit pas de laisser à Naples une partie de ses forces. Ce royaume étoit dans le plus grand désordre : quoiqu'il parût soumis, plusieurs villes s'étoient soustraites à la révolution : presque toutes, au moment de la conquête, avoient sollicité la faveur de faire partie du domaine royal, espérant être moins foulées; mais le Roi les avoit données à des particuliers qui, par leurs rapines, s'en étoient fait chasser, ou qui n'avoient pu par-

venir à s'y faire reconnoître : telles étoient Brindes, Otrante, Gallipoli et Reggio. Les places fortes étoient loin d'avoir les munitions nécessaires. « Plusieurs de
« ceux qui avoient suivi le Roy, dit un contemporain,
« luy demanderent des gratifications et des dédomma-
« gemens. Luy, qui de sa nature ne pouvoit rien re-
« fuser à personne, leur accordoit facilement ce qu'ils
« demandoient : si bien que les vivres, les munitions, et
« généralement tout ce qui estoit nécessaire pour la
« defense des places conquises, leur fut très legere-
« ment donné : ce qui fut un véritable dommage (1). »

Le Roi, à qui presque tous ces abus étoient cachés par ceux qui avoient eu intérêt à les provoquer, régla, au moment de son départ, le gouvernement de Naples. Il confia les fonctions de vice-roi à Gilbert de Bourbon, comte de Montpensier; le président de Gannay fut nommé chancelier, ayant, pour l'aider dans l'administration de la justice, Rabot et Nicolaï. Etienne de Vesc, sénéchal de Beaucaire, l'un des premiers moteurs de l'expédition, nouvellement créé duc de Nole, eut les finances; d'Aubigny obtint l'épée de connétable, et fut spécialement chargé de la défense de la Calabre : enfin toutes les places importantes furent données à des Français.

Après avoir installé ce gouvernement, Charles VIII quitta Naples le 25 mai, avec un peu moins de dix mille hommes (2), et prit la route de l'Etat romain. « Il s'en revenoit, dit un historien, tout à son bel aise,

---

(1) Histoire d'un gentilhomme du comte d'Angoulême. —(2) Il n'avoit avec lui que neuf cents lances, deux mille cinq cents Suisses, et quinze cents officiers de sa maison : en tout neuf mille cinq cents combattans.

« dans la croyance qu'il ne lui surviendroit plus au-
« cune affaire. » Le Pape, effrayé de la vengeance que
le Roi pouvoit tirer de ses trahisons, avoit quitté Rome,
s'étoit enfui à Orviette, puis à Pérouse, et avoit voulu
même s'embarquer pour l'Espagne. Rome fut tranquille
pendant le passage des Français; et la haine qu'ils inspiroient n'éclata qu'à Viterbe, où quelques pages qui
s'étoient écartés furent massacrés [5 juin].

Deux jours après, à Toscanella, on leur refusa des
vivres, quoiqu'ils offrissent de les payer : cette ville fut
aussitôt emportée de vive force, et saccagée. Pendant
que Charles, qui s'étoit en vain opposé au pillage, se
reposoit dans la maison d'un des principaux habitans,
on lui amena une jeune fille de la plus grande beauté :
se figurant qu'elle avoit aussi peu de scrupule que plusieurs dames de Naples qui s'étoient disputé sa conquête,
il étoit sur le point d'en agir aussi librement avec elle,
lorsque cette intéressante victime, se jetant à ses pieds,
le conjura, au nom d'une image de la sainte Vierge
qui étoit dans la chambre, de ne pas abuser de son malheur. Aussitôt le prince, dont quelques égaremens pas-
sagers n'avoient point altéré le caractère noble et généreux, la releva, lui témoigna beaucoup de respect,
et déclara qu'il vouloit la marier. Le jeune homme
auquel elle étoit promise, et ses parens, étoient prisonniers de guerre : Charles les mit en liberté, et fit aux
deux époux un présent de cinq cents écus (1).

En arrivant dans la Toscane, le Roi ne trouva
d'amis qu'à Sienne et à Pise, villes qui, malgré les
malheurs dont les Français étoient menacés, vouloient
se mettre sous leur protection, et secouer le joug des

(1) Antiquités de Saint-Denis.

Florentins. L'armée y fut reçue avec transport, et comblée de biens; non-seulement les magistrats s'empressoient de témoigner aux Français un dévouement absolu, mais les femmes, les enfans, les vieillards se précipitoient sur leurs pas, et les supplioient de ne pas les abandonner. On dressoit des tables dans les rues; on faisoit des festins publics; les soldats y prenoient place avec les habitans, et ces derniers portoient sur leurs habits des fleurs de lis d'or. Charles ne put résister aux sollicitations de ces deux villes, qui sembloient s'être sacrifiées pour sa cause. Malgré les conseils de Philippe de Comines, qui venoit de le joindre, il affoiblit encore son armée pour leur laisser des garnisons.

Comines, ayant quitté Venise au moment où la ligue avoit été conclue, étoit arrivé à Sienne le 15 juin. Il avoit peint à Charles VIII les dangers qui le menaçoient, et lui avoit raconté ce qui venoit de se passer dans le Milanais. Le duc d'Orléans, qui n'étoit pas encore rétabli de sa maladie, et qui, comme on l'a vu, étoit resté dans Asti, instruit par Comines des trahisons de Ludovic et de la ligue des puissances, avoit pris les mesures que les circonstances exigeoient. Dès le mois d'avril, cet excellent prince, inquiet sur le sort du Roi, avoit écrit en France les lettres les plus pressantes. « Pour Dieu, mon cousin, disoit-il au duc de
« Bourbon, pourvoyez en toute extresme diligence, et
« principalement à m'envoyer gens à ce que je puisse
« garder les passages des montagnes pour avoir secours
« de la France, afin d'éviter aux inconveniens, et sau-
« ver la personne du Roy; car je suis deliberé à y
« employer ma personne et mes biens, sans y rien

« épargner. Il faut, disoit-il dans une autre lettre, que
« vous envoyez en Suisse pour avoir deux ou trois
« mille hommes; car j'ay esté averty que le sieur Lu-
« dovic a envoyé en querir : et si n'avez argent de leur
« payement, faites vendre ou engager mes terres et les
« vostres, avec toutes nos vaisselles et bagues; car si
« nous ne faisons diligence de secourir le Roy par ce
« bout icy, il sera en très grand danger. »

Le duc d'Orléans, qui sacrifioit ainsi tous ses biens
pour sauver le Roi, ne s'étoit point borné à solliciter
des secours : il avoit agi contre Ludovic, qui menaçoit
Asti, et s'étoit emparé de Novare, l'une des places les
plus fortes du Milanais. Par la prise de cette place,
d'où il pouvoit se porter sur Milan, il empêchoit Ludovic de se joindre aux Vénitiens, et faisoit ainsi une
diversion très-heureuse pour le Roi.

Charles traversa la Toscane sans passer à Florence,
où dominoit Soderini, qui avoit adhéré à la ligue. Il
arriva le 26 juin à Pietra-Santa, où il apprit que l'armée vénitienne, commandée par le marquis de Gonzague, l'attendoit au-delà de l'Apennin. Il falloit faire
franchir promptement les montagnes à l'artillerie, qui
formoit la principale force de l'armée : la chose parut
d'abord impossible, et l'on parla d'enclouer les canons,
résolution désespérée, qui auroit livré les Français
désarmés à leurs ennemis. Louis de La Trémouille,
le plus expérimenté des généraux, profita d'une faute
que venoient de commettre les Suisses, et de l'offre
qu'ils faisoient de la réparer, pour les charger d'une
entreprise aussi pénible que périlleuse. Se mettant à
leur tête, et dirigeant leurs travaux, il parvint à faire
passer tous les canons, sans que l'armée ennemie fît

aucun mouvement pour s'y opposer. Le marquis de Gonzague craignoit, s'il attaquoit les Français au passage des montagnes, qu'ils n'opérassent leur retraite sur Pise : il les attendoit dans la plaine pour les envelopper.

Le Roi arriva le 5 juillet à Fornoue, bourg situé à trois lieues de Parme; et les deux armées se trouvèrent en présence : celle des Vénitiens étoit de trente-cinq mille hommes; l'armée française n'en avoit que huit mille, accablés de fatigues et de maladies, après un voyage de dix mois. Il y eut avant de combattre quelques négociations inutiles, sur lesquelles Philippe de Comines donne des détails. Charles tint conseil, et il fut résolu qu'on marcheroit en avant. La plus grande partie des forces fut mise à l'avant-garde; et le bagage, qui contenoit les dépouilles du royaume de Naples, fut placé à la queue de l'armée. Quelques momens avant la bataille [6 juillet], les Vénitiens envoyèrent un héraut sous le prétexte de traiter, mais en effet pour savoir où se trouveroit le Roi, afin de diriger tous leurs efforts de ce côté. Le héraut réclama un seigneur vénitien qu'il prétendit avoir été fait prisonnier la veille : Charles, qui avoit pénétré son dessein, lui laissa parcourir le camp pour chercher ce personnage, qu'on ne trouva point. Neuf chevaliers, auxquels on donna par la suite le nom des neuf preux, par allusion aux pairs qui accompagnoient Charlemagne, résolurent de veiller spécialement sur la personne du monarque, dont ils savoient que les ennemis vouloient s'emparer, à quelque prix que ce fût. Ils prirent les mêmes vêtemens que lui, afin de recevoir les coups qui lui seroient destinés : l'histoire a conservé les noms de ces braves : c'étoient Matthieu, bâtard de Bourbon, Louis de Luxembourg, comte de Ligny, Louis d'Armagnac, les seigneurs de Bonneval, d'Archiac, de Genouillac, de Fraxinelle, et de Barase.

Au moment où le combat alloit commencer, Charles, monté sur un cheval superbe, parla ainsi aux généraux qui l'entouroient : « Que dites-vous, « messieurs? n'estes-vous pas deliberés de me bien « servir aujourd'hui? ne voulez-vous pas vivre et « mourir pour moi? » Tous répondirent par des acclamations. « N'ayez point peur, mes amis, continua- « t-il; je sais qu'ils sont dix fois autant que nous, « mais ne vous en inquietez pas. Dieu nous a aidés « jusques ici; il m'a fait la grace de vous avoir emme- « nés et conduits jusques à Naples, où j'ai eu victoire « sur tous mes adversaires, et de rechef depuis Na- « ples je vous ai amenés ici sans oppression, sans « honte ni blasme; et si son plaisir est encore, je vous « remenerai en France, à l'honneur, louange et gloire « de notre royaume. Pourtant, mes amis, ayez cou- « rage, nous sommes en bonne querelle; Dieu est « pour nous, et Dieu bataillera pour nous; Dieu veut « aujourd'hui montrer le bon amour, la dilection et « la charité singuliere qu'il a pour les bons et loyaux « François. Par quoi je vous prie que chacun se fie « plus en lui et en son aide qu'en la force de soi- « mesme; et en ce faisant, ne doutez point qu'il nous « donnera faculté victorieuse, vengeance de nos enne- « mis, et gloire bien heurrée (1). »

Après ce discours, qui redoubla l'ardeur des troupes, le combat s'engagea. Le général vénitien, dans l'in-

(1) Journal de La Vigne.

tention de couper les Français, fondit sur l'arrièregarde, qui plia d'abord; mais le Roi vola au secours avec sa compagnie d'élite; on se mêla, on se battit à outrance, et bientôt les ennemis furent dispersés. Le jeune monarque, quoique petit et foible de corps, fit des prodiges de valeur. « Lorsqu'on frappoit sur « lui, dit un témoin oculaire, le courage lui crois- « soit; et qui plus est, il encourageoit ses gens par ses « paroles et ses actions. » Un Vénitien saisit la bride de son cheval, il le renversa; et le bâtard de Bourbon fut fait prisonnier à ses côtés. La bataille ne dura pas plus d'une heure, et fut décisive. Charles victorieux put continuer sa route; mais il perdit son bagage, qui fut pillé par les troupes légères des Vénitiens. Après avoir couru bien des dangers au milieu d'un pays soulevé contre lui, il entra dans Asti le 15 juillet.

Le duc d'Orléans n'y étoit plus : il se trouvoit enfermé dans Novarre par Ludovic, et le peu de troupes qui lui restoient étoient en proie aux horreurs de la famine et des maladies. Cet excellent prince, encore tourmenté par la fièvre qui ne l'avoit pas quitté depuis son entrée en Italie, sembloit lutter contre la nature pour conserver une place aussi importante. Il présidoit aux fortifications, commandoit les sorties, plaçoit lui-même les différens postes, et faisoit, suivant l'expression d'un contemporain, *de nécessité vertu*. Il distribuoit aux soldats les vivres destinés pour sa maison, et ne s'en réservoit que la moindre part. « Et es- « toit aussi commun, dit Saint-Gelais, ce qui estoit en « sa maison, du plus grand jusqu'au moindre, comme « à lui-mesme. »

Charles, qui venoit de recevoir quelques secours

que le comte d'Angoulême envoyoit au duc d'Orléans, chargea le bailli de Dijon de lever vingt mille Suisses, et entama en même temps des négociations avec la ligue, qui étoit presque aussi forte qu'avant la bataille de Fornoue, parce que Ludovic, ayant reçu les débris de l'armée vénitienne, se trouvoit à la tête de plus de quarante mille hommes. Lorsque les Suisses furent arrivés, on délibéra si l'on donneroit encore une bataille. Le Roi et le duc d'Orléans en témoignoient le plus vif désir; mais il leur fut représenté que l'armée française étoit accablée de fatigues et de maladies, et que les Suisses en faisoient l'unique force. Si l'on étoit battu, le monarque et le duc tomberoient entre les mains des Italiens, ce qui occasionneroit la perte de l'Etat; si l'on étoit vainqueur, il étoit à craindre que les Suisses ne s'emparassent des deux princes, pour assurer le paiement de ce qu'on leur devoit.

L'avis de ceux qui vouloient la paix ayant prévalu dans le conseil, on continua, mais avec Ludovic seul, la négociation dont Comines a consigné tous les détails dans ses Mémoires. Le traité fut signé le 18 octobre. Il portoit que le Roi rendroit Novarre; que Gênes resteroit au pouvoir de Ludovic, qui se reconnoîtroit vassal de la France; que ce prince se sépareroit de la ligue, et qu'il feroit la guerre aux Vénitiens, s'ils continuoient de soutenir le jeune Ferdinand. Ce traité, qui sauvoit en apparence l'honneur des Français, n'eut aucune exécution de la part de Ludovic. En appelant sur son pays les plus horribles fléaux, il avoit rempli son but, qui consistoit à faire périr l'infortuné Galéas, et à s'emparer de sa couronne. Ainsi, dans cette grande crise, qui pensa changer la face de l'Italie, toutes les puissances servirent d'instrument à un ambitieux, qui ne devoit cependant pas jouir long-temps de ses criminels succès.

Le Roi, ayant échappé aux plus grands dangers, repassa les Alpes, et s'arrêta dans Lyon, pour surveiller de plus près les affaires de Naples. Il y reçut, peu de temps après, les nouvelles les plus désastreuses. La discorde s'étant mise parmi les généraux chargés de la défense de ce royaume, le vice-roi n'avoit pu profiter de quelques avantages qu'il avoit d'abord obtenus sur le jeune Ferdinand, rappelé par le parti arragonais. Ce prince, justifiant la haute idée qu'il avoit donnée de lui au moment de son abdication, avoit réduit les Français aux dernières extrémités, les avoit forcés de capituler; et le malheureux Montpensier étoit mort de chagrin dans l'île de Procida (1). La vue des tristes débris de cette armée ranima les sentimens chevaleresques de Charles: il voulut reconquérir le royaume de Naples; mais les parlemens lui remontrèrent que la France étoit ruinée par les dépenses qu'avoit occasionnées la dernière expédition, et qu'il étoit indispensable de lui accorder quelque repos pour réparer ses pertes.

Ce conseil étoit d'autant plus sage, qu'avant d'entreprendre de nouveau une expédition lointaine, il étoit nécessaire de défendre la France contre une invasion des Espagnols. Ferdinand et Isabelle, qui, comme on l'a vu, n'avoient pas craint de rompre le traité de Barcelone, envoyèrent dans le Languedoc une armée

---

(1) On verra dans les Mémoires de Villeneuve les détails de tous les désastres que les Français éprouvèrent dans le royaume de Naples.

qui ravagea les environs de Carcassonne et de Narbonne, et qui essaya de s'emparer de cette dernière ville. Charles partit pour Avignon, et chargea d'Albon, comte de Saint-André, de repousser les Espagnols. Ce général les chassa du Languedoc, les poursuivit dans le Roussillon, et leur enleva la ville de Salses, qui étoit leur place d'armes. Ce revers, que le roi d'Espagne étoit loin d'attendre dans un moment où la France paroissoit ruinée, lui fit craindre que Charles n'essayât de recouvrer le Roussillon : il lui proposa une trève, à laquelle le mauvais état de ses affaires le contraignit de souscrire. Maximilien et Henri VII, qui n'auroient envahi la France que si Charles eût été vaincu par les Vénitiens, entamèrent avec lui des négociations, et les derniers traités furent confirmés.

Le jeune Roi, obligé d'ajourner ses projets de conquête, ne songea plus qu'à faire le bonheur de ses peuples. Il quitta Lyon, et vint à Amboise, où il établit sa résidence. Sa première entrevue avec la Reine fut déchirante : ils avoient perdu leur fils unique, âgé de trois ans, pendant l'expédition d'Italie. Conformément à ses nouveaux desseins, Charles s'occupa uniquement des soins du gouvernement. Les Etats de Tours avoient insisté fortement pour que les coutumes des diverses provinces fussent rédigées. Il répondit à leur vœu par des lettres patentes de l'année 1497, qui ordonnèrent aux différens bailliages de confier cette rédaction à des personnes choisies dans les trois ordres (1). Il eut aussi égard aux représentations qui lui furent faites sur l'or-

(1) Par une ordonnance du mois d'avril 1454, Charles VII avoit prescrit la rédaction des coutumes, mais n'avoit indiqué aucun moyen d'exécution. Les lettres patentes de Charles VIII eurent plus d'effet.

16.

ganisation vicieuse du grand conseil. Ce tribunal accompagnoit le Roi dans tous ses voyages, se trouvoit souvent incomplet, n'avoit point de travail régulier; et il arrivoit que les plaideurs, après s'être ruinés pour suivre la cour, s'en retournoient sans être jugés. Charles, par un édit du 2 août 1497, ordonna que le grand conseil seroit sédentaire à Paris : il décida qu'il seroit composé de dix-sept conseillers assistés de maîtres des requêtes, et que la présidence appartiendroit au chancelier, en l'absence du Roi. Voulant imiter saint Louis, pour lequel il avoit une vénération particulière, il présidoit fréquemment ce tribunal, qu'il regardoit comme son ouvrage, et se plaisoit à rendre lui-même la justice à ses sujets. Ce fut à peu près dans le même temps qu'il forma la compagnie des cent-suisses, dont Louis de Menton fut le premier colonel.

Ses délassemens, après avoir mené une vie si active, consistoient à se livrer à des exercices violens, tels que la paume et la chasse, ou à s'occuper de bâtimens. Ayant été frappé, pendant son voyage d'Italie, de la régularité et des belles formes des édifices, il résolut de faire rebâtir le château d'Amboise sur ce modèle. Il fournissoit lui-même les plans, et prenoit un grand plaisir à en surveiller l'exécution.

A son retour en France, il avoit confié le gouvernement de Normandie au duc d'Orléans, auquel il témoignoit la plus grande confiance; et ce prince avoit choisi pour son lieutenant dans cette province Georges d'Amboise, son plus fidèle ami. Les courtisans firent beaucoup d'efforts pour rompre cette bonne intelli-

on s'occupa de ce travail, qui ne fut cependant entièrement terminé que sous Charles IX.

gence qui régnoit entre le Roi et l'héritier présomptif de la couronne : ils y réussirent ; et le duc d'Orléans, malgré tous les services qu'il avoit rendus en Italie, fut de nouveau relégué à Blois. Pour le consoler, et en même temps pour l'éloigner, on lui fit proposer de se mettre à la tête d'une armée qu'on destinoit à reconquérir le royaume de Naples. Il auroit pris volontiers ce parti, qui l'auroit peut-être privé de la couronne, si ses serviteurs ne lui avoient fait observer que la santé du Roi déclinoit sensiblement, et qu'il y auroit de l'imprudence à s'éloigner : il resta donc à Blois, où il ne parut s'occuper que de plaisirs.

La complexion de Charles avoit toujours été très-délicate ; les fatigues, le travail et les exercices auxquels il aimoit à se livrer, l'avoient fait tomber, à la fleur de l'âge, dans un état de langueur et de foiblesse qui excitoit les plus vives alarmes. Dans un beau jour du mois d'avril, quelques gentilshommes résolurent, pour le distraire, de lui donner le spectacle d'une grande partie de paume. Lorsqu'il s'y rendoit, il reçut, en passant sous une porte trop basse, un coup à la tête, dont il ne se plaignit pas. Il assista au jeu sans paroître incommodé : mais à la fin de la partie, sentant quelque douleur, il voulut revenir dans ses appartemens, et la Reine alarmée le suivit. A peine avoit-il fait quelques pas, qu'il tomba, et perdit la parole. On le transporta dans une pièce voisine, où il respira encore dix heures. La parole lui revint trois fois : il en profita pour demander à Dieu et à son épouse le pardon de ses fautes. Il mourut dans la matinée du dimanche des Rameaux, le 7 avril 1498, âgé de vingt-sept ans, laissant la Reine au désespoir, et regretté de tous ceux qui avoient pu apprécier ses aimables et grandes qualités. Privé des avantages d'une éducation soignée, il s'étoit élevé de lui-même aux plus hautes pensées; et si l'âge avoit mûri son imagination fougueuse, il est à croire qu'il seroit devenu un grand roi. Foible de tempérament, d'une taille au-dessous de la moyenne, il se faisoit respecter par un air de majesté répandu dans tous ses traits; et il est fort bien peint par le vers suivant, qu'on attribue à un contemporain :

Major in exiguo regnabat corpore virtus.

Cette mort appela au trône le duc d'Orléans, qui prit le nom de Louis XII. Destiné à faire les délices de son peuple, il ne devoit être injuste qu'envers l'épouse vertueuse qui avoit prodigué des efforts si ardens et si désintéressés pour le tirer de sa prison.

FIN DU TABLEAU DU RÈGNE DE CHARLES VIII.

MÉMOIRES

DE GUILLAUME DE VILLENEUVE,

COMMENÇANT EN 1494 ET FINISSANT EN 1497,

CONTENANT

LA CONQUÊTE DU ROYAUME DE NAPLES PAR CHARLES VIII, ET LA MANIÈRE DONT LES FRANÇAIS EN FURENT CHASSÉS.

NOTICE
SUR GUILLAUME DE VILLENEUVE,
ET SUR SES MÉMOIRES.

GUILLAUME de Villeneuve fut un de ces chevaliers qui, partageant l'enthousiasme de Charles VIII pour les expéditions lointaines, l'accompagnèrent dans le royaume de Naples, et auxquels, en retournant en France, il confia la défense de cette conquête. On ne sait rien ni sur son origine, ni sur l'époque de sa naissance, ni sur celle de sa mort. On ignore à quel titre les familles qui portent son nom pourroient s'honorer de lui appartenir ; et si l'on excepte ses Mémoires, le seul document authentique qu'on ait sur lui est un état de la maison de Charles VIII, antérieur à la guerre d'Italie, dans lequel il figure comme l'un des écuyers du monarque.

On a vu, dans le Tableau du règne de Charles VIII, les fautes commises par ce prince au moment de la conquête, et les foibles précautions qu'il prit contre une ligue formidable dont ses ministres, malgré les avis réitérés de Philippe de Comines, s'obstinoient à nier l'existence. Le titre de vice-roi fut donné à Gilbert de Bourbon, duc de Montpensier ; et ce prince n'eut qu'une autorité souvent contestée sur les gouverneurs des provinces et les commandans des places fortes, qui presque tous tendoient à se rendre indépendans. Dans le partage qu'on fit alors entre les seigneurs français des diverses parties du territoire napolitain, le commandement de Trani, ville importante de la province de Bari, échut à Villeneuve, qui, doué des sentimens d'un loyal chevalier, se distingua des autres capitaines par son désintéressement, les égala par son courage, et, dans une circonstance où les plus brillantes carrières sembloient ouvertes à l'ambition, ne songea qu'à remplir fidèlement les engagemens qu'il avoit contractés avec son roi.

Comme Villeneuve dans ses Mémoires ne s'étend que sur ses aventures personnelles, et ne parle presque pas de la grande révolution dont elles font un des plus intéressans épisodes, il est nécessaire, pour éclaircir et compléter son récit, de donner les principaux détails de cette révolution.

A peine Charles VIII eut-il quitté le royaume de Naples, qu'on vit se développer le plan arrêté à Venise par le roi d'Espagne, le Pape et les principales puissances de l'Italie. Tandis que les Vénitiens, à l'aide d'une flotte nombreuse, s'emparoient, comme des conservateurs, de plusieurs villes maritimes, le fameux Gonsalve de Cordoue, à la tête d'une armée espagnole, débarquoit à Reggio avec le jeune roi Ferdinand, dont les touchans adieux, au moment où il s'étoit vu contraint d'abdiquer, avoient laissé une profonde impression dans le cœur des peuples. Les intelligences entretenues par ce prince pendant son exil, l'abus que plusieurs Français avoient fait de la victoire, la légèreté naturelle des Napolitains, changèrent aussitôt en dévouement aveugle l'aversion que son père et son aïeul avoient inspirée pour sa famille. Toutes les villes devant lesquelles il se présenta ouvrirent leurs portes, en lui prodiguant des témoignages d'amour ; et la capitale n'attendoit que son arrivée pour se déclarer. Mais d'Aubigny l'attaqua près de Seminara, et remporta sur lui et sur Gonsalve une victoire que les Français eurent le malheur de regarder comme décisive. Le général espagnol se concentra dans les environs de Reggio, et Ferdinand repassa en Sicile pour réunir de nouvelles troupes.

Montpensier, croyant son autorité affermie, ne s'apercevoit pas que la population entière du royaume étoit fatiguée du joug de la France, et ignoroit qu'une grande conspiration, qui s'étendoit dans toutes les provinces, étoit sur le point d'éclater dans Naples même. Ferdinand parut avec une flotte près de l'île d'Ischia; afin de soutenir les conjurés : c'étoit le moment dont ils étoient convenus avec lui pour se soulever. Mais le vice-roi, ayant reçu à temps quelques avis, fit arrêter les principaux chefs, et crut encore avoir absolument déconcerté ses ennemis. Loin d'être découragés, ils conseillèrent au jeune Roi d'attirer les Français hors de la ville. Ce prince effectua aussitôt un débarquement; et Montpensier, tombant dans le piége, fit sortir toutes ses troupes, dans l'espoir de terminer en un moment la guerre, par la défaite du prétendant à la couronne. Mais à peine a-t-il franchi les portes, qu'il entend retentir les cris de la sédition dans Naples, et le tocsin de toutes les églises appeler le peuple aux armes. Craignant d'être enveloppé par cette multitude en furie, il renonce à combattre Ferdinand; et faisant le tour de la ville, il rentre dans le château neuf sans être entamé. Toutes les forteresses de la capitale étoient en son pouvoir; et il auroit pu tenir long-temps, s'il n'eût pas négligé la précaution de se pourvoir de munitions et de vivres. Cependant les Napolitains préparent une réception magnifique au monarque qu'ils ont chassé quelques mois auparavant : il entre au milieu des acclamations universelles. Les seigneurs qui ont trahi sa famille s'empressent de lui former une cour; et leurs femmes, dont l'engouement pour Charles VIII avoit passé les bornes de la décence, se précipitent sur les pas d'un prince du même âge, qu'elles espèrent enchaîner par les mêmes séductions.

Lorsque la nouvelle de la révolution arrivée à Naples fut parvenue dans les provinces, presque toutes les villes se révoltèrent contre leurs gouverneurs; et celle de Trani ne fut pas des dernières. Villeneuve s'étant enfermé dans le château, résolut de s'ensevelir sous ses ruines. Assiégé par le prince Frédéric, oncle du jeune roi, et commandant de sa flotte, il rejeta les offres brillantes qui lui furent faites s'il vouloit se rendre; et la trahison put seule le faire céder à des forces supérieures. Se voyant abandonné par ses soldats d'artillerie, il soutint encore un assaut terrible, se défendit long-temps dans une chambre où il avoit fait placer un canon, et ne fut fait prisonnier que lorsque la fatigue et l'épuisement l'eurent mis hors d'état de combattre.

Le vainqueur refusa d'abord de le voir, et lui donna pour prison une galère qui faisoit partie de la flotte napolitaine. Villeneuve, manquant des choses les plus nécessaires, condamné à toutes les espèces de privations, suivit pendant quatre mois la flotte ennemie dans les diverses expéditions qu'elle entreprit. Il passa devant Brindes, Otrante, Gallipoli, s'arrêta quelque temps à Tarente, où le brave Silly tenoit encore pour Charles VIII, eut la permission de passer un jour avec ce frère d'armes qui lui donna des secours, vogua ensuite vers la Sicile; et, après avoir côtoyé la Calabre, arriva enfin à Naples, où il fut d'abord enfermé dans une maison particulière, puis dans le château neuf, que la garnison française venoit d'abandonner. Ce fut là qu'il ébaucha ses Mémoires, où l'on trouve les détails les plus intéressans sur ce pénible voyage. Les souffrances que l'auteur éprouve ne l'empêchent pas de peindre avec beaucoup de vérité les villes et les châteaux devant lesquels il s'est arrêté. Flottant sans cesse, comme tous les prisonniers, entre la crainte et l'espérance, il éprouve les plus douces jouissances quand il apprend quelques succès de ses compatriotes, et gémit profondément lorsqu'il ne peut plus douter de leurs revers. Cette suite de sentimens si opposés donne à ses récits un attrait tout particulier.

Villeneuve n'avoit été traité avec tant de rigueur que parce que Ferdinand croyoit avoir de justes motifs de se plaindre du vice-roi. Ce prince, manquant de vivres, et craignant de ne pouvoir tenir long-temps dans les châteaux de Naples, avoit fait une convention par laquelle il s'engageoit à les rendre s'il n'étoit pas secouru dans trente jours. Charles VIII avoit envoyé des troupes par mer; mais la flotte vénitienne leur ayant fermé le passage, elles s'étoient retirées à Livourne, et le délai pour la reddition des châteaux étoit expiré. Montpensier, encouragé par un avantage que Persi, général français, venoit d'obtenir près d'Eboli, sortit furtivement du château neuf, dans lequel il laissa garnison; et ayant reçu quelques secours de la France, il voulut occuper la Capitanate, l'une des plus riches provinces du royaume, où il espéroit lever de fortes contributions. Ferdinand, outré de cette violation d'un traité solennel, marcha contre lui avec une forte armée, dans l'intention d'éviter une bataille, et de se borner à le harceler : système excellent dans un pays dont les habitans sont soulevés contre l'ennemi, et prennent part à la guerre. Montpensier, poussé dans la Basilicate, enfermé inopinément dans la petite ville d'Atelle, que ses soldats avoient voulu piller, fut obligé de capituler encore. Il se rendit avec cinq mille hommes qui lui restoient, à la seule condition que l'armée seroit ramenée en France. Ayant donné l'ordre à tous les gouverneurs de se soumettre à cette capitulation, la plupart s'y refusèrent; et Ferdinand crut qu'ils s'entendoient secrètement avec le vice-roi. Il n'exécuta donc pas l'engagement qu'il avoit pris de renvoyer les Français dans leur pays; et Montpensier, relégué dans l'île de Procida, y mourut bientôt de chagrin.

Ces divers événemens rendirent plus dure la captivité de Villeneuve. Séparé de ses compagnons d'infortune, il fut plongé dans un cachot, où il n'eut pour société que son chapelain. Enfin la fermeté de son caractère, plus que la vigueur de son tempérament, l'ayant fait survivre à tant de malheurs, il fut mis en liberté, et put revenir en France.

Arrivé à Marseille dans un dénuement absolu, il voulut rendre grâce au ciel de sa délivrance en pratiquant l'humilité, et en offrant le spectacle, devenu fort rare, d'une pénitence publique. Ce fut par cet unique motif qu'il refusa les secours qui lui furent généreusement offerts par le marquis de Rothelin, gouverneur de Provence. Il alla en pèlerinage à la Sainte-Beaume, et partit ensuite pour Lyon, à pied, en demandant l'aumône. Charles VIII, qui se trouvoit dans cette ville, reçut avec bonté son ancien serviteur, prit beaucoup d'intérêt au récit de ses infortunes, le nomma maître d'hôtel le lendemain de son arrivée, et combla sa famille de bienfaits.

Les Mémoires de Villeneuve, auxquels il mit la dernière main lorsqu'il fut de retour en France, offrent des peintures locales qu'on chercheroit vainement ailleurs : c'est presque l'unique pièce authentique qui donne des détails circonstanciés sur les suites funestes de l'expédition brillante de Charles VIII. Cet ouvrage, très-curieux, resta inconnu jusqu'au commencement du dix-huitième siècle, époque à laquelle il fut confié par Jacques Du Poirier, médecin de Tours, au célèbre bénédictin dom Martène, qui le fit entrer dans le troisième volume de son *Trésor des Anecdotes* (1). Les éditeurs de l'ancienne Collection se sont permis d'y faire quelques suppressions. Nous le donnons tel qu'il se trouve dans l'édition originale; nous avons cru seulement devoir substituer le titre de *Mémoires de Villeneuve* au titre un peu ambitieux adopté par dom Martène, et qui est ainsi conçu : *Historia belli Italici sub Carolo VIII, rege Franciæ, Siciliæ et Jerusalem, gallice scripta a Guillelmo de Villanova, qui præsens aderat ex MS. clarissimi viri Jacobi Du Poirier, doctoris medici Turonici.*

(1) Voici le titre de ce Recueil : *Thesaurus novus anecdotorum, tomus tertius, complectens chronica varia aliaque cùm ecclesiastica tùm civilia ominium pene nationum monumenta historica; prodit nunc primium studio et operâ domini Edmundi Martene et domini Ursini Durand, presbyterorum et monachorum benedictinorum è congregatione S. Mauri.* Paris, 1717.

MÉMOIRES

DE

GUILLAUME DE VILLENEUVE.

Je Guillaume de Villeneufve, chevalier, conseiller, et maistre d'ostel du roy de France, de Secile et de Jerusalem, Charles VIII de ce nom, mon tres hault et redouté seigneur et souverain, soit donnée gloire et bonne victoire de tous ses ennemis.

Moy estant prisonnier au roy Ferrand (1), prins en la conqueste du reaume de Naples, detenu tant en ses gallées par force, que en la grosse tour du portal du chasteau neuf de Naples, par l'espace de ung an et trois jours, pour eviter oisiveté, ay voulu rediger et mettre par escript et en memoire la venuë du tres victorieux, bien aymé et par tout le monde redoubté roy en ce reaume de Secile et cité de Naples, des gestes et actes qui par lui ont esté faits estant oudit reaume, et ce qui s'est ensuivy aprés son departement, selon ce que j'en ay peu veoir et savoir en mon petit entendement.

Et premierement, le tres vertueux, et tres victorieux, et tres aymé, et bien servy, et par tout le monde redoubté, passa les mons [en 1494] à l'âge de vingt-

---

(1) *Au roy Ferrand :* le jeune Ferdinand, fils d'Alphonse, qui venoit de recouvrer le trône de Naples. (*Voyez* le Tableau du règne de Charles VIII.)

deux ans. Aprés passa la duché et seignourie de Milan, la terre et seignourie des Lucquois, aussy la seignourie des Pisans, qui totalement se donnerent à luy de leur liberal arbitre et propre voulenté. Et pareillement passa par la terre et seignourie de Flourence, là où il feist la plus belle entrée en armes, tant de gens de cheval que de gens de pié, qui jamais fut faite aux Italies, comme l'on disoit, et logea par toutes les maistresses villes des seignouries dessusdites, reservée la ville de Milan, et par tout eust grand recueil et bonne obeissance. De là entra dans la terre et seignourie de Saenne (1), en laquelle cité pareillement logea, et y a eu toute bonne obeyssance et grant recueil, comme dessus ay dit; et tant alla le Roy par ses journées, qu'il arriva en la terre romaine, et logea dedans ladite cité l'espace de trois semaines ou environ, et toute son armée.

Nonobstant que le duc de Calabre (2) estoit arrivé dedans ladite cité de Rome un bien peu de temps avant, accompaigné de grant nombre d'hommes d'armes, et de plusieurs autres gens de guerre, tant à cheval qu'à pié, pour lui vouloir garder le pas. Mais quant il sceut la venuë du tres grant et puissant Roy, il deslogea lui et toute son armée de la ville de Rome, et se retira à toute diligence au reaume de Naples.

Et debvez bien sçavoir qu'il n'est pas chose à oublier que quant le tres vertueux roy de France, de Secile et de Jerusalem arriva et logea dedans ladite cité

---

(1) *Saenne* : Sienne. — (2) *Le duc de Calabre* : il s'agit ici du jeune Ferdinand, dont le père, Alphonse, régnoit encore, et qui évacua Rome à l'approche de Charles VIII.

de Rome, qu'il n'avoit pas avec luy la grand armée ne semblable compaignie de gens que avoit Hanibal de Cartaige ou temps passé, quant il alla devant la cité de Rome pour la destruire; car ledit Hanibal avoit si grand nombre de gens, que nullui ne luy pouvoit resister à l'encontre. Combien qu'il en perdist beaucoup avant qu'il fut arrivé en plaine Lombardie, néantmoins il trouva avecques lui le nombre de cent mille hommes de pié et vingt milles hommes de cheval quant il arriva devant ladite cité de Rome, comme plus à plain dit l'histoire.

Pareillement debvez bien entendre que le tres vertueux Roy n'avoit pas telle compaignie, ne la multitude des gens d'armes, comme estoient les François, Allamans et les Cypriens, quant ou temps passé ils voulurent venir pour destruire ladite cité de Rome; mais en ce temps leur saillist au devant et courut sus ung consul de Rome nommé Sempronius, lequel avecques la puissance de Rome se alla vers ses ennemys, lesquels, pour le grant froit, neige et gellée qui faisoit, ne se peurent defendre : si leur courut sus ledit Sempronius si asprement et par telle maniere, qu'il les desfeist, et y eust de gens mors, tant des François, Allamans que Cypriens; jusques au nombre de cent quarante milles, et de prisonniers bien soixante dix milles, comme dit l'histoire plus au long; et à cause de ceste victoire fut fait à Rome le temple que l'on appelle Cypre pour les Cypriens, qui furent destruis, comme plus à plain avez peu et pouvez sçavoir par les histoires romaines bien au long.

J'ay bien voulu dire et alleguer ces histoires romaines cy dessus escriptes, pour vous donner à entendre, et aussi vous veuls bien prier, et à ung chacun de vous supplier, que si une autre fois vous amenez le tres chrestien roy de France aux Italies, soit cestuicy ou autre, que pour l'onneur de Dieu vous l'amenez mieulx accompaigné qu'il n'estoit, à celle fin que vous ne mettez en si grant peril et dangier la couronne de France comme a esté la personne du tres vertueux roy Charles, lequel en est eschappé par sa bonne conduite et vertu de sa personne, et par la grant grace que Nostre Seigneur luy a faite, comme plus au long oirez cy apres.

Car comme ung chacun de vous scet la grand conqueste qu'il feist de son reaume de Naples en peu de temps et à peu de gens, et là fut couronné roy pacifique; et la plus grand victoire qu'il eust à son retour sur la grand puissance des ligues, c'est à sçavoir le Pape, le roy d'Espaigne, la seigneurie de Venise, et le duc de Millan : et nonobstant leur grant puissance demoura le vertueux Roy victorieux, et se retira en son reaume de France avecques la bonne aide et conduite de Nostre Seigneur, et tout incontinent envoya secours au reaume de Naples par mer et par terre. Tout en une année furent faites les trois choses dessus dites, qui ne fust pas petite euvre : mais je m'en tairay, et retourneray à mon premier propos.

Or veulz-je retourner à mon premier ouvraige et petit passe-temps, en attendant la grace et misericorde de Nostre Seigneur, et la delivrance de cette miserable prison. Aprés que le roy Charles eust logié et sejourné trois sepmaines ou environ en la ville et cité de Rome, comme vous ay dit cy devant, nonobstant plusieurs dissentions et grant murmures qui estoient dedans ladite cité; aprés tout ce fait, il deslogea de ladite ville de Rome en grant amour et grant amitié d'avecques nostre saint Pere le pape Alexandre, et s'en alla son voyage pour faire la conqueste de son reaume de Naples et de Secille.

En allant le Roy son chemin, passa par une ville nommée Mont Saint Jehan, qui estoit au marquis de Pescaire. Pour certaines violences et autres grans deplaisirs qu'ils avoient fait au Roy, et aussy qu'ils se declarerent ses ennemys, partist le Roy de la ville de Bahue (1) ung aprés disner, et feist dresser l'artillerie devant ledit Mont Saint Jehan; et à bien peu de baterie promptement et vertueusement commandast ledist prince que l'assault fust donné, laquelle chose ne faillist pas commander deux fois : car soudainement fut fait de tant bons et hardis cappitaines et gens de guerre qui là estoient, que aultre chose ne demandoient que d'acquerir honneur et faire service à leur Roy et souverain seigneur. Et fut l'assault donné ainsi comme il le commanda si tres asprement, que les ennemys furent vaincus, et le tout mis à feu et à sang, pour donner exemple aux autres : et delà alla tousjours son droit chemin, faisant sa conqueste.

Ledit roy Charles tres vertueux et tres victorieux, lui arrivé en son reaume de Naples, tout incontinent le roy Alfonse (2), le duc de Calabre son fils, et le prince de

---

(1) *La ville de Bahue :* Il ne paroît pas, comme le croient les éditeurs de l'ancienne Collection, qu'il s'agisse ici de la ville de Boiano. Cette ville, située dans le comté de Molise, est loin du Garigliano, et de la route que tenoit Charles VIII. — (2) *Le roy Alfonse :* Alphonse avoit abdiqué en faveur de son fils Ferdinand, lequel abdiqua à son tour quelques jours après. Le prince de Haultemore étoit Frédéric, duc de Tarente, frère d'Alphonse, qui parvint depuis au trône de Naples.

Haultemore son frere, eulx bien avertis et assennetez de la venue et grand puissance du Roy, ne l'ouserent attendre; mais à toute diligence se retirerent en leur gallées, et habandonnerent le reaume et la ville et cité de Naples, et s'en allerent par mer en la ville de Ysgne (1), et de là à Messine, qui est en l'isle de Secille, qui pour le present tient et est en l'obeissance du roy d'Espaigne.

Estant le roy Charles VIII de ce nom en la ville et cité de Naples pacifiquement, et là fut couronné roy en grand solennité, comme à luy appartenoit, accompaigné de plusieurs princes, archiducs, ducs, contes et barons, et plusieurs cardinaulx, et autres prelats, voulut donner et donna ordre aux choses necessaires dudit reaume, ainsi que tout bon prince saige et vertueulx est tenu de faire.

Et premierement, comme bon, juste et charitable prince, rendist et restitua les terres, villes et seigneuries, rentes et revenuës qui appartenoient aux princes, ducs, contes et barons, et autres gentils hommes dudit reaume, desquelles seigneuries reintegra les dessus dits; lesquelles avoient esté prinses et usurpées violemment, induement et à force par les roys qui par avant avoyent esté, comme l'on disoit.

Encore plus d'abondant et de grace, comme liberal et piteable prince, voulut descharger et soulagier, deschargea et soulagea tout son peuple dudit reaume de la somme de deux cens milles ducas à perpetuité, et à jamais des charges et autres subsides de quoy ils estoient chargez oudit reaume, qui pas ne fut petite chose.

(1) *La ville de Ysgne*: l'île d'Ischia.

Il ne faut pas que je oublie à vous dire les grans biens et oblations que le vertueux Roy a fait et concedé aux eglises, et en general par toutes les religions dudit reaume, qui grace luy ont demandé et justice. Nulluy ne s'en est allé esconduit de ce que au tres vertueux Roy a esté possible de faire.

Aprés que le Roy eut demouré et sejourné en son-dist reaume de Naples par l'espace de long temps, fut adverti bien au vray, et informé bien à la vérité, que le Pape, le roy d'Espaigne, le roy Ferrant (1), le duc de Milan et la seigneurie de Venise avoyent fait ligue tous ensemble à l'encontre de luy, et une tres grosse armée, tant de gens de cheval que de gens de pié, jusques au nombre de soixante milles hommes, comme l'on disoit; dont ce fut forte chose à croire au Roy, attendu les grans promesses et grans sermens qu'il avoit eu de nostre saint pere le Pape (2), du roy d'Espaigne et du duc de Milan, desquelles promesses et grans sermens je m'en tairay, car à moy n'appartient, ne mon sens est assés suffisant pour parler ne pour discuter d'une si haute matiere, ne si corrompue, comme cestecy. Mais neantmoins qui m'en demanderoit mon opinion, je y serviroye pour ung tesmoing ou temps advenir, comme celluy qui en a veu et ouy la pluspart des choses dessus dites; car je y

---

(1) *Le Pape, le roy d'Espaigne, le roy Ferrant*: on croiroit que le roi d'Espagne et le roi Ferrant sont deux personnages différens : l'auteur désigne ainsi Ferdinand-le-Catholique, roi d'Arragon, qui avoit épousé Isabelle, reine de Castille. Dom Martène observe que, dans le manuscrit, les mots *le Pape et le roy Ferrant* sont effacés, de manière cependant à ce qu'on puisse les lire. — (2) *Nostre saint pere le Pape*: dom Martène observe encore que ces mots sont effacés dans le manuscrit.

estoye en personne : mais il est force que je m'en taise, de peur de errer, et en laire parler et mettre par escript plus au long à ceux qui ont plus de sens en leur testes et plus d'encre en leur cornet que je n'ay, car c'est trop mieulx leur mestier que le miens.

Mais pour retourner à mon propos, non-obstant que le Roy tres chrestien, tres vertueux et victorieux fut bien adverti de la grant armée et multitude de gens qui estoyent amassez au devant de luy pour le vouloir deffaire, si ne laissa pas pour cela de partir de son reaume de Naples et de s'en retourner tout son droit chemin au reaume de France, et de rechef logea dedans la ville et cité de Rome, luy et toute son armée : et au desloger de ladite cité, tant alla par ses journées, qu'il rencontra ses ennemis et tres grand puissance de gens d'armes tant à cheval comme à pied, comme cy devant vous ay dit. Et n'avoit le Roy avecques luy point plus de douze cens hommes d'armes, et de neuf à dix milles hommes de pied, comme l'on disoit. C'estoit bien peu envers les autres. Mais non pour cela ne delaissa pas le tres vertueux et tres victorieux Roy à donner dedans ses ennemis là où il les trouva, si tres hardiement et si tres vaillamment de sa personne, comme ung chacun de vous scet, qu'il est bien chose digne de memoire; car c'estoit celluy qui tousjours eust la face droit à ses ennemys, l'espée au poing, la bouche plaine de bonnes et vertueuses paroles à ses gens. Et le fait de mesme le cueur plus gros que le corps, avecques la fierté de ung lyon tant que la bataille dura (1), et aprés la victoire doulx et begnin comme

(1) *Tant que la bataille dura* : cette bataille est celle de Fornoue, livrée et gagnée par Charles VIII le 6 juillet 1495.

un ange, recognoissant la grant grace que Dieu lui avoit faite.

Il faut bien dire que pour neant ne porte le nom de Charles, car ce fut pour le jour ung second Charlemaine; car à toutes heures alloit et venoit parmy ses gens, et principalement là où besoin en estoit, et sans regarder le dangier de sa personne. Car si avant se mist dedans la bataille et parmy les coups, qu'il y fut blessé, comme l'on dist, et en tres grand dangier : mais il fust promptement secouru de bons et hardis cappitaines et autres gens de guerre qui estoyent à tours de luy, et aussi de plusieurs gentilshommes qu'il avoit nourri, qui point ne l'abandonnerent, mais bien et vaillamment, comme bons et loyaulx subjets et serviteurs, le servirent pour le jour; dont je leur en sçay bon gré, car trop eust été grande la perte de ung si bon et si vertueux roy et naturel maistre comme luy.

En effet, la bataille fut moult aspre et grande tant d'un costé que d'autre, et y fut tué grant nombre de gens de ligues et de grans personnaiges, et bien petit des François furent mors, comme l'on dit. Et n'y fut prins homme de renommée, du party de France, que monseigneur le grant bastart de Bourbon, qui moult vaillamment et vertueusement se pourta pour le jour, comme bon et hardy chevallier qu'il estoit. Et la bataille finie, le Roy tres vertueux et tres victorieux passa la rivière, lui et ses gens, à bien petit de perte, comme vous ay dit cy derriere, l'espée au poing, et tousjours retournant sa face droit à ses ennemis, comme vertueux prince, ainsi que plus à plain le verrez et oirez par les chroniques, et par ce qui en a esté mis par escript par plusieurs saiges et discretes gens accoustumez de ce faire, car c'est trop mieulx leur mestier que le miens.

Par quoy leur prie de tout mon cueur que à ceste fois ne vueillent avoir la bouche clouse, ne faulte de eloquence; car il y a matiere belle et grande pour bien y employer papier et encre, que pleust à Dieu mon createur qu'il m'eust donné la science de bien le sçavoir faire comme le cas le requiert : car encore prendroye voulentiers la patience une autre année en cette miserable prison pour faire une si tres haulte euvre et digne de memoire, comme ceste cy est, de ung si tres vertueux, tres victorieux, et si tres bien aimé et si tres loyalement servy, et par tout le monde redoubté, roy Charles VIII de ce nom de France, de Secille et de Jerusalem, mon tres redoubté et souverain seigneur et bon maistre.

S'ensuit la prinse de la ville de Naples faite par le roy Ferrant, à cause de la rebellation et grant deloyauté de la commune de ladite ville. Et aussi s'ensuit plusieurs autres actes, tant prinses de villes, de renditions de chasteaux, et plusieurs rencontres et autres rotures (1) *qui ont esté faites oudit reaume en cellui temps, comme plus à plain verrez en ce petit livret.*

L'an de grace 1495, et le septiesme du mois de jullet, se rebella la ville et cité de Naples à l'encontre

---

(1) *Rotures*, du mot latin *ruptura* : il veut dire ici défaite.

du roy de France, de Secille et de Jerusalem, leur souverain seigneur, Charles VIII de ce nom; et leverent la banniere du roy Ferrant sus, et cedit jour ledit roy Ferrant entra dedans ladite ville de Naples, environ dix heures au matin, par la porte de la Magdelaine, là où ledit roy Ferrant descendit de ses gallées; et tous les François qu'ils rencontrerent dedans ladite ville furent mis à mort.

Le prince de Sallerne (1), lui estant en sa maison, ouyt ce bruit, et le grant cry, qui estoit dedans la ville, du peuple qui estoit aussi esmeu; soudainement se retira au Chasteau Neuf, et plusieurs autres seigneurs et contes du pays. Le seneschal de Beaucaire estoit au chasteau de Capoannes, pareillement oyant l'alarme et horrible bruyt qui estoit dedans ladite ville, à toute diligence mit poine de gaigner le Chasteau Neuf, moyennant l'aide de ses bons amys, et par ce moyen se sauva. Le seigneur d'Alegre, le seigneur de La Marche, le cappitaine missire Gratian de Guerres, le seigneur de Jehanly, le seigneur de La Chapelle, le seigneur de Rocquebertin, et plusieurs autres gens de bien, feirent grant effort tant à cheval que à pié à rebouter les ennemys; mais le nombre et fureur du peuple fut si tres grant qu'ils ne peurent resister à l'encontre, et leur fut forcé de eulx retirer dedans le Chasteau Neuf, quant ils virent qu'ils ne povoient autre chose faire.

Et là trouverent oudit chasteau Guillebert monseigneur de Bourbon, seigneur de Montpensier, conte daulphin d'Auvergne, archiduc de Cesse, viceroy et lieutenant pour le roy de France, de Secile et de

---

(1) *Le prince de Sallerne:* Antoine de San-Severin, seigneur napolitain dévoué aux Français.

Jerusalem, au reaume de Naples; et dedans ledit Chasteau Neuf furent assiegez par ledist roy Ferrant et plusieurs autres gens de bien en leur compaignie. Mais ils n'en tindrent pas grand conte tant qu'ils eurent dequoy manger, car tous les jours sailloient à puissance dudist chasteau à l'escarmouche, et aussi de l'eglise Sainte Croix et du chasteau de Pisfaucon (1), car il y avoit grant nombre de gens par tout, et là faisoient tous les jours de moult belles saillies, et principalement sur le mole du port; et y fut tué grand nombre des ennemys, et des François le seigneur de Beauveau et le sieur des Champs, gentil homme de la maison du Roy; le maistre d'ostel Huvart: qui fut tres grand domaige, car ils estoyent vaillans et hardis de leurs personnes; et aussi y fut tué Petit Jehan, le tambourin du Roy, homme d'armes, qui homme de bien estoit.

Un bien peu de temps aprés se retourna une partie des villes et chasteau de la Poueille (2), et se rendirent au prince de Haultemore, qui sans cesser alloit et venoit au long de la marine avec trois gallées qu'il avoit ordinairement.

Deux jours aprés que ladiste ville de Naples fut rebellée et renduë au roy Ferrant, la ville et cité de Trane se retourna soudainement, et leverent la baniere du roy Ferrant sus, criant tous ensemble *Ferre! Ferre!* Cedist jour voulurent prendre messire Guillaume de Villeneufve, chevalier, conseiller, maistre d'ostel du roy de France, et de Secille et de Jerusalem, qui pour lors estoit gouverneur de ladiste ville de Trane, et cappitaine dudit chasteau : mais ledit de Villeneufve

---

(1) *Chasteau de Pisfaucon* : Pizzifalcone. — (2) *De la Poueille* : de la Pouille.

estoit bien accompaigné, et aussi messire Barnabo de La Mare estoit avecques lui, accompagné de vingt-cinq estradios (1); et tous deux ensemble se retirerent sans rien perdre au chasteau. Ces choses voyant ledit messire Barnabo, commencea à dire audist de Villeneufve : « Il faut que je vous laisse, et que je m'en voise à « Berlette ; car je me doubte que ladiste ville de Ber- « lette ne soit rebellée comme les autres. » Laquelle chose estoit vraye ; et sur ce point s'en alla ledist messire Barnabo avecques les Estradios.

Ledist de Villeneufve demoura dedans le chasteau de Trane, et tout incontinent feist lever les pons dudist chasteau, et charger l'artillerie, car il y en avoit de bonne. Et ce soir, de nuyt, luy fut mis le siege, et commencerent à faire leurs approches et trenchées, et tindrent le siege l'espace d'ung mois. Durant ledit siege ledit de Villeneufve feist trois saillies, l'une sur les gens de la ville de Berlette, qui amenoient des vivres à la ville de Trane, et y print gens et vivres, et les mena au chasteau, qui grant secours lui fut. L'autre saillie fut sur les gens de la ville, là où il y eust deux prins des ennemys; et l'autre sur un estradiot qui venoit de Berlette porter des nouvelles à la ville, lequel pareillement fut prins ; et durant ledit siege fut ladite place fort batuë de artillerie, et environnée d'une grant tranchée qui prenoit d'un des costez jusques à l'autre : tellement que ladite place fut environnée de fossez en telle façon qu'on n'y povoit plus sortir dehors que par la mer, laquelle estoit aussi bien gardée que la terre.

Ung peu de temps aprés que la rebellion fut faite,

---

(1) *Estradios :* c'étoit une milice albanaise, qui, comme les Suisses, se mettoit à la solde de diverses nations.

l'armée des Venissiens vint devant le chasteau de Trane, incontinent qu'ils eurent prins, et mis à sac la ville de Manople (¹), et la sommerent, et requirent ledit messire Guillaume de Villeneufve, cappitaine du chasteau, et gouverneur de ladite ville de Trane, qu'il voulsist rendre le chasteau à la seigneurie de Venise, et que on luy donneroit dix milles ducas, et le mener luy et ses gens, et ses bagues sauves, jusques au port de Marseille; ou autrement qu'ils lui feroyent pis qu'ils n'avoient fait à la ville de Manople, laquelle ils avoient prins d'assault, pillée, et mise à sac. Et estoit dedans la ville pour le roy de France le cappitaine Prudence.

Ausquels Venissiens ledit de Villeneufve respondist qu'il avoit le chasteau en garde du roy de France, de Secille et de Jerusalem, son souverain seigneur, et qu'ils n'y avoyent que veoir et que demander, et qu'ils s'en allassent ; car il aymeroit mieux mourir que de le rendre jamais sans le commandement de son Roy et souverain seigneur, et aussi qu'il ne leur appartenoit en riens. Et à tant s'en allerent lesdits Venissiens fort malcontens, et se retirerent au port de Menople, qui tenoit pour eulx; car les villes et chasteaux qu'ils povoient prandre, ils les gardoient pour la seigneurie de Venise, et mettoient sous la banniere de saint Marc, comme villes gagnées de bonne conqueste.

Monseigneur le prince de Haulte-More, dom Federic d'Arragon, ung peu de temps aprés vint avec ses gallées devant ledit chasteau dudit Trane, et y envoya un sien maistre d'hostel à seureté, nommé messire Vincent, requerant audit de Villeneufve, de par mon-

---

(¹) *Manople* : Monopoli.

seigneur le prince, qu'il lui voulsist rendre ledit chasteau, et qu'il le traitteroit si bien qu'il auroit cause d'estre content de lui, et qu'il l'envoyroit lui et ses gens, et ses bagues sauves, jusques à Marseille. Lequel Villeneufve lui respondit qu'il l'avoit en garde du Roy son souverain seigneur, comme dessus a dit; qu'il aymeroit mieux y mourir que de faire si grand faulte et si grand lascheté au Roy. Et à tant s'en alla ledit prince fort maucontent devant le chasteau de Manfredonne, là où estoit missire Gabriel de Montfaulcon et sa compaignie; et tant fit ledit prince avecques lui, qu'il lui rendist le chasteau, car il avoit faulte de vivres, comme l'on disoit. Et d'appointement fait entre eulx par la composition, ledit prince lui promist l'en envoyer lui et ses gens, et ses bagues sauves, au reaume de France, laquelle chose il feist.

Incontinent que ledit prince eust ledit chasteau entre ses mains, s'en alla devant le chasteau de Berlette, qui pareillement est sus la mer, lequel tenoit ung gentilhomme de monseigneur de Monpensier, nommé Bouzeguin, auquel le prince parlementa; et pareillement s'accorda ledit Bouzeguin, et rendist le chasteau par composition; et lui promit ledit prince l'en envoyer en France avecques messire Gabriel de Montfaulcon, et ses bagues sauves : laquelle chose il feist, car ledit Bouzeguin avoit faulte de gens et de vivres.

Une partie des gens dudit Bouzeguin se mirent à la soulte et gaiges dudit prince, et entre les autres chanonier flameng (1), lequel fut envoyé de par le prince souborner ung autre chanonier flameng que avoit messire Guillaume de Villeneufve pareillement audit chas-

(1) *Chanonier flameng* : canonnier flamand.

teau de Trane, auquel il dit de nuyt semblables paroles : « Si vous voulez vous rendre à monseigneur
« le prince, il vous sauvera la vie, et vous prendra à
« son service, et vous donnera cent ducas, et à tous
« les autres compaignons que vous amenerez avecques
« vous vingt-cinq ducas, et tretous seront mis à ses
« gaiges » : lequel, comme traistre et lasche qu'il fut, s'y
accorda, et lui promist sa foy de ainsy le faire; et par
un peu d'espace de temps, petit à petit, il souborna
trente-deux des compaignons dudit chasteau, lesquels
il emmena avecques lui hors du chasteau le jour que
on donna l'assault, et se descendirent le long d'une
corde par dessus les murs de la basse court, et ne
demoura que huit compaignons avec ledit de Villeneufve. Ce fut le quatriesme jour du mois d'aoust
que les traitres vendirent le chasteau de Trane, et
aussi vendirent leur capitaine missire Guillaume de
Villeneufve, dont les noms des traitres s'ensuivent cy-après.

Tout incontinent que le prince fut assanneté de la
trahison qui se faisoit dedans ledit chasteau de Trane,
aprés qu'il eust prins ledit chasteau de Manfredonne
et de Berlette, renvoya de rechief son maistre d'ostel
devers ledit de Villeneufve, pour le sommer et requerir encore une autre fois de par le prince qu'il eust à
rendre ledit chasteau, auquel ledit de Villeneufve luy
respondist, comme dessus, qu'il aymeroit mieulx mourir l'espée au poing, que de faire ceste lascheté au
Roy son souverain seigneur et maistre. Et à tant s'en
retourna ledit missire Vincent faire son rapport audit
prince, dont il en fut terriblement malcontent. Lors
dit ledit prince qu'il donneroit deux cens ducas au

premier homme qui entreroit dedans ledit chasteau, et
trois cens à celluy qui mettroit la teste audit de Villeneufve sus le portal au bout de la lanse de la baniere
du roy de France, qui là estoit : et habandonna le
chasteau à estre mis à sac, et sur ce point feist crier
l'assault; et celle heure s'en allerent trente-deux traitres compaignons qui dedans le chasteau estoient, dont
les noms s'ensuivent. Et premierement Pierre de Corse,
flameng; Jehan Freron, natif de Beaucaire; Jehan
Bonnier d'Uzez; Julien son fils, chanonier; Claude
Coulon, de Languedoc; Guillaume de Vitry; Guyot
de Gras, savoizien; Guillaume Munier, savoizien; Le-
cure, natif de La Vote en Languedoc, Le Laquays,
Jehan son frere, du Daulphiné; Loys de Tharascon, de
Provence; Guyaume Menon, d'Yeres en Provence; Berthelemieu, provensal; Le Flameng; Jehan de Nicole,
piemontois; Jehan Vusseval, de Beaucaire; Le Tore,
gascon; Janot, gascon; Menon, gascon; Le Tabourin,
gascon; Le Roberques, de Saint Mathurin de l'Ar-
chaut; Lamoureur, d'Avignon; Petit Jehan Bienvenu,
d'Auvergne; Colle, italien; maistre Honnorat, char-
pantier; maistre Berthelemieu, mareschal; Fleurent,
picard; Laventurier du Daulphiné; Jehan Le Peintre,
d'Auvergne; Marin Potier, mareschal; George Mon-
nier, Vincent Fournier, sont les noms des traitres qui
ont vendu le chasteau et place de Trane, et ont prins
soulte du prince de Haulte-More.

Sur ce point feist donner l'assault, et y vint gens tant
par mer que par terre; et les huit pouvres compaignons qui dedans ledit chasteau estoient demourez
avec ledit de Villeneufve se deffendirent bien et vaillamment, comme bons et loyaulx qui furent pour le

Roy ; car ils resisterent et tindrent fort, au premier assault qui fust donné à la basse court, tant que à eulx fut possible; mais au long aller fut force qu'ils habandonnassent, car la basse court est de grande garde, et y furent assaillis de tous coustés, tant du quartier de la mer que de la terre ; et à ceste cause fut contraint de se retirer dedans le chasteau lui et ses gens, et à toute diligence mirent peine de gaigner le hault des grosses tours et le dessus de la posterne, car la grant porte estoit tres fort murée : et tout incontinent à force d'eschelles les ennemis entrerent dedans ladite bassecourt, et moult y furent bien recueillis de coups de tret et de pierre; car quand ils furent dedans, ils ne sçavoient où leur cacher ne où se mettre à couvert, pource que ledit de Villeneufve avoit fait abatre toutes les chambres et maisonnemens de ladite bassecourt. Mais nonobstant les ennemis estoient si fort couvers de paroys et de rodelles (1), qui ne laisserent point de venir prés au pié de la muraille, et là il y écheut largement de blessés et mors ; car autrement ils ne le pouvoient, veu le grand nombre qu'ils estoient.

Ung peu aprés qu'ils furent refreschis, et qu'ils eurent recouvré leur gens de tret et leur eschelles, donnerent un aultre assault au chasteau, et dresserent leur eschelles de tous coustez; mais nonobstant cela tant que les pouvres compaignons qui dedans estoient peurent les bras lever, se deffendirent moult vaillamment, jusqu'à temps qu'il y eust deux tuez, et le chastelain blessé d'une harquebuse au traver du coulde, qui fut tres grant domaige, car il estoit homme de bien; et ledit de Villeneufve eust trois trects d'arballeste de-

(1) *Rodelles* : rondelles.

dans sa sallade, et un autre dedans le pertuis de son
plastron : et dura ledit assault par l'espace de trois
heures, si très aspre de tous coustez, qu'il n'y avoit
homme qui plus se peust deffendre, ne les bras lever.
Entre les autres vint un Esclavon, qui montoit au
long d'une eschelle pour entrer dedans ung grand pertuis de la salle, où ledit de Villeneufve avoit fait mettre un gros canon, qui battoit les reperes et taudeis
des ennemys.

Etant ledit de Villeneufve sur la fausse porte,
apperceut ledit Esclavon qui vouloit entrer dedans
ledit pertuis soudainement et à toute diligence, l'espée
au poing, dedans ladite salle, et rencontra ledit Esclavon qui ja estoit entré; et ledit de Villeneufve l'approcha et appressa de si prés, que ledit Esclavon se
rendist à luy, et luy pria qu'il ne le voulsist pas tuer.
Et ledit de Villeneufve lui demanda s'il estoit homme
pour lui sauver la vie, lequel Esclavon lui respondit
que ouy, et luy bailla la foy, en le baisant en la bouche;
et en cet appointement faisant, ledit de Villeneufve
laissa entrer trois autres Esclavons par ledit pertuis, et
print semblablement la foy de l'un aprés l'autre qu'ils
lui sauveront la vie : laquelle chose ils lui promirent
aussi le faire, car il n'y avoit remede de se pouvoir
plus tenir, pource qu'ils estoient de toute part entrez;
et fut ledit chasteau prins de assault, pillé et mis à
sac, et fut grant grace Nostre Seigneur que tous ceux
qui estoient dedans ne furent tuez et mis en pieces,
car ainsi l'avoit commandé le prince; et sus ce point
ledit de Villeneufve pria aux Esclavons qu'ils le me-
nassent à la chapelle, de peur qu'il ne fut tué à la
foule, car autrement il estoit mort. Et là vint grant

quantité de gens, et entre les autres ung gentilhomme nommé Jacobo Pinadelle, lequel vint l'espée au poing prendre ledit de Villeneufve, et l'emmena tout en pourpoint lui et ses gens, et le laissa en la maison de madame Jule, et en alla tout incontinent au prince, et luy dit qu'il avoit mené ledit de Villeneufve en la maison de madame Jule, et qu'il lui plaisoit que l'on en feist. Lequel prince fut fort émerveillé dequoi il estoit en vie, et commanda que l'on le mena en la gallée par force, nommée la gallée Marquese, là où tout incontinent vindrent à lui cinquante estradiots grecs de l'armée des Venissiens, et accompaignerent ledit prince, qui s'en alla par terre en une ville nommée Daneston, et feist cappitaine general de toutes les galées ung Venissien.

Cedit jour se leverent toutes les gallées, et feismes voilles, et allasmes surgir au port de Brindes devant ladite ville, et arrivasmes le vendredi 8 d'aoust, à cinq heures de nuyt, à l'entrée dudit port, en une isle là où il y a ung chasteau tres fort de muraille et de tours, et fors bollevars bien percez et bien fournis d'artillerie grosse et menuë; et y a ordinairement soixante mortes payes pour la garde dudit chasteau; et se nomme le chasteau de Sainct André dedans Lisole, et s'appelle Sainct André, pource que autrefois il y avoit une abbaye qui estoit nommée Sainct Andrée; mais le roy Alfonse en feist faire un chasteau pour la garde dudit port.

En cestui chasteau estoit en prison le seigneur de Lespare, yssu de la maison d'Alebret, frere germain du seigneur d'Orwal, lequel estoit viceroy en la Poueille pour le roy de France, de Secille et de Jerusalem; et fut prins en une saillie qu'il feist sur les ennemis, qui estoient venus courrir de la ville de Brindes devant une ville nommée Messaigne (1), là où estoit ledit seigneur de Lespare : et promptement qu'il oüyt l'alarme, saillist hors de ladite ville l'espée au poing, et rebouta les ennemys bien asprement jusques à leurs embusches, et là fut rencontré et son cheval mis par terre, et luy blessé de cinq ou six playes, et fut emmené prisonnier dedans ladite ville de Brindes, pour faulte qu'il ne fut suivy à la charge qu'il feist; car bien et vaillament se defendit, et un de ses gentils hommes fut tué auprés de lui qui alloit à son secour, nommé Peysac.

Ainsy que les galées s'en retournoient du port dudit Brindes, ledit sieur de Lespare s'enquist et demanda se Guillaume de Villeneufve estoit dedans lesdites gallées; et on lui dit que ouy. Et il requist au cappitaine dudit chasteau qui l'avoit en garde qu'il lui plust de lui faire ceste grace de le mener jusques à la galée Marquese, là où estoit ledit de Villeneufve, laquelle chose le capitaine luy accorda voulentiers, et le mena au devant de la pouppe de la gallée, sans entrer dedans; et là veist ledit de Villeneufve sans robbe, bien pouvre et tres piteux de sa personne; et en fut ledit seigneur de Lespare tres desplaisant de le voir ainsy maltraitté, et ledit seigneur de Lespare luy presenta la moitié de son vaillant, qui estoit en somme de dix ducas, que on lui avoit presté; et à tant le capitaine ne les voulut plus laisser parler ensemble, et le retira dedans ledit chasteau, et la gallée feist voille et s'en alla, et vous promet que piteuse fut leur despartie.

Le seigneur de Champeroulx (2), duc de Leches, et

---

(1) Mesagna ou Mesagne, bourg situé dans la terre d'Otrante. —
(2) *Le seigneur de Champeroulx* : Jean de Grassai.

le roy d'Evitot (1), estoient dedans l'autre chasteau de Brindes, qui est un autre tres fort chasteau à merveilles; mais ils n'estoient pas detenus comme prisoniers, car ils saillirent par composition hors de la ville de Leches, eulx et leurs bagues sauves et leurs gens, reservez chevaux et arnois, pour ce que ladite ville estoit foible et mau garnie de vivres; et ledit prince le leur accorda voulentiers, car il ne demandoit que gaigner pays, et leur promist de les faire mener à Marseilles ou en Aiguesmortes, à sauveté de leur personne.

Audit port de Brindes trouvasmes quatre naux (2) et trois gallions qui estoient aux Biscayns, qui ordinairement avoient demouré là pour la garde dudit port, et bien besoing leur en fut.

Au départir dudit Brindes, venismes surgir et gester ancrés en mer au port de Otrante, qui est à soixante milles de Brindes; et est ladite ville de Otrante belle et forte, et y a ung tres fort chasteau, et y estoit madame la princesse de Hautemore. Et de là partist l'armée, et feist voile le dix-septiesme jour du moys d'aoust, et passa devant le chap Sainte Marie, sans y arrester. Ledit chap nommé Sainte Marie (3) est un des bouts du reaume du quartier de la Turquie; et dudit chap Sainte Marie entrasmes ou gouffre (4) de Tarente, et passasmes par devant Lasante, et lendemain arrivasmes au port de Galippe : et y a cinquante milles de Otrante jusqu'audit Galippe, et est ladite ville de Galippe tres forte, et toute environnée de mer, et y a

---

(1) *Le roy d'Evitot :* on sait ce que c'étoit que cette royauté; ce seigneur s'appeloit Jean Branchier. — (2) *Naux :* navires. — (3) *Chap nommé Sainte Marie :* le cap Sainte-Marie. — (4) *Gouffre :* golfe.

un trés fort chasteau, et seroit malaisé à prendre sans praticque ou sans famine.

Le dix-neuviesme jour du moys ensuivant, se leva l'armée dudit port de Galippe, et alla devant Tarente; et en chemin eurent nouvelle de monsieur le prince de Haultemore, qui s'en venoit embarquer aux gallées avec deux cens chevaulx legiers, laquelle chose feist, et renvoya les chevaux à la rive de terre, que menoit don Chese d'Arragon (1).

Ce jour, à la my-nuyt, fut ordonné par ledit prince que la gallée Marquese s'en iroit devant à Tarente avec deux brigandins, pour arriver devant le jour en une isle qui est vis à vis dudit Tarente, et s'appelle l'isle de Nostre Dame, pour ce qu'il y a une chapelle fondée de Nostre Dame, et autre chose non; car c'est une isle deserte. Ladite gallée y arriva devant le jour, et les deux brigandins, lesquels deux brigandins allerent courir devant le port de Tarente, et la gallée demoura en embusche derriere l'isle. Et incontinent saillist deux autres brigandins, une fuste, et un petit bateau de Tarente, et donnerent la chasse aux deux brigandins arragonois, lesquels se retirérent à toute diligence devers la gallée, et le faisoit tout exprés pour tirer les autres aux champs; et quant le guet de la gallée vit qu'il estoit temps que ladite gallée se descouvrit, lui feist signe, et à toute diligence ladite gallée se despartist pour aller au secour : et bien besoing lui fut, car autrement les brigandins estoient prins.

Tout incontinent que lesdits brigandins arragonois

(1) *Don Chese d'Arragon* : don César d'Arragon, fils naturel du vieux Ferdinand; roi de Naples, mort avant l'entrée de Charles VIII en Italie.

veirent leur gallée de secours, soudainement tournerent, et donnerent la chasse aux Tarentins, tant que tref et rames povoient tirer, et à peu qu'ils ne les prindrent, et furent chassez si asprement, qu'ils feirent donner de prouë en terre au petit basteau; et fut la chasse si tres soudaine, que l'artillerie du chasteau les despartist les uns d'avecques les autres.

Le gouverneur de la ville, qui là estoit pour le roy de France, de Secile et de Jerusalem, nommé missire George de Silly, saillist à toute diligence à cheval au long de la marine pour recueillir ses gens, cuidant qu'ils donnassent de prouë en terre; et le tout retira en la ville à sauveté, sans rien perdre. Et ceulx de ladite ville en furent tres joyeux, car il y avoit dedans ladite fuste et brigandins largement de gens de bien, qui leur estoient tres grand perte; et tout cecy voyoit messire Guillaume de Villeneufve, qui estoit prisonnier dedans ladite gallée Marquese. De là s'en retourna ladite gallée à l'isle Nostre Dame, et là attendismes monseigneur le prince de Haultemore, qui arriva entre quatre et cinq heures, accompagné de sept gallées venissiennes, et la sienne, et celle de frere Lienard, chevalier de Rhodes, et quatre barches biscaynes, qu'il amena avec luy du port de Brindes; et vindrent surgir et gester leurs ancres en mer devant ladite ville de Tarente.

Et tout incontinent le gouverneur missire George de Silly saillist de rechief bien accompaigné tant de gens de cheval que de gens de pié, et feist mener une grosse piece de artillerie avecques luy, qui tira trois ou quatre coups à l'encontre desdites gallées; et bien peu s'en faillist qu'il ne donnast dedans celle du prince : et tout incontinent ladite armée de mer se leva, et alla surgir dedans l'isle de Nostre Dame, là où demourasmes six sepmaines, en attendant l'autre armée des Venissiens, et faisant le guest tous les jours, et grand gast aux vignes, jardins et oliviers des Tarentins, pour les cuider gaigner : mais tousjours furent bons et leaulx pour le roy de France, de Secile et de Jerusalem, avecques l'aide de leur gouverneur, qui moult homme de bien se monstroit continuellement.

Ung peu de temps aprés, le prince envoya ung sien gentilhomme, nommé Raphaël de Faulcon, et un roy d'arme du roy de France, de Secile et de Jerusalem, nommé Champaigne, que le prince tenoit en sa gallée; et les envoya devant le chasteau de Tarente dedans un bringandin parlementer audit gouverneur, pour le cuider pratiquer : mais le gouverneur est trop bon serviteur et loyal pour le Roy son souverain seigneur et maistre. Ledit gouverneur respondit audit Raphaël qu'il s'en retournast, et qu'il ne vouloit point parlementer avecques luy, et qu'il estoit assez suffisant pour garder la ville et le chasteau, lequel luy avoit baillé en garde le Roy son souverain seigneur. Et puis dit au roy d'armes, nommé Champaigne : « Si vous voulez de« mourer ceans avec moy pour l'onneur du Roy, je « vous recueilleray de bon cueur; » laquelle chose il eust fait volontiers, mais y n'estoit pas en sa liberté, et à tant s'en retournerent devers le prince faire leur rapport.

Le seiziesme jour du mois de septembre, jour de la Sainte Croix, arriva l'armée des Venissiens devant le prince devant Tarente, laquelle amena le general des Venissiens, qui estoient en nombre dix-neuf gallées, et neuf, qui estoient de par devant, et furent vingt-huit qui tous les jours faisoient grant gast aux Tarentins pour les cuider gaigner et retirer à eulx; mais pour cela il ne remua droit; car tousjours ils furent bons et loyaulx pour le roy de France, de Secile et de Jerusalem, leur souverain seigneur.

Ung bien peu de temps aprés ledit prince alla descendre en une plaige au dessous de Tarente avec mille ou douze cens Venissiens, et là le vindrent recueillir grant force gens à cheval du champ de don Chesfre d'Arragon, qui estoit à Franqueville; et là menerent ledit prince avec les Venissiens qu'il avoit prins aux gallées, pour ce que don Chesfre d'Arragon n'avoit pas grans gens avecques lui en son champ; et trois jours aprés allerent mettre le siege à une ville nommée les Grotailles, qui est à huit milles de Tarente, et donnerent l'assaut à ladite ville, et tres bien se defendirent ceulx de dedans, et rebouterent ledit assault, et blesserent grant nombre des ennemis, et lendemain redonnerent un autre assault, et fut ladite ville prinse par composition; et cela fait, s'en retourna ledit prince aux gallées avecques les Venissiens, mais non pas tous; car il y en eust largement de mors et blessez.

Ce jour mesme, alla le general des Venissiens descendre devant la ville de Tarente à grant puissance de gens cauteleusement, à celle fin que le gouverneur de ladite ville ne donnast secours à la ville des Grotailles durant l'assault.

Mais ledit gouverneur saillist sur les Venissiens, si bien accompaigné tant de gens de cheval que de pié, qu'il rompist les Venissiens, et les mist en fuite par telle façon, que il y en eut bien cinquante ou soixante de mors, et autres tant de prins, et à tant se retirerent lesdits Venissiens en leursdites gallées.

Le jour de monsieur Saint Michel, le prince de Haultemore envoya sa gallée, accompaignée de la gallée Marquese, dedans le port de Tarente, pour cuider prendre la citadelle de ladite ville; car il avoit intelligence à ung gens-d'arme de la compaignie du roy d'Evitot, nommé Loys Bertochelle, lequel la lui devoit bailler, et mettre dedans à ung signe qu'il leur devoit faire, et lever la banniere blanche sur la tour de ladite citadelle. Mais la trahison fut descouverte, comme Dieu le voulut, deux heures devant que les gallées y arrivassent; et tout incontinent le gouverneur feist prendre le traistre, dit Loys Berthochelle, lequel lui confessa et declara la trahison, et les signes qu'il devoit faire au prince pour faire venir avec lesdites gallées : et promptement ledit gouverneur garnist tres bien ladite citadelle de gens et de artillerie, et tout le long des murailles dudit port, et puis feist le signe de la banniere pour faire venir lesdites gallées; laquelle chose il feist à toute diligence, à grans crys et grans coups de canon, cuidant que ladite citadelle fut retournée pour eulx, car le chasteau batoit contre ladite citadelle à cautelle, et arriva la gallée dudit prince dedans le port, et gesta ses ancres en mer pour cuider mettre l'esquif et ses gens en terre : et ces choses voyant le gouverneur, feist descharger et tirer artillerie de tous coustez si tres asprement, que les patrons des gallées furent terriblement esbahis, et tous ceulx qui estoient dedans, et y eut certain nombre de mors et de blessez. Mais le patron de la gallée du prince, nommé Matthieu Corse, se monstra vertueux et hardi, et alla tout au long de la cousfie (1), l'espée au poing, et feist laisser les ancres en la mer, et tourna la gallée à toute diligence, en telle façon que, pour coup de canon ne de trect que on sceut tirer, ne laissa qu'il ne retirast devers le prince à sauveté.

Ledit prince estoit descendu de sadite gallée, et s'estoit mis dedans la gallée du general des Venissiens; et tout cecy voyant, fut fort esbahy et fort desplaisant, car il avoit grant peur de perdre sa gallée, pour ce qu'il y avoit la pluspart de sa robe et de ses bagues dedans, et aussi des plus gens de bien qu'il eust.

Le prince y fut allé en personne, ce ne fut pour ce que ung des galios de la gallée Marquese avoit dit plus d'un mois devant que par trois fois lui estoit venu en vision de nuyt une femme vestue de blanc, laquelle lui disoit qu'il allast dire au prince, ou feist dire, qu'il se donnast bien garde sur sa vie, qu'il ne mit sa personne en danger par mer ne par terre le jour de monsieur saint Michel, ou autrement qu'il lui en prendroit mal. Et à ceste cause ledit prince n'y alla pas, dont bien lui en print.

Le premier jour d'octobre, ledit prince, et le general, et le providiteur, et le cappitaine des Venissiens, allerent avecques toute leur armée de mer descendre, et mettre la prouë de leur gallées en l'isle qui est devant Tarente, pour faire le gast et brusler les maisons; et estoient en nombre des gallées venissiennes vingt-sept, et trois de celles du prince, et quatre grans barques tusqueines, et plusieurs autres brigandins; et mirent cedit jour bien mille ou douze cens hommes

---

(1) *De la cousfie* : terme de marine qui ne se trouve dans aucun dictionnaire.

en terre, tant Venissiens, Biscains, que Italiens; et le capitaine des Venissiens les conduisoit, car le prince et le general demourerent aux gallées.

Ledit prince demoura dedans sa gallée, et le general dedans la sienne, et avoit fait mettre toutes les gallées de rang de bataille, qui battoient merveilleusement de leur artillerie au long des venuës de la ville de Tarente. Mais nonobstant cela le gouverneur dudit Tarente et le capitaine Buffez, lieutenant du roy d'Evitot, et monsieur d'Alegre, saillirent tant à cheval que à pié dedans les Venissiens si tres asprement, qu'ils les rompirent et les chasserent dedans la mer, comme bons et hardis hommes qu'ils estoient.

La premiere escadre estoit quatre cens hommes portant tous longues lances, comme piques paintes de rouge; ceulx-là furent les premiers rompus, et se ne fut la grant quantité de artillerie qui tiroient de leurs gallées; ils eussent fait un grant meurtre, et eust largement de mors et de prins des ennemys; et des François n'y eust qu'ung archier qui fut tué, et le cappitaine Buffez eust ung doit couppé, qui fut tres grant domage, car il estoit homme de bien; et à tant se retirerent les ennemis, et les François demourerent au champ.

Ledit cappitaine Buffez, lieutenant du roy d'Evitot, ne laissa pas de bien servir le Roy, pour l'inconvenient qui lui advint; car ung peu de temps aprés il partist de la ville de Tarente ung soir bien tard, accompaigné de vingt cinq chevaulx, alla à la ville de Messaigne toute nuit, pour querir le seigneur de Champeroulx, duc de Leches, et le roy d'Evitot son oncle, qui estoient à ladite ville de Messaigne detenus par le prince de Haultemore, et bien quatre vingt gentilshommes, tant hommes d'armes que archiers, et tous ensemble les amena avecques luy à ladite ville de Tarente, dont ledit prince en fut merveilleusement mal content, car il les attendoit à Galippe, et eut bien cause d'en estre bien desplaisant; car ils donnerent ung grand secour à la ville de Tarente, et moult crurent le courage aux bons Tarentins. Missire Guillaume de Villeneufve veit partir ledit capitaine Buffez de Tarente, qui estoit venu dedans ladite ville sur sa foy.

Ung peu de temps aprés partist de Tarente, et le second jour d'octobre, le general et providiteur avecques toute leur armée, et s'en allerent la route de Naples, quant ils veirent que autre chose ne pouvoient faire à l'encontre de ladite ville de Tarente, et semerent ung bruit qu'ils alloient courir et piller le pays de Provence; mais ils demourerent au port de Naples et de Castel-la-Mer, et là donnerent grans faveurs et secours aux Napolitains, car ils estoient les plus fors sur la mer pour gallées.

Le tiers jour d'octobre, ledit prince alla avecques les trois gallées vis-à-vis de la ville de Massafre, qui est à huit milles au dessus de ladite ville de Tarente; et tenoit ladite ville de Massafre bon pour le roy de France, de Secile et de Jerusalem. Et quant il fut à l'endroit de ladite ville de Massafre, feist mettre trois cens hommes en terre, tant Biscains que Italiens, pour aller joindre à l'armée de terre que menoit don Chestre d'Arragon, pour aller prendre ladite ville de Massafre (1).

(1) *Massafre*: Massafra, à quelques lieues de Brindes.

Mais le gouverneur de Tarente faisoit chevaucher lesdites gallées au long de la marine; et au couvert des oliviers envoya une escadre de soixante à quatre-vingts hommes à cheval, que menoit le seigneur d'Espuisac, lieutenant du seigneur d'Alegre; et quant ledit Espuisac veit les trois cens hommes en plaine Champaigne, un peu eloignez de la marine, saillist hors de son embusche, là où il estoit derriere une chapelle, et donna dedans les Biscains et autres gens de pié qui avecques eulx estoient si tres asprement, qu'il les rompit, et en mit à mort la plus grant part et de prisonniers jusqu'au nombre de cinquante à soixante : et y fut prins le cappitaine des barches biscaines, qui s'appelloit Jean Martin, et le cappitaine Haultebelle, capitaine des Italiens, et ung autre cappitaine biscain des autres barches, nommé Jeanne Rousset, lequel y fut tué et mis à mort; et furent tres fort plains; et en fut le prince terriblement desplaisant, car les barches demourerent sans cappitaines, et à bien peu de gens. En cedit rencontre fut tué huit ou dix des gens et rensonniers de missire Guillaume de Villeneufve, que le prince avoit prins en sa garde.

Ung peu de temps aprés ledit prince partist de devant la ville de Tarente, luy voyant ne povoir faire autre chose ne par force ne par practique en ladite ville; car trop estoient bons et loyaulx les Tarentins pour le roy de France, de Secile et de Jerusalem, leur souverain seigneur; et aussi estoient bien gouvernez de leur gouverneur, qui moult bien y servit le Roy, et tous les gentilshommes qui avecques luy estoient.

Ledit prince ne laissa devant ladite ville que une

gallée, nommée frere Lienart, chevallier de Rhodes, et c'estoit pour garder que victuailles n'entrassent dedans la ville de Tarente par mer : et cedit jour le prince s'en alla coucher au port de Gallippe, et là surgit avecques ses deux gallées (et y a soixante mille de Tarente jusques audit Gallippe), et là demoura trois jours.

Ladite ville de Gallippe est tres forte, comme vous ay dit devant, toute environnée de mer, et le chasteau moult fort de tours et de murailles bien persées de tous costez, et bien garni d'artillerie et de gens; et y a une tres grosse tour au milieu qui s'appelle la tour Maistre, qui est terriblement forte : et cependant que ledit prince demoura là, feist habiller ses gallées et monstrer carenne, et feist mettre missire Guillaume de Villeneufve dedans la tour du portail dudit chasteau, là où il trouva missire Pierre Fregouse de Gennes, et ung autre gentilhomme nommé Gaspart de Gireme, qui estoit de la compaignie du roy d'Evitot, lesquels avoient esté prins à une course qu'ils avoient faite devant ladite ville.

Cependant arriva le seigneur de Lesparre, que ledit prince avoit envoyé quérir; et là le feist monter dedans la gallée Marquese, et aussi ledit de Villeneufve, et les autres prisonniers françois qui estoient dedans ledit chasteau.

Lendemain, ledit prince feist voille, et s'en alla cedit jour au port de Cotron, où il y a cent milles de Gallippe jusques au port; et est ladite ville de Cotron tres belle, et le chasteau tres fort, mais qu'il fut parachevé.

Lendemain 20 du moys d'octobre, partist ledit prince

du port de Cotron, et alla au chap de Colonnes, qui est à trois milles de Cotron, et là demoura trois jours et trois nuys, à cause du vent contraire. Au departir de là entrasmes dedans le gouffre de Esquilage (1), qui dure soixante milles, et de là entrasmes dedans la plage de La Rochelle, et costeasmes la terre de la Calabre, qui tenoit la plus part pour le roy de France, de Secille et de Jerusalem, et passasmes pardevant une ville nommée La Chastelle; et de là passasmes une cité nommée Esquilage, et d'Esquilage passasmes devant une ville nommée La Rochelle (2), et de La Rochelle passasmes devant une ville nommée Usaige (3), tres forte place à merveilles, là où estoit le seigneur d'Aubigny, connestable du reaume de Naples; et de là allasmes passer le chap de Partenente, qui dure trente milles; et delà allà ledit prince passer la ville de Rege, qui est à trente milles du chap de Partenente. La ville de Rege est tres belle ville et fort chasteau, et avoit print ledit chasteau le roy Ferrant par assault; et le capitaine qui estoit dedans estoit Escossois, tres homme de bien, et fut mis à mort et haché en pieces, et tous les compaignons qui estoient dedans pendus par la gorge.

Le mercredy matin, vingt-troisiesme jour du moys d'octobre, entrasmes dedans le far de Messinne, qui dure dix milles, et arrivasmes à ladite ville de Messine; et là descendit le prince à terre, et alla veoir le roy Alfonse, qui dedans ladite ville estoit, et avoit mal ledit Roy en une main, tellement qu'il en perdist le bout de ung doy : mais nonobstant cela, de la grant joye qu'il eust du prince son frere, vint

---

(1) *Le gouffre de Esquilage* : le golfe de Squillace. — (2) *La Rochelle* : La Roccella. — (3) *Usaige* : Ugento; ce n'est plus qu'un village.

monter sur la gallée du prince, et s'esbastist bien deux milles en la mer avec le prince, et puis s'en retourna dedans ladite ville.

Ladite ville de Messinne est tres belle et grande; et y a ung tres beau port et grant, qui bat au long de la muraille de ladite ville. C'est une cité tres fort marchande, mais elle est foible et prenable, et batable de tout cousté; et est ladite ville au reaume de Secile, et la tient le roy d'Espaigne.

Ce jeudy ensuivant 24 du mois d'octobre, print le prince congié du roy Alfonse, et s'en alla ledit jour auprez d'une eglise nommée les Selnantes; et est dedans le port de ladite ville tout environnée de mer. Le soir, se retira le prince et tous ses gens en la gallée.

Le vendredy ensuivant 25 dudit moys, partist ledit prince, et entra dedans la courante du far de Messine, qui dure dix milles : et de là passasmes devant une autre ville nommée Marsille, qui est à six milles de Messinne; et de Messinne alasmes passer devant la cité de Turpie (1), qui est à trente milles de Nousille; et de Turpie passasmes devant la Vilanne, et de là entrasmes au gouffre de Sainte Fumée (2), qui dure quarante milles; et du gouffre passasmes pardevant une cité qui se nomme Montelionne; et de Montelionne, passasmes pardevant une autre ville qui se nomme le Puissel. Cedit jour, passasmes l'isle de la montaigne de Broguane, laquelle montaigne est fort haute, et y a au milieu un grant pertuis, dont incessamment jour et nuyt en soit grant feu et flambe, et s'appelle ledit pertuis Bouche d'Enfer. Et de l'autre cousté y a

---

(1) *Turpie*: Tropea. — (2) *Gouffre de Sainte Fumée*: golfe de Sainte-Euphémie.

une autre isle, nommée l'Ypre; et y a une tres grant cité, qui tousjours a tenu le party du roy Ferrant; et de Ypre passasmes pardevant l'isle de Strangoul (1), où pareillement y a une autre grand montaigne, qui a au dessous ung autre grant pertuys qui jour et nuyt jette feu et fumée et pierre, comme poussés, et pareillement s'appelle Bouche d'Enfer; et de là allasmes passer pardevant une grand cité qui s'appelle Lamantie (2); et de Lamantie à Fumée-Frede, qui est à deux milles de Lamantie; et de là à Sainte Lucite, qui est à dix milles de Fumée-Frede; et de Sainte Lucite passasmes pardevant ville de Paule en Calabre, et est tres bonne ville environnée de boys de ung quartier, et de la mer l'autre; et en est natif le saint homme de Tours, et y faisoit sa residence quand le roy Louys (que Dieu abseuble) l'envoya querir.

De Paule alla ledit prince devant une autre ville nommée Fonescault, qui est à six milles de Paule; et de là allasmes devant une autre bonne ville nommée Cescaude, qui est à sept milles de Fonescault. Cedit jour passasmes pardevant une autre bonne ville nommée Nochetraro, là où se font naves et gallées; et est ladite ville à douze milles de Cescaude. Et cedit jour passasmes pardevant Belveder, qui est à dix-huit milles de Nochetraro; et de Belveder passasmes pardevant une autre ville nommée Florelle, qui est à dix milles de Belveder; et toutes cesdites villes sont en Calabre, au long du cousté de la marine. Et de là passasmes pardevant une autre ville nommée Lestaliere, et de Lestaliere allasmes passer pardevant la ville de Poli-

---

(1) *Strangoul*: Strombole, une des îles de Lipari. — (2) *Lamantie*: Amantea.

castre; et y a, de Lestaliere jusqu'à Policastre, quarante et cinq milles : et de Policastre passasmes devant Guamerode, et y a dix huit milles. De Guamerode allasmes passer le pas de Palenode (1), et y a quinze milles de Guamerode.

Cedit jour passasmes devant une ville nommée Pichote, qui est à dix milles de Palenode, et de là allasmes passer à la couste de Exellente, là où il y a vingt milles de Pichote. Et de là passasmes une autre ville qui s'appelle le chastel de l'Abbat, qui est à dix milles de Exellente; et de là passasmes à une autre ville qui se nomme Arobbe (2), qui est à dix milles de chastel de l'Abbat. Et plusieurs autres petites villes passasmes au cousté de la marine de ladite Calabre, lequel seroit trop long à mettre par escript.

De là entrasmes dans le gouffre de Salerne, et toute la nuyt le passasmes à grant peril et merveilleux dangier, car le vent estoit merveilleusement grant, et la mer terrible; par telle façon qu'il n'y avoit marinier quine perdist son entendement, et furent fort esbahis du mauvais temps qui couroit. Mais non obstant cela ledit prince faisoit tirer tousjours en avant pour gaigner le port de Naples, pource que le roy Ferrant l'avoit mandé à toute diligence; car le marquis de Pescaire avoit esté tué devant Sainte Croix d'un coup de trect d'arbalestre qu'il eut en la gorge, et ledit marquis gouvernoit l'armée du roy Ferrant en son vivant : ainsi n'ousoit descendre, ne prendre port pour les ennemys.

Nous passasmes ledit gouffre de Salerne toute nuyt à grant dangier, qui dure quarante milles; et au

(1) *Pas de Palenode* : cap de Palinure. — (2) *Arobbe* : Agropoli.

saillir dudit gouffre allasmes au long de la coste de Malfe (1), et passasmes pardevant une ville qui s'appelle l'islé de Crape (2), et de là entrasmes au gouffre de Naples, et passasmes devant la ville de Masse; et de Masse passasmes devant une autre ville qui s'appelle Soriente, et de Soriente alasmes au port de Castelamer. De la ville de Capre jusques à Naples, y a trente milles.

Le samedi ensuivant, vingt-quatriesme jour du moys d'octobre, arriva le prince au port de Castelamer, qui est à dix-huit milles de Naples; et là trouva l'armée des Venissiens, qui estoient en nombre de vingt gallées; et des autres navires biscains et espaigneulx, deux naves, deux gallions et deux escorpions, qui le réveillirent à grand alegresse de coup de canons et de trompette à l'usance de la mer; et là surgit ledit prince, et y demoura toute la nuyt en attendant des nouvelles du roy Ferrant, qui estoit en champ au quartier de Noucheres, qui est à dix-huit milles de Naples; et le sieur prince de Besilanne, et le sieur de Pressy, grant senechal du reaume, estoient au devant de lui.

De la ville de Messine vint le prince avec ses gallées en trente heures jusqu'au port de Naples, là où il y a trois cens milles de l'ung à l'autre.

Lendemain, qui fut le dimanche 25 du moys d'octobre, se leva ledit prince avec ses gallées, et s'en alla à la rote de Naples; et passa devant la tour du Grec, et rencontra le capitaine Villemarin, qui venoit au devant de lui; sa galée fort parée, et principalement de baniere et estendars, et entre les autres portoit trois banieres tout d'ung égal, d'une grandeur et d'une

(1) *Malfe*: Amalfi. — (2) *Crape*: Caprée.

La première estoit la baniere du Pape, la seconde du roy de Castille, la tierce du roy Ferrant; et feist la reverence ledit capitaine au prince, et le prince lui feist grand recueil, car il estoit lieutenant general des gallées du roy d'Espaigne; et de là allasmes surgir et jetter ancre en mer devant la ville de Naples, vis-à-vis de la Magdelaine; et là descendist ledit prince, et fut fort recueilly de coups de canon et de trompettes, et lui feist on grand allegrie, à la coustume du pays.

Cedit jour vint audevant dudit prince pour le recevoir en terre don Alfonce d'Arragon, son frere bastard, evesque, et don Jehan d'Arragon son neveu, bastard du roy Alfonce, et des gens de la ville petite quantité; car le roy Ferrant avoit fait prendre des gentilshommes de ladite ville, et les avoit envoyé au chasteau de l'Iscle jusques au nombre de trente.

Dedans ledit port de Naples y avoit, que naves, que gallées, de vingt cinq à trente, sans l'armée des François, qui estoit sous le castel de Lone de quinze à seize voiles, que les ennemis tenoient assiegés.

Cedit jour laissa ledit prince le sieur de Lesparre, et missire Guillaume de Villeneufve, et Pierre Fregouse, fils de messire Perrin Fregouse de Genes, et Gaspart de Gireme, homme d'armes soubs la charge du roy d'Evitot, dedans la gallée Marquese, prisonniers, et là demourerent ung moys sans descendre en terre. Ung peu de temps aprés le prince envoya ledit Pierre Fregouse au chasteau de l'Iscle prisonnier, pour le tenir plus seurement.

Le lundy ensuivant, 26 dudit moys d'octobre, partist ledit roy Ferrant de la ville de Naples, et alla à son champ, qui estoit à Cerne, et laissa le prince à Naples pour faire faire les approches contre le Chasteauneuf, et autres chouses necessaires au fait de la guerre. En icelluy temps estoit le Chasteauneuf en treves avecques le roy Ferrant, pour ce qu'il avoit faute de vivres, et estoit encore dedans monsieur de Monpensier, le prince de Salerne et le senechal de Beaucaire, et plusieurs autres gens de biens.

Ung peu de temps aprés, et croys que ce fut le 27 du moys d'octobre, que l'armée de mer des François se leva, et s'en alla sous le chastel de Lone, là où elle estoit, et emmenerent monsieur de Monpensier, le prince de Salerne, le senechal de Beaucaire, et plusieurs autres gens de bien avecques eulx, s'en allerent descendre au port de Salerne et à la ville, et se realierent avecques les autres François. Et tout cecy feirent non obstant l'arrivée des ennemys qui devant eulx estoient, jusques au nombre de trente gallées et vingt naves, que barches.

Dedans le castel de Lone estoit Claude de Robodenges, qui point n'estoit comprins en la treve, et sans cesser tiroit tous les jours de l'artillerie. Mais ung peu de temps aprés le Chastelneuf fut rendu, il print treve avec le prince pour deux moys, que en cas qu'il n'eust secours dedans ledit terme des deux moys, qu'il rendroit ladite place, car il avoit faulte de vivres; et bailla en ostage Jehan de La Vernade, qui avec lui estoit : et à cette cause le prince lui faisoit bailler des vivres tous les jours. Les treves de Chasteauneuf et de la ville furent rompus, pour ce que ceulx dudit chasteau retindrent le maistre justicier de la ville, qui leur porta des vivres; car il n'estoit pas connu pour ce faire, et y alloit à cautelle, et aussi pource que monsieur de Monpensier s'en estoit allé avecq l'armée de mer, dont ceulx de la ville en murmuroyent tres fort, et en furent moult malcontens.

Ung peu avant que monsieur de Monpensier partist de Chasteauneuf, le prince de Besilanne et le sieur de Pressy, grant senechal du reaume, vindrent, accompagnez de cinq ou six milles hommes tant à pié que à cheval, jusques à Nostre Dame de Piedecrote, qui n'est qu'à une petite lieuë du Chasteauneuf, et menoient avec eulx grant force vivres pour avitailler ledit Chasteauneuf : mais pource que monsieur de Monpensier avoit desja baillé les ostages pour avoir des vivres, leur entreprise fut rompuë, et s'en retournerent. Et estoient lesdits ostages le sieur d'Alegre, frere dudit sieur de Pressy, le sieur de La Marche, le sieur de Jehanly, le sieur de La Chapelle, et le seigneur de Rogueberlin.

A l'occasion des ostaiges dessus nommez, ledit prince de Besilanne et le sieur de Pressy s'en retournerent moult vertueusement sans rien perdre, fors que les victuailles, lesquels ne peurrent pas ramener avec eulx, pource que le roy Ferrant estoit sailly de la ville de Naples au devant de eulx, accompaigné de quinze à seize mille hommes tant à cheval que à pié, et les Françoys n'estoient pas cinq milles, comme vous ay cy devant dit.

Mais non obstant le grant nombre qu'ils estoient, n'eust esté pour l'inconvenient qu'il en eust peu estre venu ausdits ostaiges, ils se fussent mis en leur debvoir de avictuailler ledit chasteau, qui eust esté une tres grant réputation d'onneur et louange audit prince et au grant senechal, et à toute leur compaignie.

Le vendredy 8 du moys de novembre, le roy Ferrant feist donner le premier assault à la citadelle du Chasteauneuf de Naples, lui present et le prince de Haultemore, là où il eust tres fort et asprement combatu, tant de ceulx de dedans que de ceulx de dehors; mais au long furent les ennemys rebutez bien et vertueusement par les François à coups de lances à feu et de pigues, par telle façon qu'il y eut largement des ennemys morts et blessez; et des François n'y eust que deux blessez.

Tout cecy voyant le roy Ferrant, commanda faire sonner la retraite, laquelle chose fut faite promptement, pour ce qu'ils veoient qu'ils n'avoient pas du meilleur; car moult grand deffence faisoient les Françoys à bien garder leur breches, et ainsy en demourerent maistres pour le jour.

Le roy Ferrant se retira en son logis au chasteau de Capoane, fort desplaisant des gens qui avoient esté morts et blessez audit assault; et ordonna que on feist venir grand quantité de massons et autres maneuvriers, lesquels furent mis à miner ladite citadelle, et la minerent plus de deux lances de parfont, et puis l'estansonnerent sur pillotis, et bouterent dedans grand force fagos et pouldre de canon; et quant la mine fut preste, le manderent dire ou roy Ferrant.

Le vendredy 28 du moys de novembre, revint le roy Ferrant de son champ en la ville de Naples, pour faire mettre cedit jour le feu en la mine, et feist crier à l'assault, et les gens de tous coustez assaillirent la citadelle; et y eust merveilleusement combatu tant d'ung cousté que d'autre. Mais quand les estansons de ladite mine furent brûlez, ung grand quartier de la citadelle tomba; les François furent tout à descouverts, et furent fort esbahis, et leur fut force d'abandonner le combat, et de eulx retirer, car longue estoit leur retraite, et leur avoit-on rompu le grand pont, et aussi le pont de Paradis. Non obstant tout cela ils s'en retirerent bien et honestement par dedans les fossez, et à bien peu de perte.

Et par ainsi fut ladite citadelle prinse par les ennemys, qui grand perte fut pour les François, car c'estoit le boulevart et la force dudit chasteau; et à tant s'en retourna ledit roy Ferrant en son champ.

Le lundi ensuivant, se leva toute l'armée du roy Ferrant qu'il avoit par mer devant la ville de Naples, à cause de la grand tourmente qui se mist sur la mer : car ils ne s'ouzoient mettre devant le molle, de peur de l'artillerie du chasteau; et alasmes tant de nuyt que de jour au port de Baye, et là surgismes naux, gallées, gallions, et getismes ancre en mer : et fût la tempesté si grande qu'elle tomba dedans une nave, et tua deux hommes.

De Naples jusques au port de Baye il y a sept milles, et est ledit port bel et grant, et autre fois y a eu une tres grande cité, la plus grande du reaume; et à cause de leur villain et grant peché de sodomye, ladite cité abisma, et fondit dedans la mer. Et encore y apperent grandes tours, grans collisseaux et grands crottes, et dedans lesdites crottes y a encore bains, qui incessament sont chaulx; et au plus prés y a ung rochier là où sont les estuves continuellement chauldes, sans que homme ny femme y fasse ne feu ne flambe : lesdits bains sont si tres naturels, que autrefois les Romains y soûloient venir eulx baigner et estuver, pour la santé de leur personnes. Car ils guerissent de plusieurs grandes maládies, et y avoit autre fois en escript les maladies de quoy ils guerissoient; mais les medecins de Salerne vindrent rompre les escritures, qui estoient pour notifier les maladies de quoy ils guerissoient, et ce feirent à cause que desdits bains ils pardoient leur prattiques de medecine.

Auprés dudit port y a une ville nommée Pusol (1), là où il y a une montaigne vis à vis, qui s'appelle la Souffriere (2), là où se fait le souffre.

Le dimanche ensuivant premier jour de novembre, feste de Tous-saints, se leverent toutes les gallées, et s'en allerent devant Naples, chargées de grans fagos, pour faire les repaires devant le Chasteauneuf de Naples; et en passant devant ladite ville de Pusol, chargerent grant force pierres et bombardes grosses et menuës, et le tout portasmes à Naples, et les deschargeasmes de nuyt, à cause de l'artillerie qui tiroit du chasteau sans cesser. Le seigneur de L'Esparre estoit dedans la gallée du prince, là où estoit missire Guillaume de Villeneufve continuellement.

Le lundi ensuivant allasmes avecques la gallée dudit prince, et les deux gallées de missire Saragousse, à l'isle de Iscle, et remenasmès les naux avec nous et barches qui là estoient, pourceque les ennemis doubtoient que l'armée des François ne les allasse prendre ou brusler, et les remocasmes avecques les gallées jusques au port de Castelamer, là où trouvasmes l'ar-

---

(1) *Pusol* : Pouzzol. — (2) *La Souffriere* : la Solfatara.

mée des Venissiens jusques au nombre de vingt gallées,
et le sieur Villemarin, cappitaine general pour le roy
d'Espaigne des gallées, accompaigné de trois gallées;
et missire Francisque de Pau, accompaigné de deux
gallées, naux, barches, gallions, jusques au nombre
de quarante, et deux escorpions; mais il est bien vray
que lesdites naux estoient mal garnies de gens et de
vivres.

Le mardy ensuivant ce, l'armée des Venissiens et le
cappitaine Villemarin, accompaigné de vingt-cinq
gallées, allerent au port de Baye, pource que l'on disoit que l'armée de France qui estoit au port de Salerne s'estoit levée, et avoit fait voille pour aller avitailler le Chasteauneuf et chasteau de Lonc, et aussi
qu'ils se doubtoient qu'ils n'allassent au port de
Gaiette, laquelle chose ils feirent.

Et le mercredi ensuivant, feste de monsieur Saint
Martin, arriverent deux grosses naux genoisses devant
le port de Baye, et là surgirent et getterent leur ancres
en mer sans entrer dedans ledit port, ne sans saluer
l'armée; dont le general des Venissiens et le cappitaine
Villemarin, et tous les autres patrons, en furent fort
esbahis, car ils ne savoient se c'estoit pour eulx ou
contre eulx, attendu qu'ils n'avoient point salué l'armée, ne getté leur batteau dehors de leur naux, à la
coustume de la mer; et grant joye en eut le sieur de
L'Esparre et ledit de Villeneufve, et les autres François qui estoient prisonniers dedans lesdites gallées,
cuidant que ce fut le secours de France, car assez
suffisoit des deux naux pour recouvrer la ville de Naples pour l'eure; car les deux naux estoient belles et
grandes, portant l'une trois milles bottes, et l'autre

deux milles et cinq cens bottes, et s'appelle l'une la nave Gallienne, et l'autre nave l'Espinole.

Or vint lendemain à matin que se leva la gallée du prince, et allasmes voir lesdits naux; et tout le long cria le commite de ladite gallée par deux fois *qui vive, qui vive?* et ceulx des naux repondirent : *Saint George!* et *Frerre, Frerre!* et tous ensemble commancerent à crier de rechief : *Frerre!* et tirerent grans coups de canons, et trompette de sonner, et arborerent grant quantité de bannieres et estendars d'ung cousté et d'autre, qui fut ung horrible dueil pour les Françoys.

Là descendit le patron de la gallée du prince, nommé Mathieu Corse, et ung gentilhomme nommé missire Francisque Corve, et allerent tous deux dedans ladite nave pour sçavoir des nouvelles : et de là escripvirent au prince qui estoit à Naples fort esbahis, et la ville bien esmeuë, cuidant que ces deux naves venissent pour le secours de France; car le chasteau de Lonc en avoit fait grant feu de joye, cuidant qu'ainsy fut.

Tout incontinant que le general des Venissiens sceut les nouvelles, il vint devers les naves avecques toutes ses gallées, et renvoyerent lesdites naves surgir auprés du chasteau de Lonc, dont les François qui dedans le chasteau estoient en furent bien esbahis, quant ils veirent qu'ils estoient du party contraire; et aussi fut le Chasteauneuf.

Le lundi 6 du mois de novembre, vint monseigneur le prince en la gallée qui estoit à Marguillon derriere le chasteau de Lonc, et là disna. Et aprés disner, à la requeste de monseigneur de L'Esparre, qui dedans la gallée estoit, feist appeller missire Guillaume de Villeneufve, et l'envoya querir en soubte dedans l'esquandalar par le patron Mathieu Corse, et par son maistre d'oustel missire Vincent, et le feist mener devant le prince; et là ledit de Villeneufve fit la reverence au prince, qui encore ne l'avoit voulu avoir.

Mais bien debvez scavoir que en ladite reverence fut assez pitteuse, car ledit de Villeneufve avoit grant barbe grise, et le visaige bien negre et fort defait, et bien pourrement vestu, et assez triste de sa personne, comme celluy qui avoit esté quatre moys en gallée prisonnier par force, et tres mal nourry ; car la pluspart du temps ne mangeoit que biscuit, et la moitié de ses gens enchesnez et enfibrez, sans que ledit prince le voulsist veoir ne parler à luy durant ce temps, ne souffrir qu'il descendist en terre; fors ung jour qu'il le feist descendre à Tarente, à la requeste de George de Silly, gouverneur de ladite ville, lequel promist sur sa foy rendre ledit de Villeneufve landemain, laquelle chose il feit tout incontinent que la gallée vint le requerir.

Mais bien debvez scavoir que à la descenduë que ledit de Villeneufve feist à la ville de Tarente, fut moult bien recueilli du gouverneur et de tous les gentils hommes qui avec luy estoient, pour l'onneur du roy de France, de Secile et de Jerusalem; et aussy pour la pourreté en quoy ils vindrent, tant de vestemens que de la personne. Car il y avoit plus de dix huit jours qu'il n'avoit mangé pain, ne beu que de l'eau de la pluye; car biscuit et eaux leur estoient faillis, et ne povoient prandre eaux fresche à plus de dix milles de Tarente, pour la forte guerre que leur faisoit le gouverneur de ladite ville.

Pareillement fut bien recueilli ledit de Villeneufve par les Tarentins, pour l'onneur du Roy; car moult fideles et bons Françoys estoient, et bien le montrerent quant le prince mettoit gens en terre, car ils estoient tousjours les premiers armez pour les combattre.

La cité de Tarente est une tres belle ville et grande, et y a tres fort chasteau, et encore seroit plus fort se il estoit parachevé du quartier de la ville; et est ladite ville et chasteau toute environnée de mer, et ne se peut assieger ladite ville sans trois grans puissances de gens pour y mettre trois sieges, l'ung du quartier de la ville des Cortailles, et l'autre en l'isle de l'autre quartier vis-à-vis de ladite ville sus le chemin de la ville de Massafre, et l'autre par mer; et l'un des sieges ne peut secourir l'autre.

Et si fauldroit pour tout le moins que à chacun siege y eust sept ou huit milles combatans, car ils saillioient des habitans de ladite ville cinq ou six milles hommes, à cinq coups pour une saillie. Ledit chasteau estoit tres bien pourvû de blez, de vin, de mil, de chair, de poudres, et de toutes choses necessaires pour la provision d'une telle place, et principalement des gens de bien qui estoient avec ledit gouverneur, qui moult bien les sçavoit traitter et conduire.

Quant vint lendemain que la gallée vint quérir ledit de Villeneufve, sachez pour tout vray que piteux fut le congié que ledit gouverneur et gentils hommes, et les gens de bien de ladite ville, prindrent dudit de Villeneufve, à l'entrée qu'il feist dedans la gallée de la pitié qu'ils avoient; car il n'y avoit homme, tant du chasteau que des gens de bien de la ville, qu'ils ne luy départissent de leur biens pour vivre dedans ladite gallée; et bien besoing en avoit, pourceque en ladite gallée n'avoit mangé plus de huit jours avecques herbes et olives verdes, et estoient bien mal fournis d'eaue, comme vous ay dit par cy-devant. Et à tant s'en alla en la gallée, et les Tarentins tous ensemble se prindrent à crier *France, France!* comme bons et loyaux Françoys qu'ils estoient.

Cedit jour que le prince envoya querir ledit de Villeneufve en la gallée, present le seigneur de Lesparre et le cappitaine Villemarin, capitaine general de toutes les gallées du roy d'Espaigne, ledit prince dit audit de Villeneufve qu'il estoit fort esbahis de quoy il ne luy avoit voulu rendre et bailler le chasteau de Trane entre ses mains, attendu que par plusieurs fois l'en avoit fait requerir, et principalement par son maistre d'oustel missire Vincent, et aussy que luy mesme y estoit venu une autre fois en personne; et qu'il luy voulsist mieux avoir fait comme les autres cappitaines, qui leur avoient rendu leurs places par composition, leurs personnes, et leurs gens, et leurs bagues sauves; et qu'il les envoyroit tous en seureté jusques au port de Marseilles ou d'Aiguemortes.

Ledit de Villeneufve repondit au prince qu'il ne luy voulsist déplaire, car il n'eust pas fait son debvoir de luy rendre une telle place sans le commandement du Roy son souverain seigneur, de qui il l'avoit en garde; et qu'il eut mieux aimé y mourir, que de lui avoir fait cette grande faulte et lascheté.

Et alors lui respondit ledit prince qu'il avoit entendu que ledit de Villeneufve l'avoit voulu bailler entre les mains des Venissiens, et qu'il en estoit bien esbahis. Ledit de Villeneufve lui respondit, sauvant son honneur, que jamais ne l'avoit pensé ne voulu faire; et que s'il eust voulu bailler entre les mains des Venissiens ladite place, qu'ils lui eussent donné tres volontier dix milles ducas; de laquelle chose il n'avoit garde, car il le monstra bien à la parfin.

Et lors ledit de Villeneufve dit au prince, presens les dessus nommés, le seigneur de L'Esparre et le cappitaine Villemarin, et plusieurs autres gens de bien, que s'il y avoit Venissiens, ou autre homme, de quelque langue qui fut, qui voulsist dire ne maintenir qu'il eust voulu bailler ne rendre ladite place à homme du monde, que faulsement et mauvaisement ils avoient manti, sauvant l'onneur du prince; et que, avecques son bon congié et licence, il estoit prest et appareillé de le combattre l'espée au poing dedans ladite poupe de la gallée, et de l'en faire dedire par sa gorge que faulsement et mauvaisement l'avoit dit. Et sus cela ledit de Villeneufve en jetta son gage de bataille ou milieu de la poupe de la gallée, present ledit prince, le seigneur de L'Esparre, le cappitaine Villemarin et le cappitaine Francisque de Pau, et plusieurs autres gens de bien qui presens estoient.

Alors le seigneur Villemarin et le cappitaine Francisque de Pau dirent au prince que autresfois ils avoient veu et cogneu ledit de Villeneufve aux guerres de Castalongne, là où tousjours avoit esté renommé homme de bien; et attendu qu'il faisoit l'offre de vouloir prouver de sa personne, que ledit prince se devoit tenir pour excusé et pour content. Laquelle chose il feist, oyant les chouses dessusdites, et que nullui ne disoit aleucontre, nonobstant que les Venissiens fussent presens; et à tant le prince s'en retourna à la ville, et le seigneur de L'Esparre et ledit de Villeneufve demourerent en la gallée.

Ung peu de temps aprés, fut mené le seigneur de L'Esparre et ledit messire Guillaume dedans la ville de Naples prisonniers par le cappitaine Montanegre, cappitaine de la guerre, et par le maistre de la monnoye, nommé messire Charles; et furent mis dedans la maison du dit Montanegre jusques à temps que le Chasteauneuf fut prins.

Ung peu aprés que le Chasteauneuf fut prins, fusmes menez audit Chasteauneuf, et fut environ à la fin de decembre; et là fusmes en prison en la grosse tour du portal, jusques à la delivrance de nos personnes.

Le deusiesme jour du moys de decembre, fut envoyé querir le seigneur de L'Esparre de par le roy Ferrant, qui estoit à la ville de Cerne en son champ. Cela amassoit gens de tous coustez, et disoit l'on la cause pourquoy il avoit envoyé querir le seigneur de L'Esparre : c'estoit pour faire le change du fils du conté Chamberin et de lui, qui pareillement estoit prisonnier au champ de monseigneur de Monpansier, qui estoit au quartier de Salerne assez prés les ungs des autres.

Le huitiesme jour dudit moys de decembre ensuivant, se rendist le Chasteauneuf de la ville de Naples au roy Ferrant; et entra le prince de Haultemore dedans ledit chasteau pour ledit roy Ferrant, et feist lever les armes et banieres dudit Roy sus les grosses tours; et moyennant la rendition dudit chasteau, furent rendus les ostaiges que avoit baillé monseigneur de Monpensier : c'est à sçavoir le seigneur d'Alegre, le seigneur de La Marche, le seigneur de Jehanly, le seigneur de La Chapelle, et le seigneur de Roquebertin. De ladite place tous ceulx qui estoient dedans se retirerent à sauveté dedans les navires qui les debvoient porter en France, eulx, leurs bagues et leurs harnoys, et toute l'artillerie qui estoit au roy de France, de Secile et de Jerusalem, et furent envoyez en France, et aussi les oustaiges, comme avoit esté dit par l'appointement. Mais, nonobstant ledit appointement, ils furent détenus sur la mer, tant au port de Naples que au port de Baye, l'espace de six sepmaines, qui moult leur ennuya.

Mais, comme l'on disoit, les ennemis les detenoient en cautelle, de peur qu'ils ne s'en previssent et ralliassent avecques l'armée qui venoit de France; car ils estoient une tres belle compagnie et grand, tant avecques monseigneur d'Alegre que avecques messire Gabriel de Monfaulcon, qui pareillement s'en alloit par composition, et croys qu'ils estoient de nombre de cinq cens hommes. Et estant le roy Ferrant en Calabre avant que la ville de Naples fut renduë, monseigneur d'Aubigny, connestable dudit reaume, le prince Besillanne, le seigneur d'Alegre, grant senechal du reaume, chevaucherent tant par leur journées, qu'ils rencontrerent ledit Roy auprés d'une ville nommée Semenare; lequel Roy estoit bien accompagné tant d'hommes d'armes que de gens de pié, et d'un grand nombre de genitaires (1) que le roy d'Espaigne lui avoit envoyé.

Mais nonobstant que ledit Roy fut fort grandement accompaigné, comme dessus ay dit, les François ne

(1) *Genitaires*: cavaliers ainsi appelés, du nom des piques dont ils étoient armés.

delaisserent point que vaillament et hardiment ne donnassent dedans comme bons et hardis hommes de biens, conduits par les trois chevaliers que dessus vous ay nommé.

Et par telle façon fut le joindre des ungs avecques les autres, que les François tuerent et preindrent largement des ennemis, et tout le demourant fut rompu, et se misdrent en fuitte.

Le roy Ferrant, comme bon chevalier et hardi de sa personne, se monstra vertueux par telle façon, cuidant rallier ses gens; par plusieurs fois tourna le visaige vers les ennemys, et par tant de fois qu'il fut getté par terre, et perdit son cheval : et n'eust esté un sien soudart (1) qui le remonta sur une jument qu'il chevauchoit, ledit roy Ferrant eut esté en grant dangier de sa personne, et dessus ladite jument se retira et sauva le Roy.

Ung peu de temps aprés le seigneur de Pressy, grant senechal du reaume, et le prince de Besillanne ouyrent des nouvelles que le Pape envoyoit le fils du conte Chamberin et quatre autres contes au secóur du roy Ferrant, accompaignez de trois cens hommes d'armes ou plus, et de bien six milles enfans de pié : en somme, ils estoient plus la moitié que les François. Mais nonobstant le grand nombre, ledit seigneur de Pressy et le prince de Besillanne, comme bons et hardis chevaliers, sans regarder le dangier de leurs personnes, donnerent dedans bien et hardiement, et rompirent la premiere escadre que menoit le conte Chamberin, et par telle façon qu'il y eust largement de mors et de prins, et le demourant mis en fuite et en roture jusques à la ville

---

(1) *Un sien soudart :* Jean d'Attavita, frère du duc de Termini.

de Yole; laquelle ville voyant ladite roture, se retourna pour les François. Entre les autres y fut prins le fils du conte Chamberin, et plusieurs autres, et mené prisonniers en la ville de Salerne par les Françoys. En somme et en conclusion, le champ et la victoire demoura aux Françoys, et la louange à Dieu. Ledit fils du conte Chamberin fut mis à treize milles ducas de ranson, et depuis fut eschangé pour le seigneur de L'Esparre, qui estoit prisonnier entre les mains du roy Ferrant.

Le samedy ensuivant, sixiesme jour du moys de janvier, le seigneur de L'Esparre et ledit de Villeneufve estoient prisonniers en la grosse tour du chasteauneuf de Naples, leur fut dit les nouvelles du secour des François, qui estoient arrivez à Gayette : et à toute diligence le prince de Haultemore y alla, et Prospre Coulonne avecques lui par terre, et y feirent aller la pluspart des naux et des gallées; mais trop tart y arriverent les ungs et les autres, car ja estoit entré ladite armée de France dedans le port de Gayette. Nonobstant lesdits François ne sceurent tant faire qu'ils ne perdissent une de leur barches chargée de vivres, qui s'appelloit la Magdelaine, laquelle fut prinse des ennemys.

Le vingt-sixiesme jour du moys de janvier, fut delivré le seigneur de L'Esparre hors de la prison du chasteauneuf de Naples; et fut fait par le change de luy et du fils du conte Chamberin, que les François tenoient prisonniers, et estoit ledit fils Chamberin mis à ranson à treize milles ducas.

Le 26 du moys de fevrier, partist le roy Ferrant de la ville de Naples, et s'en alla à une ville nommée la

Tripande (1), là où son champ seroit remué, pour s'en aller à l'Apoüeille après l'armée des Françoys, qui y alloit pour lever les deniers de l'Apoüeille des brebys, qui montoit la somme de quatre vingt à cent mille ducas.

Le 27 du moys de fevrier, fut rendu le chasteau de Lone au roy Ferrant, que pour lors tenoit Claude de Robodenges pour le roy de France, de Secile et de Jerusalem, pource que le terme estoit venu qu'il le devoit rendre par l'appointement fait entre le prince de Haultemore et lui; et en ce faisant ledit prince lui faisoit bailler tous les jours des vivres, car il n'en avoit point, comme l'on disoit; et en baillant ledit chasteau, fut rendu Jehan de La Vernade, qui estoit baillé pour ostaige; et cedit jour se retirerent dedans la barches qui les debvoit porter en France, eulx et leurs compaignons, leurs bagues sauves, ainsi qu'ayoit esté dit par leur appointement; et entra dedans ledit chasteau, pour le roy Ferrant, le conte Mathelon, comme cappitaine et chastelain, accompaigné de trois à quatre cens hommes, et leverent les banieres du roy Ferrant sus à grant joie et à grand allegrie, à la coustume du pays: car c'estoit une des chouses que plus ils desiroient de recouvrer ledit chasteau de Lone après qu'ils eurent le Chasteauneuf.

Le roy Ferrant n'estoit point à la ville de Naples pour le jour, ne aussi le pince de Haultemore; car ledit Roy estoit à son champ, et le prince estoit au cartier de Gayette, là où il avoit assemblé des gens le plus qu'il avoit peu; et pareillement aussi feist Prospre Coulonne, à cause du secour qui estoit arrivé.

(1) *La Tripande*: Attripalda.

Lendemain, qui fut le dix-huitiesme[1] jour de fevrier, arriva le roy Ferrant à la ville de Naples, et rencontra auprés de ladite ville la seigneure infante d'Arragon, fille de la royne Jehanne d'Arragon, relaissée du roy Ferrant, qui venoit de la chasse; et s'en vindrent tous deux ensemble. Et quant le Roy fut arrivé, au nombre de deux ou trois milles hommes qui s'en alloient droit au moule, deliberez de vouloir aller prendre la nef là où estoient les François qui estoient saillis du chasteau de Lone, et mettre à mort et en piece tous lesdits François qui estoient dedans la dite nef. La raison pourquoi cedit peuple vouloit faire cette execution, pource que nouvelles estoient venuës à Naples que le conte de Montoire, qui avec les Françoys estoit, avoit fait pendre par la gorge quatre ou cinq Napolitains; et à cette cause la commune vouloit faire cette vengence sur lesdits Françoys: mais, comme Dieu voulut, l'armée du roy Ferrant, lui estant devant ledit chasteau, voyant cette tumulte et assemblée de gens, à toute diligence alla devant eulx; et lui, informé de l'execution qu'ils vouloient faire, leur remontra que c'estoit à son deshonneur et folle attenduë que lesdits Françoys estoient saillis hors du chasteau sous son sauf conduit et seureté, et feist tant que ledit peuple se retira.

Lendemain, certain nombre des habitans de ladite ville veindrent faire requeste audit roy Ferrant qu'il lui pleust faire trancher la teste et mettre en quatre quartiers à cinq hommes qu'il tenoit prisonniers au Chasteauneuf pour vengence. Les trois estoient fils legitimes du conte de Montoire, et le quart son fils bastart, et le cinquiesme son frere bastard, ausquels le

---

[1] *Le dix-huitiesme*: lisez *le vingt-huitième*.

roy Ferrant répondit qu'il y aviseroit; et lendemain leur accorda et octroya le fils et frere bastars leur seroient baillé et delivré pour en faire leurs voulontez; et cedit jour s'en alla le roy Ferrant en son champ.

La royne Jehanne d'Arragon, relaissée du roy Ferrant dernier mort, tante du roy Ferrant qui pour l'eure vivoit, elle esmuë de pitié et de misericorde, aprés que ledit roy Ferrant fut parti pardonna aux prisonniers dessus nommez que on vouloit faire mourir, et feist tant de ces belles paroles et remonstrations envers ledit peuple, qu'ils en furent contens pour l'onneur d'elle.

Le 25 du moys de febvrier, partist la nef de Claude Robodenges du molle de Naples, lui et tous ses gens dedans, et Jehan de La Vernade, qui avoit esté baillé pour ostaige; et furent menez en Prouvence, ainsi que avoit esté dit par leur appointement.

En celluy temps avoit ordinairement le roy Ferrant vingt gallées venissiennes à son secours et à ses gaiges, et pource qu'ils y avoient esté longuement à leurs dépens, qui n'est pas petite chose; car lesdits Venissiens ont de coustume d'avoir cinq cens ducas pour moys pour chacune gallée, qui seroit en somme dix milles ducas tous les mois pour les vingt gallées, et en oultre avoient quatre cens estradiots grecs par livres.

Et à cette cause que ledit roy Ferrant avoit plusieurs autres gallées et naux, tant d'Espaigne que de Biscaye et de Gennes, qui lui montoit une autre terrible somme et grand despense, lesdits Venissiens, qui rien ne veulent perdre, car ils ne l'ont pas de coustume, voulurent estre assignez de leur payement, tant du temps passé que du temps à venir, ou autrement s'en fussent allez; et pourtant, comme l'on disoit, le roy Ferrant leur bailla et consigna entre leurs mains trois villes de l'Apoüeille, toutes trois sur la marine, c'est à sçavoir la ville de Trane, la ville de Brindes, et la ville de Tarente et les chasteaux; et furent baillées lesdites villes en gaiges aux Venissiens jusques à fin de paye.

Le premier jour du moys de mars, arriva le roy Ferrant au chasteauneuf de Naples, qui estoit vers Salerne, là où estoit l'armée des François; et ce soir coucha avecques la seigneure infante d'Arragon, fille du roy Ferrant dernier mort, publiquement comme sa femme espousée; car la dispense estoit venuë de Rome de nostre saint pere le Pape, pourcequ'elle estoit son ante-fille du roy Ferrant, lequel a espousé ladite infante d'Arragon. Et ne fut fait nulles nopces ne nulle feste, à cause de la grant guerre qui estoit au reaume de Naples.

Le prince de Haultemore, don Federic d'Arragon, y arriva lendemain; et vint de son armée, qui tenoit au quartier de Gayette : et au bout de deux jours s'en retournerent chacun en son champ.

Le 7 du mois de mars, saillist hors de prison de la grosse tour du portail du chasteauneuf de Naples messire Jehan de Rabot, conseiller du roy de France, de Secile et de Jerusalem, et Gaspart de Giresme, homme d'armes soubs la charge du roy d'Evitot, et furent menez devers le roy Ferrant à la ville de Benevent. La façon comment ils furent delivrez par ranson ou par eschange, ou autrement, je ne vous sçauroye pas pour cette heure dire.

Ledit messire Jehan de Rabot et Gaspart de Giresme laisserent messire Guillaume de Villeneufve prisonnier dedans la grosse tour, seul avecques son prestre et ung sien serviteur; et avoit ja esté ledit de Villeneufve detenu huit moys prisonnier, c'est à sçavoir quatre moys en gallée, et quatre moys en terre : car bien debvez sçavoir que grand deuil et grand desplaisir lui fut de veoir en aller les dessus nommez, et demourer tout seul, et aussi que le seigneur de L'Esparre avoit esté delivré six sepmaines avant; lequel seigneur de L'Esparre et ledit de Villeneufve avoient esté tousjours prisonniers ensemble depuis qu'il fut mis en terre. Et lors ledit de Villeneufve cogneust bien qu'il estoit sans maistre, attendu que autre chouse n'y povoit faire, se tourna à Dieu et à Nostre Dame, lui suppliant qu'il leur pleust lui donner briefve delivrance et bonne patience.

Ung peu de temps aprés que ledit messire Jehan de Rabot fut delivré de prison, là où il estoit avec ledit de Villeneufve, l'on deslogea ledit de Villeneufve de la prison, et fut mené au plus haut de la tour dedans une vôte obscure et tenebreuse; et pour le tenir en plus grant detresse, et faire vivre en desplaisir, lui firent barrer et treillisser les fenestres de ladite prison de gros treillis de bois par dedans, nonobstant qu'elles fussent bien ferrées par dehors de gros treillis de fer; et en telle façon furent lesdites fenestres fermées, qu'on ne povoit appercevoir la veue, ne voir homme ne femme, fors que une More esclave, qui lui apportoit tous les jours sa pourre vie, et bien porrement; et le tout failloit qu'il prinst en patience, en attendant la misericorde de Dieu.

[1496] Le vendredi prouchain aprés le jour de Pasques, arriva le marquis de Mantoa au chasteauneuf de Naples, et là alla faire la reverence à la royne Jehanne d'Arragon, relaissée du roy Ferrant, et aussi à sa fille la seigneure Infante, que le roy Ferrant, fils du roy Alfonce, avoit nouvellement espousée, et ja s'appelloit royne. Lendemain s'en retourna ledit marquis à la ville de Capoa, là où il avoit laissé ses gens d'armes qu'il amenoit pour le secour du roy Ferrant, qui estoient en nombre de quatre cens armez, et cinq milles enfans de pié et cinq cens chevaulx legiers, comme l'on disoit.

De ladite ville de Capoa s'en départit ledit marquis avecques toute son armée, pour s'en aller devers le roy Ferrant, qui estoit au quartier de l'Apoüeille, à une ville qui s'appelle Benevent, laquelle ville appartient au Pape; et là alentour faisoit assembler toute son armée. C'est à sçavoir don Chesdre d'Arragon, qui estoit au quartier de Tarente avecques une bande de gens, et don Salvo, qui estoit au quartier de la Calabre avecques une autre bande de genitaires, lesquels tous ensemble se debvoient trouver autour de la ville de Fogez pour lever les deniers de la doüanne des brebys; qui montent cent milles ducas par an, car le plus fort le devoit emporter. Monsieur de Monpensier, le prince de Salerne, le prince de Besillanne, le seigneur de Pressy, grant senechal du reaume, monseigneur don Julien, duc du Mont Sainct-Angle, et plusieurs autres cappitaines, s'estoient assemblez autour de la ville de Saint Sever, là où estoit le seigneur Virgille pour le roy de France, de Secile et de Jerusalem. Tous ensemble se faisoient fors pour lever les deniers de ladite doüanne: je ne sçay encore comment il en ira.

Le onziesme jour du mois d'apvril, fut ramené missire Jehan de Rabot de ladite ville de Benevent en la grosse tour du chasteau de Naples, là où estoit missire Guillaume de Villeneufve; et avec lui fut ramené Gaspart de Giresme et Jehan de Brion, gouverneurs de la ville de Capoa pour monseigneur de Ligny, et messire Benard, chevalier, homme d'armes soubs la charge de monseigneur de Pressy, grand seneschal du reaume, pource qu'ils ne furent pas d'accort de l'eschange qu'ils vouloient faire avec ung escuier d'escurie du roy Ferrant, que on appelloit Lamouche, lequel estoit prisonnier entre les mains du conte de Salerne. Neanmoins le lendemain furent renvoyez querir les dessus nommez par le prince de Haultemore, et furent ramenez à la ville de Benevent; et crois que l'eschange sortit son effect. La façon, je ne la vous sçauroye dire.

Le dimanche 24 du moys d'apvril, arriva le prince de Haultemore en la ville de Naples, et venoit avecques le roy Ferrant, qui estoit en l'Apoüeille avec son armée; et disoit l'on que le prince venoit pour renforcer l'armée de mer pour aller à Gayette, tant pour essayer s'ils pourroient prendre ladite ville de Gayette, que pour la doute qu'ils avoient du secour de France, que on disoit qui venoit par mer; laquelle chose ils craignoient trés fort, et non sans cause.

Le 15 du moys de juing, fut amené prisonnier au chasteau de Naples le frere du prince de Besillanne, qui avoit esté nourry au reaume de France en la maison de tres-hault et puissant prince monseigneur le duc de Bourbon et d'Auvergne, et fut mis en la prison nommée la Princesse, et quatre ou cinq autres barons qui avoient esté prins avec lui en Calabre; dont grant feu et grans allegris en furent faits à la ville de Naples, car de peu de chouse se rejouissent, à la coustume du pays.

En cellui temps pareillement amenerent les ennemys devant le chasteau de Naples trente ou quarante compaignons de guerre, lesquels ils avoient prins d'assault en une petite ville méchante, avecques trois gentils-hommes qui les conduisoient; et crois qu'ils estoient de la bande du cappitaine Loys Dars. Et celui propre jour tous les pourres compaignons furent mis en gallée par force, nommée la gallée Francin Pastour; et les trois gentils hommes furent mis en prison en la fosse du Mil, trés mauvaise et piteuse. Le nom de ces trois gentils hommes, je ne les vous sauroye nommer pour cette heure.

A l'entrée du moys de juing s'en alla le cappitaine Villemarin devers le roy d'Espaigne, et emmena les trois gallées avecques lui, pour certaine chouse que ledit Roy avoit à besoigner à lui.

Le 15 du moys de juillet, vindrent les nouvelles à Naples que une fuste de Turcs avoit prins les deux gallées de Francisque de Pau au quartier de la Calabre, qui estoit chose fort à croire : non pourtant si fut-il vray, et fut ledit cappitaine Francisque de Pau mis à mort et haché en pieces, et fut trés grant dommaige, car il estoit gentil chevalier.

Le 26 du moys de juillet, feste de madame sainte Anne, furent apportez les chapitres à la ville de Naples, et attachez aux carrefours de ladite ville, du traitté et appointement fait entre le roy Ferrant et monsieur de Monpensier, archiduc de Cesse, conte dauphin d'Auvergne, viceroy, et lieutenant general pour le roy de France, de Secile et de Jerusalem, au reaume de Naples; lequel estoit assiegé à la ville de Latelle par ledit roy Ferrant, nonobstant qu'il fust accompaigné de plusieurs bons hommes d'armes et autre compaignie d'hommes de guerre, jusques au nombre de six à sept milles combatans, comme l'on disoit, tant Françoys que Italiens; et y estoit le seigneur Virgille en la compaignie.

S'ensuivent les chapitres et appointemens, c'est à sçavoir :

Que monseigneur de Monpensier bailleroit pour oustage le seigneur de Pressy, grant seneschal du reaume, et le bailly de Vitry, pour la partie des Françoys; et pour la partie des Italiens, le seigneur Paule Vitelle et le seigneur Paule Ursin; et pour la partie des Allemans, le cappitaine des Souyches Brochart; que en cas que le secours ne viendroit pour les Françoys si tres fort, qui feist remuer le roy Ferrant hors du champ dedans le 13 du moys d'aoust, que ledit seigneur de Monpensier rendroit la ville, et s'en iroit lui et toute sa compaignie au port de Castelamer; comme aussi le roy Ferrant le debvoit faire bailler navires à suffisance pour l'emmener lui et tous ses gens, chevaulx, bagues et harnois en bonne seureté au reaume de France, reservée l'artillerie, et les barons et autres gentils hommes du reaume qui s'en vouloient aller, ou demourer à la discretion du roy Ferrant. Et en ce faisant, ledit Roy estoit tenu de faire bailler vivres audit monseigneur de Monpensier et à tout son ost durant le temps qu'il estoit dit par l'appointement; c'est à sçavoir pain, vin, chair, huille, et toutes autres choses necessaires pour la vie des hommes et des chevaulx, car ils n'en avoient point ; et à de cela furent contraints de faire cest appointement, en attendant le secour. Bien est vray que monseigneur d'Aubigny, connestable dudit reaume, ne monseigneur le prince de Salerne, ne le prince de Besillanne, ne plusieurs autres barons qui hors de ladite ville estoient, n'estoient point compris en cest appointement, car ils n'estoient pour lors sur la puissance de monseigneur de Monpensier.

Mais bien debvoit ledit seigneur de Monpensier mander commissaires, et faire exprés commandement à toutes les villes, et par tout où il avoit puissance, qu'ils eussent à faire ouverture, et à eulx rendre au roy Ferrant, ainsi qu'il estoit contenu aux chapitres de l'appointement. Encore plus fort dit que en passant devant le chasteau d'Ostie auprés de Rome, qu'il eust à faire commandement au cappitaine qui dedans estoit, nommé Menault de Guerres, qu'il eust à rendre ladite place entre les mains de nostre saint pere le Pape, de laquelle chouse je croy que s'il le feist, qu'il eut mauvaise obeissance.

Le premier dimanche d'aoust, 7 dudit moys, fut missire Guillaume de Villeneufve, chevalier, mis hors de prison de la grosse tour du portal du chasteauneuf de Naples, là où il avoit esté ung an trois jours comprins quatre moys qu'il avoit esté aux gallées par force.

En cette sepmaine se rendit la ville de Saint Severin au roy Ferrant par composition, et le chasteau prins d'assault ; et tous les gens qui estoient dedans furent mis à mort et hachez en pieces.

En celte propre sepmaine print le roy Ferrant la

ville de Salerne en la mercy, pour que ledit Roy y mist le siege, et y feist grand batterie. Le chasteau de ladite ville tint bon pour le roy de France, pource qu'il estoit tres fort et bien avitaillé.

En celui temps partit monseigneur de Monpensier et le seigneur Virgille de la ville de L'Estolle (1), là où ils avoient esté assiegez par l'espace de long temps, et par faulte de vivres s'appointerent avecques le roy Ferrant; et par cest appointement faisant, ledit roy Ferrant les debvoit envoyer au reaume de France, eulx et leur compaignée, qui estoit en nombre de trois milles où environ, et de cheval deux milles, et les feist embarquer à Castelamer. Et depuis ledit embarquement fait, il feist mettre le seigneur Virgille en terre contre sa voulenté, et à force, et le detint prisonnier, nonobstant la seureté qu'il lui avoit donnée, et par telle façon qu'il mourut en ses prisons; et aussi feist mourir monseigneur de Monpensier, par le mauvais traittement et longueur de temps qu'il le detint sur la mer, et plusieurs autres gens de bien.

La feste de madame sainte Anne, 26 du moys de juillet, vindrent les nouvelles à Naples que la nave nommée la Marmande, et trois gallées, estoient arrivées dedans le port de Gayette, portant gens et vivres pour le secour de ladite ville; et nonobstant que le conte Raguerre fut devant le port de Gayette avec l'armée du roy Ferrant jusques au nombre de quinze naux et barches, et de dix à douze gallées, dont le peuple de la ville de Naples en fut terriblement desplaisant.

Le jeudy dix-huitiesme du mois d'aoust, entra un gallion de France dedans le port de Gayette pour le se-

(1) *L'Estolle :* Batella.

cour des Françoys, en despit de toute l'armée, qui devant estoit; dont en fut grant bruit et grant murmure en la ville de Naples. Le jour devant, y estoit allé cinq gentilshommes du roy Ferrant avecques ung autre de monseigneur de Monpensier, pour sçavoir s'ils se vouldroient point rendre; dont ils furent tres mal obeys, et encore pirement recueillis; car les François qui estoient dedans Gayette estoient grant quantité de gens; et bien avitaillez de nouveaux, et pleins de bonne voulenté de bien servir le Roy; et y estoit pour chef le capitaine Aubert Roussel, et le capitaine Champie, capitaine du chasteau.

Le vingt-huitiesme jour du moys de septembre, jour de monsieur Saint Michel, partist ung gallion du port de Pusol, qui estoit à don Federic d'Arragon, pour porter les gens d'armes de monsieur de Ligny qui estoit à Venise, pour eulx en aller au reaume de France, qui estoient sous la charge du gouverneur Ragusse.

Cedit jour, s'embarqua dedans ledit gallion messire Guillaume de Villeneufve, chevalier, conseiller, maistre d'oustel du Roy nostre sire; et cedit jour allerent à ung chasteau nommé Prochite (1), là où il y a sept milles de Baye; de Brochite passasmes l'isle de Ponce, où il y a quarante milles; de Ponce entrasmes en la plage Roucaine, où il y a du mont Celselle (2) jusques au mont Argentel (3) cent cinquante milles; et est le mont Argentel en la terre des Senoys; et du mont passasmes entre l'isle de Gourgolle (4) et Ca-

---

(1) *Prochite* : Procida. — (2) *Celselle* : Cercelle. — (3) *Mont Argentel* : monte Argentaro. — (4) *L'isle de Gourgolle* : l'île de la Gorgonne.

porse (1), qui est aux Genevois. Ladite montaigne est inhabitée, à cause de la grande quantité de ras qui ordinairement sont en ladite montaigne. De Gourgolle tirasmes la vie de Prouvence, et passasmes devant la montaigne de Sarrezane et de Petresante; et de là passasmes à Vintemille, et de là allasmes prendre le port à Monegue (2), là où ledit gallion cuida perir, et tous ceulx qui estoient dedans, du grand fortunal du temps qui courut : mais Nostre Seigneur et Nostre Dame de la Garde de Marseilles, à laquelle fut voué ung pellerin, sauva et garda toute la compaignie.

Ledit port de Monegue est beau, et est une tres forte ville et chasteau, et de grant regart: mais, pour l'onneur du Roy, le seigneur dudit Monegue nous recueillit, et nous donna vivres et toutes autres choses necessaires, ayant esgart à la pitié qui estoit en nous; et de là partist ledit de Villeneufve à pié, et s'en alla à Villefranche, et de là à Nysse, et de là à Marseille, là où il trouva monseigneur le marquis de Rothelin, gouverneur dudit pays de Prouvance, lequel pour l'onneur du Roy, et pour la grand pitié de pourreté en quoy il veist ledit de Villeneufve, lui presenta beaucoup de bien : mais il ne voulut rien prendre fors sa vie, pour l'amour de Dieu, ainsi qu'il est voué de faire estant en sa prison, jusques à tant qu'il eust trouvé le Roy son souverain seigneur et maistre; et de là s'en alla ledit de Villeneufve à la Sainte Baulme en achevant ses veux et pellerinages; et de la Sainte Baulme passa par Beauquere en sa maison, et n'y arresta point, et incontinent s'en alla sans se-

---

(1) *Caporse*: l'île de Corse. — (2) *Monegue*: Monaco.

journer à Lyon sur le Rosne, où il trouva le Roy son souverain seigneur toujours à pié, demandant sa vie pour l'amour de Dieu, et en l'estat qu'il saillist hors de sa prison, tout ainsi comme son veu portoit.

Et tant alla par ses journées, qu'il arriva en la cité et ville de Lyon; et illecques trouva le Roy son souverain seigneur, qui promptement fut assanneté de sa venuë, lequel le feist mener en son logis en la salle à paťer, là où il soupoit, accompaigné de grande quantité de seigneurs et autres gentils hommes. Mais quand il veist ledit de Villeneufve ainsi defait de sa personne, et piteusement vestu, avec un carcan de fer au col cinq livres pesant, comme bon prince esmeu de pitié, plain de douleur, et comme bon et vray pere de famille doit faire à son bon serviteur, recueillit ledit de Villeneufve tres benignement, monstrant estre tres joyeux de sa délivrance : et qu'il soit ainsi le monstra par effet, car dés landemain lui envoya ledit seigneur tous ses habillemens qu'il avoit vestu, jusques à sa chemise. Et en oultre luy feist ledit seigneur plusieurs autres grans biens et dons inextimables à lui et aux siens, pour monstrer exemple aux autres ses bons serviteurs; et dés lendemain le feist son maistre d'ostel de sa bouche, pour donner à connoistre audit de Villeneufve la grand amour et bonne confiance qu'il avoit en lui, et qui ne fut pas petit de chose d'estre si prés de la personne du Roy tres chrestien, et sans per, et si tres vertueux, et victorieux de tous ses ennemys, craint et redoubté de tous ses subjets, bien servi et leaument aimé, Charles VIII de ce nom, mon tres redoubté et souverain seigneur, à qui Dieu par sa grace veuille donner bonne vie et longue, et à la louange et exaltation de son tres hault nom, et finallement salut à son ame au reaume de paradis, auprés du grand roy des roys.

Cy finist le viatique de l'aller et conqueste du reaume de Naples par le roy tres chrestien, roy de France, de Secile et de Jerusalem, Charles VIII de ce nom, et plusieurs aûtres choses qui s'en sont ensuivies aprés son département, comme avez peu veoir par ledit livre fait et composé par Guilleaume de Villeneufve, chevalier, conseiller et maistre d'ostel ordinaire dudit seigneur, l'an de grace 1497, 8 du mois de novembre.

FIN DES MÉMOIRES DE GUILLAUME DE VILLENEUVE.

LE PANEGYRIC

DU CHEVALIER SANS REPROCHE,

ou

MEMOIRES DE LA TREMOILLE,

Par JEAN BOUCHET, procureur de Poictiers.

NOTICE
SUR JEAN BOUCHET.

Jean Bouchet naquit à Poitiers en 1476. Quoique passionné pour les lettres, il prit dans sa ville natale l'état de procureur, qu'avoit exercé son père. Il paroît qu'il s'attacha très-jeune à Louis de La Trémouille, dont la famille résidoit à Thouars, l'une de ses principales propriétés. Chargé des affaires de cette famille, il contribuoit aussi à ses plaisirs. Son talent pour la poésie, fort admiré dans le temps, son esprit aimable et enjoué, le firent goûter par Gabrielle de Bourbon, épouse de La Trémouille, femme aussi sage que belle, et qui cultivoit elle-même la littérature. Admis dans la société intime de ce château, il y rappeloit souvent le souvenir des anciens troubadours, en chantant des ballades et en récitant des poëmes allégoriques, dont les allusions étoient toujours flatteuses pour les dames. Ses qualités solides l'avoient fait considérer non-seulement comme un convive agréable, mais comme un ami de la maison; titre que les grands n'accordoient alors que rarement à leurs inférieurs.

La confiance qu'il inspiroit au seigneur de La Trémouille et à son épouse lui fit confier l'éducation du prince de Talmont, leur fils unique. Ce jeune homme partagea les sentimens de ses parens pour Bouchet; et lorsqu'il eut passé l'âge des études, il devint son protecteur, et l'admirateur ardent de ses ouvrages. Il l'auroit comblé de bienfaits, si, à peine âgé de trente ans, il n'eût pas trouvé la mort dans les combats.

Bouchet, désespéré de cette perte, essaya, mais en vain,

de consoler la malheureuse mère. Leur première entrevue fut des plus touchantes : « Ah! Jean Bouchet, lui dit-elle, « que dites-vous de mon malheur, et de l'irréparable perte « de notre famille? Ne m'aiderez-vous pas à soutenir le « faix de ma douleur, vous qui participez en la perte? « Oublierez-vous l'espoir que vous aviez en l'amour de mon « fils, et le loyer du service par vous à lui faict? Qui pré- « sentera vos petits œuvres devant les yeux des princes pour « en avoir guerdon? qui recevra et mettra en valeur vos « petites compositions? » Bouchet célébra la mémoire de son jeune bienfaiteur dans un ouvrage intitulé *Temple de la bonne renommée*.

Le seigneur de La Trémouille remplit généreusement les intentions de son fils, et bientôt Bouchet put se livrer entièrement à son goût pour les lettres. Il publia plusieurs ouvrages en vers et en prose, qui eurent beaucoup de succès. Ses productions historiques, où les mœurs sont peintes avec une grande fidélité, seront toujours intéressantes; ses poésies, trop négligées et remplies de longues allégories, ne lui ont pas survécu. Dans ses ouvrages sérieux, il s'éleva contre les deux principales opérations politiques du règne de François I, le concordat et la vénalité des charges. Cette hardiesse lui procura beaucoup de lecteurs, mais le priva des bienfaits du prince.

Il approchoit de cinquante ans lorsqu'il perdit le seigneur de La Trémouille. Il ne songea plus qu'à élever un monument à la gloire de son bienfaiteur; et nous devons à sa reconnoissance les Mémoires que nous publions. Le titre de panégyrique, qu'il leur donne, ne doit point faire présumer que son ouvrage ne soit qu'une déclamation adulatrice. Bouchet, en faisant ressortir les grandes actions de son héros, ne les exagère pas; il les présente dans leur simplicité, et elles ne produisent que plus d'effet.

Il avoit à peindre un chevalier qui, rétabli dans ses biens par les remords tardifs de Louis XI, honoré de la confiance de Charles VIII, de Louis XII et de François I, ayant partagé les lauriers de ces trois monarques dans les champs de Fornoue, d'Agnadel et de Marignan, trouva la mort à Pavie, au moment où le Roi, moins heureux, perdoit sa liberté, et qui, après avoir fourni une longue carrière, mérita le nom de *sans reproche*, parce que, dans des temps de troubles, il sut la remplir d'actions brillantes et d'éminens services, sans enfreindre jamais aucun de ses devoirs.

Bouchet, suppléant aux talens qui lui manquent par la connoissance parfaite qu'il a de son héros, ne se montre pas au-dessous d'un tel sujet. Il retrace avec rapidité les faits d'armes et les travaux politiques de La Trémouille, le fait souvent parler d'une manière convenable, et caractérise très-bien sa valeur et sa prudence, soit dans les combats, soit dans les négociations; mais c'est surtout lorsqu'il peint des scènes domestiques, qu'en excitant l'intérêt le plus vif il parvient à satisfaire en même temps et le savant qui étudie les mœurs, et l'homme du monde qui ne cherche que des anecdotes curieuses.

La Trémouille, à peine sorti de l'enfance, contracte une liaison intime avec un gentilhomme un peu plus âgé que lui, et qui vient d'épouser une demoiselle de dix-huit ans. Il s'établit dans leur château, partage tous leurs plaisirs, et vit avec eux comme un frère. La jeune dame, fort sensible, ne peut voir avec indifférence un hôte aussi aimable. Ses sentimens sont bientôt partagés par La Trémouille; et comme tous les deux ont cet enthousiasme pour l'honneur et la vertu, heureux attribut de leur âge; comme ils chérissent celui que leur amour offense, ils frémissent de leur situation. L'époux, qu'ils ont rendu malgré eux témoin de leur trouble et de leurs remords, emploie, pour les ramener à la raison et au devoir, un moyen qui paroîtroit peut-être aujourd'hui fort singulier, mais qui, en même temps qu'il est conforme à l'esprit de l'ancienne chevalerie, prouve une grande connoissance du cœur humain. Après avoir obtenu, par la plus douce indulgence, la confidence entière de l'inclination de la jeune dame, il s'éloigne du château, et affranchit ainsi les deux amans de toute espèce de surveillance. Ce qu'il avoit prévu arrive : tant de confiance et de générosité exalte des cœurs neufs, et ouverts aux plus nobles impressions. Ils font le douloureux sacrifice de leur penchant; et, à son retour, il les trouve disposés à étouffer un sentiment dont l'absence fait bientôt disparoître toutes les traces. Ce petit tableau de l'intérieur d'un château du quinzième siècle réunit aux grâces naïves du langage la peinture la plus vraie des passions.

Si les détails sur le mariage de La Trémouille avec une princesse de la maison de Bourbon offrent un intérêt moins attachant, ils contribuent également à donner une idée du ton et des mœurs de cette époque. On suit avec plaisir le jeune chevalier en Auvergne, où, à l'aide d'un déguisement, il parvient à se faire connoître de l'épouse qui lui est destinée. On prévoit que leur union sera heureuse, par l'accord parfait qui règne entre leurs caractères; et lorsque cet espoir est réalisé, on aime à examiner les occupations de la jeune dame dans le château de Thouars, pendant que son époux commande les armées. Ses momens sont partagés entre la religion et l'étude; elle appelle auprès d'elle des hommes instruits, compose sous leurs yeux de petits écrits de piété et de morale, et se consacre entièrement à l'éducation d'un fils unique, objet chéri des plus belles espérances. Ici l'auteur fait d'excellentes observations sur le goût des femmes pour les lettres, et prouve très-bien qu'une occupation qui seroit déplacée dans celles qui appartiennent aux classes inférieures convient aux personnes du premier rang, quand, au lieu d'y chercher des jouissances de vanité, elles ne prétendent qu'à former leur jugement par les lumières qui ornent l'esprit.

Toutes les espèces de prospérités semblent assurer à la maison de La Trémouille les plus brillantes destinées, lorsqu'un événement terrible y répand le deuil. Le prince de

Talmont, ce fils unique qui devoit égaler la gloire de son père, reçoit soixante-deux blessures à la bataille de Marignan, et périt à la fleur de l'âge. Il faut voir, dans l'ouvrage de Bouchet, les ménagemens pleins de sensibilité et de délicatesse qu'emploie François I pour annoncer cette perte à La Trémouille, qui la supporte avec courage. Il faut y voir les précautions religieuses par lesquelles l'évêque de Poitiers prépare une mère à un coup qui doit lui donner la mort. La correspondance des deux infortunés époux, après cet événement aussi affreux qu'inattendu, respire la tendresse, la douleur, et peut passer pour un modèle de résignation chrétienne. La Trémouille trouve des distractions dans les voyages, et dans les grandes affaires dont il est occupé; son épouse, retirée à Thouars, ayant sous les yeux le tombeau d'un fils adoré, cherche en vain des remèdes à son chagrin dans l'étude qui fit autrefois les charmes de sa vie, et dans la société des hommes qui lui ont inspiré ce goût. Consumée par une mélancolie profonde, sa santé s'altère; et lorsqu'elle sent approcher ses derniers momens, elle appelle La Trémouille, qui vole aussitôt auprès d'elle. Leurs entretiens, leurs adieux, leur séparation après une union de trente-cinq ans, qui n'a été troublée que par la perte dont ils ne peuvent se consoler; tous ces tableaux, peints par un témoin oculaire, retracent les anciennes mœurs dans ce qu'elles ont de plus pathétique et de plus touchant.

Si Bouchet se fût borné à joindre aux grands traits de l'histoire des détails aussi intéressans, certainement son ouvrage pourroit être comparé aux meilleures productions de ce genre; mais, cédant au goût de son siècle pour le merveilleux, il s'est figuré que son livre seroit plus amusant, s'il faisoit intervenir d'une manière allégorique les divinités de la fable dans ses récits. A peine La Trémouille entre-t-il dans l'adolescence, que Mars l'exhorte à quitter le château de son père pour aller servir le Roi. Lorsqu'il aime la jeune femme de son ami, Minerve lui donne d'excellens conseils; et quand Louis XII lui confie, dans des temps difficiles, le gouvernement de la Bourgogne, Junon compose pour lui un long traité de politique: amalgame monstrueux de la fable et de l'histoire, qui ôte à la vérité sa vraisemblance, et qui détruit en grande partie le charme d'un récit où l'on ne cherche que des faits authentiques.

Bouchet ne se borne point à ce moyen de donner l'essor à son imagination poétique; il a soin de se ménager l'occasion de faire parler en vers tous ses principaux personnages. C'est ainsi que l'on trouve dans son ouvrage une multitude d'épîtres qui sont attribuées soit à La Trémouille, soit à celle qui fut l'objet de sa première inclination, soit à ses deux épouses, soit à la première femme de Louis XII, lorsque ce prince voulut faire rompre son mariage pour épouser Anne de Bretagne.

Les éditeurs de l'ancienne Collection des Mémoires ont écarté de l'ouvrage de Bouchet toute la partie mythologique; ils ont également supprimé les épîtres en vers. On pourroit donc leur savoir gré de leur travail, si, poussés par le désir de donner à cet ouvrage une couleur moderne, ils n'en avoient retranché un grand nombre de détails curieux et de morceaux intéressans. Non-seulement ils ont fait disparoître tous les discours que La Trémouille prononce dans les circonstances importantes, mais ils ont abrégé les conversations entre les principaux personnages, de manière à leur faire perdre toute leur originalité naïve. Non contens de mutiler ainsi une production dont presque tout le charme consiste dans la peinture fidèle des mœurs, ils n'ont pas craint quelquefois de substituer leurs idées à celles de l'auteur; ce qui donne lieu à des disparates qui peuvent être aperçues par les lecteurs les moins exercés.

Nous nous sommes appliqués, en conservant scrupuleusement dans l'ouvrage tout ce qui appartient à l'histoire, à n'y rien ajouter qui puisse en altérer le coloris. Forcés, par le plan que nous avons adopté, d'écarter des ornemens déplacés, à peine nous sommes-nous permis des transitions nécessaires. Nous osons donc croire que les Mémoires de La Trémouille seront une lecture entièrement nouvelle pour ceux qui ne les connoissent que d'après l'abrégé des premiers éditeurs.

Cette partie mythologique, qui est si maladroitement attachée à l'histoire d'un guerrier du quinzième siècle, contient cependant quelques détails curieux. Dans les instructions que donnent alternativement à La Trémouille Mars, Minerve et Junon, on trouve de temps en temps des observations fort justes sur les passions, sur la politique et sur les mœurs.

Lorsque le chevalier entre dans le monde, Minerve s'efforce de le prémunir contre les séductions de l'amour. « Les jeunes gens, lui dit-elle, qui ne mesurent les choses « par droict jugement, ains par libidineux plaisirs ou affec- « tion charnelle, si le sens leur présente la fardée beauté « d'une femme, son apparente doulceur ou son humble « contenance, existiment faulsement que ce soit une chose « divine, et par ce jugement insensé aiment ceste femme, « la desirent, extiment vertueuse, pensent que tous biens « soient en elle, que tout plaisir y repose, que toute con- « solation en procede, et que heureuse chose seroit en « pouvoir lascivieusement jouyr : mais leur fin sera comme « de ceulx qui, selon les poëtes, endormis à l'harmonie et « doulx chant des syrenes, periclitèrent et submergerent « en mer. »

C'est par Junon, appelée dans l'ouvrage *puissance regnative*, que sont données les hautes leçons de politique. L'auteur place dans la bouche de cette déesse une critique sanglante de la vénalité des charges. « On ne veit « onc, dit-elle, tant de praticiens, et moins de bonnes « causes; on ne veit onc tant de officiers et si peu de jus- « tice : brief, on diroit que tout est habandonné à proye « et à rapine. Si les offices de la justice estoient liberale-

« ment donnés, chascun s'appliqueroit à vertus et aux
« bonnes lettres pour en avoir; et si des gens vertueux et
« bons les avoient, ne feroient telles exactions : les roys,
« princes et seigneurs seroient mieulx obeys qu'ils ne
« sont. » La déesse s'élève ensuite indirectement contre le
concordat, en faisant un grand éloge de Charles VII. « Ce
« roy, dit-elle, aima tant la liberté universelle de toute
« l'Eglise, qu'il commanda garder et observer dans son
« royaulme les saints décrets de Basle et de Constance, et
« d'iceulx feit faire un livre intitulé la *Pragmatique-Sanc-*
« *tion,* contenant reigle et forme de l'honnesteté ecclesias-
« tique, et de disposer des bénéfices dont la benediction est
« redondée non-seulement en luy, mais en son petit-fils le
« roy Charles VIII, qui a surmonté et vaincu plus mi-
« raculeusement que aultrement ses ennemis et adver-
« saires. »

Ce morceau est suivi d'un portrait de Louis XI, dont
nous ne rapporterons qu'un seul trait fort remarquable.
« Il vouloit estre crainct plus que roy qui fut oncques, et
« il n'y eut jamais roy en France qui vesquit en plus grant
« crainte et suspection; en sorte que la moindre imagi-
« nation qu'il eust prise en la plus pauvre creature de son
« royaulme luy eust donné une telle craincte, que, pour la
« chasser de son esprit, estoit contrainct faire mourir cette
« personne, ou la prendre à son service : et si mourut
« crainctif de tout le monde. »

Les peintures de mœurs sont pour nous la partie la plus
intéressante des instructions que reçoit La Trémouille. On
y trouve des regrets sur l'antique simplicité des rois et
des seigneurs, et des réflexions chagrines sur le luxe qui
commence à se répandre. « Anciennement, dit le person-
« nage allégorique, les capitaines et gens de guerre n'avoient
« accoustumé de faire traisner après eux tant de bagaige
« comme font de présent les François, qui ont lict de camp,
« vaisselle et cuisine, et plus d'espiceries et choses attrac-
« tives à luxure qu'à combattre leurs ennemis; et n'y a

« si petit gentilhomme qui ne veuilhe avoir ung aussi bon
« cuisinier que le Roy, et estre servi de electuaires, di-
« vers potaiges, et aultres viandes delicates en diversité,
« comme princes; et si possible estoit, quant vont à la
« guerre, feroient charoyer après eulx toutes les ayses de
« leurs privées maisons. A présent ceulx qui, par fortune,
« ont esté du misérable gouffre de pauvreté, retirés et
« auctorisés par les roys et princes, font les maisons de
« plaisance à coulonnes de marbre, représentations d'images
« et symulachres si bien faicts, qu'il semble à les veoir
« qu'on les ayt dérobés à nature. Le dedans est tout d'or
« et azur; les jardins semblent villes, tant sont les galeries
« bien couvertes, et pour la multitude de tounelles et
« cabinets tout pleins de lascivie et volupté, que mieulx
« semblent habitations de gens venerées (débauchées) que
« marciaulx, èt de gens lascivieulx que de gens de vertu.»
On voit par ces observations, faites pendant les premières
années du règne de François 1, que le luxe dans les palais
et dans les jardins, dont on attribue généralement l'introduction en France à Catherine de Médicis, remonte plus
haut; et qu'il faut, comme nous l'avons dit dans le Tableau
du règne de Charles VIII, en marquer l'époque au moment
où ce jeune prince, de retour d'Italie, voulut imiter les
édifices élégans et majestueux qui avoient fait l'objet de son
admiration dans cette belle contrée.

Nous avons cité les traits les plus frappans de la partie
allégorique des Mémoires de La Trémouille. En la retran-
chant de la partie historique, la seule qui puisse intéresser
nos lecteurs, nous espérons que cette dernière acquerra plus
de liaison, plus de suite et plus d'ensemble.

La seule édition complète des Mémoires de La Trémouille est celle de 1527, caractères gothiques, donnée à
Poitiers par Jacques Bouchet, parent de l'auteur. Elle est
devenue rare, et ne se trouve que dans les bibliothèques
publiques. C'est sur cette édition que nous avons fait notre

travail. En 1684, Godefroy donna de cet ouvrage un extrait fort sec et très-court, dans la Collection de pièces qui accompagne l'Histoire de Charles VIII.

On doit encore à Bouchet une importante production historique : ce sont les *Annales d'Aquitaine et Antiquités de Poitou*. L'auteur, très-attaché à son pays, sembloit avoir fait de cet ouvrage son travail de prédilection. L'époque de sa mort n'est pas bien déterminée; on la place généralement en 1550.

EPISTRE

CONTENANT L'INTENCION DE L'ACTEUR DU CHEVALIER SANS REPROCHE.

A NOBLE ET PUISSANT SEIGNEUR MESSIRE FLORYMONT ROBERTET, CHEVALIER, BARON DALVYE, CONSEILLER DU ROY NOSTRE SIRE, TRESORIER DE FRANCE ET SECRETAIRE DES FINANCES, JEAN BOUCHET DE POICTIERS REND TRÉS HUMBLE SALUT.

Le considerer, tres merite chevalier, que le fruict de lire les histoires (par le tesmoignage de Flavius Albinus) est acquerir une desireuse emulacion d'honneur et ung vouloir de suyvir et ressembler en meurs et gestes ceulx desquelz on oyt bien dire, et que la congnoissance des choses gerées excite les humains courages à prudence, magnanimité, droicture, modestie, et aultres vertuz tendans à souveraine felicité et esloigner du contraire; pour laquelle consideracion, les anciens regardans à l'utilité du commun bien pour n'estre d'ingratitude repris, mais les bienfaisans remunerer et donner occasion aux vivans de ainsi faire, tenoient en leurs temples et lieux publicques leurs statues, portraictz et ymages richement entaillez et enlevez; et que necessaire seroit, pour la reviviscence de discipline militaire par nonchalance semymorte, la florissant gendarmerie de France ressembler en vouloir, cueur, hardiesse, diligence et fidelité, feu de bonne memoire monsieur Loys de La Tremoille, chevalier de l'ordre, conseiller et premier chambelan du Roy nostre sire, comte de Guynes et Benon, vicomte de Thouars, prince de Thalemond, admiral de Guyenne et Bretaigne, et gouverneur de Bourgongne (lequel, pour ses louables faictz, a le tiltre de chevalier sans reproche acquis); *fay*sans craindre les dangereuses et veneneuses morsures des envieux et detracteurs (desquelz tous escripvans ne furent onc exempts) en ung opusculle succintement recully, ce qui est, à mon petit congnoistre, parvenu de ses meurs, faictz et gestes, depuis son enfantine jeunesse jusques à son trespas, tant par sa familière bouche, comme feit Caius Marius le vieil, que par ma veue et congnoissance; mon extimacion est, mon treshonnouré seigneur, ce preux chevalier avoir, davant les gens droictz, tant d'honneur, bien-veillance, renom, louange et bon extime pour ses graces acquis, que nulz (fors les insidiateurs de bonne renommée et ennemys de vertuz) vouldront de flaterie et mendacieuse asserccion mon petit œuvre calumpnier, comme aucuns ont mon Labirinth de fortune et Temple de bonne renommée. Combien que si la promptitude des espritz en vouloit droictement juger, prendroit labeur à trouver la clere intelligence de mon intencion, qui a esté et est, à l'exemple de la Pedie de Cyrus, des Tyrocinies de Alexandre le Grant, et du Songe de Scipion, en publiant les vertuz de ceulx du passé, instituer pour curieuses invencions des espritz fatiguez recreatives, ceulx du present à droictement vivre, et suivir le Chevalier sans reproche.

Et combien que la memoire de ce chevalier sans reproche, pour ses louables faictz, merite bien estre presente aux yeulx du Roy nostre souverain seigneur, qui est des bienfaisans droicturier juge et equitable renumerateur; neantmoins, à la raison de ce que la rudite de mon stille, trop esloigné d'eloquence de court, ne vault ne merite estre veu par luy, duquel toutes les graces et vertuz (qu'on sauroit en tous les autres princes crestiens desirer) sont accumullées et comprinses, et entre aultres formosité corporelle, eloquence, faconde, hardiesse, prudence, richesse, noblesse et droicture; j'ay, contre le conseil d'aucuns messieurs et amys, recullé luy en faire present : mais à vous, son tres loyal et bien merité serviteur, me suys adroissé, à ce que, par le moien de vostre tesmoignage et de ceulx qui avec vous verront ce que j'ay escript, jugement veritable soit prononcé des faictz et gestes de ce tant regreté prince et chevalier, à vous descouvers pour la familiarité de voz personnes, duquel (comme doit sembler à tous les clervoyans) avez tousjours esté vray imitateur en fidelité, peine et labeur, au service de trois roys, où avez en vostre estat, comme luy au sien, acquis tiltre de loyal serviteur sans reproche.

En quelle extime de fidelité, prudence et diligence vous eut le roy Charles VIII, duquel je vous vy principal secretaire, et vous fut le manyment de la plus part de ses affaires baillé au voiage de la conqueste et recouvrement du royaulme de Cecille et pays de Naples, où vostre diligence, par la conduicte de vostre cler sens, donna tresbon commancement à vostre immaculé renom; de sorte que fustes tousjours son tresbien amé serviteur, par le commandement duquel, en faveur d'aucunes legieres fantasies rithmées que mon ignorante jeunesse, peu de temps avant son deces, luy presenta, fuz, à mon importunée instance et priere, à vostre service destiné : ce que ne voulut, à mon grant regret et perte, fortune. Le trespas de ce Roy ne diminua vostre auctorité; car le roy Loys XII, dernier decedé, son successeur, ayant, pour longue experience de voz louables vertuz, congnoissance certaine, apres le deces de feu monsieur le legat d'Amboise (1), vous donna le manyment et direction d'aucuns affaires, voyre des principaulx de ce royaume, qui furent manyez et conduictz en si bon ordre et droicture, que ce roy fut appellé le Pere du peuple.

Je passeray soubz silence le service que vous avez faict et faictes au Roy qui à present est, et à madame la Regente, sa tres eureuse et auguste mere, parce que je l'extime estre tel qu'on a matiere se contanter de vous. Et quant on considere le grant nombre des fidelles et loyaux serviteurs qu'ilz ont eu et ont au tour de leurs personnes, de robes courtes et longues, desquelz estes ung, et commant tous ensemble les avez fidelement, prudemment et diligemment serviz, on ne sçait auquel donner la premiere louange, mesment es grans affaires du royaulme, perilz et dangiers où il a esté, par ung an et plus, apres la prinse du Roy; dont, graces à Dieu, l'infortune a esté en si grant temperance et doulceur soustenue, et par si grant prudence et diligence conduicte, que le royaulme n'a esté molesté, invadé ne assailly des privez ne des extranges : ce qu'on

(1) Georges d'Amboise.

conjecturoit advenir comme apres la prinse du roy Jehan, les calamitez duquel temps sont toutes congneues. Et jaçoit ce que la gloyre en doyve estre seullement à Dieu donnée, et la louange principalle apres à madame la Regente, mere du Roy, la prudence de laquelle y a esté et est autant et mieulx congneue que de princesse et dame qui fut onc entre les Hebrieux, Grecz et Latins, et aussi à madame la duchesse sa fille (1), pour les causes que j'ay ailleurs escriptes, et dont la renommée en doit, à l'honneur du sexe femenin, eternellement durer, neantmoins je ause bien dire que le bon vouloyr des princes de leur sang, la diligence, prudence et conduycte de leursdictz serviteurs de robe courte et longue, avec la fidelité des villes et des subjectz, y ont grandement aydé : car vous tous ensemble, congnoissans la vertu de l'homme se monstrer es grans affaires, perilz et dangiers, y avez entierement emploié et monstré voz espritz, loyaulté, prudence, diligence, moderacion et magnanimité; de sorte que sans perte de terres ne personnes, et sans charger les Etatz du royaume, on a recouvert ce que plus on desiroit, et qui plus estoit et est necessaire, utile et proffitable pour le royaume, c'est la personne du Roy : ce qui ne fut onc en si bonne sorte fait, si les histoires sont veritables.

Or donc, jugeant que, à toutes ces choses faire, avez peu congnoistre le loyer des bien meritez, plus asseuré de vostre benignité (o prince de rhetoricque françoise!) que

---

(1) *Madame la duchesse sa fille* : Marguerite, duchesse d'Alençon, depuis reine de Navarre, sœur de François 1, alla à Madrid pour solliciter la délivrance de son frère.

d'aucune faveur, j'ay prins hardiesse vous diriger le brief recueil des faitz et gestes de celuy duquel, quant à fidellement servir la couronne de France, avez esté imitateur, et acquis tiltre de bon serviteur sans reproche, à ce qui vous plaise defendre l'escripture de la detraction des envieux, et que soustenez la verité davant les princes, si l'opuscule merite estre par eulx veu et regardé, dont je ne suis digne, esperant que s'il est (non en la mienne faveur, mais du Chevalier sans reproche) par vous soustenu, passera par-tout; vous priant tres humblement, o père d'eloquence, y donner vostre auctorité, faveur et ayde, et, pour ce faire, laisser quelque foiz le labeur des publiques occupations, esquelles, comme l'un des geniaulx directeurs des affaires de France, estes ordinairement occupé; et, usant de vostre accoustumée benignité (de laquelle avez tant acquis que plaincte de rigueur ne fut onc contre vous faicte, ce qui peut facillement advenir en ceulx de vostre estat), donner, pour le repos de vostre esprit, iceluy accommodant, aux familieres et gracieuses muses, quelque temps à la veue de l'histoire et choses moralles y contenues.

LE PANEGYRIC

DU CHEVALLIER SANS REPROCHE.

CHAPITRE PREMIER.

La genealogie de la riche et illustre maison de La Tremoille.

APRES avoir tyré de mon desolé cueur innumerables souspirs pour l'infortune advenue en la tres noble et illustre maison de La Trimoille, à present florissant en honneur, non seullement pour le deces de monsieur Charles, mais aussi de monsieur Loys son pere, qui sont au lict d'honneur, couvert de fidelité, chevaleureusement passez de ceste miserable demeure au temple de bonne renommée et lieu de immortel loz sans reproche, verité procedant de honneste amour et gratitude despiesça (1), née de plusieurs bienffaitz et grans benefices que j'ay de ceste tres noble maison receuz, plus remplissans mon honneste plaisir que particulier proffit, m'ont contraint prandre une des servantes de l'œil du monde et une aultre de la radiante Lucine, pour rediger par escript, non en vers et mectres, mais en prose, les memorables gestes du loyal pere, apres ceulx de l'obeissant filz. Combien que necessité et aage me vouleussent de la main dextre ouster ma plume, et m'empescher de plus escripre tragedies, histoires,

---

(1) *Despiesça* : depuis fort long-temps.

et choses moralles, où au gré d'aucuns j'ay trop de jours employez, plaignans plus que moy l'occupacion de telles œuvres, qu'ilz n'extiment estre tant acceptées des prudens hommes que les negoces familieres qui eslievent par richesses ceulx qui nuyct et jour y vacquent et travaillent, comme si, par inopiné conseil, vouloient maintenir que richesse mondaine fust souveraine felicité, dont tous les raisonnables hommes congnoissent par vraye experiance le contraire; or donc, sans avoir égard au parler d'aucuns, à la difficulté de mon entreprise, à la rudesse de mon esprit, ne à la differance et variabilité du vulgaire languaige du temps present, j'ay quis l'entrée de mon petit labeur par la genealogie de ce preux Loys, nommé, par ses glorieux faictz, *chevalier sans reproche;* la premiere tige duquel vegeta premierement, ou fertile et fameux pays de Bourgoigne, les vers et florissans rameaulx qui ont produyt tant de nobles fruictz en toutes les parties des Gaules que nous appellons à present France occidentalle.

Et pour l'entendre, les antiques et modernes historiens portent tesmoignaige que, durant le regne de Loys huyctiesme de ce nom, filz de Phelippes-Auguste, dix-septiesme roy de France, florissoyt et avoyt bruyt et renom en Bourgoigne ung preux et hardy chevalier nommé messire Ymbault de La Trimoille, qui fut marié avec une des filles de l'illustre maison de Castres; duquel mariage vindrent plusieurs enfans masles, qui vesquirent avec leur pere longuement; en sorte que le pere et les enfans estoient, pour leurs nobles armés, crains et redoubtez, car ilz estoient riches, vaillans, hardis et prudens en guerre. Et fut messire Ymbault au service dudit roy Loys VIII à guerroier les Angloys, et apres son deces au service du roy sainct Loys, qui commença regner l'an 1227; et l'an 1247 les princes de France se assemblerent en la ville de Lyon avec le roy sainct Loys, où estoit le pape Innocent, quart de ce nom, qui leur recita comment la cité de Jherusalem avoit esté prinse par les Infidelles et les Crestiens chassés, et partie d'iceulx occis : ce qui esmeut à pitié le Roy, les princes et plusieurs chevaliers de France; en sorte que pour aller donner secours aux Crestiens, le roy sainct Loys, les arcevesques de Reims et Bourges, l'evesque de Beauvaiz, les troys freres du Roy, le comte de Sainct Paul, Jehan comte de Richemont, filz du duc Jehan de Bretaigne, le comte de La Marche, le comte de Montfort, Archambault, seigneur de Bourbon, Hue de Chastillon, le seigneur de Coucy, messire Ymbault de La Trimoille, et troys de ses enfans, l'aisné desquelz estoit marié et avoit ung filz, aussi se croiserent plusieurs aultres princes, barons, chevaliers, prelatz et aultres gens.

L'an apres allerent tous oultre mer, prindrent la ville Damyete, environnée du grant fleuve du Nyl, puis allerent assieger la ville de Malsaure (1), où ilz eurent grosse perte; car une partie des Crestiens furent occis, et plusieurs desditz prelatz et gros seigneurs de France, et entre aultres Robert, comte d'Artoys, frere dudict roy sainct Loys, messire Ymbault de La Trimoille et ses enfans, de l'aisné desquelz enfans sont venuz d'aultres enfans, desquelz est descendu messire Guy de La Trimoille, dont nous parlerons par apres.

Ung peu davant ce, et durant le regne dudict roy

(1) *Malsaure* : Massoure.

Phelippes Auguste, vivoit messire Aymery, vicomte de Thouars, qui estoit ung grant et redoubtable prince en Aquitaine, et aussi monsieur Amorry de Craon, chevalier, qui fut fort aymé du pape Innocent, troysiesme de ce nom, au moyen de ce que, à sa réqueste, il estoit allé contre les Infideles en Asie, avec Boniface marquis de Montferrant, Bauldouyn comte de Flandres, Henry comte de Sainct Paul, Loys duc de Savoye, et aultres princes de France, environ l'an 1200; dont par apres ledict pape Innocent donna quelques privilleges spéciaulx audict seigneur de Craon, et par la bulle d'iceulx, dattée de l'an 1222, l'appelle *le fort des forts, chief des chevaliers, ayde et secours du Sainct Siege apostolicque*: ce que je n'escriptz sans cause, car monsieur Loys de La Trimoille (duquel je veulx parler) est aussi descendu de ces deux maisons de Thouars et de Craon, comme nous verrons cy apres.

Du filz aisné dudict Ymbault de La Tremoille vinst ung aultre de La Trimoille qui fut pere de messire Guy de La Trimoille, lequel messire Guy de La Trimoille espousa dame Marie de Sully, qui avoit esté fiancée avec monsieur Jehan comte de Mompensier, filz de Jehan duc de Berry, qui estoit filz du roy Jehan et frere du roy Charles v, au moyen de ce que durans lesdictes fiansailles ledict comte de Mompensier estoit decedé.

Ladicte Marie avoit quarente mille livres de rente, et estoit fille de messire Loys de Sully et d'une dame de la maison de Cran; et ledict messire Loys estoit venu d'ung duc d'Athenes, à cause de sa mere qui estoit fille dudict duc et seur de Gaultier duc d'Athenes, qui espousa dame Jehanne de Melo, dont vinst dame Jehanne d'Eu, comtesse et duchesse d'Athenes, laquelle donna, en l'an 1388, la seigneurie de Saincte Hermyne en Poictou ausdicts Guy de La Tremoille et dame Marie de Sully sa femme. Ce Gaultier, duc d'Athenes, comme recite maistre Jehan Bocasse en la fin de son livre des Nobles malheureux, apres la mort de son pere, qui avoit perdu ladicte duché que ses predecesseurs avoyent acquise à la glorieuse conqueste que les Françoys firent contre les Infideles, lors que Geoffroy de Boulion, Geoffroy de Luzignen, dict *la grant dent*, et aultres conquirent la Terre Saincte, se retira à Florence dont il fut chief et gouverneur, puis s'en vinst en France, dont ses predecesseurs estoient issuz, et fut receu honnorablement par le roy Jehan, qui le fist son connestable, et le maria avec la dicte Jehanne de Melo, fille de messire Raoul de Melo, comte d'Eu et de Guynes. Depuis ledict Gaultier fut occis en la journée davant Poictiers, où le roy Jehan fut prins par les Angloys, en l'an 1356.

Messire Guy de La Trimoille estoit ung des beaulx et vaillant chevalier qu'on eust peu veoyr; et à ceste cause, en l'expedicion que le roy Charles vi fist contre les Angloys et Flamans, le Roy fist bailler l'auriflame audict messire Guy, qui la retourna à son honneur, la victoyre par les François obtenue. Certain long temps apres il fut en Hongrie, en la compaignée de monsieur Jehan, comte de Nevers, filz de Phelippes, duc de Bourgongne, et aultres princes de France que ledict roy Charles vi envoya contre les Infideles pour secourir Sigimond, roy de Hongrie et Boheme, qui depuis fut empereur, où les Françoys furent deffaitz par la malice des Hongres; lesquelz, envieux des memorables faictz des Françoys, les faisoyent marcher davant, leur donnant entendre que incontinant apres marcheroit leur armée, ce qu'elle ne fist; par le moyen de quoy les ennemys obtindrent victoyre, et fut prins ledict Jehan, comte de Nevers, avec aultres seigneurs de France, ledict messire Guy de La Trimoille blecé en plusieurs lieux, et son filz aisné, aussi nommé Guy, qui estoit encores fort jeune, occis.

Ledict messire Guy, comme il vouloit retourner en France, mourut des playes qu'il avoit eues, et fut enterré en la ville de Rhodes : il laissa ladicte de Sully sa veufve, et deux filz, Georges et Jehan, en la garde de leurdicte mere, l'aisné desquelz n'avoit encores cinq ans; et tost apres ladicte dame se maria en secondes nopces avec messire Charles, seigneur d'Allebret, lors connestable de France.

Ainsi appert que lesdictz Jehan et Georges de La Trimoille sont descenduz de la maison de Athenes et de Sully d'une part, et de l'autre part de l'ancienne maison de Cran, ung puisné de laquelle espousa dame Mahault, comtesse de Flandres et de Breban, enterrée au cueur du couvent des Freres Prescheurs de Paris, et ung messire Jehan de Craon, qui fut evesque d'Angiers, arcevesque de Reims, patriarche de Constantinople, et grand gouverneur du roy Charles v, pere dudict Charles vi; lequel messire Jehan de Cran estoit oncle de messire Pierre de Craon, chevalier, qui fut tant aymé du roy Charles vi et monsieur Loys duc d'Orleans son frere, que ledict duc voulloit qu'il fust tousjours vestu de ses couleurs : toutesfois fut esloygné de court, pour une parolle qu'il dist à madame Valentine, espouse dudict duc d'Orleans, par le moyen de messire Olivier de Clisson, chevallier, lors connestable de France; lequel de Clisson ledict de Cran s'efforça occire en la ville de Paris avant que l'an fust passé; dont vindrent de grosses follies, comme il est contenu es Annalles d'Aquitaine et Croniques de France.

Messire Jehan de La Tremoille, filz puisné dudict messire Guy, fut comte de Jonvelles et premier chevallier de l'ordre de Jehan, duc de Bourgongne, auparavant comte de Nevers, duquel a esté parlé on (1) precedent article; aussi le fut du duc Phelippes son filz, et espousa la seur de messire Loys d'Ambayse (2), vicomte de Thouars, et seigneur d'Ambayse, Montrichard et Blere, lesquelz decederent sans hoirs; pourquoy luy succéda ledict messire Georges de La Tremoille, chevallier, son frere, quequessoit ses enfans.

Ledict messire Georges fut en son vivant ung des plus beaulx hommes que on eust sceu veoyr, et si estoit hardy chevallier et droict homme; il fist de grans services au roy Charles VII, filz dudict Charles VI, au recouvrement de son royaulme contre les Angloys, et espousa madame Catherine de Lisle, dame de Lisle Bouchart, de Rochefort, et de plusieurs aultres terres et seigneuries : duquel mariage descendirent deux enfans, Loys et Georges. Ledict messire Loys fut marié avec dame Margarite d'Ambayse, fille dudict feu messire Loys d'Ambayse, vicomte de Thouars, et seigneur d'Ambayse, Montrichard et Blere. Et au regard dudict messire Georges, ce fut ung hardy chevallier, qui fist de grans services au roy Loys unziesme, filz dudict roy Charles VII, à la conqueste de la duché de Bourgongne, duquel pays fut gouverneur. Il estoit

(1) *On* : au. — (2) *D'Ambayse* : d'Amboise.

seigneur de Cran, laquelle seigneurie luy estoit venue à cause de ceulx de Cran, dont j'ay parlé cy dessus. Aussi fut seigneur de Lisle Bouchart, et mourut sans hoyrs procreez de sa chair.

CHAPITRE II.

La nativité de messire Loys de La Tremoille; de ses meurs puerilles; et comment il y fut nourry.

Quelque temps apres le mariage de monsieur Loys de La Trimoille et de madame Margarite d'Ambayse son espouse, elle fut enceinte du premier de ses enfans masles; et lorsque le souleil, qui est le cueur du ciel et l'œil du monde, repousoit en son trosne et siege de *Libra*, qui fut le vingtiesme jour de septembre de l'an 1460, ouquel an toute la monarche des Gaules estoit eureuse de paix, et habondoit en toutes bonnes fortunes, par les disposicions fatalles qui, soubz les bannieres du roy Charles septiesme de ce nom, surnommé *le Bien Fortuné*, avoyent chassé et mis hors son royaulme de France les anciens ennemys de l'honneur françoys, usurpateurs de leurs seigneuries et envieux de leurs redoubtables ceptres et couronnes, celle illustre dame Margarite d'Ambayse enfanta d'ung beau filz : ce fut nostre chevallier sans reproche, duquel j'entends principallement escripre; et fut nommé Loys sur les fons de baptesme. Son naistre engendra toutes manieres de joyes, lyesses et consolacions en la maison de monsieur son pere et de tout son tresnoble parentaige, parce que, par son excellente beaulté, doulceur et benignité enfantine, donnoit jà ung espoyr aux clervoyans qu'il seroit chevallier d'excellente vertuz, et que ce seroit la precieuse pierre Trimoillaise et Ambasienne, en laquelle reluyroit le cler et immaculé nom de ces deux anciennes maisons. D'une aultre part les astronomes experimentez disoient que, veu le jour de sa nativité, il seroit appellé, par la disposition des corps celestes, au service des roys en leurs affaires civilz et pugniques, où il acquerroit honneur de inextimable louange, et prandroit alliance par mariage avec le sang royal.

Toutes ces choses donnerent, oultre l'instinct de nature, une merveilleuse affection de le faire songneusement alaicter et nourrir, jusques à ce qu'il eust passé son enfance; combien que durant ce temps madame Margarite d'Ambaise, sa mere, eut de monsieur de La Trimoille son espoux troys aultres filz, savoir est : Georges, Jaques et Jehan, tous approchans en beaulté et honnesteté de leur frere aisné Loys. Et des ce qu'il sentit ung commancement de force et astuce puerille qui suyt sans moyen l'imbecillité d'enfance, nature luy administra agillité et force correspondente à sa beaulté, avec ung arresté vouloyr de faire toutes choses appartenantes à gens qui veullent suyvir les armes et les cours des princes illustres, comme courir, saulter, luycter, gecter la pierre, tyrer de l'arc, et controuver quelques nouveaulx jeux et passetemps consonans à l'estude militaire. Luy, ses freres, et aultres nobles enfans de leurs aages que leur pere avoit prins en sa maison, et les entretenoit pour leur tenir compaignie, faisoient assemblées et bandes en forme de bataille, et par les champs assailloyent petiz tigurions (1), comme s'ils eussent baillé assault à une ville, prenoyent bastons en forme de lances, et faisoyent tous aultres passetemps approchans des armes, monstrans que plus y avoyent leurs cueurs que aux grans lettres, fors le plus jeune nommé Jehan, qui dés son jeune aage se desdia à l'Eglise; dont bien luy prinst, comme nous verrons cy apres.

Tous les semydieux et semydeesses du pays de Berry, voysins du chasteau de Bommiers, où estoit la demourance de ces tresnobles enfans, laissoyent leurs maisons et chasteaulx pour venir veoyr leurs passetemps tant honnestes, et entre aultres Loys l'aisné, lequel ilz monstroyent l'ung à l'aultre par admiration ; car il estoit beau comme ung semidieu, son corps estoit de moienne stature, ne trop grant ne trop petit, bien organisé de tous ses membres, la teste levée, le front hault et cler, les yeulx vers, le nez moyen et ung peu aquillée, petite bouche, menton fourchu, son tainct cler et brun, plus tirant sur vermeille blancheur que sur le noir, et les cheveux crespellez, reluysans comme fin or. Aussi avoit de si bonnes graces qu'il emportoit le priz dessus ses freres et compaignons, tant pour mieulx faire que par ruzes, cautelles et cler engin, dont il ne prenoit aucune gloire; mais en se humiliant, donnoit tousjours l'honneur (qu'il avoit jà acquis par l'oppinion et jugement de ceulx qui les regardoient) à ses compaignons : laquelle humilité empeschoit que envie ne s'engendrast de ses louables

(1) *Petits tigurions* : c'étoient de petites tours qui servoient à l'amusement des jeunes gentilshommes.

jeunesses en l'estomac de ceulx lesquelz il precedoit en bonne extime.

Ce Loys avoit une industrie contre la majesté de nature et l'imprudence de l'aage puerille, par laquelle chascun non seullement se contentoit de luy, mais l'auctorisoit en tous les faictz de jeunesse; en sorte que ceulx de son aage en faisoyent leur chief et seigneur, et n'avoient bien ne joye hors sa compaignée. Chascun estimoit ses pere et mere eureux de telle generation; et ne apporterent moins d'espoir au pays de France les meurs de sa prudente jeunesse que celle de plusieurs jeunes Rommains, tant en petites ruses que noblesse de cueur, et entre aultres de Pretextatus, qui, pour contanter sa mere l'infestant declairer le secret du senat qu'il avoit oüy en la compaignée de son pere, auquel le celler avoit esté enjoint, luy donna, contre verité entendre, que le senat avoit ordonné que les hommes auroyent doresnavant plusieurs femmes, pour multiplier et augmenter la generacion rommaine; dont il fut tant bien louhé du senat, que le lendemain le senat, assailly par les femmes rommaines pour rompre ceste supposée loy, extimerent tresfort l'obedience du filz tant envers sa mere que le senat. Autant en feit ce noble Loys envers madame sa mere, qui vouloit tirer de luy ce qu'il avoit sceu de monsieur son pere en secret, et dont il avoit defense.

En ce temps y avoit de grans discors civilz entre le roy Loys unziesme de ce nom et les princes de son sang, qui tendoient à le priver de ceptre et couronne; et quant ce jeune Loys en oioyt parler, disoit, à l'exemple de Marc Caton Utisence contre Syla, aux temps des prescriptions rommaines : « Si j'estois avec le Roy, je me

« essaieroys de le secourir; » et que autreffoiz bailla ung soufflet à ung de ses compaignons qui soustenoit la querelle des princes mutinez contre le Roy, ainsy que feit Cayus Cassius à Fauste, filz de Syla, qui collaudoit les cruelles prescriptions de son pere; lesquelles choses estoient presages qu'il seroit de la couronne lyliale défenseur, et des injures royalles propulseur.

Pour avoir passetemps avoit oyseaulx de proye et chiens pour chasser à bestes rousses et noyres, où souvent prenoit labeur intempere, et jusques à passer les jours sans boyre et manger depuis le plus matin jusques à la nuyt, combien qu'il n'eust lors que l'aage de douze ans ou environ.

CHAPITRE III.

Le roy Loys XI veult avoir le jeune seigneur de La Tremoille pour le servir. Comment ce jeune seigneur pria et pressa son pere de l'envoyer au service du Roy, et avec un jeune paige prinst chemin pour y aller.

Le roy de France Loys XI, qui estoit prudent et prenoit gens à son scervice selon son imaginacion, fut adverty des meurs de Loys de La Trimoille et de sa prudente jeunesse, qui donnoyent une actende de bon cappitaine en l'advenir; et consyderant que la premiere origine de ceulx de La Tremoille estoit de Bourgongne, et que Charles, lors duc de Bourgongne, estoit ennemy de France, et pourroit retirer ce jeune seigneur Loys de La Trimoille, manda à monsieur son pere, par quelque gentilhomme de sa maison, qu'il voulloit avoir son filz aisné pour le servir, et qu'il lui envoyast. Le pere fut fort troublé de telle nouvelle, et, congnoissant la complexion du Roy, ne sçavoit quelle responce faire, pour deux raisons : l'une, qu'il ne vouloit que son filz se esloignast de luy, parce que c'estoit toute sa consolacion ; l'autre, que le Roy, quelque temps auparavant, avoit mis en sa main la vicomté de Thouars, et aussi aultres seigneuries qui appartenoyent à messire Loys d'Ambayse, pere de son espouse, dont il avoit donné partie à la dame de Momsoreau (1) et à messire Jaques de Beaumont, chevalier seigneur de Bressuyre, pour quelque imaginacion qu'il eut contre ledict d'Ambaysé, à la raison de ce que on luy raporta qu'il avoit parlé seullement au duc de Bretaigne. Et pour ces causes fist responce au messagier que son filz estoit encores bien jeune pour porter les labeurs de la court, et que dedans ung an pour le plus loing luy envoyeroit, en le merciant de l'honneur qu'il luy faisoit ; dont le filz fut adverty, lequel y vouloit bien aller.

Ung jour advinst bien tost apres que luy, Georges et Jaques, ses freres, en la compaignée des veneurs de leur pere et d'aulcuns gentilz hommes, à l'heure que Aurore avoit tendu ses blanches courtines pour recepvoir le cler jour, partirent du chasteau de Bommiers pour aller chasser aux bestes rousses. Si trouverent ung grant cerf qu'ilz entreprindrent prandre à course de chiens

(1) *A la dame de Momsoreau* : Nicole de Chambes, dame de Montsoreau, étoit aimée du duc de Guyenne, frère de Louis XI. Il paroit que ce dernier avoit voulu la gagner.

et chevaulx, se mirent apres par boys et fourestz, et se separerent pour mieulx le trouver. Le desir de prandre le cerf leur fist perdre le souvenir de boyre et manger, et l'appetit de toutes viandes; en sorte que le souleil approchant de l'occident doubloit et croissoit leurs umbres; et tost apres l'ombre de la nuyt commença à chasser la reluysance du jour, en sorte qu'ilz se perdirent l'ung l'autre à la course; et demoura Loys seul en une grande fourest, courant apres le cerf, qu'il perdit pour l'obscurité de la nuyt. Ses deux freres prindrent le vray chemin avec les veneurs, lesquelz, conjecturans que Loys se fust retiré des premiers au chasteau, se retirerent, et y arriverent environ dix heures de nuyt, tous affamez et marriz d'avoir perdu leur proye; mais plus furent courroussez de ce qu'ilz ne trouverent Loys, voyans, au nombre des gens de leur compaignée, que seul estoit demouré par les boys, en dangier de sa personne. Parquoy les veneurs et autres serviteurs du chasteau s'en allerent en diverses pars pour le trouver, ce qu'ilz ne feirent jusques à la poincte du jour. Comme on le serchoit, environ la mynuit, que *Somnus* avec ses pesantes helles descend on cerveau de l'homme, et ambrasse toutes les creatures en leur repos, leur deffendant le parler, le jeune Loys, se voyant sans compaignée, fors des oyseaux nocturnes qui bruyoient par la forest, l'issue de laquelle ne povoit trouver, descendit de dessus son cheval, qu'il attacha à ung arbrisseau pres ung fort buisson, où il trouva une grosse souche, de laquelle, apres se estre estendu sur la froide et humide terre, toutesfoys couverte de fueilles, fist ung chevet, où il s'endormit.

Le jeune seigneur de La Tremoille s'estant reveillé,

monta sur son cheval, et fist tant que, environ le poinct du jour, arriva seul au chasteau de Bommiers. Les pere et mere, qui encores repousoyent en leurs lictz, sceurent la venue de leur filz; et non monstrans aucun semblant de son labeur, dont ils furent joyeulx, commanderent le traicter comme appartenoit; ce qu'on fist à diligence. Et apres avoir beu et mangé, avant le lever de son pere prinst ung jeune gentilhomme, nommé Odet de Chazerac, que fort il aymoit, et luy dist : « Chazerac mon
« amy, tu es le secret de mon cueur, et la teneur des
« lettres clouses de ma secrete pensée : parquoy je te
« veulx dire un project que j'ay fait cette nuyt, te priant
« de ne le reveler. » Lors luy declaira au long ce qu'il avoit deliberé, par opinion arrestée, de demander congié à son pere pour aller au service du Roy, et en son reffus s'en aller, interrogeant Odet de Chazerac s'il vouldroit aller avec luy : ce qu'il luy accorda.

CHAPITRE IV.

Persuasion du jeune seigneur de La Trimoille à son pere.

Troys ou quatre jours apres, sceu par le filz son pere estre seul en sa chambre de retraicte, alla vers lui armé de hardiesse, pour luy declairer l'affection de son entreprinse; mais quant il fut en sa presence, craincte paternelle et honte reverencialle le desarmerent de hardiesse, et le laisserent en la nudité de puerille vergongne et au fleuve de dubitacion, comme

la navire sur la mer agitée de tous vents : en sorte qu'il ne povoyt trouver le moyen de descouvrir son vacillant couraige. L'exorde de ses prieres et requestes par honte lui languissoyent en la bouche, qui ne vouloit obeyr au commandement du cueur. Toutesfoys, à l'exhortacion de son pere qui le hardya de parler, commença rompre sa honte et à descouvrir son couraige, en disant : « J'ay tousjours congneu, monsieur, le plus
« grant de voz desirs estre que mes freres et moy, qui
« sommes voz enfans, dont je indigne suis l'aisné, nous
« appliquons à choses vertueuses, et soions nourriz en
« bonnes meurs, et que par maulvaiz exemples n'ayons
« l'occasion de prester l'oreille aux voluptez et choses
« pernicieuses, à ce que en nous soit conservé l'hon-
« neur que vous et voz progeniteurs portans le nom
« de La Tremoille avez par voz louables faictz acquis :
« à quoy est trop contraire la vie privée que me-
« nons avec vous en oysiveté, de tous vices nourisse,
« qui nous suyt, et delicatement nourrist noz tendres
« jeunesses, faciles à corrumpre, en les decepvant
« par les doulceurs de long repos, viandes delicates, et
« passetemps plus voluptueux que excitatifz à vertuz ;
« desquelles choses m'est venue une peine nouvelle
« en mon esprit, qui me donne hardiesse de me pre-
« senter à vostre paternelle majesté, et treshumble-
« ment vous prier que vostre plaisir soyt me envoyer
« en la court du Roy, où est l'escolle de toute hon-
« nesteté, et où se tiennent les gens de bien soubz les-
« quelz on aprend à civillement vivre, et la forme
« d'acquerir non seulement les mondaines richesses,
« mais les incorruptibles tresors de honneur. N'aiez
« peur de l'imbecillité de mon facil et petit engin, et

« moins de mes jeunes ans ; car l'insuperable couraige
« que j'ay de servir en l'advenir la triumphante cou-
« ronne de France me fera surmonter tous labeurs, et
« oublier les mignardises de pusillanimité, et les pri-
« vées ayses de vostre opullente maison. »

Le pere ouyt constamment la priere de son cher filz, et à peine se peut contenir de manifester sa pensée, agitée de pitié, meslée en douleur par larmes apparentes, qui jà commançoient sortir de ses yeulx. Parquoy voulant demeurer seul pour mieulx donner repos à son cueur, par la consolation de madame son espouse, dist à son filz : « Allez, mon amy, je penseray à ce « que vous m'avez dit, et en parlerons plus au long « une autresfois. » Le filz se retira en sa chambre, acompaigné d'une trop petite esperance, disant à luy mesme que, voulsist ou non son pere, feroit ce qu'il avoit entrepris. Le pere demoura seul jusques à ce que madame son espouse fust à son mandement venue; à laquelle il declaira la harangue ou oraison de leur cher filz Loys, non sans jecter larmes et se desoler, mais encores plus la mere, quant elle eut le tout ouy ; en sorte que son espoux ne la povoit consoler, ne paciffier son cueur tout inundé de pleurs. Les causes de leurs douleurs estoient trop grand amour sensuelle qu'ilz avoient à Loys leur filz, non seulement pour sa formosité, mais pour les bonnes graces qui jà estoient en luy ; et eussent bien voulu que tousjours eust demouré avec eulx : daventaige doubtoient que s'il alloit au service du Roy, fust mal traicté de sa personne, et que sa tendre jeunesse ne peust supporter ce faix; oultre cognoissoient la severité du Roy, et qui pour peu de chose prenoit mauvaise fantaise contre les princes et seigneurs vieilz et jeunes, et en pourroit prandre contre leur filz, tant parce qu'il avoit eu en hayne son ayeul paternel, les seigneuries duquel il avoit, sans cause et raison, saisies et mises en sa main, et aussi qu'ilz estoient extraictz de Bourgongne, lequel pays n'estoit aymé du Roy, pour les grans guerres et molestes que luy faisoit Charles, duc de Bourgongne. La mere parla depuis au filz pour le desmouvoir, luy donnant entendre toutes ces choses, et qu'il actendist encores ung peu, jusques à ce que les guerres fussent moderées : mais le filz ne voulut croire ne pere ne mere ; et apres avoir faict presser son pere d'avoir congié, voyant qu'il ne luy vouloit bailler, luy mesme le prinst, et en la compaignée de Odet de Chazerac, jeune enfant ung peu plus aagé que luy, prinst son chemin pour aller en court se presenter au service du Roy : mais il ne fut long, car incontinent son pere, adverty de l'entreprinse, envoya deux gentilz hommes apres eulx, et les ramenerent à Bommiers fort tristes.

CHAPITRE V.

D'aulcunes miseres des gens de court ; et commant le jeune seigneur de La Trimoille fut envoyé au service du roi de France.

Le filz fut presenté davant le pere, qui d'ung visaige furieux commença luy dire : « O rebelle et deso-
« beissant enfant, plus desirant l'execution de ta folle
« volunté et l'effect de ton jeune sens que le plaisir de
« ton engendreur et ton proffit temporel, penses tu

« que les yeulx embouez de puerille ignorance soyent
« plus cler voyans que ceulx de experimentée vieil-
« lesse? Sces tu point que l'œil spirituel n'a vigueur,
« ne veoit parfaictement, jusques au temps que l'œil du
« corps deflorist et pert sa beaulté? Presumes tu estre
« plus saige et plus loing regardant que moy, qui ja
« suis entré es experiences de vieillesse? Je t'ay faict
« dire et remonstrer que le temps n'estoit oportun pour
« prandre l'aventure de court, au moyen des partia-
« litez, discordes civilles et guerres intestines qui sont
» entre le Roy et aulcuns princes de son sang, et que le
« dangier s'en ensuyvera scelon l'issue de fortune. Tu
« es jeune, et puis mieulx actendre l'evenement des
« choses fatalles que ceulx qui ont vingt ou trente ans.
« Que feras tu en court, laquelle est toute troublée
« et desolée de telz discords, en sorte que la pluspart
« des courtisians ne sçavent quel party tenir? Ilz voyent
« le royaulme esbranlé, et prest à tumber entre les
« mains de noz anciens adversaires, pour l'intelligence
« qu'ilz ont au duc de Bourgongne et de Bretaigne,
« lesquelz ont plus d'amys secretz qu'on ne pense; et
« d'aultre part voyent le Roy si timide et suspeçon-
« neux de chascun, qu'il ne ayme personne, fors pour
« le temps qu'il en a affaire. Sces tu point commant il
« a mis en sa main les biens du vicomte de Thouars
« mon beau pere, et baillé partie d'iceulx à gens de
« petit extime? Tu ne ignores qu'il est manié par ung
« barbier, par ung trompeur et ung desloyal evesque (1).

(1) *Par ung barbier, par ung trompeur et ung desloyal evesque* : le barbier étoit Olivier Le Dain, qui devint comte de Meulan; l'évêque étoit le cardinal Baluc, évêque d'Evreux et d'Arras, que Louis XI fit ensuite enfermer dans une cage de fer.

« Il tient en prison le duc d'Alençon; le seigneur de
« Nemoux (1) ne scet où il en est, et le comte de Sainct
« Paulnoue (2) entre deux eaues; la fin desquelz pourra
« estre plus piteuse à veoir que leurs faictz et gestes
« plaisans à rememorer. Je suys serviteur du Roy et
« du royaume, et prest à me declerer tel contre tous,
« et de y habandonner ma personne, mes enfans et mes
« biens : et quant tu aurois l'aäge pour faire quelque
« bon service, je seroys eureux de te veoir en bataille
« renger, pour estre à la distribution des premiers
« coups et en hazart de fortune; mais tu ne pourrois
« ne sçaurois encores luy donner aucun secours de ton
« corps, moins de tes biens ne de ton conseil.

« Tu demandes la court, mon filz, et tu la deusses
« deffier. Tu me diz quelque foiz que c'est l'escolle de
« toute honnesteté : il est vray qu'elle est plaine de
« gens ressemblans bons et honnestes, et que c'est ung
« lieu remply de gens experimentez à bien et mal. La
« court aprend à se vestir honnestement, parler dis-
« tinctement, ryre sobrement, dormir legierement,
« vivre chastement, et escouter tous vens venter sans
« murmure; mais le tout est faict par vaine gloire,
« ambicion ou ypocrisie. Les honnestement vestuz
« sont on dedans plains de mocquerie et irrision, et
« detraictent de chescun ; les peu parlans sont en-
« vieux, songeurs de mallices, inventeurs de trahisons;
« les peu rians sont gens austeres, arrogans, cruelz, et
« plains de malice; ceulz qui dorment legierement
« veillent jour et nuyt à supplanter leurs compaignons,
« faire quelques monopolles, et destruire chescun ; et
« les chastes aux yeulx des hommes infament et ma-

(1) *De Nemoux* : de Nemours. — (2) *Noue* : nage.

« culent les honnestes maisons, par secretz adulteres
« et fornications occultes et desrobées.

« La court est une humilité ambicieuse, une so-
« brieté crapuleuse, une chasteté lubricque, une mo-
« deration furieuse, une contenance supersticieuse,
« une diligence nuysible, une amour enuyeuse, une
« familierité contagieuse, une justice corrumpue, une
« prudence forcennée, une habondance affamée, une
« haultesse miserable, ung estat sans seureté, une
« doctrine de malice, ung contempnement de vertuz,
« une exaltacion de vices, une mourante vie et une
« mort vivante, ung ayse d'une heure, ung malayse
« continuel, et chemin de dempnacion : c'est ung lieu
« où l'on prend par force ou peine ce qui doit estre
« acquis par vertuz. La court faict de vertuz vice, et de
« vice vertuz ; les plus hault eslevez sont en plus grand
« dangier que les bas assis ; car fortune ne se rit fors
« du trebuchement des grans, et plus souvent exerce
« ses mutacions sur ceulx qui sont soudain et sans
« grands merites montez, que sur les petiz, dont elle
« ne tient compte. Puys donc que tant de dangiers y
« a en court, laisse croistre tes ans, endurcir ton
« corps, meurer ton esprit, augmenter tes forces et
« vertuz, pour mieulx en soustenir le faix, et savoir à
« tous ces maulx resister. » Telles ou semblables remonstrances feit le pere au filz, qui respondit en
telz motz :

« Ce que j'ay faict, monsieur, ne tend ad ce que je
« veuille obvier à voustre volunté, ne aller au contraire
« de ce qui vous plaist, car les enfans doibvent obeir à
« leurs peres ; et comme ilz sont tenuz les ouyr, aussi
« doyvent considerer leurs parolles. Je sçay, mon-

« sieur, que toutes les remonstrances qu'il vous a pleu
« me faire, vous les pensés tres utiles et profitables.
« Toutesfois, qui les peseroit à juste balance avec ce
« que je vous ay dit, je ne sçay qui gaigneroit le prix :
« je croy pour vray que la court est à present fort
« troublée, pour les causes par vous dictes, et que le
« dangier y est grand : neantmoins je pense que plus
« craignez le dangier de mon esprit que celluy du
« corps ne des biens; et mieulx me vauldra le passer
« par la dangereuse flamme de court, purgative des
« ignorances de hommes vivans de vie privée, que
« demourer entre oysiveté, nonchallance, gourman-
« die, plaisir charnel, et liberté de mal faire, tous in-
« sidiateurs des humains espritz; et mieulx vault que
« je experimente les curiaulx labeurs en ma jeunesse,
« qui pourra plus aysement les supporter, que en mes
« viriles ans, qui apres long repos se ennuyroyent de
« si griefves peines. Et davantaige si le Roy est suspe-
« çonneux (comme il vous a pleu me dire), le reffus
« ou delay de son service luy pourra engendrer contre
« vous et moy plus grant suspicion, tant au moyen du
« duc de Bretaigne, duquel sommes alliez à cause de
« ma mere, que du duc de Bourgongne, des ancestres
« duquel noz predecesseurs ont esté serviteurs, et
« prins avec eulx le principal de leurs honneurs et
« richesses.

« Ne vous desesperez de mon aage, car de aussi
« jeunes que je suis ont aultresfoys (comme j'ay ouy
« dire) donné espoyr de estre gens de bien, par leurs
« juvenilles faictz et actes. Et entre aultres, comme j'ay
« veu par les histoyres, Alexandre le Grant, estant en-
« cores à l'escolle des lettres en l'aage de douze ans,

« fust desplaisant dont Phelippes, roy de Macedonne,
« son pere, avoit tant dilaté son royaulme par louables
« victoyres, disant que pour avoir gloyre luy convien-
« droit, en son plus parfaict aage, aller acquerir gloyre
« en Occident; et en ce mesme temps chevaucha de luy
« mesme ung cheval non dompté davant son pere, que
« tous ceulx de son escuerye ne ausoyent chevaucher. »

Comme l'enfant parloit au pere, et avant que clore son propos, survinst ung poste que le Roy envoyoit au pere avec une lettre, qui interrumpit l'enfant en sa gracieuse et prudente responce; mais ce fut à son adventaige, car le Roy escripvoit au pere qu'il luy envoyast son filz pour le servir, sur peine de desobeissance; qui donna soluçion à tous argumens, mais non sans douleur paternelle. Et fut Loys, à sa grant joye, richement vestu, monsté et accompaigné, mesmement de Odet de Chazerac; et dedans quinze jours envoyé au Roy, à la fin de l'an treiziesme de son aage.

En ce temps le roy Loys avoit de grans affaires, au moyen de ce que les ducz de Bretaigne et de Bourgongne estoyent ses ennemys, et que le duc de Bourgongne, nommé Charles, filz du bon duc Phelippes, avoit suscité Edouard, lors roy ou usurpateur du royaulme d'Angleterre, à venir avec grosse armée en France. Toutesfoys le Roy y pourveut saigement, car il appoincta avec Edouard (1), et le renvoya doulcement, sans coup frapper, en Angleterre, au desceu du duc de Bourgongne, qui en cuyda crever de despit.

Ce jeune Loys fut amyablement receu par le Roy, et fut mis au nombre des enfans d'honneur, où bien

---

(1) *Il appoincta avec Edouard* : traité de Picquigny, du 29 avril 1475.

tost apres passa tous ses compaignons en toutes les choses qu'ilz sçavoyent faire, fust à saulter, crocquer, luicter, gecter la barre, courir, chasser, chevaucher, et tous aultres jeux honnestes et laborieux ; et si les surmontoit en hardiesse, finesses, cautelles et ruzes; en sorte qu'on ne parloit en court que du petit Trimoille, dont le Roy fut fort joyeux. Et luy voyant par foiz faire ces bons tours, disoit aux princes et seigneurs de sa compaignée : « Ce petit Trimoille sera
« quelque foiz le soustenement et la deffence de mon
« royaulme : je le veulx garder pour ung fort escu
« contre Bourgongne. » C'estoit le Roy (comme a escript messire Phelippes de Commynes son chambellain) qui se congnoissoit mieulx en gens que homme qui fust en son royaulme; et à les veoyr une foiz seullement, predisoit leur preudhommie ou lascheté, dont peu apres on voioyt les experiences.

Quelque foiz ses compaignons reprocherent au jeune Trimoille qu'il seroit aussi gras que le seigneur de Cran son oncle paternel, qui estoit l'ung des vaillans et hardiz chevaliers et cappitaines de France, bien aymé et extimé du Roy ; dont il ne fut contant, et respondit : « Je m'en garderay si je puis; » ce qu'il fist par les grans labeurs qu'il prenoit jour et nuyt, car on ne le veit jamais asseoyr, fors ung quart d'heure pour disner et autant pour soupper; et si ne prenoit viandes à son plaisir, mais à sa necessité seullement, et le moins qu'il povoit; dont la continuacion luy engendra une habituacion qui a surmonté nature, car son pere et son oncle estoyent gros et gras, et il fut tousjours allegre et deliberé. Cherephon et Philetas luy furent exemple, l'abstinence et longues vigilles desquelz les feirent allegres et legiers de corps. La demourance du jeune Trimoille ne passa quatre moys en court, que son oncle monsieur de Cran, chevallier de grant prudence et bonne experience, bien aymé et familier du roy Loys, luy donna forme de vivre honneste et gracieux admonnestemens.

CHAPITRE VI.

La bonne estimacion que le roy Loys XI eut du jeune seigneur de La Trimoille dés ses jeunes ans.

Les conseils du seigneur de Cran, benignement receus par le jeune seigneur de La Trimoille son nepveu, ne diminuerent l'effect de ses nobles affections, mais luy creurent ses louhées vertuz; dont vinst au roy Loys XI meilleure extimacion de luy que au paravant, laquelle il declaira depuis à maistre Guillaume Hugonet, chancelier de Bourgongne, et au seigneur de Contay, venuz à Vervins vers ledict roy Loys de par le duc de Bourgongne pour avoir semblables treuves qui avoyent esté faictes entre ledict roy Loys et Edouard, roy d'Angleterre, à neuf ans; car comme lesdictes treuves eussent esté par ledict roy Loys accordées ausdicts ambassadeurs, en parlant et divisant des jeunes princes et seigneurs de France et Bourgongne, le roy Loys leur monstra, par grant singularité, le jeune seigneur de La Trimoille, leur disant : « La maison « de Bourgongne a nourry et entretenu par long temps « ceulx de La Trimoille, dont j'ay retiré ce gicton (1),

(1) *Gicton* : rejeton.

« esperant qu'il tiendra barbe aux Bourguignons. »
Ceste petite louange rendit ce jeune seigneur si tres-
ententif à faire ce que le Roy avoit de luy predit, que
tousjours estoient ses oreilles tendues aux propos que
son oncle et aultres bons chevalliers et chiefz de guerre
tenoyent des batailles, alarmes et rencontres, et le
plus grand de ses desirs estoit qu'on luy mist le harnoys sur le doz; ce qu'on fist dés ce qu'il eut l'aage
de dix-huyt ans, au temps de la conqueste de Bourgongne, que le roy Loys fist apres que Charles duc de
Bourgongne eut esté occis à la journée qu'il eut à
Nancy contre le duc de Lorraine, qui fut en l'an 1476.
Et, en l'aage de dix neuf ans, prinst accointance avec
ung jeune chevalier de l'aage de vingt et troys ans,
marié avec une fort belle dame estant en l'aage de
dix huyt ans, lesquelz je ne veulx nommer. Et fut
l'amour si grant entre ces deux jeunes seigneurs, que
le chevalier vouloit tousjours estre en la compaignée
du seigneur de La Tremoille, et souvent le menoit
passer le temps en son chasteau.

CHAPITRE VII.

*De la grant et honneste amour qui fut entre le jeune
seigneur de La Trimoille et une jeune dame.*

BIENTOST la jeune dame eut jour et nuyst davant les
yeulx la formosité et bonnes graces du jeune seigneur
de La Trimoille, et luy son excellente beauté, son humble maintien, gracieuse parolle et honneste entretien.

Or avoyent ilz encores la vergongne de honnesteté davant les yeulx; car la dame n'avoit onc mis son cueur en aultre que son espoux, et le seigneur de La Trimoille n'avoit onc employé son esprit ne donné labeur à ses pensées en faict de voluptueuses amours, mais seullement es guerres, chasses, jouxtes, tournoys et aultres passetemps honnestes; et luy fut ce premier desir venereux fort extrange, car sa pensée n'avoit seureté, et son couraige n'estoit en paix, mais assailly d'assaulx interieurs tant de jour que de nuyt, en sorte que son noble cueur ne povoyt trouver pascience. Encores n'estoit le seigneur de La Trimoille en si continuelle guerre que la dame, car il avoit plusieurs passetemps qui luy povoyent donner quelque oubliance; mais la pauvre dame (je dy pauvre d'amoureux confort, et riche de toutes aultres choses) demouroit tout le long du jour en sa maison, sans rien faire, au moyen dequoy les pensées croissoyent immodereement on jardin de son cueur : en sorte que, avant qui fussent troys jours passez, une palleur de tristesse vinst saisir son visaige, ses yeulx changerent leur doulx regard, ses jambes se debiliterent, son repos n'avoit pascience, souspirs et gemissemens sailloyent de son cueur; l'estomac, qui plus ne les povoyt porter, les chassoit jusques à la bouche, qui en devinst toute alterée : en sorte qu'elle fut contraincte de demourer au lict malade, non de fievre, mais d'une saine maladie et d'une santé languissante. Son espoux la voulut conforter, et y fist venir plusieurs medecins, et des plus expers; mais ilz n'eussent peu congnoistre son mal au poux ne à l'urine, ains à ses vehemens souppirs.

Le jeune seigneur de La Trimoille, se doubtant de

la qualité de son mal à la raison de ce que puis peu
de temps avoit congneu que ceste dame (les joyeuses
compaignées habandonnées) s'estoit rendue toute solitaire pour mieulx satisfaire à ses amoureux pensemens,
et que en parlant avec elle davant son mary ne povoyt
tenir propos, et souvent changeoit couleur, attendit
l'heure que les medecins s'en estoyent allez, et qu'elle
estoit seulle en sa chambre, couchée sur ung lict, où il
alloit quant il vouloit, sans le dangier de jalousie, pour
la grant amytié que le chevalier avoit à luy. Et eulx
estans hors de dangiers des rapporteurs, en hardiesse de
parler, luy dist : « Madame, on m'a presentement faict
« sçavoir que estiez arrestée de maladie dés le jour
« de hyer, dont j'ay esté fort desplaisant, parceque
« plustost fusse venu vous visiter et donner quelque
« consolacion, si je le povoys bien faire; car il n'y a
« femme en ce monde pour laquelle je me voulusse
« plus employer. » L'œil et la parolle de ce jeune
seigneur (comme les premiers medecins) commancerent à passer par toutes les arteres et sens de son
hostesse, et, pour la doulceur qu'elle y trouva, commença se resjouyr et prandre quelque refrigerement
en sa vehemente fureur d'amours. Toutesfoiz, surprinse d'une louable vergongne, precogitant qu'elle
ne povoit honnestement aymer aultre que son espoux,
pour en avoir le delict de charnel, differa respondre,
et de manifester à son amy la grosse aposthume plaine
d'amoureux pensemens qu'elle avoit sur son cueur,
mais luy dist seullement qu'il n'y avoit au monde personnaige qui la peust guerir, fors luy (son mal bien
congneu); et en disant ces parolles gecta sur la face
de ce jeune seigneur ung regard si penetrant, qu'il fut

navré on cueur plus que davant, et congneut asseureement qu'elle estoit amoureuse de luy : pourtant ne luy fist aultre response, fors que le medecin seroit trop eureux qui pourroit une si louable cure faire.

Comme il luy vouloyt declairer le surplus de ses amoureux desirs, survindrent aulcunes de ses damoyselles qui les departirent; et se retira le seigneur de La Trimoille seul en sa chambre, où, embrasé du feu d'amours, commença dire à tout par luy : « O
« quel perilleux et merveilleux assault, quel conta-
« gieux convy, quelle indefensable temptacion, quelle
« non inexorable priere, et quel dur et invincible
« assault, m'a esté livré par la parolle et le regard
« d'une femme! Que doy je faire? Amour me donne
« liberté d'acomplir mes plaisirs charnelz à mon
« souhayt, et honnesteté me le deffend, disant que ce
« seroit trahison faicte à son amy; jeunesse me induyt
« à volupté, et mon esprit à choses plus haultes et
« vertueuses; pityé me dit que je doy secourir celle
« qui languist pour l'amour de moy, et severité me
« defend maculler la conjugalle saincteté, et me com-
« mande que je garde ma chasteté à celle qui sera
« toute à moy, et non à aultre. » Sur ces fantasies, et aultres trop longues à reciter, ledict seigneur s'endormit en sa chambre.

La dame, apres le depart du seigneur de La Tremoille, fut pressée par ses damoiselles de prandre quelque reffection, ce qu'elle ne voulut lors faire; mais apres avoir faict sortir ceulx et celles qui estoient pres d'elle, commença à penser plus que jamais en ce jeune seigneur, et dire en son esprit : « O Dieu immortel,
« de quel seigneur et personnaige m'avez vous donnée

« l'acointance? il me semble que l'avez seulement faict
« pour estre regardé et amé, et que avez commandé
« à nature le pourtraire pour le chief d'euvre de sa
« subtille science. Où est la femme qui, contemplant
« l'excellence de sa beaulté, ne fust de son amour sur-
« prinse? Où est celle qui, congnoissant son gracieux
« maintyen, sa proesse, son honnesteté, sa perfection
« corporelle et sacrée formosité, ne pensast estre bien
« eureuse si elle povoit sa bienveillance acquerir? Où
« est la dame qui ne se dist bien fortunée d'estre en
« sa tant requise grace? Et je voy de l'autre part la
« beaulté de mon espoux, son bon traictement, sa fide-
« lité, la grant amour que en reverance il me exibe,
« son honnesteté, la fiance qu'il a en moy, l'enormité
« scandaleuse de la transgression de la foy conjugalle,
« le deshonneur que je pourroys, pour aultre amer,
« acquerir, le dangier de tel crime, la fureur de mes
« parens, et l'injure que je ferois à tout mon noble
« lignage : toutes lesquelles choses sont par moy ou-
« blyées, en la veue de ce jeune seigneur tant beau,
« tant bon, tant begnin, tant gracieux, tant amou-
« reux et tant plain de bonnes graces, et lequel je ne
« puys fuyr, pour la grant amour qui est entre luy et
« mon espoux, et leur journelle frequentacion. O Dieu
« eternel, que doy je faire? Je suis en l'eaue jusques au
« menton, toute alterée, et ne puis boyre; je suis à la
« table remplie de viandes exquises, criant à la fain;
« je suis au lict de repos, et le dormir m'est deffendu;
« je suis es tresors jusques aux oreilles, et je mandie
« pour vivre; j'ay le feu d'amour de tous coustez, et
« la glace de honte et crainte me gelle le cueur!
« O pauvre et desolée femme, que feras tu, fors atten-

« dre, pour le seul reconfort de mes douleurs, que la
« mort tire cruellement de mon las cueur l'amoureux
« traict de Cupido, et me frappe du sien mortelle-
« ment? »

Combien que ceste visitacion eust augmenté les passions amoureuses non seullement du jeune seigneur de La Trimoille, mais aussi de la dame, toutesfoiz prindrent ilz reconfort en leurs cueurs par le commancement de congnoissance de leurs voluntez, et s'estudierent celler leurs desirs et dissimuler leurs entencions à tous autres, pour mieulx parvenir au fruict d'amours : mais ne fut possible, parce qu'ilz changerent de contenance, de langaige et de propos, et ne vouloyent parler longuement ensemble en compaignée comme avoyent accoustumé, parce que souvent changeoyent couleur, et se desroboyent à table et ailleurs plusieurs amoureux regars dont se apperceut le chevalier, et y resva quelque peu : toutesfoiz la grant amytié qu'il avoit au jeune seigneur de La Trimoille luy fist penser que le mourir seroit plustost par luy choisy que le vivre au pourchasser de tel deshonneur faire en sa maison, et en ousta sa fantasie. Ce nonobstant, voyant meigrir le jeune seigneur de La Trimoille, et devenir tout solitaire et pensif, luy demandoit souvent qu'il avoit, et s'il estoit amoureux : ledict seigneur en rougissant luy disoit que non, et prenoit excuse sur quelque aultre chose; mais sa contenance contrariant à sa parolle, le rendoit coupable.

Au regard de la dame, elle languissoit, et avoit une angoisse en son amoureux cueur si grant qu'elle en perdoit le boyre, le manger et le dormir. Ses chançons estoyent tournées en souspirs, ses joyeux propos en solitude de pensées, et ses rys en amoureuses larmes. Ledict seigneur estoit si pressé en son esprit qu'il eust bien voulu n'avoir ses amoureux pensemens, et souvent deliberoit se retirer à la court ou ailleurs; mais soudain, par ung seul regard de la dame, en estoit diverty : aussi le chevalier le retenoit tousjours, et sans luy ne povoyt vivre. Et pource qu'il ne ousoyt si souvent parler à la dame qu'il avoit accoustumé, et que son amour luy avoit engendré suspeçon et crainte de jalousie, luy escripvit une lectre (1).

Ceste lectre, escripte de la main du seigneur de La Tremoille, portée à la dame par ung de ses paiges, duquel il avoit congneu le bon esprit, fut par elle, en sa chambre, incontinant apres son lever, sans aucuns tesmoings, secretement receue; et avant la lecture, pour obvier à toute suspeçon qui jà l'avoit rendue fort craintive, dist au paige : « Mon amy, le bon jour soit « donné à monseigneur vostre maistre! Vous me recom- « manderez à sa bonne grace, et luy direz que sa lectre « veue, en aura bien tost responce. » Elle, laissée par le paige, alla ouyr la messe en la chappelle du chasteau, en laquelle son espoux et ledit seigneur l'acten-

---

(1) *Luy escrivit une lectre* : l'auteur donne les lettres des deux amans, qui sont fort longues, et écrites en vers. Dans celle de La Trémouille on remarque le passage suivant:

> Esbats et jeux, tous joyeux passetemps
> D'oiseaulx, chevaulx et chiens, mis en contemps;
> Je ne quiers fors ung lieu de solitude,
> Pour en amour gecter la mienne estude.
> Je quiers ung lieu secret pour le repos
> De mes pensiers et amoureux propos.
> Honnesteté si le me vient deffendre,
> En me disant : « Ce seroit trop mesprendre
> « Vers mon amy qui se confie en moy,
> « Et que j'aurois perdu l'honneur de foy. »

doient pour avoir leur part de la devocion; mais ne la veirent à l'entrée et yssue, à la raison de ce qu'elle entrée en son oratoire par une faulse porte, par icelle mesme sortit, et s'en alla renffermer en son cabinet, où elle fut jusques au disner seule, non sans fantasier apres ceste lectre, en notant chescun mot d'icelle; et, pour y faire responce conforme à sa volunté, prinst encre, plume et papier, et escripvit au seigneur de La Trimoille.

CHAPITRE VIII.

Commant la lectre de la dame fut portée au seigneur de La Tremoille, et son amour descouverte au chevalier son espoux; et commant le chevalier par doulceur les retira de leurs folles affections.

La lectre de la dame fut tant eureuse, qu'elle trouva messagier secret qui la mist entre les mains du seigneur de La Tremoille; ce fut son paige qui avoit porté la sienne à la dame : mais la lecture en fut piteuse, car il y eut en icelle lisant plus de larmes que de bonne pronunciation. Ses sens s'esloignoient de la raison, la langue se troubloit, le corps trembloit, le cueur souspiroit, et les jambes luy failloient : en sorte que luy, contrainct se gecter sur son lict de camp, fut long temps sans parler; et le plus grant danger de son mal, c'estoit qu'il n'avoit à qui descouvrir sa malladie. Le soupper fut prest, mais il perdit le souvenir de boire et manger; ses paiges actendoient son yssue à la porte

de sa chambre, pour le conduire en salle avec torches ;
mais il ne povoit trouver le chemin, et jusques à donner quelque pensement au chevalier que mal luy allast, mais non à la dame, qui bien se doubtoit de sa
malladie, procedant de sa lectre plaine de varieté et
mutacion de vouloir. Une partie lui donnoit espoir
de joissance, et l'autre le mectoit en desespoir; en lisant aucuns motz, pensoit bien faire tout ce que son
amoureux desir vouldroit, et en lisant aultres s'en
trouvoit tresfort esloigné, et par raisons si vives que
le replicquer luy eust esté honte, et le contredire deshonneste; parquoy demouroit en langueur, qui est une
angoisse d'amoureux cueur, laquelle ne peult celler
son ennuy, et ne scet à qui le dire pour y trouver allegence : et brief la mort luy eust esté plus propre à le
guerir de ce mal, que le remede trouver pour le medeciner, ainsi que bien luy sembloit à veoir la lectre
de la dame.

L'heure du soupper passée, et sceu par les paiges
que la porte de la chambre de ce jeune seigneur
estoit par le derriere fermée, le chevalier alla luy
mesme à la chambre, frappa à la porte, est entendu
par le seigneur, qui luy faict soudain ouverture, et le
interroge de la cause de si longue demeure; en rougissant respondit qu'il s'estoit trouvé mal, et ne vouloit soupper. Toutesfoiz, pressé par le chevalier, qui
congnoissoit à la rougeur de ses yeulx qu'il avoit
ploré, s'en allerent mectre à table, et la dame avec
eulx; laquelle, empeschée de plusieurs et diverses
pensées, rompit son honneste coustume de mectre en
avant quelque bon propos, et passa le soupper sans
mot dire. Le jeune seigneur, tourmenté de ses affec-

tions du dedans, parloit aulcunesfoiz, mais non
à propos; qui donna congnoissance au chevalier que
son mal procedoit d'amours, et que amoureux estoit
de sa femme, dont ne fist compte; mais, interrumpant
tousjours ses secretes pensées de parolles joyeuses,
s'efforçoit le gecter hors de ceste amoureuse angoisse.
La table levée et graces dictes, deviserent ensemble
demye heure seulement, contre leur coustume, qui
estoit actendre mynuit; et fut conduict le jeune seigneur
par le chevalier et sa femme en sa chambre, où
elle fut laissée. Mais incontinent apres congié prins de
luy, par ung secret et gracieux baiser, pour ouster
toute suspection, se retira en la chambre de son mary,
et le jeune seigneur, pour donner repos à la douleur
qui tant le pressoit, se coucha; mais le dormir ne fut
si long que la veillée.

Or voyons nous en quelle destresse estoyent ces deux
personnages pour trop aymer, dont le chevalier eut
par conjectures quelque congnoissance, car il estoit
assez mondain et de grant esprit. Toutesfoiz n'en fist
lors semblant; et apres s'estre couché pres de sa femme,
en lieu de dormir, se mist à diviser avec elle de ses
jeunesses et bons tours qu'il avoit faict en amours
avant son mariage, luy disant « que c'estoit la plus
« grant peine du monde, et se doubtoit que le seigneur
« de La Trimoille le fust; mais ne sçavoit de quel
« personnaige, et ne le povoit ymaginer ne penser, à
« la raison de ses perfections de nature, richesses et
« dons de grace, et que la dame seroit fort eureuse
« qui de luy seroit par honneur aymée. Et si je sça-
« voys, disoit le chevalier, en quelle dame il a mis
« son cueur, je laisseroys le chemin de mon repos, et

« prendroys celluy de son labeur, car il le vault. —
« Et si c'estoit de moy, dist la dame, que diriez-vous?
« — Je diroys que vous vallez bien de estre aymée;
« mais je pense qu'il a si loyal cueur qu'il ne voul-
« droit maculler nostre lict pour chose du monde,
« et qu'il aymeroit mieulx mourir que le faire; et
« aussi qu'il congnoist et considere la perfection de
« vos vertuz, et l'arrest d'amour qu'avez faict en moy.
« Et neantmoins si, par une passion de desir qui es-
« veille les clers entendemens des hommes et femmes,
« estoit tumbé en cest inconvenient dont ne peust
« sortir sans mort, fors par la jouyssance de vous,
« pourveu que Dieu n'y fust offencé, voustre honneur
« macullé, et ma noblesse souillée, je y donneroys
« plustost consentement que à sa mort. Je vous prie,
« m'amye, s'il est ainsi, qu'il ne me soit cellé. — Je
« vous asseure, mon amy, dist la dame, que c'est de
« moy; mais saichez que c'est d'une amour tant hon-
« neste qu'il aymeroit mieulx mourir que de vous
« offencer, ne me donner reproche; et vous ayme
« tant, comme il m'a dict, que l'amour qu'il a à vous
« combat à celle dont il me ayme, qui est la princi-
« palle cause du mal qu'il seuffre, duquel mal, sans
« vous en mentir, je supporte partie sur mon cueur,
« par pitié qui ne luy puist ne doibt secourir.

« M'amye, respond le chevallier, nous trouverons
« moyen de luy donner alegence par ce que je vous
« diray. Demain, apres disner, iray avec mes servi-
« teurs en tel lieu, sans retourner jusques au lende-
« main. Cependant irez à sa chambre, et luy porterez
« une lettre que je feray, vous offrant par mon congié
« à sa mercy. Si je ne vous congnoissoys saige, pru-

« dente et chaste, ne vous bailleroys ceste liberté, la-
« quelle pourriez prandre; mais il me semble que
« aultre moyen n'y a pour le guerir de son mal,
« duquel plusieurs jeunes seigneurs sont mors, ou
« tumbez en quelque grant necessité. » En tenant ces
propos, apres aulcuns honnestes baisiers le chevallier
s'endormit, mais non la dame, laquelle passa le reste
de la nuyt en larmes, qui laverent son cœur de l'infection de ses amoureux pensemens, à la consideracion de la bonté et honnesteté de son espoux, à sa
doulceur et benignité, à l'amytié qu'il avoit au jeune
seigneur, et à la grant confiance qu'il avoyt à elle.
Le chevallier se leva matin, et d'ung gracieux baiser
par luy donné à son espouse, qui sur le matin s'estoit
endormie, la reveilla, et luy renouvella en briefves
parolles leur deliberacion de la nuyt; et luy, prest
de ses acoustremens, se retire en la chambre de son
secret, où il fist une briefve epistre. Ce pendant le
jeune seigneur de La Trimoille, tout desollé des songes
et fantasmes nocturnes, se leva, et, la messe ouye, avec
le chevallier et la dame disnerent assez matin. Le
disner faict, le chevallier dist au seigneur de La Trimoille qu'il voulloit aller à une sienne maison pour
quelque affaire, et que le lendemain seroit de retour à
disner. Ledict seigneur offrit et pressa le chevallier de
luy tenir compaignée; mais par honneste excuse l'en
refusa.

Or fut bien tost prest le chevalier, et, sa lettre baillée à son espouse, monta à cheval, accompaigné de
ses gens, pour aller où il avoit dict en presence dudict
seigneur et de la dame; lesquelz, hors du dangier des
serviteurs (qui souvent dient plus qu'ilz ne savent),

se retirerent seulz en la chambre de la dame, où elle, toute honteuse, luy demanda : « Monsieur, commant « vous est-il allé ceste nuyt? — Assez mal, dist-il, « car je l'ay passée en souspirs, fantasies, et songes « merveilleux. — Et je l'ay accompaignée, dist la « dame, de larmes et pleurs; car mon mary, congnois- « sant nostre amour, m'en a bien avant parlé, non « comme jaloux de vous, mais comme le plus grant « amy qu'il ayt et qu'on pourroit avoir en ce monde; « car, son interest mis arriere et mon honneur ou- « blyé, m'a prié vous mettre hors des laqs d'amour, « desquelz vous et moy sommes si estroictement liez, « et m'a chargé vous bailler ceste lettre. » Le dict seigneur fut tant esbay de tel propos, qu'il perdit la parolle; car tant aymoit le chevallier qu'il eust bien voulu mourir pour luy en juste querelle : et sa bouche ouverte par le commandement du cueur, apres s'estre par les yeulx deschargé de ses souspirs, prinst et leut la lettre (1).

(1) *Et leut la lettre* : cette lettre est encore une longue pièce de vers. Le chevalier dit au jeune La Trémouille qu'il est indigne de lui d'adresser ses vœux à la femme d'un autre; que s'il obtenoit ce qu'il désire, il seroit livré à d'éternels remords, et qu'il doit se distraire de cet amour en faisant un mariage honorable. Il ajoute que, connoissant son noble caractère, il s'est éloigné pour le laisser entièrement libre. Les éditeurs de l'ancienne Collection, ne voulant pas conserver ces vers fort médiocres, en ont fait une lettre en prose, où ils se sont efforcés d'imiter le vieux langage.

CHAPITRE IX.

L'honneste moyen par lequel le jeune seigneur de La Trimoille et la dame se departirent de leurs secretes amours.

La lettre du chevallier ne fut leue par le jeune seigneur sans donner repos à sa langue pour descharger son triste cueur de angoisseuses larmes, et moins n'en faisoit la dame, la pitié de laquelle augmentoit la passion du lecteur; en sorte que une heure fut passée avant le parfaict. Ceste lettre eut telle vertuz que (toute folle amour chassée) raison ouvrit leurs intellectuelz yeulx pour congnoistre l'honnesteté, bonté et prudence du chevalier, leur folle entreprinse, inconsideracion, et immoderées voluntez. Et commença dire le jeune seigneur : « Ha! madame, voyez vous point
« mon tort? Vous est ma coulpe absconse, est pas ma
« faulte descouverte, quant, par deceptifz propos,
« regards impudiques et amoureux baisiers, je vous
« ay voulu divertir de la vraye et simple amour que
« devez avoir à vouste seul espoux tant bon, tant
« gracieux et tant honneste : devoys je point sa bonté
« considerer, son amytié gouster, et ses biensfaictz re-
« duyre à memoyre? Il m'a receu en sa maison, et
« sans deffiance m'a tant de foiz laissé seul avec vous,
« vous baysant et divisant par passetemps, et à pre-
« sent, congnoissant ma langueur et le dangier de
« mon mal, a tant eslargy sa severité, que, vostre

« honneur oublié, nous a laissé licence, espace et
« temps pour executer les passions de noz amoureux
« desirs. » Autant en disoit la dame, et tindrent ces
bons et honnestes propos jusques environ quatre heures devers le soir, que ledit seigneur monta sur une
hacquenée, et seul s'en alla au davant du chevalier,
lequel fust rencontré à une lieue pres : apres double
salut fait et rendu, feirent aller les serviteurs davant,
et demeurerent assez loing derriere. Le jeune seigneur
se excusa envers le chevalier au mieulx qu'il luy fut
possible, et l'asseura par serment que sa lettre avoit
esté la seulle medecine de sa playe, et que, quelque
amour qu'il eust à son espouse, estoit tant honneste
qu'il eust mieulx aymé mourir que maculer la loy et
foy de leur mariage, qui estoit la cause de son grief
mal; car sa passion sensuelle vouloit ce que raison luy
deffendoit.

Le chevalier aussi s'excusa envers luy de sa lettre,
disant qu'il ne presuma onc qu'il voulust mettre à
effect ses pensées. Et en ce propos arriverent au chasteau, où ilz trouverent le soupper prest, et la dame
avec autres gentilz hommes qui les attendoyent. Le
jeune seigneur fut contrainct par le chevalier se asseoyr
davant la dame, et congneut leurs contenances toutes
changées, et qu'ilz avoyent mis arriere une grant
partie de leurs amoureuses fantasies. Apres souppei
il y eut tabourins et instrumens, dancerent et diviserent assez tard, puis chascun se retira en sa chambre. Et comme ledict seigneur fut seul en son lict, fut
encores assailly par ung gracieux souvenir de la dame,
en reduysant à memoyre ses graces et façons tant honnestes; et luy estoit encores demouré quelque relique

de ses amoureuses passions, dont ne se povoit aisement
descharger; mais le bon tour que *luy avoit faict le
chevalier* chassa ces pensées, et il s'endormist.

CHAPITRE X.

*Comment le jeune seigneur de La Trimoille laissa la
maison du chevallier, et s'en alla au trespas de
monsieur son pere.*

Quand il fut jour, le jeune seigneur de La Trimoille se treuva bien deliberé de plus ne donner lieu
aux amoureuses pensées du temps passé; et comme il
se vouloit lever, luy vindrent nouvelles certaines que
monsieur son pere estoit griefvement malade, et pres
de la mort. Parquoy soubdain envoya vers le chevallier sçavoir s'il pourroit lors parler à luy; lequel soubdain venu, et le bon jour donné par l'ung à l'autre,
s'enquist commant il avoit passé la nuyt; et ledict
seigneur luy declaira la nouvelle qu'il avoit eue de la
maladie de monsieur son pere. Si luy conseilla lors
aller vers luy en diligence dés ledict jour, ce qu'il
delibera; mais avant son soubdain partement, apres
la messe ouye, en actendant le disner, alla prandre
congié de la dame, qui n'estoit encores sortie de sa
chambre; et apres l'avoir gracieusement saluée, luy
dist : « Madame, je suis l'homme le plus tenu à vous
« que à toutes les humaines creatures, tant pour le bon
« traictement que m'avez faict en vostre maison, que
« pour les grans sies d'amour que m'avez monstrez,

« dont je me sens vostre perpetuel tenu et obligé; et
« si je puis me trouver en lieu pour en recongnoistre
« le tout ou partie, je vous asseure que je y emploie-
« ray corps et biens. Je suis contrainct de m'esloygner
« de vous pour quelque maulvaise nouvelle que à ce
« matin m'a esté apportée de monsieur mon pere,
« fort malade, et en dangier de mort : il est mon pere,
« je luy doy obeissance et amour naturelle ; et si je
« n'allôys vers luy pour le visiter et consoler, et qu'il
« mourust sans le veoyr, ce me seroit ung perpetuel
« reproche et ennuy mortel, qui tousjours presenteroit
« regret et tristesse à mon cueur. Et pour ce je vous dy
« adieu, madame, jusques à mon retour, du temps
« duquel je ne suis asseuré. » Jà commençoit le
cueur de ce jeune seigneur à se descharger de la furieuse amour qu'il avoit eue à ceste dame, à la consideracion des bons tours et offres que lui avoit faictz le
chevallier son espoux.

Au dire adieu, le jeune seigneur presenta à la dame
ung gracieux baysier, qui courtoysement l'accepta.
Toutesfoiz ceste nouvelle, ainsi soubdain venue, la con-
trista par ung amoureux regret, et se trouva quelque
peu de temps hors de soy, sans povoyr dire mot pour
la responce; les larmes, qui tost apres sortirent de ses
yeulx, luy ouvrirent le cueur; et commença à parler
en ceste sorte : « Je ne vouldroys, monsieur, à vostre
« dommaige retarder vostre depart; car je vous ame
« de sorte que le plaisir donne lieu à l'honneur et
« proffit de vostre personne. Toutesfoiz, si tousjours
« povois estre en vostre compaignée sans le maul-
« vaiz parler des gens, je m'extimerois la plus eureuse
« femme de la terre qui ne se peut faire, parce que

« j'ay ma foy donnée à ung aultre, et je pense bien que
« brief serez tout à quelque dame de laquelle je voul-
« drois bien estre la simple damoyselle. Vous savez,
« monsieur, les secretes choses de noz affections, qui,
« à Dieu graces, n'ont sorty effect, mais sont demou-
« rées entre les mains de honneste vouloir. Je vous prie
« que en ceste sorte il vous plaise n'oublier l'amour
« de celle qui vous tiendra tousjours escript en sa me-
« moire par saincte et charitable amytié. »

Avec telz ou semblables propos ce jeune seigneur laissa la dame en sa chambre, mais non sans gecter quelques larmes de ses yeulx; car, jaçoit ce qu'il fust hors de tout maulvaiz vouloir, toutesfoiz estoit encores la racine de charnelle amour en son cueur, laquelle fut desracinée au moyen de la corporelle separacion, qui est l'ung des grans remedes d'amour qu'on pourroit trouver. Et, apres avoir disné tous ensemble, et ung aultre general congié prins de la dame, partyt pour faire son voiage, non sans la compaignée du chevalier, qui le conduyt jusques à la couchée; et en chevauchant diviserent de plusieurs choses, dont le chevalier fut tres joieux, et s'en retourna à sa maison tres contant. Son espouse fut long temps toute honteuse dont tant elle avoit esdiré son esprit, et ne passoit ung jour que, en considerant le dangier où s'estoit mise, ne gectast quelques larmes de desplaisir, qui la rendit si tressaige et bonne qu'elle passoit toutes les aultres; et pour une vertu qu'elle avoit eu auparavant, en recouvra deux, savoir est chasteté et humilité.

Le jeune seigneur de La Tremoille trouva son pere en extremité de mort, car tost apres sa venue alla de vie à trespas, délaissez ce jeune seigneur et ses troys freres Jacques, Georges et Jehan, et certaines filles, tous mineurs et en bas aage. Mais parce que ledict jeune seigneur estoit filz aisné et principal heritier, eut la charge du tout; et, leur pere honnorablement ensepulturé et obsequié, donna ordre à sa maison et estat de luy et de messieurs ses freres. Et bien tost apres, par le conseil de ses amys, retourna à la court du roy de France, où il avoit estat, pour recouvrer les terres de la vicomté de Thouars, principaulté de Thalmond, Amboyse, Montrichart, et aultres de grant revenu que le roy Loys avoit mises en sa main à tort et contre raison, par une execution de particuliere volunté et desir de vangence, qui estoit la seule apparente maculle qui fort a obscursy les aultres bonnes condicions de ce roy, ainsi qu'on peult veoyr par sa cronique.

CHAPITRE XI.

Commant le seigneur de La Trimoille fut restitué en la vicomté de Thouars, et aultres grosses seigneuries à luy appartenantes à cause de sa feue mere, fors d'Amboyse et Montrichart.

Or s'en allerent ces troys jeunes seigneurs à Tours, parce que le roy Loys estoit au Plesseis, qui est ung sejour royal au cousté de ladicte ville, auquel lieu s'estoit retiré pour trouver repos à son acoustumé labeur, et se separer des grosses compaignées à luy desplaisantes, et de l'acces des princes de son sang et aultres gros seigneurs qu'il avoit en grant suspection, laquelle procedoit de ce qu'il avoit voulu estre crainct de tout le monde; et, comme dict Tulle en ses Offices, il advient que ceulx qui veullent estre crains craignent non seullement les grans, mais les petiz. Le jeune seigneur de La Trimoille fut hors le train d'amours; et la dame oubliée, apres laquelle il avoit tant reveillé son subtil et facil engin, prinst le chemin de proffit particulier, et de penser la maniere par laquelle pourroit recouvrer ses terres par le Roy injustement occupées. Il avoit plusieurs amys en court, princes et aultres; mais aulcun d'iceulx n'eut la hardiesse d'en parler au Roy, doubtant sa furieuse ymaginacion. On le conseilla se adroisser à l'arcevesque (1) de Tours, de l'ordre des freres mineurs, de grant saincteté, qui parloit hardiement au Roy de ce qui concernoit le faict de sa conscience; et, par craincte de mort ou exil, ne differa onc de confondre ses desordonnées excuses.

A ceste consideracion, le jeune seigneur de La Trimoille se adroissa audit arcevesque, qui tres voluntiers luy presta l'oreille; et la qualité de son affaire congneue, dont aultresfoys on luy avoit tenu propos, promist en parler au Roy, à la premiere disposicion qu'il congnoistroit estre en luy pour se ranger à la raison. Ce que fist ce bon arcevesque, qui joyeux estoit de faire administrer justice à ceulx qui la demandoyent; mais non si tost, car la maladie du Roy estoit si vehemente et pressante, que, en la fureur d'icelle, homme quel qu'il fust n'ousoit commancer ung propos

---

(1) *Se adroisser à l'arcevesque* : ce courageux prélat s'appeloit Elie Bourdeille. Il fut nommé cardinal le 15 novembre 1483, deux mois et demi après la mort de Louis XI.

hors sa fantasie ou ymaginacion. Fortune disposa l'heure du relasche de son mal avec la venue de l'arcevesque de Tours, lequel, voyant l'esprit du Roy bien temperé pour y trouver ce qu'il demandoit, luy dist à secret : « Syre, il a pleu à vostre royalle magesté me
« descouvrir plusieurs syndereses et scrupules de vos-
« tre conscience, et entre aultres du tort que vous tenez
« aux enfans de la fille du vicomte de Thouars, le filz
« aisné desquelz (qui est le seigneur de La Trimoille
« que fort bien aymez) m'a plusieurs foiz prié vous
« en parler, à ce que, en administrant justice, eussent
« de leurs terres et seigneuries restitucion. — Je ne les
« ay prinses, dist le Roy, pour les retenir; mais vous
« entendez, monsieur l'arcevesque, commant les prin-
« ces du sang m'ont traicté, soubz la confiance du duc
« de Bretaigne et du feu duc de Bourgongne; et que si
« je n'eusse par severité rompu leurs entreprinses, fusse
« demouré le derrier roy des nobles malheureux on (1)
« livre de Bocace. Or, au moyen du parentaige et al-
« liance qui estoit entre le feu duc de Bretaigne et le
« feu vicomte de Thouars Loys d'Amboyse, doubtant
« qu'il fust de sa faction, et que, au moyen des grosses
« seigneuries qu'il avoit en Poictou es frontieres de
« Bretaigne, le duc de Bretaigne peust entrer en mon
« royaulme, je mis en ma main ses terres et seigneu-
« ries, non pour les retenir, mais pour les garder à ce
« jeune seigneur de La Trimoille, lequel, à mon juge-
« ment, sera l'ung des principaulx protecteurs et def-
« fenseurs de la maison de France : et si bien entendez
« la fin de mon execucion, ce a esté pour le mieulx,
« et à ce que, pour l'offence que eust peu commectre

(1) *On* : ce mot est souvent mis pour *au*.

« ledict d'Amboyse par l'importunité des aultres princes
« de mon sang, ce jeune seigneur ne fust en dangier
« de perdre le tout, et aussi pour tenir en crainete
« cest enfant, lequel, par presumption de richesse,
« pourroit prandre si grant hardiesse qu'elle tumbe-
« roit en irreverence et faction. La jalousie de ma re-
« nommée a tenu ma memoyre au passé pour eslire le
« meilleur du present et advenir, en sorte que par tem-
« perance et severité (mes ennemys surmontez) je suis
« en mon royaulme paisible, herite d'ung filz qui est
« l'ymaige de ma temporelle felicité.

« Toutes ces choses, si en ceste consideracion les
« avez faictes, dit l'arcevesque, procédent de Dieu ;
« et puis que le dangier de l'advenir par vous preveu
« est passé, me semble que vostre naturel doit à pre-
« sent vaincre l'accident de vostre craincte ; et, actendu
« que vous estes de voz adversaires le surmonteur,
« devez ouster le moyen que doubtiez estre nuysible
« à vostre intencion : vous estes debteur à vostre
« vertu, et à ce vous oblige vostre royalle condicion.
« Vous mesmes reparez ce tort, et ne vous en confiez
« à ceulx qui n'auront apres vostre mort memoyre
« de vous. » Le Roy remist la conclusion de cest affaire à ung aultre jour, mais pourtant ne demoura
en arriere, car ledict arcevesque fut tant pressé du
jeune seigneur de La Trimoille, que par aultresfoiz
en parla au Roy, et finablement, par le commandement du Roy, mena en sa chambre, en laquelle aucun
des princes lors n'avoit entré, le jeune seigneur avec
ses aultres troys freres : et la reverence par eulx faicte
au Roy comme appartenoit, par son commandement
le jeune seigneur, meslant ses saiges parolles avec ung

peu de honte reverencialle, commencea à parler à luy, disant :

« Si par nature ou coustume estoit une chose ar-
« restée entre les hommes, o tres illustre et trium-
« phant roy, que ceulx auxquelz Dieu a donné l'auc-
« torité et puissance de exercer et administrer justice
« ne regardoient fors aux loix privées de leurs pas-
« sions et affections, et que leurs voluntez fussent par
« dessus la raison, ne extimerois aucun lieu nous estre
« laissé pour vous faire priere; mais congnoissans le
« parfaict de vostre prudence, qui ne vous permist onc
« faire chose par si legiere credulité que n'aiez tous-
« jours tenu la sentence en suspens, et que ne voul-
« driez charger l'innocence par le conseil de vostre
« seul vouloir prins de chose suspeçonneuse, aussi
« que l'homme de vertu ne se despouilla onc tant de
« humanité, qu'il aye perdu la memoire de clemence
« et pitié, la doulceur de laquelle a souvent penetré
« les insupportables rigueurs des gens barbares, mo-
« lifié les cruelz yeulx des ennemys, et humilié les
« insolens espritz de victoire, ce ne luy est chouse
« haulte ne difficille trouver asseuré chemyn entre les
« armes contraires et les glaives evaginez : elle vainct
« toute ire, prosterne et abat hayne, et mesle l'ostille
« sang avec les hostilles larmes, par laquelle Hannibal
« de Cartage emporta plus de gloire que par la victoire
« qu'il obtinst contre Paulus Gracchus et Marcellus,
« rommains consulles; lors qu'il les feit, apres les
« avoir occis, honnorablement ensevelir. Pour ces
« consideracions, nous retirons à vostre benignité,
« doulceur et clemence.

« Certes, si jamais espoir de mansuetude fut en gens

« miserables et pour miserable cause, elle doyt estre
« en mes freres et moy, tres redoutable prince, tant
« pour nostre jeunesse et pupillarité, que pour l'in-
« nocence de nostre ayeul maternel, qui onc n'entre-
« prinst faire chose contre vostre royalle magesté, et
« dont il peust estre de desobeissance suspeçonné; et
« plus y avoit de raison à considerer les maulvaises
« meurs de ceulx qui vous ont à ceste ire provocqué,
« que croire à leurs calumpnieux et non veritables rap-
« ports. Et si nostre ayeul avoit failly, dont ne voulons
« contendre ne prandre querelle, mais du tout nous
« soubmectre à vostre royalle bonté, vous plaise con-
« siderer, o prince tres humain et clemens, que nostre
« ayeul, et sa fille et heritiere unicque, nostre mere,
« sont decedez, et n'ont aultres heritiers que nous, voz
« tres humbles et tres obeissans subjectz et serviteurs;
« lesquelz, comme de vous cherement amez, avez de
« dessoubz l'hellé de naturelle mignardise retirez, et
« mis au nombre de ceulx qui veulent estre gens de
« bien. A ceste consideracion, plus raisonnable chose
« seroit noz biens estre par equité remis entre noz
« mains, que laissez par tyrannie à ceulx lesquelz ont
« puis nagueres prins tiltre de renommée, plus par
« l'auctorité que soubz vous usurpent, que par leurs
« vertuz et merites.

« Vous plaise considerer les services et merites de
« noz parens, le vouloir qu'ilz ont eu à l'exaltacion de
« la gloire de France, et que bataille n'a esté faicte,
« puis six vingts ans, qu'ilz n'y aient esté retournans
« d'icelles à leur honneur. Onc ne furent repris de
« chose pour laquelle les roys voz predecesseurs ayent
« eu occasion de gecter sur eulx ne sur nous les

« yeulx de indignacion. Vous entendez assez que en
« gardant les loyers se conservent les subjectz. Pour
« ces raisons, et aultres que bien entendez, sire, vous
« plaise nous faire rendre et restituer noz terres; et en
« faisant raison et justice, nous obligerez, par redoublée
« gratitude, libéralité et munificence, à tousjours estre
« perpetuelz serviteurs de vous et de vostre royaulme.»

Les sens et faconde du jeune seigneur de La Tremoille, meslez avec prudente hardiesse, consolerent tres fort le Roy, lequel ne interrumpit son parler, ne y prinst aucun ennuy; mais meu par ses prieres, qui penetrerent la severité de son esprit, et vindrent jusques à luy ouvrir le cueur, luy feit responce : « Mon
« amy Trimoille, retirez vous à vostre logis avec voz
« freres. J'ay bien entendu tout ce que m'avez dict; je
« pourvoieray à vostre affaire par le conseil de mon-
« sieur de Tours, en sorte que aurez matiere de me
« appeller roy ét pere. » Le presser eust esté plus nuysant que proffitable, les condicions du Roy bien entendues, qui empescha le replicque de ces nobles enfans, lesquelz se retirerent à leur logis. Et dix ou douze jours apres, le Roy, sollicité par l'arcevesque de Tours, manda venir vers luy le jeune seigneur de La Trimoille, auquel dist : « Mon amy Trimoille, je
« t'ay prins des l'aage de treze ans, esperant que tu
« seroys en l'advenir l'un des propugnacles de mon
« royaulme, le deffenseur de mon ceptre et souste-
« nement de ma couronne, pour mon filz unicque
« Charles, lequel je te recommande. Longtemps y
« a que maladie me persecute, et me semble que
« la mort est aux espies pour me prandre, ce que ne
« puis évader : je te prie que ne soye frustré de mon

« espoyr. L'une des bonnes condicions en toy congneues,
« c'est que tu as surmonté envie par louhée humilité,
« et par pacience acquis le nom de fort : l'une te fera
« prosperer en ma maison, et l'autre triumpher en
« guerre; je te prie continuer. Au regard de tes terres
« de Thouars et aultres estans en Poictou, j'ay ordonné
« par mes lettres patentes qu'elles te soyent rendues,
« comme à toy de droict appartenans, et dont je ne
« vouldrois la retencion; mais je te prie prandre re-
« companse d'Ambaise et de Montrichard, par autant
« que le sejour de Touraine m'est fort agreable, à la
« raison de ce que mon filz y est nourry, et pourra
« en l'advenir mieulx aymer ce territoyre que aultre.
« — Sire, dist le jeune seigneur de La Trimoille, je
« feray tout ce qu'il vous plaira, et vous mercy de voz
« remonstrances, et de la restitucion que avez ordonné
« me estre faicte. »

Le jeune seigneur de La Trimoille fist ses diligences de recouvrer ces lettres de restablissement, et à ce faire eut merveilleux labeur, et neantmoins ne peult encores jouyr desdites terres, à la raison de ce que le Roy estoit griefvement malade, et que son mal luy empiroit de jour en jour; aussi que demy an apres ou environ alla de vie à trespas, qui fut en l'an 1483, auquel succeda monsieur le Daulphin son filz unique, nommé Charles huytiesme de ce nom. Aussi laissa deux filles ses heritieres : l'aisnée, nommée Anne, mariée avec le seigneur de Beaujeu, frere du duc de Bourbon; et l'autre, nommée Jehanne, espousée par force, ainsi qu'on disoit, avec monsieur Loys, duc d'Orleans; elle estoit belle de visaige, et de clers meurs et vertuz, mais contrefaicte du corps; au moyen desquelles choses fut depuis repudiée, et leur mariage declairé nul, comme nous verrons si Dieu le donne.

CHAPITRE XII.

Comment le seigneur de La Trimoille fut appellé au service du roy Charles VIII; et comment on traicta le marier avec madame Gabrielle de Bourbon, de la maison de Montpensier, et alla la vcoir en habit dissimullé.

CHARLES, huytiesme de ce nom, filz unique du feu roy Loys XI, fut couronné roy de France en l'aage de quatorze ans, la jeunesse duquel donna occasion à ambicion de diviser d'avec luy les princes de son sang, lesquelz hannelloyent et aspiroyent pour les honneurs ou avarice avoir la regence et gouvernement de luy et de son royaulme, et entre aultres monsieur Loys, duc d'Orleans, qui lors estoit de l'aage de vingt et troys ans, et aussi le duc de Bourbon, lesquelz ne se declairerent si tost. Toutesfoiz madame Anne de France, seur du Roy et espouse du seigneur de Beaujeu, de la maison de Bourbon, laquelle avoit le gouvernement de la personne du Roy, se doubtant de ces entreprises, y pourveut; et, dés l'année du trespas dudict roy Loys, voulant gaigner princes et seigneurs à ce qu'ilz ne se destournassent de leur fidelité, et voyant le jeune seigneur de La Trimoille prosperer en biens et en toutes vertuz appartenans à ung chief de guerre et conducteur d'une chose publique, et qu'il avoit merveilleux vouloyr de servir le Roy et le royaulme, le fist mettre aux Estatz du Roy, et luy parla de le marier avec madamoyselle Gabrielle de Bourbon, fille du comte de Monpensier.

Le mariage estoit moult beau et honneste, car ladicte Gabrielle estoit descendue du roy sainct Loys; et pour l'entendre, est à presupposer que le roy sainct Loys eut plusieurs enfans, et entre aultres Phelippes le tiers de ce nom, qui fut roy apres luy, et monsieur Robert, qui fut comte de Clermont. Ledict Robert eut ung filz nommé Loys, aussi comte de Clermont, et premier duc de Bourbon, dont vinst Pierre, second duc de Bourbon, lequel eut ung filz nommé Loys, qui fut tiers duc de Bourbon, dont vinst Jehan, quatriesme filz, qui eut deux filz, Charles, cinquiesme duc de Bourbon, et Loys, premier comte de Monpensier, pere de ladicte madame Gabrielle de Bourbon et de monsieur Gilbert de Monpensier, qui fut lieutenant general du roy Charles VIII et vy roy de Naples, où il deceda; à luy survivans deux filz, entre aultres ses enfans, Charles, et ung aultre qui fut occis en la journée saincte Brigide, comme nous verrons cy apres; et ledict Charles fut connestable de France, et marié avec madame Suzanne, fille dudict seigneur de Beaujeu et de madame Anne de France.

Ledict seigneur de La Trimoille, en continuant la fortune de ses predecesseurs, lesquels tousjours se allierent des maisons des princes, desira fort ce mariage; et combien que peu en parlast, toutesfoiz n'en pensoit moins, car maintes nuytz estoyent par luy passées, sans dormir, aux pensées de ceste jeune dame, de laquelle luy fut apportée la portraicture apres le vif, que j'ay par plusieurs foiz veue, et en fut tres fort amoureux; mais la longue distance du pays d'Auvergne où elle estoit ne permettoit qu'il en eust la veue au naturel, dont il avoit peine par passion de desir. Or n'eust il ousé y aller, de peur de mal contanter madame de Beaujeu; et voluntiers se fust faict invisible pour furtivement la veoyr. Souvent luy estoit parlé dudict mariage de par madame de Beaujeu, et elle mesme luy en parla : tousjours respondit qu'il feroit ce qu'il plairoit au Roy et à elle, et qu'il n'auroit jamais femme espouse que par leurs mains. Il estoit fort courroussé qu'on ne luy disoit : « Allez la veoir jusques à « Monpensier; » mais il n'ousoit en faire la requeste, et ung jour dist à madame de Beaujeu que pour neant on parloit de ce mariage, et qu'il failloit savoir la volunté de celle sans laquelle on ne pourroit rien faire.

Fut advisé que ung des gentilz hommes de la maison du Roy, fort grant amy du seigneur de La Tremoille, auroit ceste commission, et iroit; dont ledict seigneur fut tresjoyeux, car il entreprinst avec ce gentil homme qu'il iroit avec luy en habit dissimulé, à ce qu'il ne fust congneu : et, pour le faire secretement, demanda et eut congié pour aller à sa maison, à ce qu'il retourneroit dedans quinze jours. Le gentilhomme partit ung jour avant luy, asseuré du lieu ouquel avoit promis l'actendre, où se trouverent deux jours apres; delà s'en allerent où estoit la jeune dame, et logerent ensemble; mais ledict seigneur laissa son train à six lieues de là, à ce qu'il ne fust congneu. Et prinses les lettres de creance de madame de Beaujeu, en feit le present, en habit dissimulé, à ladicte jeune dame que tant desiroit veoir. L'ung et l'aultre se saluerent gracieusement; et, la lectre leué, la jeune dame, en grant doulceur et toute honteuse, luy dist : « Monsieur, la « lectre que j'ai receué de par madame ma tante « porte que je vous croye de ce que vous me direz de « par elle.

« C'est, dist le jeune seigneur de La Tremoille, qui « jouoit le personnage du gentilhomme qui l'actendoit « au logeis, que je suis chargé savoir vostre volunté « du mariage duquel madame vostre tante vous a puis « nagueres faict parler de vous avec le jeune seigneur « de La Tremoille, parce qu'on le presse de le marier « ailleurs. — Je ne le vy onc, dist la jeune dame, « mais sa bonne renommée me faict extimer que je « serois eureuse si me vouloit prandre; car on dit que « de toutes les vertuz qu'on sauroit souheter es hommes, « il en a si bonne part qu'il est amé et en bonne ex- « time de chacun. — Je vous asseure, madame, s'il « est en voustre grace, que vous estes autant ou mieulx « en la sienne, et que depuis le temps qu'on luy a « parlé de vous, ne s'est trouvé en lieu de familiarité « qu'il n'ayt mis en avant quelques parolles de vos « bonnes graces; et la chose qu'il desire plus pour le « present, comme il m'a dict, est que vous soyez ma- « riez ensemble; et eust bien voulu avoir la commis- « sion de vous venir veoyr, non qu'il doubte du bon « rapport qu'on luy a faict de vous, mais pour con- « tanter l'affection de son amoureux desir. — Il me « suffist, dist la jeune dame, de le veoyr pour le pre- « sent on bon rapport des hommes et femmes; je prie « à Dieu qu'en honneur je le puisse veoyr par loyal « mariage. »

Ilz eurent plusieurs aultres propos par le temps de

deux ou troys heures qu'ilz furent ensemble, et ce pendant on apresta le disner; mais ledict seigneur s'excusa sur ung gentilhomme estant à son logis qui l'actendoit pour aller ensemble en aultre part et à diligence, priant la jeune dame faire responce à la lettre de madame sa tante; ce qu'elle promist faire, et luy envoyer à son logis, luy recommandant l'affaire. Et à tant prindrent congié l'ung de l'autre, et retourna à son logis ledict seigneur, où trouva le disner prest, et le gentilhomme qui l'actendoit; mais il se contenta de peu de viande et d'une foiz de vin, pour à diligence laisser une petite lettre à la jeune dame qui avoit saisy sa pensée.

CHAPITRE XIII.

La responce que fist madame Gabrielle de Bourbon à l'honneste epistre ou lettre du jeune seigneur de La Trimoille; et commant ilz furent espousez à Escolles.

PLUS longue lettre eust escript le jeune seigneur de La Trimoille à la jeune dame, car la vehemence d'honneste amour luy presentoit assez matiere; mais il doubtoit qu'elle n'eust aussi bonne volunté de les lire comme il avoit de luy faire tenir, et ne sçavoit si elle prandroit plaisir en longues lettres. Si bailla son epistre à ung jeune page d'esprit qu'il avoit avec luy, et, instruict de ce qu'il devoit faire apres le desloger de la compaignée, se transporta vers la jeune dame, et luy dist : « Madame, monsieur mon maistre et sa

« compaignée sont partiz de leur logis, et suis de-
« mouré pour avoir vostre lettre à madame de Beau-
« jeu. — Mon amy, dist la dame, elle est toute preste; »
et la luy bailla en luy disant : « Qui est vostre maistre?
« il porte faconde mieulx de prince que d'ung simple
« gentilhomme. — Madame, dist il, il m'a baillé une
« lettre pour vous presenter; je ne sçay si par icelle il
« n'a point mis son nom, et suis chargé luy en porter
« responce, si vous plaist la faire. » La lettre, baisée par
le page, fut par luy mise entre les mains de la dame,
qui en fist ouverture; mais, apres en avoir leu troys ou
quatres lignes, commença rougir, pallir et trembler
comme une personne passionnée et hors de soy. Et la
lettre ployée, dist au page : « Mon amy, avez vous charge
« de tost aller apres vostre maistre? — Quant il vous
« plaira, madame. — Or me attendez donc, dist elle,
« pour le jourd'huy, et vous expedie; sur le soir, pourrez
« vous en aller à son giste. »

La jeune dame, fort doubteuse de ce qu'elle devoit
faire, demanda le repos de son cabinet pour respondre
aux argumens de ses pensées : honte virginalle luy
conseilloit retenir la lettre sans responce, disant que
de son mariage ne devoit monstrer aulcune affection,
mais en laisser faire à ses parens; de l'autre part humilité la persuadoit prandre la plume pour satisfaire à la
requeste de la lettre d'ung si gros seigneur, laquelle
n'estoit en aulcune chose suspecte de deshonneur ne
scandalle, et qu'elle pourroit estre reprinse de presumption et arrogance si elle ne luy escripvoit; parquoy
y employa son cler esprit, avec sa doulce main escripvant une briefve epistre (1).

(1) *Une briefve epistre* : L'auteur l'a mise en vers, et l'a faite un peu

Apres le soupper, la jeune dame expedia le page du jeune seigneur de La Trimoille, lequel, nonobstant qu'il fust assez tard, partit pour aller vers son seigneur, auquel tardoit fort son venir, pour avoir responce de sa lettre;. et icelle receue, au lendemain à son lever en fist secrete lecture, et bailla l'autre lettre adroissant à madame de Beaujeu au gentilhomme, qui rien ne sçavoit que le jeune seigneur eust escript à la jeune dame, ne qu'elle luy eust faict responce. Si chevaucherent ensemble jusques à Bommiers, où ledict seigneur demoura pour ung jour ou deux; et le gentilhomme s'en retourna à diligence vers madame de Beaujeu, à laquelle il bailla la lettre de madame sa niepce, et luy dist qu'elle ne vouloit aultre chose faire fors ce qui luy plairoit ordonner et commander, dont elle fut joyeuse. Et, deux ou troys jours apres, le jeune seigneur de La Trimoille, retourné de Bommiers à la court, fut pressé d'entendre au mariage par le Roy et les seigneur et dame de Beaujeu; lequel fut bien tost accordé, car son affection et desir n'en vouloyent le delay, ne le dissimuler. Et affin que de trop long langaige je ne ennuye les lecteurs, les allées et venues depuis à diligence faictes pour escripre, accorder et passer le contract de ce mariage, les nopces de ces

---

longue. Gabrielle gronde son amant de s'être déguisé, lui dit qu'elle l'aime, et finit par lui demander le secret :

> En te priant tenir le mien secret
> Dedans ton cueur, comme ung homme discret :
> Du reveller pourroit sortir un bruyre,
> Lequel pourroit à nos bons vouloirs nuyre,
> Qu'homme ne saiche et congnoisse l'amour
> D'entre nous deux, jusques au joyeux jour
> Que nous pourrons sans dangier plaisirs prendre,
> Et sans vers Dieu ne les hommes mesprendre.

deux illustres personnes furent faictes au lieu d'Escolles en Auvergne, non sans joye et grosse magnificence; et d'ilec s'en vindrent à Bommiers et aultres places dudict seigneur, où furent faictz plusieurs festins.

La compaignée rompue, à ce que chascun allast à ses affaires, le seigneur demoura avec madame son espouse quelque temps, et l'engrossa d'ung filz qu'elle eut au bout de l'an, lequel fut tenu sur les fons par procureur que y envoya le roy Charles VIII, et à ceste raison porta son nom. Ce pendant, d'une aultre part, ledict seigneur poursuyvoit la delivrance reelle de sa vicomté de Thouars et aultres terres qui luy appartenoyent à cause de sa feue mere, et dont il avoit eu delivrance litteralle par les lettres patentes du roy Loys XI, qui furent enterinées, du consentement du roy Charles VIII, par deux ou troys arrestz de la court de parlement de Paris, et toutes lesdictes terres, non sans grans mises et labeurs, à luy delivrées. Puis bailla à ses freres leur appennage, et demoura comte de Benon, vicomte de Thouars, prince de Thalemont, seigneur de Mareuil et Saincte Hermyne, baron de Cran, qui luy vinst à cause de son feu oncle gouverneur de Bourgongne, avec grosse richesse de meubles : aussi eut les seigneuries de Sully, L'Isle-Bouchart, des isles de Ré et Marans, de Mareuil, Saincte Hermyne, Mauleon et aultres terres.

CHAPITRE XIV.

Comment monsieur Loys, duc d'Orleans, par civille discorde se retira au duc de Bretaigne pour faire guerre au roy de France.

Toutes ces choses furent faictes, quant audict mariage, depuis le trespas du roy Loys jusques vers la fin de l'an 1484, duquel an, et on moys de juillet (1), les troys Estatz du royaume furent appellez à Tours pour donner provision au gouvernement du Roy et du royaulme, où chescun desdictz Estatz feit ses plainctes : et apres y avoir pourveu, et aussi à la regence fut ordonné qu'il n'y auroit aucun regent en France, mais que madame Anne de France, seur aisnée du Roy, et espouse du seigneur de Beaujeu, qui estoit saige, prudente et vertueuse, auroit le gouvernement de son corps tant qu'il seroit jeune, en ensuyvant la volunté du roy Loys leur pere; dont ledict duc d'Orleans ne fut contant, et s'efforcea par tous moiens avoir la superintendence sur les affaires du royaume, enquoy ceulx de Paris le favorisoient (2). Et de ce advertie, ladicte dame de Beaujeu envoia gens à Paris pour prendre au corps ledict duc d'Orleans, qui evada et s'en alla à Alençon, où il fut quelque temps, pendant

(1) *On mois de juillet* : ce ne fut point au mois de juillet 1484, mais au mois de janvier de cette année, que se tinrent les Etats de Tours. Ils furent congédiés le 14 mars suivant. — (2) *Ceulx de Paris le favorisoient* : le duc d'Orléans n'avoit de partisans que dans le peuple. Le parlement et l'université s'opposèrent à ses desseins.

lequel le duc de Longueville (1), son proche parent, praticqua pour sa faction, les comte d'Angoulesme, duc de Bourbon et seigneur d'Albert (2), qui se declairerent ses amys; pour laquelle cause furent tous desappoinctez de leurs estatz et pensions, qui leur donna occasion de tirer à eulx le duc de Lorraine, le comte de Foix et le prince d'Orenge. Toutesfoiz ceste entreprinse fut soudain rompue, et accord faict avec ladicte dame de Beaujeu, qui conduisoit caultement et prudemment son affaire en l'an 1485.

L'année ensuyvant, adverty ledict duc d'Orleans que la dame de Beaujeu, soubz l'auctorité du Roy, le vouloit tenir au destroict, et qu'elle avoit esté advertie de ses entreprises secretes, se retira subtillement et secretement vers monseigneur François, duc de Bretaigne, ancien ennemy du feu roy Loys, pere dudit roy Charles; lesquelz, avec aultres princes leurs adherens, demanderent ayde aux Angloys, et prindrent aliance avec eulx contre les Françoys. Le roy Charles et son conseil y pourveurent, car à diligence droisserent grosse armée, qu'ilz envoyerent en Bretaigne par troys divers lieux; et, apres plusieurs villes dudict pays prinses, allerent assieger la ville de Nantes en l'an 1487, en laquelle estoyent ledict duc Françoys et ses deux filles Anne et Ysabeau, le prince d'Orenges, la dame de Laval, l'evesque de Nantes, homme de saincte vie, et le comte de Commynges.

Les François leverent le siege de Nantes pour la vehemence du chault, et marcha l'armée françoise

---

(1) *Le duc de Longueville* : on l'appelle dans l'histoire comte de Dunois. Il étoit fils du fameux Dunois, l'un des restaurateurs de la monarchie sous Charles VIII. — (2) *D'Albert* : lisez d'Albret.

vers la ville de Dol, qu'ilz prindrent sans resistance, la pillerent, et y prindrent prisonniers plusieurs Bretons. Le seigneur de Rieux, qui tenoit Encenix pour le Roy, le livra aux Bretons, et, en allant à Nantes vers le duc de Bretaigne, prinst Chasteaubriand qui tenoit pour le Roy, puis alla mectre le siege davant la ville de Vannes, qui luy fut rendue et livrée par les François, moiennant certaine composition faicte entre eulx. D'une aultre part, l'armée du Roy reprinst le chasteau et place d'Encenix, et en chasserent les Bretons, lesquelz y avoient esté mis par le seigneur de Rieux; et parce que le lieu luy appartenoit, et qu'il avoit faulsé sa foy, le Roy feit abatre la place jusques à fleur de terre; puis s'en alla l'armée françoise assieger Chasteaubriand, qu'elle prinst et mist à sac au commancement de l'an 1488.

CHAPITRE XV.

Commant le seigneur de La Tremoille, en l'aage de vingt sept ans, fut lieutenant general du roy Charles VIII en la guerre de Bretaigne.

En ce temps, le roy Charles, par la deliberacion de son conseil, adverty du bon vouloir du seigneur de La Tremoille qui n'avoit que vingt et sept ans, de sa hardiesse, prudence, diligence et bonne conduicte, et de plusieurs beaulx faiz d'armes par luy faiz es rencontres et saillies qu'on avoit fait au siege de Nantes, et aussi es sieges et assaulx de plusieurs villes, chasteaux et fortes places de Bretaigne, le feit son lieutenant general de son armée, et luy bailla toute auctorité royalle accoustumée estre baillée en telz cas : ce que ledict seigneur tres-voluntiers accepta, et commença à prendre plus de soucy qu'il n'avoit accoustumé, ne à penser en ce qu'il devoit faire pour le prouffit du Roy et du royaume, et acquerir honneur en sa charge.

CHAPITRE XVI.

De la journée et rencontre de Sainct Aulbin en Bretaigne, gaignée par les François, soubs la conduicte du seigneur de La Trimoille.

Le seigneur de La Trimoille assembla le conseil du Roy pour traicter des praticques de la guerre de Bretaigne, où fut advisé et conclud qu'ilz iroyent assieger Fougieres, qui est place de frontiere, forte et de bonne resistence ; ce qu'ilz feirent. Ce pendant le seigneur d'Allebret, qui se actendoit espouser madame Anné, fille aisnée de Bretaigne, retournant d'Espaigne, se retira vers le duc à Nantes; et ses gens de guerre, qu'il avoit amenez jusques au nombre de quatre mil, prindrent leur chemin à Renes. Le Roy estoit lors à Angiers, vers lequel le comte de Dunoys alla comme ambassadeur, soubz saulconduict, pour savoir quel droict le Roy pretendoit en la duché de Bretaigne.

Comme on faisoit toutes ces choses, le duc d'Orleans et autres seigneurs de son alliance et faction allerent assembler leurs gensd'armes à Renes pour aller lever le siege du Roy, que le seigneur de La Trimoille, son lieutenant general, tenoit davant Fougieres. Leurs compaignées assemblées en une armée (qui estoit de quatre cens lances, huyt mil hommes de pié, huyt cens Alemans, et troys cens Angloys, avec une bonne quantité de artillerie), le duc d'Orleans, le seigneur d'Allebret, le mareschal de Rieux, le prince d'Orenges, le seigneur de Commynges, le seigneur de Chasteaubriant, le comte d'Escalles, anglois, le seigneur de Leon, filz aisné du seigneur de Rohan, et plusieurs aultres seigneurs et barons de Bretaigne, avec ladicte armée, allerent loger à ung village appellé Andoille, le mercredy 23 juillet l'an 1488. Ce pendant le seigneur de La Trimoille prist la ville de Fougieres par composicion, dont le samedy ensuivant vindrent nouvelles aux ennemys, qui encores estoyent audict village d'Andoille, et que les Bretons, qui s'estoyent tenuz à Fougieres, s'estoyent retirez leurs bagues saulves : ce nonobstant, marcherent contre les Françoys pour aller assieger la place de Sainct-Aulbin qui estoit en leur main, et arriverent on village d'Orenge, qui est à deux lieues dudict Sainct-Aulbin, ledict jour de samedy vers le soir, où furent advertiz qu'ilz rencontreroyent les François deliberez de les combattre. Le lendemain, ilz mirent leur bataille en ordre : l'avantgarde fut baillée au mareschal de Rieux, la bataille au seigneur d'Allebret, et l'arrieregarde au seigneur de Chasteaubriant. Sur une de leurs helles fut ordonné le charroy de leur artillerie et de leur bagage ; et jaçoit ce qu'il n'y eust que troys cens Angloys que conduysoit le comte de Tallebot, pour faire entendre qu'il eny avoit plus largement, luy furent baillez dix

sept cens Bretons vestuz de hoquetons à croix rouges :
et parce que les gens de pié du duc de Bretaigne
se doubtoyent de gens de cheval françoys estans en
l'armée des Bretons, et mesmement dudict duc d'Orleans, luy et le prince d'Orenge se mirent à pié avec
les Alemans.

Le seigneur de La Trimoille, lieutenant general de
l'armée françoyse (qui venoit de Fougieres au davant
de ses ennemys), envoya messire Gabriel de Montfaulcoys, et dix ou douze autres hardiz hommes françoys, veoyr la contenance des adversaires, lesquelz feirent rapport de leur bon ordre. A ceste cause, le seigneur de La Trimoille fist aussi ranger en bataille
toute son armée, lors estant en desordre. Messire Adrian
de L'Ospital menoit l'avant garde, et ledict seigneur
de La Trimoille, chief de l'armée, qui lors estoit en
l'aage de vingt-sept ou vingt-huit ans, menoit la bataille. Et comme ces deux armées se approchoyent,
le seigneur de La Trimoille fist arrester les Françoys,
et leur dist ce :

« Je suis asseuré, messieurs et freres d'armes, que
« tant desirez vostre sang n'estre macullé de honte, et
« le cler nom françoys de infamye, que (par vous
« bien entendu quelles gens nous voulons combatre,
« pour quelle cause ceste armée est assemblée, et la
« fin de nostre entreprinse) les cueurs vous croistront,
« la force vous redoublera, et hardiesse vous conduyra
« jusques au loyer de victoyre. Vous ne ignorez ceste
« factionneuse guerre avoir esté oultre le vouloyr du
« Roy nostre seigneur naturel, et, à son grant regret,
« droisséé pour la liberté de son royaulme, deffence
« de son ceptre et conservacion de sa couronne; et

« que noz adversaires, par ung discord civil et guerre
« intestine, se sont assemblez pour monopoller le
« royaulme, pervertir justice, piller le peuple, et abas-
« tardir noblesse. Et jaçoit ce qu'ilz soyent du sang
« de France, se sont neantmoins alliez et accompaignez
« de noz anciens ennemys les Angloys, persecuteurs
« de nos peres, envieux de nos ayses, et perturba-
« teurs de paix, et aussi des Bretons, non moins en-
« vieux pour le present de la prosperité françoyse.
« Nos adversaires, ou la pluspart, sont subjectz et
« hommes de foy du Roy, tiennent de luy leurs du-
« chez, comtez, terres et seigneuries, et neantmoins se
« sont mis en armes contre luy, en l'offensant et toute
« la saincteté de justice, qui demonstre assez leur que-
« relle injuste, leur rebellion desraisonnable et leur
« resistence desnaturée, où nous doyvons prendre es-
« poyr que Dieu, principal conducteur des batailles,
« donnant victoyre à qui luy plaist, veu qu'il est sou-
« verainement juste, ne permettra que soyons vaincuz
« si nous voulons mettre la main à l'euvre. Et si nous
« demourons vainqueurs, considerez, messieurs, le
« bien et l'utilité que nous aurons faict au Roy et à tout
« le royaulme, et l'honneur, gloyre, proffit et louange
« que nous tous en aurons; et au contraire si, par
« nostre lascheté, sommes surmontez, nous verrons la
« destruction de nostre pays, de noz maisons, femmes,
« enfans, et consummacion de noz biens, avec perpe-
« tuel reproche.

« Est il chose, messieurs, apres le lien de foy ca-
« tholicque, à quoy Dieu et nature nous obligent plus
« que au commun salut de nostre pays et à la defense
« de celle seigneurie, soubz laquelle avons prins estre

« et nourriture, et en celle terre où chascun pretend
« se perpetuer au temps de sa vie? Trop mieulx nous
« vault mourir en juste bataille, guerre permise, et au
« service du Roy, qui est le lict d'honneur, que vivre
« en reproche, persecutez de toutes pars de ceulx qui
« ne quierent fors nostre dommage et destruction. Et si
« nous tous avons ceste consideracion avec le support
« de nostre juste querelle, je suis asseuré de nostre vic-
« toire, je suis certain du gaing de la bataille et de la
« confusion de noz ennemys, qui n'ont par nature
« cueurs ne courages telz que vous. Desploions donc
« nos mains, ouvrons noz cueurs, eslevons noz espritz,
« eschauffons nostre sang, recullons crainte; l'amour de
« nostre jeune Roy tant begnin, mansuet, gracieux et
« tant liberal, nous conduise, et que aucun ne tourne
« en fuyte, sur peine de la hart! Mieulx vault mourir
« en se deffendant, que vivre en fuyant; car vie con-
« servée par fuyte est une vie environnée de mort. »

Ces remonstrances persuasives parachevées, qui fort
animerent les Françoys, l'armée commença à marcher en francisque fureur, sans desordre, contre les
ennemys, qu'ils rencontrerent pres une tousche de
boys (1), hors ledict village d'Orenge. L'artillerie fut tirée d'une part et d'autre; qui fort endommagea les deux
armées; l'avantgarde des François donna sur l'avant-
garde des Bretons, qui soustint assez bien le choc;
puis tirerent les Françoys à la bataille des Bretons, où
leurs gens de cheval reculerent, comme aussi feit leur
arriere garde; et se prindrent à fuyr, et apres eulx
leur avantgarde. Quant veirent ce desordre, les Fran-

(1) *Tousche de boys* : petit bois de haute futaie, proche la maison
d'un fief.

çois que conduisoit le seigneur de La Tremoille, avec lequel estoit messire Jacques Galliot, hardy et vaillant chevalier, chargerent sur les adversaires, et occirent tous les gens de pié qu'ilz trouverent davant eulx, et entre aultres ceux qui avoient la croix rouge, pensans que tous fussent Angloys. Le duc d'Orleans et le prince d'Orenge, qui estoient entre les gens de pié alemans, furent prins et amenez prisonniers à Sainct Aulbin; le mareschal de Rieux se saulva comme il peult, tirant à Dynan; le seigneur de Leon, le seigneur du Pont l'Abbé, le seigneur de Monfort, et plusieurs aultres nobles de Bretaigne, y furent occis, et de toutes gens jusques au nombre de six mil hommes; et de la part des Françoys environ douze cens, et entre aultres ledict messire Jacques Galliot, qui fut groz dommaige, car c'estoit ung chevallier et capitaine aussi prudent en guerre et aussi plain de cueur et hardiesse qu'on eust peu trouver.

Peu de temps apres le duc d'Orleans fut mené prisonnier au chasteau de Luzignan, à cinq lieues de Poictiers, où il fut longuement prisonnier. Voylà le commancement des bonnes fortunes du seigneur de La Trimoille, qui l'ont tousjours accompaigné, à son honneur et au proffit du royaulme de France, jusques à son deces. Et peu de temps apres le Roy luy donna l'estat de premier chambellain, le fist chevallier de son ordre, et luy bailla la garde de son cachet et petit seel.

Cinq sepmaines ou environ apres ceste victoyre de Sainct Aulbin, le duc de Bretaigne et sa fille puisnée allerent de vie à trespas; parquoy madame Anne sa fille aisnée fut duchesse de Bretaigne, et, moyennant le mariage du roy Charles avec elle (que traicta le comte de Dunoys), la paix fut faicte entre le Roy et les princes de France, et aussi certain temps apres avéc Maximilian roy des Rommains, pour le mariage qui avoit esté commancé entre sa fille Marguerite de Flandres et ledict roy Charles VIII, en sorte que le royaulme de France fut en paix et transquilité.

CHAPITRE XVII.

L'entreprise de la conqueste du royaulme de Secille et pays de Naples faicte par le roy Charles VIII. Mort de ce prince.

LE roy Charles, petit de corps et grant de cueur, deux ans apres la guerre de Bretaigne finie, par l'oppinion des princes de son sang et de la pluspart de la noblesse de France, luy certiffié, par ses cours de parlement et aultres gens de bon conseil, le royaulme de Secille et pays de Naples luy appartenir, voyant son royaulme de France paisible, sans avoir doubte de ses voysins ne autres, entreprinst en faire la conqueste et le recouvrer. Et pour ce faire, en l'an 1493, fist assembler une fort belle et grosse armée de troys mil six cens hommes d'armes, six mil archiers de pié, six mil arbalestriers, huyt mil hommes à pié portans picques, et huyt mil aultres ayans hacquebutes [1] et espées à deux mains. L'artillerie estoit de mil quarante grosses pieces, cent

---

[1] *Hacquebutes* : lisez *harquebuses*, ou arquebuses.

quarante bombardes, mil deux cent vascardeurs. Et pour faire passer ceste armée, le Roy s'en alla à Lyon; il mena avec luy, en ceste expediçion, le duc d'Orleans, mis hors de prison; le duc de Vendosme, le comte de Mompensier, Loys de Ligny, seigneur de Luxembourg; ledict messire Loys de La Trimoille, le comte de Taillebourg, et plusieurs aultres groz seigneurs qui feirent le voyage sans soulde, gaiges ne aultres biensfaictz, fors ceulx qu'ilz avoyent à cause de leurs estatz et offices.

Alphons, usurpateur du royaulme de Secille et pays de Naples, par le deces de son pere Ferdinand, qui peu de temps auparavant avoit decedé, fût adverty de ceste merveilleuse et grant entreprise; et pour la rompre, et empescher que le Roy n'eust passaige par les Italles et par Rome, se retyra au pape Alexandre, auquel, en presence de plusieurs cardinaulx et nobles Rommains, Anthoine Sabellic tesmoygne avoir faict ceste persuasion ou remonstrance :

« Je vouldroys, souverain pontiffe, et vous mes
« peres et princes illustres, que tout ainsi qu'en ceste
« petite assemblée qui, pour la magesté des assistans,
« represente ung tres ample conseil, j'espere estre ouy,
« que je fusse en si tres hault et eminent lieu que
« toute Italie ne peust veoyr et entendre ce que je
« veulx dire et que je pense de la tumultueuse entre-
« prinse des Gaules appellez Françoys : et si mes per-
« suasions ne povoyent proffiter, à tout le moins je
« laisseroys tesmoygnage à tous que je prevoy et cong-
« noys les maulx qui en adviendront, et que je me
« exhibe, par conseil, richesse et force, y obvier et
« resister. Et combien que je voye mon auctorité

« royalle estre diminuée pour la vulgaire renommée
« de ceste guerre galicque, et dissipée par l'industrie
« des Gaules, qui dient ne demander aulcune chose
« en Italie, mais seullement passaige pour recouvrer
« mon royaulme de Secille, qu'ilz dient appartenir
« à leur Roy, toutesfoiz je diray hardyment (et chose
« vraye) que moins soliciteusement je attendroys l'eve-
« nement de ceste guerre, si je savoys que le mal
« en tumbast seullement sur moy et les myens; mais
« les engins des Gaules me sont peu congneuz, ou
« toute l'Italie aura la guerre; et s'ilz m'avoyent (que
« Dieu ne veuille!) de mon royaume exillé, lequel
« ilz dient par droict hereditaire leur appartenir,
« vouldroyent toutes les Italles supediter et rendre
« tributaires.

« Assez est congneue l'avarice des Gaules, leur
« grant ambicion d'ocuper et destruyre les extranges
« royaulmes et seigneuries, et la grant hayne qu'ilz
« ont tousjours eu et ont à l'italicque nom. Quelle plus-
« grant cause eurent leurs primogeniteurs d'assaillir
« aultresfoiz toute Italie, lorsque la tres puissante
« nature, dame de toutes choses, ne les peult empes-
« cher que, par rage et fureur, ne rompissent et pas-
« sassent les asperes et dures Alpes, ne surmontassent
« par armes tout le pays, le despouillassent de leurs
« richesses et fortunes, et ne le feissent tributaire?
« Que feirent les Gaules Senonnois, les Insubres, les
« Briens, c'est à dire Bretons et Manceaux? Entrerent-
« ilz pas en la cité de Romme, chief de Italie, par
« force et violence? et l'abandonnerent à toute vio-
« lence, rapine et pillerie, feu et sang; et l'eussent
« entierement destruicte, ne fust le Capitolle.

« Pensez-vous, pere sainct, et vous mes peres et
« princes illustres, qu'ilz se voulussent contanter de
« Naples, la Pouille et Calabre, qui est le derrier
« anglet d'Italie? ce seroit eulx renfermer de toutes
« pars en une petite nasse ou prison ; ilz y seroient en
« peu de temps affamez, si le surplus des Italles leur
« estoit contraire. Vous me direz qu'ilz auront ceulx
« de Gennes et Milan pour eulx : ilz entendent assez
« que les Genevois n'ont foy ne accomplissement de
« promesse; parquoi si les Gaules ne sont foulz, n'en-
« treprendront de suppediter la Pouille, Calabre et
« Naples, s'ilz n'ont tout le surplus des Italles à eulx
« soubmis. Ilz dient vouloir aller faire la guerre aux
« Turcs; mais c'est pour neant, sans le secours et in-
« telligence de toute Italie ; qui me fait dire que je
« ne puis vivement entendre en quel espoir, par quel
« support ne en quelle confiance ilz ont commancé
« ceste guerre, fors par la veue de leur armée, laquelle
« commance à marcher si bien equippée et en si grant
« nombre de gens hardiz, qu'ilz pourront ruyner, et
« telle est leur entreprinse, toute l'Italie, si du consen-
« tement et intelligence de vous, pere sainct, et de
« toutes les communitez et seigneuries du pays, n'y est
« diligemment pourveu, et en grant maturité obvié.

« Les bellicqueux mouvemens des Gaules sont plus
« terribles que d'autres gens, parce qu'ilz sont sou-
« dains et precipitez ; et davantage sont si cruelz qu'ilz
« ne guerroient que pour tout tuer et occire. Ilz ne
« veulent induces ne treuves, permutacions de pri-
« sonniers, ne prester l'oreille à gens eloquens, à
« prieres, persuasions ne exhortacions. Et d'autant
« qu'ilz abhorrent et desprisent la gracieuse coustume

« de batailler qui est entre les Italliens, nous doy-
« vons plus craindre leurs armes, et plus prendre de
« peine à les chasser d'avec nous, et pour ce faire
« droisser armée; et vous, pere sainct, vous accorder
« avec tous les princes et communitez d'Italie, en
« sorte que pour la commune defense, non seulement
« des biens, mais aussi des vies, puissions chasser et
« propulser ceste eminente peste; et si aucuns avoient
« intelligence avec les Gaules, les induire à estre de
« nostre party, et user de l'ancienne coustume par la-
« quelle toute Italie se mectoit en union pour resister
« aux impetueux mouvemens et soudaines assemblées
« des Gaules : que pourrez facilement faire, pere
« sainct, si plaist vostre beatitude, par exhortacions,
« monicions et commandemens, à ce les princes et
« communitez exciter. Et ce pendant, vous, messieurs
« de Florence, Ferdinand mon filz et moy, assemble-
« rons noz gensd'armes, et les envoierons au davant
« des Gaules, à ce qu'ilz ne passent le fluve du Pau;
« et s'ils sont les plus fors, et que les aultres ne
« veulent nous donner secours, chescun pensera en
« son affaire particulierement. Et quant à moy, j'ay
« deliberé, de toute ma force et puissance, les empes-
« cher, par violente et exiciale guerre, qu'ilz n'entrent
« en mes pays, à ce que, par une avanturée ba-
« taille, si la chose est pour moy prospere, je defende
« moy, les miens et toute Italie; sinon que, par loua-
« ble et honneste mort, je finie ma vie avec mon
« regne. »

Le roy Alphonse fut louhé de tous, et par eulx entreprise faicte avec le pape Alexandre d'envoier orateurs et ambassadeurs vers tous les seigneurs et communitez, pour resister aux François. Tout ce non obstant, le roy Charles et toute son armée, telle que j'ay dessus escripte, entrerent en Italie, et passerent les Alpes en la plus grant liberté et on plus grant honneur et triumphe qu'on sauroit dire; car toutes les villes d'Italie envoierent au davant des François presenter à leur Roy les clefz de leurs villes, le receurent non seulement comme roy, mais comme empereur ou monarque, avec groz triumphes et honneurs inextimables. Quant il eut fait son entrée en la belle ville de Florence, s'en alla à Viterbe, où adverty que, à la requeste de Ferdinand, filz du roy Alphonse, estant à Romme, le pape Alexandre luy vouloit nyer l'entrée de la cité de Romme, envoya le seigneur de La Tremoille vers luy savoir sa volunté; lequel y fut avec orateurs, et feit ou peu faire au Pape telle et semblable persuasion et oraison.

Persuasion du seigneur de La Tremoille au pape Alexandre, où sont recitez les dons, plaisirs et services faiz par les roys de France au Sainct Siege apostolicque.

« Si le parler faillit, pere sainct, à Lucius Crassus,
« lorsque, voulant venger sa paternelle injure contre
« Cayus Carbon, s'estoit preparé dire sa cause par
« davant Quintus Maximus, et à Tirtanus, surnommé
« Theophrastus, en la petite persuasion qu'il estoit
« chargé faire aux Atheniens, et que le treseloquent
« Cicero, en la tant noble cause que pour Titus An-
« nius, homme de bon renom et son tres grant amy,
« plaida davant le senat, eut telle tremeur et crainte

« que plus ineptement n'avoit onc parlé, je doubte,
« davant si noble assistance et vostre incredible et di-
« vine sapience, ma rude et barbare bouche ouvrir
« pour dire ce dont je suis chargé : mais la facilité de
« vostre saincte personne, et vostre singuliere beni-
« gnité, avec l'auctorité de celuy qui vers vous m'en-
« voye, me donnent hardiesse vous dire ce qui m'est
« commandé. C'est, pere sainct, combien que le Roy,
« mon souverain seigneur, ait tousjours extimé vostre
« paternelle begnivollence n'estre variable, mais per-
« petuée en luy premier filz de l'Eglise; et que, à
« ceste consideracion, deust prandre asseurance de
« faveur, à cause de sa spirituelle aisneesse es choses
« qui sont de justice et par equité favorables, comme
« est son entreprise du recouvrement de son ancien
« heritage le royaume de Secille et pays de Naples,
« Calabre et la Pouille, usurpez par tirans qui n'y
« ont ny droit ne tiltre; ce non obstant avez, comme
« a esté adverty, retiré en ceste cité de Romme Ferdi-
« nand, filz de l'usurpateur Alphonse; avec son armée,
« pour luy clorre le passage et son entreprinse; qui
« luy est dur à croire, à la raison de ce que tousjours
« a extimé la Vostre Sainceté tendre à anichiller (1)
« toutes tyrannies, et faire à chescun rendre ce qui
« luy doit justement appartenir.

« Vous ne ignorez, pere sainct, le juste droit et
« tiltre du Roy on royaume de Secille et pays de
« Naples, Calabre et la Pouille, à cause du don que
« luy en feit René duc d'Anjou, et autresfoiz roy et
« seigneur desdictz pays, par faulte de hoir masle; et
« que ce roy René avoit eu ce royaume et pays à

(1) *Anichiller* : anéantir, détruire.

« cause de Loys son frere, approuvé par voz prede-
« cesseurs Alexandre v, Jehan xxiii, et Martin; le-
« quel Loys y avoit juste droit, tant à cause de ses
« predecesseurs, descenduz de Charles d'Anjou, frere
« du roy sainct Loys, que par resignacion qui en fut
« faicte à son proffit par madame Jehanne, seur de
« Ladislaus, entre les mains dudict pape Alexan-
« dre v; et que, tout ce non obstant, Alphons, roy
« d'Arragon, soubz umbre de une adoption que feit de
« luy ladicte Jehanne, avoit usurpé lesdictz pays de
« Secille, Naples, Calabre et la Pouille, et apres luy
« Ferdinandus Seyus, son filz bastard, prince des-
« loyal, qui par son deces laissa plusieurs enfans,
« l'aisné desquelz est ledict Alphonse, à present occu-
« pateur sans tiltre et par force de tous ces pays.
« Et ne puit croire le Roy mon souverain seigneur,
« quelque chose qu'on luy aye dit et rapporté, vous
« avoir approuvé ne receu en roy ledict Alphons, ne
« que veuillez son injuste et damnée querelle souste-
« nir, mais mieulx ayder aux Françoys, protecteurs de
« la Voustre Sainctété, et conservateurs de l'aposto-
« licque auctorité. Les approuvées histoyres testiffient
« que, depuis l'empereur Constantin le Grant, vingt
« cinq papes ont esté mis hors le siege apostolicque et
« persecutez, tant par aulcuns empereurs que par le
« peuple rommain, qui sont : Julius i, Symachus,
« Sylverius i, Vigilius i, Martin i, Leo iii, Euge-
« nius ii, Jehan viii, Léon v ou vi, Jehan x,
« Benedict viii, Jehan xiv, Jehan xvi, Gre-
« goire v, Benedict ix, Gregoire vii, Victor iii,
« Pascalis ii, Alexandre iii, et Boniface vi. Et on
« ne trouvera que, depuis la plantacion de l'Eglise

« militante, aulcun roy de France ne des Gaules ayt
« esté scismatique, ne donné aulcun ennuy ne mo-
« leste aux saincts peres de Romme; mais a esté le
« pays des Gaules ou de France, ainsi qu'il vous plaira
« le nommer, leur immunité, franchise, liberté, seu-
« reté, tuicion, municion et contre arrest de leurs
« adversaires. Reduysez à memoyre, pere sainct,
« quelle amytié et confederacion il y eut entre le
« pape Zacharie et le roy de France nommé Pepin.
« Ce roy fist la guerre, par six ou sept ans, à ses
« despens, contre les Lombars, pour faire rendre tout
« le patrimoyne de l'Eglise. Et pour desservir le
« nom de tres crestien, donna oultre à l'Eglise rom-
« maine la cité de Romme avec toute sa jurisdiction,
« ensemble toutes les terres, ports et havres de la
« plaige rommaine, Civita Veche, Viterbe, Perouse,
« la duché de Spolete; et du cousté de la mer Adria-
« ticque, la principaulté imperialle de Ravenne toute
« entiere, qu'on appelle l'Exarcat, contenant en soy
« la cité de Ravenne, Forlif, Fayence, Imolle, Bou-
« longne, Ferrare, Comacle Servie, Peserere, Ari-
« myne, France, Senogalle, Anconne, Urbin, et
« toute la contrée qu'on nomme aujourd'huy la Re-
« maignolle; et d'aultre part, en la campaigne nea-
« politaine, ledict pays de Naples; qui maintenant
« est royaulme; Capue, Bounyvent, Salerne, et Ca-
« labre haulte et basse, ensemble les isles de Secille,
« Corseigne et Sardaigne : et jaçoit que, à ceste immu-
« neuse liberalité et don tresgrant, le prothospateur,
« c'est à dire le vicaire ou connestable de l'Empire, se
« y opposast et en appellast, neantmoins le Pape et
« l'Eglise rommaine en feirent acceptacion, et depuis

14.

« les papes les ont faict confirmer par Charlemaigne,
« filz dudit Pepin, et Loys le Piteux, filz dudit Char-
« lemaigne, roys de France et empereurs, dont depuis,
« pour la possession, l'Eglise rommaine a esté fort trou-
« blée par aucuns empereurs, et tousjours secourue par
« les roys de France.

« Apres le pape Zacharie, Estienne, second de ce
« nom, auquel les Rommains creverent les yeulx et
« le chasserent de Romme, fut remis en son siege par
« ledict roy Pepin : si fut Leon III par ledit roy Char-
« lemaigne. Quelle amitié eut ledit Loys le Piteux,
« filz dudit Charlemaigne, avec le pape Paschal, pre-
« mier de ce nom, quant en sa faveur se desista du
« droit de elire et nommer les papes, evesques et pre-
« latz, qui avoit esté donné à l'empereur Charlemaigne
« par le pape Adrian? Fut pas aussi remis on siege
« apostolicque le pape Eugenius III par Loys sur-
« nommé le Jeune, et le pape Innocent II par Loys
« le Gros son pere, tous deux roys de France. En
« quelle humanité et doulceur fut receu en France
« Alexandre III par le roy Phelippes Auguste, qui luy
« donna asseuré chemin pour retourner à Romme, où
« il fut depuis humainement receu par la crainte que
« les Romains avoient dudict Phelippes Auguste? Je
« serois trop long, pere sainct, de vous reciter ce que
« les histoires en ont escript, et d'aultres plusieurs
« services impartiz par les Françoys à l'Eglise rom-
« maine, lesquelz premierement prindrent la hardiesse
« de extaindre les grosses erreurs et heresies, par
« glaive et fer, contre les Arriens, qu'on ne povoit par
« raisons et foy surmonter; dont Clovis, premier roy
« crestien des Françoys, fut premier aucteur, lors-

« qu'il guerroia et subjuga les Visigotz en Acquitaine.
« Regardons qui premierement remist en la crestienne
« main la Terre Saincte par les Turcs occupée : ce furent
« Geoffroy de Boullion, Baudoyn, comte de Flandres,
« Geoffroy de Luzignen, et aultres princes de France.

« Toutes ces choses, pere sainct, doyvent Vostre
« Saincteté mouvoir, par souveraine gratitude, à sup-
« porter et favorer non seulement mon souverain sei-
« gneur Charles, roy de France par existance, reluysant
« en religion, doulceur, clemence, justice et droicture,
« mais aussi tous les François : et vous advise, pere
« sainct, que cupidité de multitude de royaumes, ne
« affection de extranges seigneuries, ne luy ont fait ce
« groz labeur prendre, ne passer à si grosse peine les
« rigoreuses Alpes, mais la devotion et grant vouloir
« qu'il a, moiennant vostre secours, de recouvrir l'em-
« pire de Grece et ville de Constantinople par les Infi-
« delles et maleureux Turcs occupez, qui est la chose,
« comme il est à conjecturer, que plus en ce monde
« desirez : ce que pourra mieulx faire et choisir le
« temps et lieu convenables lors qu'il sera paisible de
« ses pays de Cecille, Callabre et Naples. Et voz prie
« le Roy, mon souverain seigneur, que ne luy donnez
« occasion d'estre, à son grant regret, le premier de son
« lignage qui ait eu guerre et discord à l'Eglise rom-
« maine, de laquelle luy et les roys de France chres-
« tiens, ses predecesseurs, ont esté protecteurs et aug-
« mentateurs. »

Le pape Alexandre, grant dissimulateur, luy feit
briefve response, disant : « Je ne ignore, seigneur de
« La Tremoille, le bon vouloir et sainct desir eu par les
« roys de France au Sainct Siege apostolicque, et que

« à ce moien ont le droit de primogeniture spirituelle
« en l'Eglise acquis, et estre tres crestiens nommez;
« parquoy me seroit chose dure, et à toute la cres-
« tienté extrange, que le roy Charles, mon premier
« filz spirituel, voulsist à moy et à l'Eglise rommaine
« faire aucun desplaisir : et vous declaire que si luy
« plaist entrer en ma cité sans armes en humilité, sera
« le tresbien venu. Son predecesseur Charlemaigne
« ainsi le feit, apres avoir delivré les Italles de toute
« servitude; car, ses gens de guerre laissez à Payye,
« vinst sans armes demander la benediction de sainct
« Pierre : mais fort me ennuyeroit que l'armée de ton
« Roy y entrast, parce que soubz umbre d'icelle, qu'on
« dit estre fort grant et tumultueuse, les factions et
« bandes de Romme se pourroient eslever et faire bruyt
« et scandalle, duquel pourroient aux citoiens grans
« inconveniens advenir. »

Le replicque du seigneur de La Tremoille seroit plus ennuyeux à lire que laborieux à escrire de ma rude plume; parquoy, remys au conjectural sens des lecteurs, diray la conclusion de l'embassade, qui fut de envoier les orateurs du Pape avec le seigneur de La Tremoille vers le Roy, lequel ilz trouverent à Bressangne, où fut arresté et conclud le passage du Roy par Romme, non sans plusieurs aultres allées et venues, ne par la liberalité du Pape, mais à son regret et par crainte : car luy et les groz seigneurs de ce pays, esloignez des evangelicques erudicions, et adherans aux predictions des astronomes et divinateurs, pensoient que ledit roy Charles devoit estre monarque de Europe, et disoient en avoir propheties et prenosticques; et pour le presage de ce, prenoient la ruyne de partie du chasteau Sainct-Ange, qui de soy mesme estoit tumbé par terre en ce mesme temps. A laquelle fantasie, et aussi parce que le seigneur de Ligny, capitaine d'une bande des Alemans (1), avoit ja prins de assault le port de Hostie sur le Tibre, et la ville, Ferdinand, duc de Calabre, filz de Alphonse usurpateur de Naples, se voiant de toutes pars par maleur assailly, et de secours et support desesperé, laissa Romme, et prinst son chemin vers Naples. Le Roy entra dans Romme (ce que ne feit onc roy de France depuis Charlemaigne) le dernier jour de decembre l'an 1493 (2), par la porte Flamine, et alla loger au palais Saint Marc. L'entrée dura depuis trois heures apres midy jusques à neuf heures au soir, non sans grant habundances de torches et flambeaux ardens; et y demoura jusques au vingt huytiesme jour de janvier en suyvant, excerceant justice en Romme, telle qu'elle tournoit à l'esbaïssement de chescun. Tant qu'il y fut, les pragueries et factions cesserent; parce que les aucteurs d'icelles, trouvez en habitz dissoluz, feit pendre et estrangler, par l'advis des senateurs, non obstant qu'ilz fussent prebstres ou diacres; qui donna si grant crainte au reste des delinquens, que la presence du Roy prohiba toutes violances en la cité de Romme, et le feit amer de tout le commun peuple, au grant regret duquel, et iceluy criant *vive France!* partit de Romme pour le parfaict de son voyage, et avec son armée en bon ordre alla conquerir le royaume de Cecille, pays de Naples, et duché de Calabre, non obstant la resistence de Alphonse et son filz Ferdinand, lesquelz, non puissans de resister,

(1) *D'une bande des Alemans* : l'auteur désigne ici les Suisses. —
(2) *L'an* 1493 : *lisez* 1494.

donnerent lieu à la puissance de France et au bon droit du roy Charles.

Je laissé ce que le roy Charles feit on pays de Naples et royaume de Cecille, dont fut paisible possesseur, parce que les histoires de France en sont plaines; mais pour continuer mon propos au plus brief, je diray comme le Pape, les Veniciens, Loys Sforce, usurpateur de Milan, le comte Petillane et aultres seigneurs de Italie, amis de face et ennemys de cueur des Françoys, envieux de leurs increables victoires et fortunées choses, assemblerent une armée de soixante dix mil hommes, aussi bien armez et equippez qu'on pourroit diviser, pour surprendre le roy de France et sa compaignée à son retour de Naples, dont il partit, pour retourner en France, le vingtiesme jour de may l'an 1514 (1), acompaigné seullement de dix ou douze mille hommes, avec partie de son artillerie; car le reste laissa au comte de Mompensier, beau frere dudict seigneur de La Tremoille, qu'il feit et laissa son vif roy (2) à Naples.

Le roy de France, venu jusques à Sarsagne le vingt septiesme jour (3) de juing ensuyvant, fut de l'entreprise de ses ennemis adverty, dont ne se esbayst, combien que le dangier fust à doubter; mais gectant son espoir en Dieu, et à la hardiesse, vaillance et bonne experience des gens qu'il avoit avec luy, deux jours apres alla pacquer (4) au pié des Alpes (5), où se tinst par quelque temps pour y faire passer son artillerie, qui fut la plus grosse entreprinse, quant à ce, que jamais prince feit; car char ne charrette n'y estoyent jamays passez.

(1) *L'an* 1514 : *lisez* 1495. — (2) *Vif roy* : vice-roi. — (3) *Vingt septiesme jour* : *lisez le* 20. — (4) *Pacquer* : camper. — (5) *Pié des Alpes* : l'auteur donne ce nom à une chaine de l'Apennin

Et sachant que ledict seigneur de La Tremoille, pour sa hardiesse et grant vouloir, ne trouvoit rien impossible, luy donna ceste laborieuse charge, que voluntiers accepta; et si tresbien y employa son corps, son espoir, sa parolle et ses biens, qu'il y acquist honneur et acroissement de la grace de son seigneur et maistre. Et affin que les gens de pié, alemans et aultres, se y emploiassent sans craindre le chault, qui estoit vehement et furieux, les persuada par telles ou semblables parolles :

Persuasion du seigneur de La Tremoille aux gens-d'armes, pour passer l'artillerie du Roy par les Alpes.

« L'experience que le Roy nostre souverain seigneur
« a eue, mes freres en armes, de vostre fidelité, cueur,
« force et hardiesse à trancher et passer les Alpes et
« conquerir son royaume de Naples, luy donne asseu-
« rance de rapporter la palme de ceste glorieuse vic-
« toire par vostre ayde en France, contre le vouloir
« et non obstant l'entreprinse du Pape, des Veniciens,
« duc de Milan, et aultres ses ennemys, qui, comme
« amys, nous ont au venir porté visage et signe d'o-
« beissance, et au retour, comme desloyaulx contre
« la loy de honnesteté, preparé ruyne de l'honneur
« françois par une secrete armée de soixante dix mil
« hommes (1) mis aux champs, fort bien armez et
« equippez, ainsi qu'on dit; lesquels sont davant nous
« en embuschez, pour au passaige nous arrester. Vous
« savez, mes freres, que le nombre de nostre armée

(1) *De soixante dix mil hommes :* Ludovic étoit près de Novarre, avec à peu près trente mille hommes.

« est seulement de dix ou douze mil hommes; et voiez
« ceste haulte et penible montaigne davant nous, les
« citez et villes de nos ennemys au derriere, et que le
« demourer au pié engendreroit famyne : parquoy
« convient par necessité gaigner la plaine, et ouvrir le
« chemin par feu et par nostre artillerie. Les histoires
« nous asseurent, et souvent l'avons veu, que commu-
« nement à la necessité le plus petit nombre de gens-
« d'armes bien conduictz a vaincu la multitude effrenée
« et oultrecuidée. La propre nature d'entre nous des
« Gaules est force, hardiesse et ferocité. Nous avons
« au venir triumphé : mieulx nous seroit mourir, que
« par lascheté perdre au retour la doulceur de ceste
« louange, et que noz victoires, par faulte de cueur,
« demourassent en langueur où les avons prinses.

« Ce considerant, le Roy nostre souverain seigneur
« vous prie et persuade par ma bouche que, memora-
« tifz de toutes ces choses, faictes marcher vostre hon-
« neur au davant de la crainte de voz vies, et que, voz
« hardiz cueurs non convertiz en moulz fayes, luy
« monstrez par effect la reste de vostre noble vou-
« loir à passer son artillerie par ces rigoreuses Alpes.
« La chose à gens sans cueur semble impossible, mais
« aux jaleux d'honneur n'est que passetemps. Ne
« craignons l'essay, car nature n'a constitué chose si
« haulte ne difficile que la vertu n'y puisse actaindre
« ne parvenir; et, nostre artillerie hors de ce dangier
« mise, passerons, par force de glayve et feu, davant
« noz ennemys. Necessité engendre courage et aug-
« mente la force, et le desir de garder l'honneur ac-
« quis croist le cueur, reveille l'esprit, et chasse toute
« crainte; et si est hardiesse tousjours par fortune se-

« courue et aydée. Tous sommes en la fleur de nostre
« aage, en la vigueur de noz ans, et en la force de
« nostre jeunesse : chescun mecte la main à l'euvre, à
« tirer les charrois, porter bouletz; et le premier qui
« gaignera le plus hault de la montaigne avant moy
« aura dix escutz. »

La fin de ceste remonstrance fut que le seigneur de
La Tremoille, ses vestemens laissez, fors chausses et
pourpoint, se mist à pousser aux charroys et à porter
gros bouletz de fer, en si grant labeur et diligence que
à son exemple la pluspart de ceulx de l'armée, mesment les Alemans, de son grant et bon vouloir esbaiz,
se rengerent à ceste euvre; et par ce moien fut toute
l'artillerie passée par les montaignes et vallées, avec les
municions, par la prudente conduicte dudict seigneur
de La Tremoille, qui tousjours croissoit les courages
des Alemans et aultres par belles paroles, choses ex-
citatives à euvres difficiles, reveillans l'esprit, comme
par trompetes, clarons, fleutes, tabours, bons vins,
promesses de recompenses, et aultres semblables que
bien entendent experimentés capitaines. Et, l'euvre mis
à louable fin, le seigneur de La Tremoille, noir comme
ung more, pour l'extuante chaleur qu'il avoit suppor-
tée, en feit rapport au Roy, qui luy dist : « Par le jour-
« d'hui, mon cousin, vous avez fait plus que peurent
« onc faire Hannibal de Cartage ne Jules Cesar, au
« dangier de vostre personne, que ne voulustes onc
« espargner à me servir et les miens. Je promectz à
« Dieu que si je puis vous revoir en France, les recom-
« penses que j'espere vous faire seront si grandes que
« les aultres y acquerront une nouvelle estude bien me
« servir. » Le seigneur de La Trimoille luy respon-

dit : « Il me desplayst, sire, que mon corps et mon
« esprit ne se peuvent mieulx acquiter au deu de mon
« office; et ne veulx aultre recompense que voustre
« grace et bienveillance. »

La journée de Furnoue.

Les Alpes passées, le Roy alla disner au lieu de
Furnoue; et à une lieue delà, pres de ses ennemys, son
camp fut assis. Le lendemain, apres la messe ouye, l'armée du Roy marcha en bon ordre. L'avantgarde estoit
conduicte par le mareschal de Gyé et le seigneur Jehan
Jacques [1], italien; et assez pres d'eulx marchoient les
Souysses en bon ordre, conduictz par monseigneur Engilbert Declaves, comte de Nevers, le bailly de Dijon,
et le grand escuier de la Royne. Les helles de l'armée
estoient aux deux coustez. Guyot de Lovyers et Jehan de La Grange, maistres de l'artillerie, la conduisoient bien acoustrée pour tirer; consequemment marchoit la bataille, de laquelle le Roy estoit chief. Les
seigneurs de Ligny, de Pyenne, le bastard Mathieu,
et aultres seigneurs et capitaines vaillans et hardiz, estoient autour de sa personne. Apres la bataille marchoit l'arriere garde, que conduisoit ledit seigneur de
La Tremoille, où estoit le seigneur de Guyse avec les
guetz bien ordonnez.

L'armée des ennemys, qui estoit en frontiere, commença tirer une grosse piece d'artillerie contre l'avantgarde françoise, qui ne s'esmeut, et passa oultre; puis

---

[1] *Le seigneur Jehan Jacques*: Jean-Jacques Trivulce, seigneur milanais, ennemi personnel de Ludovic. Il devint par la suite maréchal de France.

l'artillerie des François commença tirer en si bonne sorte qu'elle brisa la piece qui avoit tiré contre eulx, et occist le principal de leurs canonniers et aultres gens des ennemys; ce qui les feit ung peu reculler. Et voulans user d'une cautelle de guerre pour mectre en desordre l'armée des Françoys et frapper sur la bataille où estoit le Roy, apres avoir sceu par un espie(1) l'acoustrement du Roy, feirent deux choses: l'une, qu'ilz envoyèrent grant quantité d'Albanoys et extradiotz courir sur le bagage du Roy, qui s'en alloit à cousté gauche sur la greve, soubz conduycte du capitaine Audet, lequel, combien qu'il fust chevallier de bonne conduycte, prudent et hardy capitaine, ne povoyt à son desir faire marcher les gens dudit bagage, qui estoyent en nombre grant. Et par leur deffault furent deffaictz, et la pluspart du bagage pillé par lesdictz extradiotz et Albanoys, dont l'armée de France ne fist compte.

L'autre chose que feirent les ennemys fut que eulx voyans la constance des Françoys qu'ilz ne pensoyent estre telle, mais les jugeoyent ne batailler qu'en fureur et sans ordre, assemblèrent ung bon nombre des plus gens de bien et mieulx experimentez de leur armée, pour donner sur la bataille des Françoys où estoit le Roy, lequel ils se actendoyent prendre; mais il y obvia: car, prins des avantgarde, bataille et arriere garde de son armée certain nombre des plus hardiz hommes, sans changer les chiefs, actendit ses ennemys en bonne ordre et grosse hardiesse. Si vindrent les ennemys contre eulx, et le Roy et la bataille contre ses ennemys; et, la greve passée, se rencontrerent, et vin-

(1) *Espie*: espion.

drent les avantcoureurs choquer assez hardiment sur la bataille où estoit le Roy, et d'une part et d'autre feirent des grans faictz d'armes. Puis, pour le renfort, la grant bande des ennemys qui s'estoit tenue au couvert es boys là pres, dont le marquis de Manthoue estoit conducteur, sortit impetueusement au descouvert pour donner sur le Roy; mais ladicte bande, qui estoit de huyct cens lances, fut rompue par ledict seigneur de La Trimoille, et troys cens lances qu'il avoit soubz sa charge. Neantmoins la meslée fut grande, et y eut de grans coups donnez d'une part et d'aultre; mais, ainsi que Dieu voulut, les ennemys furent deffaictz et tous occis, fors ceulx qui peurent fouyr; car il y en eut grant nombre qui plus feirent de leurs esperons et chevaulx que de leurs mains et bastons. Et demoura le roy de France victorieux, par le secours et bon service dudict seigneur de La Trimoille et aultres vaillans princes, cappitaines et gens de bien de France.

Ce dangier passé par ceste triumphante victoyre, le Roy, l'espée au poing et triumphateur des Italles, retourna en son royaulme de France, lors riche de paix et de tous biens; et certain temps apres, vaccant l'estat de admiral de Guyenne par le trespas dudict bastard Mathieu de la maison de Bourbon, ledict seigneur de La Trimoille en fut pourveu, et fist faire une fort belle nef appellée *la Gabrielle*, du nom de son espouse, qu'il mist en pleine mer, bien equippée pour le service du Roy et du royaulme. Et lors que ledict roy Charles travailloit à faire exercer justice en son royaulme, voulant ouyr deux fois la sepmaine les plainctes de ses subgectz, avant que povoyr recompenser ledict seigneur de La Trimoille, selon sa promesse, des services qu'il luy avoit faictz et au bien publicque, alla de vie à trespas au chasteau d'Ambaise, le septiesme jour d'apvril l'an 1497, avant Pasques, selon la computacion de Paris, où l'on commance l'année à Pasques; et selon la computacion rommaine et de Aquitaine, l'an 1498, parce que les Rommains commencent l'année à Noël, et les Aquitaniens à la Nostre Dame de mars. Ce bon Roy ne laissa aulcuns enfans de sa chair, et fut son corps mis, avec les aultres roys de France, en l'eglise de l'abbaye Sainct Denys en France.

CHAPITRE XVIII.

Commant, apres le trespas du roy Charles VIII, le seigneur de La Trimoille fut appellé au service du roy Loys, douziesme de ce nom.

LE seigneur de La Trimoille fist grant dueil du trespas du roy Charles son seigneur et maistre, non contre la raison, car avec le corps perdit l'espoyr de la recompense de ses labeurs, parce qu'il estoit sans enfans decedé, et que madame Anne de Bretaigne sa vefve avoit tousjours quelque suspeçonneux regard sur luy, à l'occasion de la guerre de Bretaigne; aussi que monsieur Loys, duc d'Orleans, qu'il avoit à ladicte guerre prins prisonnier, succedoit à la couronne de France comme le plus proche en ligne masculine collateralle, par faulte de la directe. Mais tout vinst au contraire de son ymaginacion; car ledict duc d'Orleans, nommé Loys XII, incontinant apres le decés dudict roy Charles et avant son couronnement, manda ledict seigneur de La Trimoille, et de son propre mouvement, sans aulcune requeste, le confirma en tous ses estatz, offices, pensions et biensfaictz, le priant luy estre aussi loyal que à son predecesseur Charles, avec promesse de meilleure recompense. Ledict seigneur de La Trimoille le remercia, et mist si bonne peine de luy estre obeissant, que son bon service fist depuis sortir une envie es cueurs d'aulcuns gentilz hommes qui plus servoyent le Roy de faulx rappors que de bon conseil, combien que la prudence du Roy fut si grant durant son regne, et fut si jaloux de sa renommée, qu'il experimentoit les gens avant que les croyre, et avoit gens pour son passetemps, sans lesquelz toutes les pesans affaires du royaulme estoient conduictz et faictz : et combien qu'il n'eust les aureilles serrées aux parolles, toutesfoiz ne leur donnoit lieu à l'honnourable siege de sa memoyre.

L'affaire qui plus fist d'ennuy à l'esperit du Roy au commancement de son regne fut que dés ses jeunes ans avoit espousé madame Jehanne de France, fille du feu roy Loys XI, duquel a esté cy dessus escript, par la crainte d'iceluy Roy, qui severe estoit à ceulx de son sang plus que la raison ne vouloit : toutesfoiz ne l'avoit, ainsi qu'on dit, jamais congneue charnellement, actendant la mutacion du temps et des personnes, à ce qu'il peust aultre espouse avoir, car indisposée estoit à generacion pour l'imperfection de son corps, combien qu'elle eust fort beau visage. Or vinst le temps qu'il le peut faire sans contradition aucune; mais luy, qui vouloit droictement vivre et ne faire chose à sa royalle dignité repugnante, craignoit executer ceste ancienne et continuée volunté, dont, apres son sacre et couronnement, se declaira audit seigneur de La Tremoille pour en avoir son conseil, et aussi en porter la parolle à ladictedame. Ledict seigneur feit response au Roy que s'il estoit ainsi que jamais n'eust donné consentement à ce simullé et contrainct mariage, que facillement, selon son jugement, pourroit estre solu, actendu qu'il n'avoit icelluy consummé, ne eu d'icelle dame charnelle congnoissance : toutesfoiz que le mieulx seroit sur ce assembler gens lectrez, ayans le savoir et l'experience de telles matieres, et que ce pendant sentiroit le vouloir de ladicte dame. Ce qu'il feit ; car, par le commandement du Roy, ung jour alla vers elle, et luy dist :

« Madame, le Roy se recommande tresfort à vous,
« et m'a chargé vous dire que la dame de ce monde
« qu'il ame plus est vous, sa proche parente, pour
« les graces et vertuz qui en vous resplendent; et est
« fort desplaisant et courroussé que voz n'estes dis-
« pousée à avoir lignée, car il se sentiroit eureux
« de finer ses jours en si saincte compaignée que la
« vostre. Mais vous sçavez que le royal sang de France
« se commance à perdre et diminuer, et que feu vostre
« frere le roy Charles est decedé sans enfans; et si
« ainsi advient du Roy qui à present est, le royaume
« changera de lignée, et par succession pourra tumber
« en main extrange. Pour laquelle consideracion luy a
« esté conseillé prendre aultre espouse, si vous plaist
« y donner consentement, jaçoit ce que de droict
« n'y ayt vray mariage entre vous deux, parce qu'il
« dict n'y avoir donné aucun consentement, mais
« l'avoir faict par force, et pour la crainte qu'il avoit

« que feu monseigneur vostre pere, par furieux cour-
« roux, actemptast en sa personne : toutesfoiz il a tant
« d'amour à vous, que mieulx ameroit mourir sans li-
« gnée de son sang que vous desplaire. — Monseigneur
« de La Tremoille, dist ladite dame, quant je pense-
« rois que mariage legitime ne seroit entre le Roy et
« moy, je le prierois de toute mon affection me laisser
« vivre en perpetuelle chasteté; car la chose que plus
« je desire est, les mondains honneurs contemnez et
« delices charnelles oubliées, vivre spirituellement
« avec l'eternel roy et redoutable empereur, duquel
« en ce faisant, et suyvant la vie contemplative, je
« pourrois estre espouse et avoir sa grace. Et d'aultre
« part je serois joyeuse, pour l'amour que j'ay au Roy
« et à la couronne de France dont je suis yssue, qu'il
« eust espouse à luy semblable, pour luy rendre le
« vray fruict de loyal et honneste mariage, la fin du-
« quel est avoir lignée; le priant s'en conseiller avec
« les sages, et ne se marier par amour impudicque, et
« moins par ambicion et avarice. »

Le seigneur de La Tremoille recita le dire de madame Jehanne de France au Roy, qui, en gectant ung groz souspir pour son cueur descharger de douleur, dist : « Je suis en grant peine et perplecité, mon cou-
« sin, de cestuy affaire, et non sans cause. Je congnois
« la bonté, doulceur et begnivolence de ceste dame,
« sa royalle generacion, ses vertus incomparables, et sa
« droicture; et d'autre part je sçay que d'elle ne pour-
« rois lignée avoir, et par ce deffault le royaume de
« France tumber en querelle, et finablement en ruyne.
« Et combien que je n'aye vray mariage avec elle con-
« tracté, ne eu d'elle charnelle compaignée, neantmoins,

« à la raison de ce que long-temps a esté tenue et re-
« putée mon espouse par la commune renommée, et
« que en ces jours mes infortunes ont esté doulcement
« par elle recuillies jusques à la rencontre de ma pre-
« sente felicité, me ennuye me separer d'elle, doub-
« tant offenser Dieu, et que les extranges nations igno-
« rans la verité du faict en detractent. »

Pour toutes ces consideracions et aultres, le Roy
differa pour quelque temps à faire declairer nul ce
mariage; mais, pressé par les princes de France, obtinst ung brief du pape Alexandre vi, et juges deleguez pour congnoistre s'il y avoit vray mariage ou non;
lesquelz, apres avoir ouy luy et ladicte dame, et fait
enqueste de la verité du faict en forme de droit, par
sentence donnée en l'an 1499 (1) par le cardinal de
Luxembourg, evesque du Mans, monsieur Loys d'Ambaise, evesque d'Alby, et monsieur Ferrand, evesque
de Cepte, juges deleguez en ceste partie par le Pape,
ledict supposé mariage fut declairé nul, et licence
donnée en tant que besoing estoit, par auctorité apostolicque, audict roy Loys, de povoir prendre par mariage telle femme que bon luy sembleroit (2). Apres
laquelle sentence donnée il espousa madame Anne,
duchesse de Bretaigne, lors vefve dudict feu roy Charles viii, et bailla pour appenage à madame Jehanne
de France la duché de Berry, avec beau et honneste
train qu'il luy entretinst jusques à son deces, qui fut
en l'an 1515, en la ville de Bourges, où elle feit tousjours depuis sa principalle residence, et vesquit en si

---

(1) *L'an 1499*: cet acte est de 1498. — (2) *Que bon luy sembleroit*:
Voyez les détails de cette affaire dans le Tableau du règne de Louis xii,
placé en tête des Mémoires de Bayard t. 15 de cette Collection.

grant saincteté que apres son deces Dieu a fait plusieurs miracles es personnes d'aucuns malades qui l'ont priée et reclamée.

CHAPITRE XIX.

Comment, par la sage conduicte du seigneur de La Tremoille, Loys Sforce, usurpateur de Milan, fut prins prisonnier, et le duché de Milan mise entre les mains du roy Loys XII.

Apres toutes ces choses faictes en la seconde année du regne du roy Loys XII, non obstant qu'il eust trouvé son royaume pauvre de deniers et riche d'honneur, neantmoins meist si bon ordre en toutes ses affaires, que sans augmenter ne croistre les tailles et aydes, mais les diminuant, droissa grosse armée pour la recouvrance de sa duché de Milan, lors occupée par la tyrannie de Loys Sforce, qu'on nommoit le More, et laquelle avoit, par François Sforce son pere, esté usurpée sur le pere dudict roy Loys; auquel elle appartenoit à cause de Valentine sa mere, fille de Phelipes Marie, vray duc de Milan, et espouse de monseigneur Loys, duc d'Orleans, qui fut occis à Paris par la faction de Jehan duc de Bourgongne, son cousin germain ; laquelle armée ledit roy Loys envoia delà les mons, soubz la conduicte du seigneur d'Aubigny et du seigneur Jehan-Jacques, italien, qui feirent telle peur audit Loys Sforce, que, la ville de Milan, par luy et Maximilian son filz habandonnée et laissée, se retirerent au roy des Rommains Maximilian. Parquoy fut ladite ville par les François prinse sans resistence en ladite année 1489 (¹); et peu de temps apres ledict roy Loys y feit son entrée, et luy fut rendu le chasteau, qui estoit d'une merveilleuse defense et presque imprenable, comme aussi furent plusieurs aultres chasteaux et villes dudict duché, et entre aultres la ville et communité de Genes, de laquelle le Roy feit gouverneur messire Phelippes de Ravastain, son proche parent à cause de madame Marie de Cleves sa mere; puis s'en retourna en France.

Incontinant apres, ledict Loys Sforce, accompaigné de grant quantité de Alemans et Souysses, par la faction des habitans de ladite ville de Milan qui avoient avec luy intelligence, reprinst icelle ville, et en mist hors les François et ledit seigneur Jehan-Jaques qui en estoit gouverneur; dont le Roy fut fort desplaisant, et soudain y renvoia son armée bien equippée, soubz lesdictz seigneurs d'Aubigny et Jehan-Jaques, ses lieutenans generaulx en ceste guerre, qui estoient gens de cueur, hardiz, et de grant entreprinse et conduicte; mais le bien faire leur fut difficile, à la raison de ce qu'ilz ne s'accordoient en deliberacions, contre l'ordre de discipline militaire : et de ce adverty, le Roy non ignorant ledict seigneur de La Tremoille estre eureux en ses entreprises, l'envoia son lieutenant general delà les mons avec lesdictz seigneurs d'Aubigny et Jehan-Jaques, ausquelz manda le croire et faire ce qu'il diroit. Ce qu'ilz feirent, et furent de si bon accord que avec l'armée françoise approcherent de la ville de Milan, de laquelle Loys Sforce vuyda, et avec cent chevaulx

(¹) 1489 : *lisez* 1499.

seulement se retira en la ville de Novarre où estoit son armée, en laquelle avoit quatre mil Souysses, huit mil lancequenetz, huit cens hommes à cheval de la Franche-Comté de Bourgongne, et sept mil aultres gens de guerre de Italie. L'armée du Roy, en laquelle y avoit dix mil Souysses, le suyvit; et quant ilz furent davant Novarre, ledit seigneur de La Tremoille trouva moien de parler aux ennemys du Roy, quoyques soit, à partie d'iceulx et à leurs capitaines, ausquelz il feit telles ou semblables remonstrances :

« Aulcun de vous, messieurs, ne ignore que, à bon droict et juste tiltre, au roy de France, mon souverain seigneur, appartient la duché de Milan, à cause de madame Valentine Marie (1) son ayeule, unicque fille et heritière de feu de bonne memoyre Phelippes Marie, vray duc de Milan, et que Francisque Sforce, filz de Attendule Sforce, premierement avanturier de guerre, de humble et petite maison, par tyrannie usurpa ceste riche duché, et encores, par force et contre raison, la tient Loys Sforce son filz. A ceste consideracion je m'esbays dont vous, messieurs les Souysses, qui vous nommez amateurs d'equité, justice et droicture, voulez porter la faulse querelle contre le bon droict, le tyrant contre le vray seigneur, le simple chevallier contre ung si puissant roy, un estrangier contre vostre congneu, et ung pauvre contre ung riche.

« Quelle fureur occupe voz hardiz courages et droictes voluntez, de laisser la tant secourable et amou-

---

(1) *Valentine Marie :* Il y a plusieurs erreurs dans cette phrase. Valentine étoit sœur et non pas fille de Philippe-Marie Visconti. Elle devoit le jour, comme nous l'avons dit plus haut, à Jean Galéas Visconti. Elle avoit été mariée au duc d'Orléans, aïeul de Louis XII, en 1389.

reuse alliance des Françoys, voz freres et voysins, pour à extrange et barbare nation adherer? Quel espoir prenez-vous en homme sans foy, non observateur de promesse, qui ne vous ame fors à sa necessité, et ne sauroit vous tenir ce qu'il vous a promis? Avez-vous oublié les honneurs et biens à vous faictz en si grant liberalité par les roys de France? Ne vous peult certiffier de perpetuelle amour et confederacion la bien congneüe confiance du Roy en la nation de vous, messieurs les Soüysses, dont il a prins certain nombre de voz freres ou enfans pour la continuelle garde de son corps? et vous, messieurs les Alemans, en ce qu'il est, à cause de sa mere, de vostre sang?

« Quel reproche seroit-ce à vous et aux vostres, si vous soustenez tyrannie contre vraye seigneurie, injustice contre equité, rapine contre le juste tiltre, crudelité contre clemence, rebellion contre deüe obeissance, et inhumanité contre clemence! Je vous prie, messieurs, que, vos yeulx gectez sur la raison, usans de droicture, remonstrez à Loys Sforce son tort, et le contraignez à rendre au Roy ce que par force il occupe, et par tyrannie retient; et s'il est dur au croyre, avec egal œuil regardez la raison et soyez pour l'innocence, ensorte que vostre cler renom n'en soit obscursy. »

Ces remonstrances et aultres de trop long récit donnerent occasion aux Soüysses, lancequenetz et Bourguignons, d'eulx assembler, pour adviser à ce qui leur avoit esté dict par ledict seigneur de La Tremoille. Les aulcuns soustenoyent la maulvaise querelle de Loys Sforce, les aultres, et la plus grant part, le don droict et juste tiltre du roy de France; et, le tout mis à la juste balance d'équité, remonstrerent à Loys Sforce son tort, le persuadant faire composicion avec les Françoys. A quoy ne voulut entendre, ne les Souysses payer de leur soulte, pour lesquelles causes luy declairerent qu'ils ne frapperoyent coup pour luy, et qu'il saulvast sa personne s'il povoit; dont fut fort esbay, les priant, puisque ainsi le voulloyent habandonner, qu'il s'en allast avec eulx en habit dissimullé : ce qu'il s'efforça faire soubz l'habit d'ung cordelier, parce que plusieurs cordeliers estoyent en son armée servans de chappelains et confesseurs; et avec les Souysses sortit de Novarre, cuydant par ce moyen se saulver, mais il ne peult; car comme les Souysses eussent faict composicion avec ledict seigneur de La Tremoille et aultres capitaines, et eussent declairé ledict Loys Sforce avoir evadé, ledict seigneur de La Tremoille, pour le trouver en l'armée, fist tous les Souysses et aultres gens de pié passer soubz la picque, où il fut congneu et prins par ledict seigneur.

Les nouvelles de ceste prinse furent incontinant portées par la poste au roy de France estant lors à Lyon, ung jour assez matin; dont fut joyeux, et pour donner partie de sa joye à la Royne se transporta en sa chambre, et luy dist : « Madame, croyez vous bien « que monsieur de La Tremoille ait prins Loys « Sforce? » Sa responce fut que non, car encores n'estoit son cueur pacifié de la victoyre que ledict seigneur avoit eu contre le duc de Bretaigne son pere. Et le Roy luy replicqua : « Si a pour certain et vous « asseure que jamais roy de France n'eut ung plus « loyal et meilleur serviteur, ne plus eureux en ses « entreprises; et si je ne meurs bien tost, je le recom-

« penseray ensorte que les aultres capitaines auront
« vouloir de me bien servir. » La Royne, voyant l'affectionné vouloir du Roy sur ledict seigneur de La Tremoille, ne dist chose aulcune au contraire, mais commença à fort exalter icelluy seigneur.

Dés ce que le cardinal Ascaigne, frere de Loys Sforce qui estoit en la ville de Milan, sceut la prinse de son frere et la roupture de son armée, incontinant envoya ses enfans à Maximilian, roy des Rommains, et se mist aux champs le plus tost qu'il peult pour se saulver; et comme il vouloit se retirer à Boulongne, accompaigné de six cens hommes à cheval, Soucyn, capitaine venicien et frere du marquis de Mantue, le suyvit jusques au chasteau de Ryvolle, où il le prinst avec cent mille ducatz et plusieurs riches bagues. Les citoyens de Milan, fort esbaiz de ceste prise, soudain envoyerent vers le seigneur de La Tremoille et autres capitaines les clefz de ladicte ville par leurs ambassadeurs, chargez de composer et moyenner pour leur forfaicture; pour lesquelz ouyr le conseil fut assemblé, où presidoit le cardinal d'Amboise, que le Roy y avoit envoyé; et apres leur peroration et requeste iceulx esloignez du conclave, chascun en dist son opinion. Aulcuns disoyent qu'on devoit mettre à sac la ville de Milan et l'abandonner au pillage, sans donner la vie à homme qui eust plus de quinze ans; et que ainsi l'avoit faict aux Saxons le roy Clotaire II et le roy Charlemaigne.

La raison de leur dire estoit que les Milanoys sçavoyent tresbien le Roy estre leur naturel seigneur, et la duché de Milan luy appartenir à vray tiltre hereditaire (pour tel l'avoient recongneu et faict le serment de fidelité); que à ce moyen le Roy leur avoit diminué partie de leurs tributz, iceulx remis en leur liberté, ordonné et establi ung parlement pour leur administrer justice, mis hors la captivité de Loys Sforce, lequel usoit de leurs personnes, femmes et biens à son plaisir, marioit leurs filles à sa volunté, et les tenoit en telle servitude que aucun des habitans n'eust ousé dire *Cela est mien*; avoit oultre perpetué leurs offices temporels, et donné plusieurs grans privilleges. Ce nonobstant, comme gens sans foy, ingratz, parjures, avoient conspiré contre le Roy, receu et remis en leur ville ledict Ludovic, choisissant le tiran et persecuteur pour le vray seigneur et protecteur; et la pluspart des Françoys crioyent que les Milannoys fussent deffaictz et ruynez. Le seigneur de La Tremoille considerant, comme dict Tulle (1) en ses Offices, que à la conqueste des villes on se doit garder d'y faire chose temeraire ne cruelle, pour moderer ces opinions procedans plus de ire que de raïson, commença parler ainsi :

« Quant ire et trop grant celerité se rencontrent en la chose qu'on veult executer, vous entendez, messieurs, que voluntiers la rendent mal faicte et au deshonneur de l'aucteur, à la raison de ce que trop grant celerité temerairement et sans consideracion precipite les choses, et ire y ouvre sans prevoyr la fin. Pour ces consideracions, le feu de nostre juste

---

(1) Comme dict Tulle : *De evertendis autem diripiendisque urbibus, valde illud considerandum est ne quid temere, ne quid creduliter fiat : idque est viri magnanimi, rebus agitatis, punire sontes, multitudinem conservare, in omni fortuna recta atque honesta retinere.* De Officiis, lib. 1, c. 24.

indignacion extraict, et le conseil des plus saiges prins, regardons quel bien pourra de la ruyne de ceste tant riche et noble ville advenir. C'est la premiere conqueste que noz peres, les Gaules, firent en Italie il y a plus de deux mille ans; c'est leur ediffice et demourance qu'ilz nommerent la Gaule transalpine; c'est le vray heritage du Roy et son paternel domaine. Je sçay bien que, par les loix et statutz de plusieurs citez, la mort est la juste peine de moindres crimes que celuy de la rebellion et desloyaulté de ceulx de Milan : toutesvoiz doyvons considerer, messieurs, la fragilité de nostre nature, et que souvent les hommes, par esperance solicitez, entrent es dangiers des guerres; et onc homme à peril ne se exhiba que l'actende de bonne yssue ne luy donnast quelque asseurance, et onc cité ne se revolta contre son naturel seigneur, qu'elle ne se extimast à luy pareille en force, et ne tendist à plus grant liberté.

« C'est une chose en tous humains née que peché, soit au secret ou en public, et n'y a severité ne rigueur de loy qui les en puisse tousjours empescher. Les hommes sont faciles à delinquer par fureur insanable, et par faulte de non assez puissante bride de raison, et encores plus par foul espoir et cupidité. Le foul espoir, non voyant son peril, les conduit, et cupidité de prosperité ostentatoire les accompaigne, dont procede que les incertains loyers et non asseurées recompensés excedent en puissance les dangiers incongneuz et peines non pourpensées; puis la fortune du futur gaing incite les courages à desirer liberté, empire et principaulté. Et davantage est une chose impossible, voire folle à croire, lors que l'humaine pensée est d'aucun immoderé affect surprinse et excitée, que par la crainte de la rigueur et severité de la loy en puisse estre retraincte et prohibée.

« Pour ces consideracions, messieurs, mon oppinion est, sauf vostre meilleur advis, que non obstant la faulte des Milanoys, qui contre le Roy se sont revoltez et rebellez, ne doyvons aucune chose griefve contre eulx statuer ne ordonner, mais qu'on leur doit remectre l'honneur et la vie, et commuer la peine de leurs corps en raisonnables amendes pecuniaires, pour le deffroy de nostre armée, moiennant ce qu'ilz feront nouveaux sermens de fidelité, et promectront avec juremens, pour l'advenir, obeissance et fidelité au Roy, comme leur naturel et vray seigneur. Par ceste clemence, les aultres qui ont comme eux failly, non desesperez de pardon, se pourront plus legierement repentir, et eulx soubmectre à la raison : et si par cupidité de vengence nous les importunons et opprimons de mort, ou de trop longue poison, ou excessive rençon, les rendrons impuissans de deniers à paier leurs tribuz et subvenir à noz belicqueux usages, sans lequel ayde impossible est que le corps publicque puisse subsister.

« Nous ne doyvons comme juges si estroictement pugnir les delinquens, mais considerer le grant bien qui peut venir et proceder de cité par moderacion corrigée, et que mieulx est gardée la foy des citoiens par doulceur et innocence que par la severité des loix escriptes; mieulx est tollue l'occasion de rebellion par honneste entretiennement, que provocquer par crudelité les gens à obstinacion de mal; les choses perdues se doyvent, qui peut, par benignité recouvrer, et les recouvertes, par justice et doulceur conserver. Et pour brief conclurre, en mon advis je arbitre chose plus utille au Roy nostre souverain seigneur, à nous et à tout le pays, paciffier nostre ire, oublier nostre injure, et moderer la vengence par clemence, que totallement ruyner et destruyre ceulx qui se reppentent et demandent pardon. La condicion des Françoys est prompte fureur, et avoir pitié des vaincuz; que ire immoderée ne perisse ce glorieux renom! »

Tous ceulx du conseil furent de l'oppinion du seigneur de La Tremoille; et le jour du vendredy sainct de l'an 1500, qui fut le dix-septiesme jour d'avril, sept jours apres la prinse de Ludovic Sforce, les Milannois feirent amende honnourable au roy de France, en presence dudit cardinal d'Amboise, ayant charge expresse du Roy pour la recepvoir en ladicte ville de Millan, en la maison du Roy. Publicquement et en grant solennité leurs vices leur furent pardonnées et leurs biens saulvez, moyennant la somme de troys cens mil livres, dont ilz baillerent cinquante mille contans; les aultres cinquante mil promirent bailler le douziesme jour de may ensuyvant, et les deux cens mil à la volunté du Roy, et feirent les nouveaulx sermens de fidelité. Tout cela faict, ledict seigneur de La Tremoille, adverty de la prinse dudit cardinal d'Ascaigne, envoya vers les Veniciens, à ce qu'ilz le rendissent au Roy avec ses ducatz et bagues qu'ilz avoyent prins en sa duché, et aussi l'espée royale du grant escuyer de France, laquelle avoit esté prinse es coffres du roy Charles VIII à Furnoue par les Albanoys, comme il a esté dict dessus; et où les Veniciens differeroyent, les y contraindre à main armée ;

en quoy ils pensereṇt, et voyans fortune donner faveur audit seigneur de La Trimoille, lui envoyerent ladicte espée avec ledit cardinal d'Ascaigne, et partie de ses bagues et ducatz. Quelque temps apres fist mener ledit cardinal à Lyon, où jà avoit esté mené Loys Sforce son frere, lequel Loys Sforce fut depuis envoyé par le Roy au chasteau de Loches pour sa prison.

Deux ans apres, le Roy retira et conquist le royaulme de Naples; mais ung an ou deux apres ledit recouvrement, le perdit par la roupte d'une bataille que les Françoys eurent contre domp Ferrand, roy d'Espaigne, l'armée duquel estoit conduicte par Gonssalle Ferrande (¹), et l'armée de France par le comte de Guyse (²) de la maison d'Armignac, et par messire Jacques de Chabannes, l'ung des hardiz chevalliers et capitaines qui fut onc en France. Et fut occis en ceste bataille (³) ledit comte de Guyse, et les Françoys deffaictz par la coulpe des tresoriers, qui, pour eulx enrichir des deniers ordonnez pour le deffray de l'armée, la laisserent sans vivres, ne payerent à temps et heure les gensd'armes; par le moyen dequoy ne se povoyent nourrir, ne leurs chevaulx, et dont le Roy fut fort desplaisant et courroussé, tant contre les gensd'armes qui retournoyent, lesquelz ne voulut veoyr ne ouyr, que contre les tresoriers, dont en fist pugnir aulcuns par justice.

Pour le recouvrement de Naples, quelque temps

(¹) *Gonssalle Ferrande* : le fameux Gonsalve de Cordoue. — (²) *Le comte de Guyse* : il est connu dans l'histoire sous le nom de duc de Nemours. — (³) *En ceste bataille* : cette bataille est celle de Cerignole ; elle fut gagnée par Gonsalve de Cordoue, le 28 avril 1503.

apres le Roy fist son lieutenant general ledit seigneur de La Trémoille, qui partit de France et passa les monts avec une fort belle armée; mais en allant, une maladie le surprinst, nonobstant laquelle il passa oultre sans se arrester pour icelle, jusques à tant qu'il fut par necessité contrainct demourer par impuissance; car il fut si pressé de son mal, que, desesperé de vie, les medecins manderent au Roy que impossible estoit à nature le relever, et que sans le divin secours ne pourroit guerir; par laquelle cause le Roy manda audit seigneur que peu à peu retournast en France, ce qu'il fist, à son grant regret, avec l'armée françoyse, et fut pres d'ung an apres tousjours continuellement malade et hors d'espoir de santé; dont le Roy estoit fort desplaisant, car c'estoit le seigneur de court, du nombre de ceulx qui povoyent service faire au Roy et à la chose publicque, le moins importun, et qui moins demandoit de choses au Roy pour luy et ses serviteurs, doubtant luy desplaire, et aux princes et aultres capitaines esquelz on doibt esgallement distribuer les estatz selon leurs qualitez et merites, et que le Roy soit bien servy, et que en sa necessité il trouve à son secours plus d'ung, de deux, de troys et de quatre capitaines experimentez à conduyre ses guerres.

Il se contentoit de peu sans trop entreprandre, et n'eust voulu par ambicion donner occasion aux princes de la court, ne aux gentilz hommes meritans avantaige, d'avoir contre luy envie, considerant que les groz morceaulx, prins en hastivité et par excés, estranglent ceulx qui ainsi les devorent; et rememoroit souvent les excés faiz à aucuns connestables de France et autres gouverneurs trop entreprenans par les princes du sang, mesmement durans les regnes des roys Loys Hutin, Jehan, Charles VI et Charles VII. Il ne vendit onc office, et n'en demanda jamais pour les vendre et en faire son profit particulier; aucuns de la maison du Roi s'en esbaïssoient, vu son bon credit, et mesmement ses serviteurs. Pour ces consideracions et les merites dudit seigneur, vacant l'estat de gouverneur de Bourgongne et des pays adjacens par le deces de monseigneur Gilbert de Cleves, comte de Nevers, le roy Loys en pourveut iceluy seigneur; et l'a tenu jusques à son deces à son honneur, qui est ung bel estat et fort desiré par les gens de bien.

CHAPITRE XX.

Des meurs, vertuz, gouvernement et forme de vivre de madame Gabrielle de Bourbon, premiere espouse du seigneur de La Trimoille, et monsieur Charles leur filz; où est incidemment parlé d'aucunes dames qui ont esté excellentes en bonnes lettres.

Nous avons veu comme, incontinant apres la premiere année que le seigneur de La Trimoille eut espousé madame Gabrielle de Bourbon, fille du feu comte de Mompensier, elle eut ung filz nommé Charles; et à la raison de ce que la forme de vivre de celle noble dame vault bien estre reduicte à memoyre, pour la doctrine des dames qui pourront lire cy dedans, je escripray en briefves parolles ce que je y ay peu veoyr et congnoistre : c'est que ceste dame estoit devote, et pleine de grant religion, sobre, chaste, grave sans fierté, peu parlant, magnanime sans orgueil, et non ignorant les lettres vulgaires. Tous les jours ordinairement assistoit aux heures canonialles, oyoit la messe, et disoit ses heures devotement sans ypocrisie; elle se delectoit sur toutes choses à ouyr parler de la saincte Escripture, sans trop avant s'enquerir des secretz de theologie; plus amoit le moral et les choses contemplatives, que les argumens et subtilitez escorchées de la lettre, par lesquelles le vray sens est souvent perverty; elle se contentoit de peu de viandes aux heures acoustumées; en public monstroit bien elle estre du royal sang descendue, par ung port assez grant et reverencial, mais au privé, entre ses gentilzhommes, damoyselles, serviteurs, et gens qu'elle avoit acoustumé veoyr, estoit la plus benigne, gracieuse et familiere qu'on eust peu trouver, consolative, confortative, et tousjours habondante en bonnes parolles, sans vouloyr ouyr mal parler d'aultruy, ne de chose lascivieuse, voluptueuse ne scandaleuse; et hayoit les gens notez de telz vices.

Elle estoit si magnanime, que bien se contantoit estre la pluspart du temps privée des plaisirs et doulceurs de mariage, et dormir seule en ennuy et regret, à ce que son espoux, en servant le Roy et s'emploiant aux affaires du royaume et du bien public, acquist honneur et louange. Elle amoit trop mieulx le rapport luy avoir fait louables armes, que tout l'or du monde; elle estoit liberalle et magnificque en conviz, tapisseries, vaisselle d'or et d'argent, comme à sa maison appartenoit, sans superfluité : jamais n'estoit oyseuse, mais s'emploioit une partie de la journée en broderie et aultres menuz ouvrages appartenans à telles dames, et y occupoit ses damoiselles, dont avoit bonne quantité, et de grosses, riches et illustres maisons. Et quant aucunesfoiz estoit ennuyée de telz ouvrages, se retiroit en son cabinet, fort bien garny de livres, lisoit quelque histoire, ou chose moralle ou doctrinalle; et si estoit son esprit ennobly et enrichy de tant bonnes sciences, qu'elle emploioit une partie des jours à composer petiz traictez à l'honneur de Dieu, de la vierge Marie, et à l'instruction de ses damoiselles; elle composa en son vivant une contemplation sur la nativité et passion de Nostre Seigneur Jhesucrist, ung aultre traicté intitullé *le Chasteau de Sainct Esprit,* ung aultre traicté intitullé l'*Instruction des jeunes filles,* et ung aultre traicté intitullé *le Viateur,* qui sont toutes choses si bien composées qu'on les extimeroit estre plus ouvrage de gens de grans lectrés que composicion de femme; voire et si n'estoit aucunement presumptueuse, car elle faisoit tousjours veoir et visiter ses compositions à gens de hault et bon savoir, comme je sçay, par ce que de sa grace me bailloit la charge de les faire amander.

Toutes ces bonnes meurs et condicions ayderent fort aux perfections que monseigneur Charles son filz acquist en jeunesse, voire autant que jeune prince qu'on eust sceu lors veoir. Aucuns trouvoyent extrange que ceste dame emploiast son esprit à composer livres, disant que ce n'estoit l'estat d'une femme : mais ce legier jugement procede d'ignorance, car en parlant de telles matieres on doit distinguer des femmes, et sçavoir de quelles maisons sont venües, si elles sont riches ou pauvres. Je suis bien d'opinion que les femmes de bas estat, et qui sont chargées et contrainctes vacquer aux choses familieres et domesticques pour l'entretiennement de leur famille, ne doyvent vacquer aux lectres, parce que c'est chose repugnant à rusticité; mais les roynes, princesses et aultres dames, qui ne se doyvent, pour la reverence de leurs estatz, applicquer à mesnager comme les mecaniques, et qui ont serviteurs et servantes pour le faire, doyvent trop mieulx applicquer leurs espritz et emploier le temps à vacquer aux bonnes et honnestes lectres concernans choses moralles ou historialles, qui induisent à vertuz et bonnes meurs, que à oysiveté mere de tous vices, ou à dances, conviz, banquetz, et aultres passe-temps scandaleux et lascivieux; mais se doivent garder d'applicquer leurs espritz aux curieuses questions de theologie concernans les choses secretes de la Divinité, dont le savoir appartient seulement aux prelatz, recteurs et docteurs.

Et si à ceste consideracion est convenable aux femmes estre lettrées en lettres vulgaires, est encores plus requis pour un aultre bien qui en peult proceder : c'est que les enfans nourriz avec telles meres sont voluntiers plus eloquens, mieulx parlans, plus saiges et mieulx disans que les nourriz avec les rusticques, parce qu'ilz retiennent tousjours des condicions de leurs meres ou nourrices. Cornelie, mere de Grachus, ayda fort, par son continuel usaige de bien parler, à l'eloquence de ses enfans : Cicero a escript qu'il avoit leu ses epistres, et les extime fort pour ouvrage feminin. La fille de Lelius, qui avoit retenu la paternelle eloquence, rendit ses enfans et nepveux disers. La fille de Hortense feit une tres eloquente oraison en la presence des Trivires de Romme. Les anciens habundoyent en femmes tresdoctes en toutes disciplines, mesmement les Grecz, entre lesquelz, comme nous lisons, y eut plusieurs femmes tresbien instruictes en philosophie. Platon eut entre ses aultres disciples deux femmes, l'une nommée Lasthemia Manthinea, et l'autre Apiothea Phliasia, lesquelles, comme a escript Dicearchus, usoyent de vestement virille pour plus commodement apprendre. Aretha, fille d'Aristipus qui avoit esté disciple de Socrates, sceut tant de philosophie, qu'elle en monstra et enseigna à son filz Aristipus le jeune. Pitagoras n'a eu honte d'avoir escript qu'il avoit moult aprins de philosophie de sa seur Theoclea; aussi endoctrina en philosophie sa fille, à laquelle laissa par son testament ses Commentaires. L'amour qu'elle avoit aux lettres fut cause dont elle garda perpetuelle virginité, et soubz elle eut plusieurs pucelles auxquelles premierement aprinst la philosophie de pudicité et chasteté.

Alexandre le Grant ne voulut espouser la fille du roy Daire, jaçoit ce qu'elle fust tresbelle et tresriche, et ayma mieulx prandre à femme, sans dot, Barsyne, fille de roy, toutesfoiz pauvre, parce qu'elle savoit les lettres grecques. Licurgus fut bien de ceste opinion, quant par ses lois ordonna qu'on prendroit les femmes sans dot, c'est à dire sans qu'elles eussent aulcune chose en mariage, à ce que les hommes quissent les vertueuses femmes et non leurs richesses, et que pour ceste raison les filles se appliquassent à science et vertu. Nicostrata, mere de Evander, fut surnommée Carmente, parce que richement composoit carmes et mettres par lesquelz predisoit les choses futures. Nous lisons que Mirtis Lirica et Coryna sa disciple furent tresbien instruictes en l'art poeticque; semblablement Anagora Milesia et Cornificia, seur du poete Cornificius, laquelle composa plusieurs excellens epigrammes dont depuis a eu grant louange. Et si nous voulons parler des dames crestiennes, pensons au savoir de Paule et Probe, dames rommaines auxquelles sainct Hierosme a escript tant de belles epistres latines, et à la science argumentative de saincte Catherine, qui par argumentacions surmonta cinquante docteurs; et ne oublions le livre composé en latin par saincte Brigide, ne les prophecies de toutes les sibilles.

Or estoit donc madame Gabrielle de Bourbon pleine de bon sçavoir, et elegante en composition prosaïque, qui, selon le jugement de Chrisipus en son livre *de l'Institucion des enfans*, donna ung naturel instruict à monsieur Charles son filz, prince de Thalemont, de aymer les livres et les bonnes lettres; et sçay que, oultre les condicions de vraye noblesse et de discipline militaire où monsieur son pere l'avoit songneusement fait instruyre, estoit grant historien, et composoit treselegamment en epistres et rondeaux. Il excedoit en grandeur corporelle pere et mere, et si estoit groz à l'advenant; et parce que aulcuns de ceulx du nom de La Tremoille avoyent esté graz, monsieur son pere, pour y obvier, le mist entre mains de gens fort esveillez, lesquelz l'excitoyent à tous jeux penibles et honnestes, comme à saulter, gecter la barre, jouer à la paulme, et à jouxter. Et combien qu'il aymast le passetemps des dames quant il estoit en court, je sçay qu'il a esté ung des chastes princes qui fut onc, et qui plus avoit en horreur femmes meschantes. A son port et contenance, sembloit estre grave et fier, mais c'estoit une honneste gravité sans orgueil, plaine de magnanimité, et vuyde de adulation et flaterie; et n'y avoit prince dont la familiarité de chambre entre ses domesticques fust plus actractive à l'amer et reverer. Il parloit peu; et ne vouloit dire parolle perdue et qui ne portast fruict. Il fut marié jeune avec madame Loyse, fille de monseigneur Charles de Coictivy, comte de Taillebourg, et de madame Jehanne d'Orleans son espouse, fille du bon duc Jehan d'Angoulesme, à present reclamé comme sainct, et seur de monseigneur Charles, pere du roy françoys qui à present est; qui fut une grant et grosse alliance.

CHAPITRE XXI.

Commant le seigneur de La Tremoille fist son entrée en son gouvernement de Bourgongne; des services que luy et son filz firent au Roy es guerres contre les Genevois et Veniciens; de la journée de Ravanne, et commant les Françoys laisserent la duché de Milan pour retourner en France.

Le seigneur de La Tremoille se prepara pour faire son entrée en la ville de Dijon, capitalle de la duché de Bourgongne, pour apres aller veoyr et visiter les aultres villes et places de frontiere; et bien accompaigné y alla certain brief temps apres, où il fut honnourablement, et à joye, lyesse et triumphe, receu; et luy fut faicte, par le chief des citoyens de ladicte ville, l'oraison ou persuasion telle que verrez, quequessoit, de mesme substance :

Oraison du chief de la ville de Dijon au seigneur de La Tremoille.

« Si en vous n'y avoit que la faveur de fortune qui a tousjours vostre glorieux renom acompaigné, tres redoubtable prince et seigneur, ne se trouveroit nation qui ne se extimast tres eureuse d'estre soubz vostre moderacion gouvernée; mais voz exaltées vertuz, voz memorables gestes et faicz, vostre magnificence, prudence et doctrine à ce adjouxtées, font que vous estes desiré, loué, et par admiracion regardé de toutes les crestiennes provinces. A ceste consideracion, voyans les choses fatalles si bien quant à nous disposées que le Roy, nostre souverain seigneur, asseuré de vostre loyauté, vous a voulu de ce pays faire gouverneur, empereur et moderateur, qui estes de nostre sang, de nostre terre et de nostre generacion, nous resjouyssons et exaltons, et oultre rendons graces à la souveraine deité et royalle majesté de ce benefice, que nous extimons opulent, riche, precieux et favorable, esperans que, par vostre prudente conduicte et hardiesse, nous, noz eglises, parens et biens serons protegez, deffenduz et gardez de toutes irreligions, sacrileges, injustices, pilleries, forces, violences, concucions, depopulacions, homicides, excés, et autres tribulacions qui adviennent souvent par faulte de bon ordre en pays de frontiere comme cestuy; et que la renommée de voz fortunées victoyres nous servira de murailles, rempars et artillerie pour reprimer les soudains mouvemens des industrieux Flamens, pertinax Hennuyers, cruels Sequanoys, haulsaires Suysses, excessifz Alemans, et aultres envieux de la frugalité, richesse et bonté de ceste fertille et habundante terre.

« Aussi que voz progeniteurs portans le nom de La Tremoille, yssuz, nez et nourriz en ce territoire, tousjours ont acquis les merites d'honneur par le bon traictement qu'ils nous ont pourchassé et quis; soubz ceste confiance et la vostre mansuetude, tresredoutable et trespuissant prince et seigneur, mectons entre voz mains nous, noz voluntez, noz choses sacrées, enfans, femmes, familles, facultez, possessions, chevances, et toutes noz fortunées choses, à ce qu'il vous plaise nous proteger, deffendre et descharger de toutes injustices, pour lesquelles les royaumes et seigneuries tumbent en ruyne, et sont de gent en gent transferées. Et de nostre part l'Eglise vous soustiendra, la noblesse vous donnera secours, le peuple commun vous obeyra, et tous ensemble par ung accord nous y employerons corps et biens. »

Response faicte par le seigneur de La Tremoille à ceulx de Dijon.

« Si par multiplicacion de graces je me povoys acquicter envers vous, messieurs de Dijon, de vostre honnourable recueil, exhibicion d'honneur et bienveillance, je m'efforceroys le faire; mais vous plaira le brief langaige accepter, avec le grant desir que j'ay de vivre avec vous en paix, au proffit du Roy et au vostre, à mon honneur et à l'utilité publicque. Mon vouloyr est droict, mon intencion bonne, et mon espoyr assez grant : reste que je crains ne povoyr obeyr, d'autant que les complexions des gens sont diverses à tous, vous priant benignement excuser les faultés si vous y en trouvez, et me estre aydans à l'execucion de ma charge. Vous entendez assez, messieurs, que la force d'ung roy et d'ung royaulme principallement consiste en l'union des subjectz, en l'obeissance qu'ilz doyvent à leur prince, en leur richesse, en exercice d'armes, et en la municion et fortificacion des villes, citez, chasteaulx et places fortes. Vous avez renom d'estre riches, vous estes louez de l'union que vous avez en l'obeissance royalle, et par les histoyres assez appert de la hardiesse et bon exercice aux armes que les nobles de ce pays ont eu, comme encores ont; reste savoir si voz villes et places sont bien fortiffiées, car c'est la force du royaulme et le mur inaccessible des ennemys que une place munie et garnie d'artillerie, vivres et aultres choses necessaires pour soustenir ung siège, nourrir une garnison et actendre ung secours; qui est la principalle chose où le Roy nostre souverain seigneur gecte ses yeulx, preste son esprit et applicque ses biens, dont j'espere plus au long vous parler. »

Il fist son propos court, doubtant ennuyer, et s'en alla fort bien acompaigné, tant de ses gens que de ceulx du dedans, en ladite ville de Dijon, où il fut tresbien traicté et festié par les seigneurs et dames, entre lesquelz il se savoit au gré de tous entretenir. Quelque temps après alla faire son entrée ou parlement de Dijon, et en la maison commune des citoyens, où il fist plusieurs belles remonstrances pour le proffit publicque, et se porta si tresbien en ce gouvernement qu'onques il n'y eut reproché; et diray une chose de ce seigneur peu veue en aultres seigneurs de sa qualité, qu'il a tousjours eu le cueur munde et nect du vice d'avarice; et les mains immacullées de dons corruptibles, et de presens d'or et d'argent; car onc n'en prinst pour quelque plaisir qu'il fist, publicque ou privé.

Environ ce temps fut pourveu par le Roy de l'admiraulté de Bretaigne, vacant par le deces du prince d'Oranges, qu'il adjouxta à l'admiraulté de Guyenne, qu'il avoit eu par long temps paravant par le trespas de monseigneur Mathieu, bastard de Bourbon; et, comme admiral susdit, bientost apres feit faire une fort belle navire nommée *Gabrielle*, du nom de son espouse; depuis en feit encores faire une aultre, qui bien a servy au royaulme de France pour la guerre de mer. L'un des gentilz hommes de sa maison nommé messire Regnaud de Moussy, chevallier hardy, de bon esprit et de grant entreprise, a esté son visadmiral.

En l'an 1507 il alla delà les mons avec le Roy pour le recouvrement de la ville de Gennes, laquelle s'estoit contre le Roy revoltée, par la faction et conduicte d'un taincturier nommé Paule de Novis, homme de plus grant cueur que de prudence, qui avoit incité les Genevois à rebellion, et à chasser les François hors de Gennes; dont mal luy prinst, car Gennes recouverte par les glorieuses armes des François, le Roy present, acompaigné du seigneur de La Tremoille et aultres princes, il feit descapiter ledit Paule de Novis, comme bien avoit merité. Et de Gennes le Roy s'en alla à Milan, non sans le seigneur de La Tremoille, qui jamais ne le perdoit de veue. Et ladite année, monseigneur Jehan de La Tremoille, frere dudit seigneur, ainsi qu'il alloit à Rome remercier le Pape qui luy avoit envoié le tiltre et chappeau de cardinal, fut d'une fievre continue surprins en la ville de Milan, où il deceda, au grant regret de son frere et de son nepveu le prince de Thalemont. Il tenoit en l'Eglise cinquante mille livres de revenu; car il estoit evesque de Poictiers et arcevesque d'Aulx, et si avoit plusieurs autres groz benefices; et combien que sa chasteté, bonté et science meritassent telles dignitez, honneurs et biens, toutesfois ne les avoit euz sans la faveur de son frere aisné ledit seigneur de La Tremoille. Son cueur fut laissé en l'eglise des freres mineurs de Milan, et son corps apporté en l'eglise Nostre-Dame de Thouars, où il gist soubz ung sepulchre de marbre.

Aprés toutes ces choses, fut traicté l'accord de Cambray par la conduicte de monseigneur Georges d'Ambaise, arcevesque de Rouhan, cardinal et legat en France, et madame Margarite de Flandres, entre le pape Julius, Maximilian, roy des Romains, soy disant empereur, le roy de France, et Ferdinand, roy d'Espaigne; qui fut fort pernicieux pour les François, car, soubz umbre d'icelluy, on feit depuis plusieurs grans tors au roy de France. Par le moien de ce simullé accord ou paix fourrée, tous ces princes entreprindrent depuis contraindre les Veniciens à leur rendre les places et seigneuries par eulx usurpées, dont ilz furent sommez par le roy de France, chief de ceste entreprinse, comme y ayant le plus grand interest, à la raison de ce que les Veniciens usurpoyent Bresse, Bergomme, Cremonne, et aultres villes et seigneuries de sa duché de Milan. Et parce que les Veniciens n'y voulurent entendre, le Roy droissa grosse armée contre eulx, qu'il fist passer delà les monts, et y fut en personne, non sans le seigneur de La Tremoille, qui tousjours estoit le premier prest à faire service au Roy son seigneur et maistre, et au royaulme.

Les Veniciens de l'autre part deliberoyent de actendre le Roy avec belle et grosse armée; et le dix huictiesme jour de may (1) l'an 1509, se rencontrerent les deux armées à Agnadel, où y eut grosse et cruelle bataille qui dura quatre heures; et finablement les Veniciens y furent deffaictz, et leurs gens de pié presque tous occis sur le champ. Berthelomy Dalviane, chief et lieutenant general de l'armée venicienne, y fut prins prisonnier par le seigneur de Vaudenesse, frere du mareschal de Chabanes. Ledit seigneur de La Tremoille et le prince de Thalemond son filz se y porterent tresbien, et y acquirent groz honneur. Par le moyen de ceste victoyre, le roy de France retira sesdictes villes de Bresse, Cremonne, Bergomme, et aultres estans des appartenances de la duché de Milan; et fist rendre à l'Eglise rommaine les villes de Serne, Rommaigne, Imole, Favonce, Forlyne, et autres terres que le pape Julius querelloit; et au roy des Rommains, Veronne, Patavie (2), Trevise et aultres lieux; et audit roy d'Espaigne, Beronduse et Tarante.

Certain peu de temps apres, ledit cardinal d'Ambaise, legat en France, qui manyoit le Roy et son royaume en si bonne sorte que le peuple françoys ne fut onc mieulx traicté, alla de vie à trespas; qui fut groz dommage et perte, car il a semblé à plusieurs personnes de bon esprit que, à l'occasion de son deces, le traicté de Cambray fut enfrainct par le pape Julius, par le roy des Rommains et le roy d'Espaigne, parce

(1) *Le dix huictiesme jour de may* : lisez *le* 14 *mai*. — (2) *Patavie* : Padoue.

que incontinant apres ledit pape Julius fist alliance avec les Veniciens, et s'efforcea faire perdre au roy de France sa duché de Milan, par l'intelligence qu'il avoit avec le roy des Rommains et le roy d'Espaigne, qui tous faulserent leur foy et serment baillez et faictz oudit traicté de Cambray; lequel traicté fut pourchassé au-dommaige des François, et à ce qu'ilz, assemblez, fussent deffaiz par les Veniciens : ce que esperoyent lesdictz pape Julius, roys d'Espaigne et des Rommains, qui advinst au contraire.

Le Roy fut fort troublé de ces entreprinses, et plus couroussé de l'ingratitude du pape Julius, auquel il avoit faict tant de services et plaisirs à l'augmentacion du Siege apostolique, et mesmement en la restitucion de la ville de Boulongne, laquelle il avoit recouverte contre ceulx de Benetyvolle, et mis entre les mains dudit pape Julius, et eust voluntiers trouvé les moyens pour luy monstrer qu'il ne devoit ainsi le traicter : surquoy assembla en la ville de Tours les evesques, prelatz, docteurs, et autres gens de bonnes lettres de son royaulme, pour savoir commant et en quelle sorte, sans offenser Dieu, il y devroit proceder; et fut advisé qu'on feroit ung concille (qui fut commancé à Pise, et depuis transferé à Lyon); mais il n'y eut aulcune conclusion. Ce pendant les Veniciens, les Souysses qui avoyent esté gaignez par ledit pape Julius, et les Hispaniens, faisoyent la guerre au roy de France en sa duché de Milan; et pour remonstrer ausditz Souysses qu'ilz avoyent mal faict d'avoir laissé le Roy, qui tant leur avoit faict de biens, et les gaigner, le Roy envoya vers eulx jusques en Souysse ledit seigneur de La Tremoille, lequel y fut longuement en dangier de sa personne; et n'eust esté son humilité, cautelle et prudence, l'eussent retenu pour l'argent qu'ilz demandoyent au Roy pour la prinse dudit Loys Sforce; et neantmoins fist tant qu'il gaigna au Roy certains quentons desditz Souysses, et s'en retourna en leur grace et amour.

Comme on faisoit toutes ces choses, monsieur Gaston de Fouex (1), duc de Nemoux, qui querelloit le royaulme de Navarre contre ceulx qui sont descenduz de la maison d'Alebret, se desroba du Roy, et avec luy le prince de Thalemont, filz dudit seigneur de La Tremoille, pour aller à Milan, où le seigneur de Chaulmont, de la maison d'Ambaise, estoit lieutenant general. Le Roy et ledict seigneur de La Tremoille faignirent estre courroussez de ce que ces deux jeunes princes s'en estoyent allés sans leur congié, mais envoyerent apres eulx or, argent, et tout ce qui leur estoit necessaire; et quand ils eurent esté quelque temps à Milan, ledit prince de Thalemont retourna en France, et laissa à Milan ledit duc de Nemoux, qui y fut lieutenant general pour le Roy apres le trespas dudict seigneur de Chaulmont.

A son entrée dudit Estat, il prinst la ville de Boulongne, et la mist hors des mains du pape Julius, par l'advis et oppinion dudit concille : et tost apres les Souysses vindrent assieger Milan, mais n'y feirent rien; semblablement les villes de Bresse et Bergomme se revolterent pour les Veniciens, et tost apres furent recouvertes par les Françoys, et la ville de Bresse pillée, où les Françoys se enrichirent, pour les richesses qu'ilz trouverent dedans.

(1) *Gaston de Fouex* : Gaston de Foix, duc de Nemours.

En ce temps le pays de Italie estoit fort opprimé de guerres, et pillé de gensd'armes, tant des Françoys, Souysses, Espaignolz, que Veniciens; et on quaresme de l'an 1512 (1), les armées du Pape, des Souysses et Hispaniens se joygnirent, querans les moyens de surprendre les Françoys et les chasser de ce pays; mais ledit duc de Nemoux, par l'oppinion et saige conduicte des anciens capitaines de France qui estoyent avec luy, y resistoit tousjours, à la gloire et honneur des Françoys.

Apres plusieurs saillies et rencontres, le jour de Pasques ensuyvant, toutes ces armées se rencontrerent davant Ravanne, où la bataille fut grant, et aussi longue et cruelle qu'on en veit onc; car d'une part et d'aultre la vertu de hardiesse fut si grant, et y eut de si grans proesses faictes, qu'on ne scet à qui bailler l'honneur de la victoyre. Toutesfois le camp demoura aux Françoys, non sans grant perte de plusieurs gens de bien, par ung malheur; car, comme ilz fussent demourez les maistres et eussent mis en fuite les adversaires (qui leur devoit suffire), ledict duc de Nemoux, suyvant sa martialle fureur et se confiant en la riant face de fortune, tout yvre de la doulceur de gloyre par luy en ceste bataille acquise, contre l'oppinion des anciens capitaines et la doctrine de Vegece, qui deffend suyvir une armée desconfite, s'en alla gecter entre ung grant nombre de Souysses qui se retiroyent, où fût suyvy, pour la deffense de sa personne, par plusieurs gens de bien, à leur grant regret, non sans cause, car en ceste suyte ledict duc de Nemoux fut occis, et avec luy le sei-

(1) 1512 : *lisez* 1511.

gneur d'Alegres, le lieutenant du seigneur de Ymbercourt, le capitaine Molart, le capitaine Jacob, et ung capitaine alemand nommé Phelippes : toutesfoiz ne demoura pas ung desdictz Souysses, car incontinant apres le reste des Françoys allerent en ordre sur eulx, et les deffirent en mesme lieu.

Les jeunes capitaines et chiefz de guerre, jaçoit ce qu'ilz ayent aulcunesfoiz plus de hardiesse que les anciens, toutesfoiz ne doyvent aulcune chose entreprandre ne executer sans eulx; et combien que la vertu de hardiesse soit bien requise en ung chief de guerre, autant y est requise la science de l'art, et seroit bon que ung lieutenant general eust ces deux qualitez. Cicero prefere la science de l'art à la vertu; neantmoins semble que la vertu soit plus requise, parce que avec icelle, par bon conseil, l'on peult plus faire que par la science sans la vertu, comme nous tesmoygnent les nobles faictz de Alexandre le Grant, Hanibal et Scipion, qui tous troys furent chiefz de guerre en leur jeune aage : car jaçoit ce que au moyen de leur jeunesse ne peussent avoir science et experience suffisans de l'art militaire, et aussi des cautelles et ruzes de guerre; neantmoins, par leur vertu et hardiesse conduictes par le conseil des experimentez, feirent des choses plus grans que plusieurs aultres anciens qui ont eu seulement la science de l'art. Et autant en pourrois-je dire dudit seigneur de La Tremoille, qui tousjours a conduit sa hardiesse par louable conseil, et non par son seul sens.

Apres la bataille gaignée par les François, prindrent la ville de Ravanne, et la pillerent; mais tant perdirent de gens de bien à ceste bataille; et en si groz nombre, qu'ilz se treuverent feubles pour resister aux continuelz assaulx que leur faisoient les Souysses, Italiens, et aultres soustenans le party de Maximilian, filz de feu Loys Sforce, qui estoit mort prisonnier : en sorte qu'ils furent contrainctz laisser la ville de Milan, et retourner en France, à la grant mutacion des choses fortunées du roy Loys XII, lequel, dés l'entrée de son regne, avoit tousjours prosperé en ses entreprinses, et autant eu de nobles victoires en Italie que aucun de ses predecesseurs; car l'espace de douze ans n'entreprinst chose ne aultre pour luy dont il n'eust l'honneur et la gloire : mais soudain fortune changea sa bien veillance, et par la disposition divine les aultres roys ses voisins furent contre luy, à l'exhortacion du pape Julius, qui dispensa, contre raison, le roy des Rommains et le roy d'Espaigne des juremens et seremens qu'ilz avoyent faiz à Cambray, dont il envoia ung brief audit roy d'Espaigne, ainsi que recite l'aucteur de la Chronique de Flandres.

CHAPITRE XXII.

Commant, par faulte d'avoir obey au seigneur de La Tremoille, lieutenant general du roy Louis XII, l'armée des Françoys fut rompue davant Novarre.

Tout ce non obstant, le roy Loys, fort affectionné au recouvrement de sa duché de Milan, delibera y envoier grosse armée, pour laquelle droisser feit assembler son conseil, qui fut d'oppinion qu'on differast ce voiage jusques à ung autre temps, à la raison de ce que le pape Julius droissoit contre luy grosses menées avec Flamens, Hennuyers, Brebançons, Angloys, Hispaniens et Souysses, et que jà le roy d'Espaigne avoit mis sus une armée pour aller on royaulme de Navarre, par le moyen dequoy le Roy avoit assez affaire pour la deffense de luy et son royaulme, sans aller guerroyer au loin : mais le Roy, qui se sentoit fort injurié des laschetez de ses confederez par ledict traicté de Cambray, ne peult estre destourné qu'il n'envoyast une armée à Milan, de laquelle il fist chief ledit seigneur de La Tremoille, qui n'ousa le reffuser, combien qu'il congneust la charge estre dangereuse pour les causes susdites. Et fut son armée de cinq cens hommes d'armes et six mil hommes de pié prestz à marcher, apres lesquelz le Roy promist envoyer aultres cinq cens hommes d'armes, quatre mil lancequenetz, et aultres gens de pié de France; soubz laquelle confiance ledict seigneur de La Tremoille, lieutenant general du Roy, acompaigné du duc d'Albanye, du seigneur Jehan Jaques, italien, du seigneur de Bussi, du marquis de Saluces, monsieur René d'Anjou, seigneur de Mezieres, son nepveu, et aultres gros personnages, passerent les monts, prindrent Alexandrie, Vissures et Pavye, et commançoit Milan à parlementer pour se rendre.

Ledict seigneur de La Tremoille fut adverty du grant nombre des Souysses et aultres gens qui estoyent venuz au secours dudict Maximilian, lequel estoit dedans Novarre : au moyen dequoy rescripvit au Roy qu'il envoyast le nombre des gens de cheval et de pié qu'il avoit promis ; ce que le Roy ne peult

faire, à la raison de ce que son royaulme estoit assailly
en la Picardie par les Angloys, Hennuyers et Flamans, et en Acquitaine par les Hispaniens, qui avoyent
jà prins Pampelune, principalle ville du royaulme de
Navarre; et manda audict seigneur de La Tremoille
que avec le petit nombre de gens qu'il avoit avantu-
rast et mist en azard son entreprinse : ce qu'il differa
faire par le conseil de ceulx qui avec luy estoyent, jusques à triple commandement et injunction par lettres
du Roy escriptes de sa main, dont furent fort troublez.

Finablement, pour obeyr au commandement du Roy,
ledict seigneur de La Tremoille et aultres capitaines
estans avec luy feirent marcher l'armée vers Novarre,
prindrent le boulevert, et furent prestz à donner l'assault; mais, advertiz que ledict Maximilian, filz de
Ludovic Sforce, estoit on chasteau de Novarre, acompaigné de dix mil Souysses estans dedans la ville, et
que aultres dix mil Souysses venoyent à leur secours,
deliberez passer par le chemin de Tracas, tindrent
tous ensemble conseil vers le soyr, et adviserent que
le mieux seroit aller au-davant des dix mil Souysses
qu'on actendoit, et camper audit lieu de Tracas pour
les combatre, parce que c'estoit une plaine propice
pour les Françoys, dont la pluspart estoyent gens de
cheval, et fort aysée pour le combat à cheval. En ensuyvant ceste oppinion, le mareschal des logeis du
camp alla davant pour marquer les logeis; mais, à l'ap-
pétit du seigneur Jehan Jaques, marquis de Vigent (1),
qui est près dudict lieu de Tracas, lequel voulut espargner ses hommes et subjectz, le mareschal logea l'ar-

(1) *Jehan Jaques, marquis de Vigent* ou *Vigeslano* : il s'agit de
Trivulce, qui avoit des proprietés considérables près de Novarre.

mée, et droissa le camp à moictié chemin, en ung lieu fort estroict et mal aysé pour gens de cheval, et tres-avantageux pour les Souysses qui estoyent à pié, au desceu dudit seigneur de La Tremoille, qui estoit crime capital si discipline militaire eust esté bien gardée.

Ledict seigneur de La Tremoille demoura davant Novarre toute la nuyt, avec troys cens hommes d'armes, troys mil hommes de pié et six pieces d'artillerie, pour repousser les dix mil Souysses qui estoyent dedans la ville, s'ilz sortoyent. Le lendemain prinst son chemin, avec ses gens et artillerie, pour aller à Tracas; mais à moyctié chemin, qui estoit de deux lieues ou environ, trouva son camp droissé, dont il fut fort esbay et tres-mal contant, parce que le lieu estoit estroict et propre pour les Souysses estans à pié, et contraire à gens de cheval, qui veullent le large : et, pour desloger et s'en aller à Tracas, assembla les capitaines, et leur dist ce :

« La conclusion du conseil hier par nous tenu,
« messieurs, davant Novarre, fut que, pour rencon-
« trer les dix mille Souysses venans au secours de
« ceulx de Novarre, et les empescher de se joindre
« avec eulx, irions loger à Tracas (1); et neantmoins
« le mareschal des logeis, de son auctorité, sans mon
« congé, a logé le camp à son plaisir, à nostre grant
« desavantaige, et au desir de noz adversaires si veul-
« lent venir sur nous, ou pour passer sans estre par
« nous veuz, et se rendre à Novarre avec leurs com-
« paignons, puis tous ensemble venir donner sur nous
« et nostre petite compaignée. Parquoy me semble,
« sauf vostre meilleur advis, que devons marcher jus-

(1) *Tracas* : Treca ou Trecato, bourgade située à cinq milles de Novarre.

« ques à Tracas, et desloger de ce lieu contraire à
« nostre vertu, et que celluy qui a faict le logeis soit
« pugny comme transgresseur de l'edict du chief de
« l'armée, et violateur de la loy militaire : car aul-
« trement le faire, seroit donner permission à chascun
« de faire à son plaisir et appetit, par le moyen de-
« quoy tumberions subit en desarroy et desordre, à
« nostre deshonneur.

« Vous entendez tresbien, messieurs, qu'il y a des
« heures que le meilleur est de reculler le combatre;
« et des aultres, que l'assaillir est urgent et necessaire.
« Jules Cesar nous en laissa l'experience, lors que luy,
« adverty de la grant assemblée de gens que faisoyent
« ceulx des Gaules, n'actendant la perfection de leur
« armée, ne aussi qu'ilz eussent ordre mis en leurs
« affaires, mais se avanceant, vinst sur eulx et rompit
« leur entreprinse. Luy mesme, saichant que les
« Souysses vouloyent entrer en nostre pays de Gaule
« par force et contre son vouloyr, et, prenans leurs
« chemins par Savoye en la haulte Bourgongne, es-
« toyent jà sur la riviere de Saonne, actendit qu'ilz
« eussent faict pont sur ladicte riviere, et que une par-
« tie d'eulx eût passé; et lors qu'il veit leur armée di-
« visée par la riviere qui estoit entre deux, fist mar-
« cher son armée estant à Bresse, avec grant diligence
« par nuyt, et vinst donner sur le reste desdictz
« Souysses qui estoyent au delà de ladicte riviere;
« dont il fist si grant tuerie, que nul ou peu en de-
« moura en vie; et vous asseure, messieurs, que si
« nous laissons assembler les deux bandes des Souysses,
« que à peine les pourrons deffaire, veu que le lieu où
« sommes est à nostre desavantaige. »

3o.

Aucuns desdictz seigneurs et capitaines furent de l'advis dudit seigneur de La Tremoille, lieutenant general; mais ledict seigneur Jehan Jaques y contredist, disant qu'il n'estoit à conjecturer que les Souysses les vinssent assaillir, et ne sauroyent passer sans estre veuz de ce lieu; aussi que s'ilz alloyent camper à Tracas, destruyroient tout le pays, parce que c'estoit une plaine couverte de bledz et riche de pretz, qui donneroit occasion aux villains dudit pays de se revolter contre eulx, et ne leur vouldroyent bailler aulcuns vivres; et davantage que les chevaulx de l'artillerie et du bagage estoyent allez en fourage. Pour lesquelles causes ledict seigneur de La Tremoille ne peut estre le maistre pour ceste foiz, à la grant perte des Françoys, comme nous verrons.

Or donc, congneu par le seigneur de La Tremoille que force estoit demourer en ce lieu, et que la nuyt approchant empeschoit le desloger, mist ordre en son camp, et fut l'armée droissée, de laquelle il menoit l'avantgarde, le seigneur Jehan Jaques la bataille, et le seigneur de Bussy l'arrieregarde. Les dix mil Souysses furent diligens, et ne faillirent à passer par Tracas, et eulx rendre à Novarre, où ilz entrerent à dix heures de nuyt, et y demourerent pour boire et eulx refraichir jusques environ minuyt, que eulx et les aultres dix mil Souysses partirent bien acoustrez; et se mirent en trois hotz ou bandes; l'une bande estoit de dix mil, et chescune des aultres deux de cinq mil, qui estoit en tout vingt mil. Ilz arriverent au camp des François au poinct du jour, où la bande des dix mil Souysses vinst donner sur l'avantgarde que conduisoit ledict seigneur de La Tremoille; l'effort fut

grant et avantageux pour les François; car l'avant-
garde deffit six ou sept mil Souysses de ladicte bande,
en sorte que les François cuidoient avoir gaigné la bataille; mais les aultres deux bandes desdictz Souysses
(chescune desquelles estoit de cinq mil) se gecterent sur
l'artillerie, et la gaignerent : parquoy la bataille, qui
estoit presque toute de Italiens, et aussi l'arrieregarde,
eulx retirerent sans coup frapper; et si tous se fussent
aussi bien acquictez que ledict seigneur de La Tremoille et ceulx de l'avantgarde qu'il conduisoit, l'honneur en fust aux François demouré, combien qu'ilz
ne perdirent que cinquante hommes d'armes, dont en
y avoit trente de la compaignée dudict seigneur de La
Tremoille, et douze cens advanturiers, tant Alemans
que François; et desdictz Souysses furent occis huyt
mil et plus : neantmoins ceulx qui demourerent furent
les maistres. Onc homme ne fut plus courroussé que
ledict seigneur de La Tremoille, parce qu'il estoit chief
de ceste armée deffaicte; et s'en retourna en France
blecé en aulcuns lieux, non sans grosse perte, car la
pluspart du bagage fut perdu pour les François. Le
Roy, sçachant la verité du fait, fut fort desplaisant;
mais n'en donna le blame audict seigneur de La Tremoille, sachant l'inconvenient estre advenu pour ne
l'avoir voulu croire. ::

CHAPITRE XXIII.

Commant le roy Loys XII envoia le seigneur de La Tremoille, son lieutenant general, en Normandie, pour la fortification du pays contre les Anglois; et de l'oraison qu'il feist aux gens du pays.

INCONTINANT apres ceste perte, le roy Loys fut assailly en son royaulme par ses ennemys; et doubtant que les Anglois descendissent par la Normandie, y envoya ledict seigneur de La Tremoille, son lieutenant general, pour fortiffier les villes et persuader le peuple à la defense de leur pays; laquelle charge ledict seigneur exécuta tresbien, et premierement se transporta en la ville de Rouhen; où les principaulx de ladicte ville, et aussi de tout le pays, furent assemblez; et leur feit iceluy seigneur telle ou semblable oraison ou persuasion:

« Assez vous est congneu, messieurs de Normandie,
« le bon vouloir du Roy, nostre souverain seigneur,
« tant envers vous que les aultres provinces de son
« royaume, et combien prudemment ses grans affaires
« ont esté jusques cy conduictz au soulagement de tout
« le peuple, sans exaction, pillerie, ne molestes de
« nouveaux subsides, gensd'armes ne aultres fatigues,
« qui souvent adviennent soubz umbre des guerres,
« au grand regret de chescun, et non sans murmure
« tollerées; et que depuis le roi Charles VII les tailles
« n'ont esté plus bassés qu'elles ont esté durant ce

« règne, aumoïen que le Roy ait tousjours eu guerre
« hors le royaume, non sans contraincte, mais pour
« recouvrer la duché de Milan, qui est son domaine
« ancien, à luy par juste tiltre appartenent à cause
« de son ayeulle madame Valentine. Et apres que,
« par le divin secours et la prohesse de nobles hommes,
« et aultres gens bellicqueux et marciaulx de son
« royaume, il a eu recouvert ce qui de droit luy ap-
« partenoit; et oultre par ses haulx faictz d'armes
« contrainct les Veniciens rendre à l'Eglise rommaine,
« à Maximilian, soy disant empereur, et au roi d'Es-
« paigne, les villes que sur eux ilz usurpoient, voire
« et davantage mis entre les mains du pape Julius la
« cité de Boulongne, autresfois donnée au Sainct Siege
« apostolicque par le roy Pepin, pere de Charlemai-
« gne, empereur, roy de France, ce Julius, oublieux
« de toutes ces gratitudes, a laissé la mansuetude et
« humilité de l'aigneau, et prins l'orgueuil, arrogance
« et ambicion du lion, pour devorer, si possible luy
« estoit, celuy qui l'a preservé du devorement des ra-
« vissans loups; et pour ce faire a excité presque tous
« les princes crestiens aux armes, et mis au chemin de
« tyrannie, combien que, comme vicaire du chief de
« l'Eglise, les en devroit revocquer.

« Le roy d'Espaigne, soubz umbre d'ung faulx tiltre
« qu'il pretend on royaume de Navarre, veult usur-
« per Acquitaine, les Suysses la Bourgongne, le pape
« Julius Italie, et les Anglois le pays de Norman-
« die, Picardie et Paris. Les Acquitaniens dient qu'ilz
« se defendront, les Bourgongnons en ont bon vou-
« loir, les Picars ne demandent que les armes; ne
« reste plus que à faire vostre vouloir, qui excedez,

« comme tesmoignent les histoires, toutes les aultres
« nations en hault vouloir, bon cueur et execution.
« Vous savez, messieurs, combien d'ennuys, pertes et
« dommages les Anglois ont, le temps passé, faiz à ce
« pays, destruict eglises, ruyné villes, bruslé maisons,
« viollé filles et femmes, et mis à sac bourgs et villages;
« vous congnoissez, par le rapport de voz peres, les
« meurs de ce peuple, leur orgueil, leur cruaulté, leurs
« desloyautez, leur petite foy. Leur entrée est cruelle,
« le frequenter avec eulx plain de suspecton, et leur
« yssue accompaignée de desolacion; et à ceste raison
« n'en devez la compaignie desirer. Aussi le Roy pense
« que vous n'en voulez en façon quelconque; mais
« parce que par mer pourroyent vous prendre au des-
« pourveu et endommager voz pays, le Roy m'envoye
« vous advertir de leur entreprise, et à ce que mectez
« ce pays en ordre de deffense, enquoy il veult vous
« donner secours. Autresfoiz vostre duc Guillaume,
« surnommé *le Bastard*, yssu de vostre sang, con-
« quist le royaume d'Angleterre : parquoy semble
« bien au Roy que vous seulz deffenderez non seulle-
« ment vostre païs, mais les aultres limitrophes, du
« dangier des Angloys. Et, pour ce faire, il convient
« en premier lieu mectre voz villes de frontiere en
« estat de deffense, tant par rempars, artillerie, que
« aultres fortifications; les avitailler et garnir de gens
« expers au feu et aux armes, puis ordonner gens de
« guerre, tant sur mer que sur terre, pour rompre
« leur entrée.

« Messieurs, je vous prie que des yeulx de l'esprit
« regardez le bon vouloyr du Roy, le bon traictement
« qu'il vous a faict, sa deliberacion juste et saincte,

« et la maulvaise querelle et desloyauté de ses enne-
« mys; et vous mesmes jugerez que Dieu sera pour luy
« et pour ceulx qui le serviront. Considerez d'une
« aultre part que ce n'est rien ou peu de chose de la
« puissance des Angloys, et qu'ilz ne vindrent onc
« faire guerre en France, fors au temps qu'ilz y ont
« veu discord civil et question intestine, ou que le
« royaulme ait esté d'autres guerres molesté. Le roy
« Phelippes Auguste les en chassa; et parce que de-
« puis les roys et princes de France furent en con-
« corde, n'y ouserent retourner pour faire guerre,
« jusques au temps du regne de Phelippes de Va-
« loys, que les Angloys entrerent en France par le
« moyen des Flamans, et par la conduycte d'ung
« banny de France, nommé Robert d'Artoys; du
« temps du roy Jehan y entrerent par le moyen du
« roy de Navarre; et depuis son filz Charles v les
« en mist hors : mais ils y retournerent sur la fin
« du regne du roy Charles vi, par le moyen de
« Phelippes, duc de Bourgongne, et en furent chassez
« par son moyen, mesme durant le regne de Char-
« les vii; et à la requeste de Charles, aussi duc de
« Bourgongne, filz dudict Phelippes, entrerent de
« rechief en France durant le regne du roy Louis xi;
« mais retournerent sans coup frapper, lors qu'ilz con-
« gneurent fortune avoir tourné le doz audit Charles,
« duc de Bourgongne.

« Autant en voulurent faire au commencement du
« regne de Charles viii, contre le vouloyr de leur
« roy Henry, qui se sentoit tresobligé et tenu au
« roy Charles, parce qu'il avoit esté le moyen dont
« il estoit à la couronne d'Angleterre parvenu.

« Les Angloys sont si rebelles et mal obeissans,
« que depuis le regne de vostre duc Guillaume le
« Bastard jusques à celluy de Henry VIII, à present
« regnant en Angleterre, ont occis ou exillé pres-
« que la moyctié de leurs roys, qui sont dix neuf en
« nombre, voyre tousjours de deux ung. Or pensez
« donc commant ilz pourroyent estre fidelles aux na-
« tions extranges, quant de leurs propres roys et
« princes eulx mesmes sont destructeurs et parri-
« cides.

« Vous ou voz peres avez peu veoir Henry VI de
« ce nom, de la lignée de Lanclastre, posseder par lon-
« gues années le royaume de France, et se intituller
« roy de France et d'Angleterre; et le malheureux
« homme mourut es prisons de ses subjectz, sans ceptre
« et couronne, par la cruaulté de Edouard IV, usur-
« pateur du royaume d'Angleterre, qui estoit chief
« de la maison de Dyort. Le pere dudict Henry,
« aussi nommé Henry V, avoit semblablement usurpé
« le royaulme d'Angleterre sur Richard, qu'il fist sen-
« blablement mourir en ses prisons. Vous avez peu
« voir le comte de Varvic, principal gouverneur du-
« dict Edouard IV, qui a fait mourir les ducs de Som-
« bresset, et persecuté son roy et maistre Edouard IV;
« et contre luy voulut mectre sus le reste de ladicte
« lignée de Lanclastre, où il fut occis, et ses freres
« et parens avec luy. Ignorez vous commant le frere
« de Edouard IV, voulant usurper le royaulme d'An-
« gleterre sur ses nepveux, les feist mourir; et se
« feist couronner roy, dont Henri VII, pere du roy
« qui à present est, le priva? Je vous dirois bien
« aultres exemples d'autres roys leurs predecesseurs;

« mais la memoire en est plus execrable que prof-
« fitable, et par ce m'en taiz. Et vous prie et admo-
« neste, messieurs, de par le Roy nostre souverain
« seigneur, que perseverez en voustre acoustumée
« loyaulté et obeissance, que esperance conduise voz
« euvres; deffendez vostre liberté; gardez vostre pays;
« entretenez en seureté voz eglises, voz maisons, voz
« biens et facultez, et empeschez que vous et voz
« femmes et enfans ne soyez opprimez, viollez et per-
« duz : à quoy la gloire et emulacion ne vous doyvent
« seulement induire, mais aussi la necessité, peril et
« danger où vous et tout le royaume povez tumber. »

Le seigneur de La Tremoille usa de ces remonstrances ou aultres semblables envers les seigneurs et
peuples de Normandie, dont ilz furent trescontans,
remercierent le Roy et ledit seigneur du bon vouloir
qu'il avoit à eulx et leur pays, et declairerent qu'ilz
estoient prestz de promptement obeir au Roy et audit seigneur, et de faire ce qu'il leur plairoit commander, sans y espargner corps ne biens pour la tui-
tion et deffense, non seulement d'eulx et le pays de
Normandie, mais du Roy et de tout le reste de son
royaume, et depputerent aucuns dudit pays pour aller
avec ledit seigneur fortiffier les places, ports de mer
et aultres lieux dangereux, où ledit seigneur se porta
si bien pour le proffit de la chose publicque, en sup-
portant le commun populaire, que, apres avoir le tout
mis en bon ordre, les villes du pays luy feirent presenter plusieurs beaux et riches dons, qu'il ne voulut
prendre ne accepter, disant que la plusgrant richesse
qu'il desiroit en ce monde estoit la grace de Dieu et
du Roy son maistre et seigneur, et la bienveuillance du

peuple, et que d'aultres biens avoit assez : car, à la verité, il avoit, à cause de ses predecesseurs, trente mil livres de rente, comme je sçay pour en avoir veu les comptes.

CHAPITRE XXIV.

Commant, sans aulcune perte de gens, le seigneur de La Tremoille delivra le pays de Bourgongne et toute la France de la fureur des Souysses et Ennuyers, et aultres ennemys du royaulme. Mort de Louis XII.

Apres le bon ordre mis on pays de Normandie par le seigneur de La Tremoille, et qu'il eut esté par devers le Roy luy en faire le rapport, et du bon et grant vouloyr des gens dudict pays, dont le Roy fut tresjoyeux, alla en diligence en son gouvernement de Bourgongne, parce que nouvelles estoyent que les Souysses y vouloyent descendre, saichans le Roy et ses gensd'armes estre fort occupez à garder Guyenne où vouloyent venir les Hispaniens, Bretaigne où coustoioyent aulcunes navires d'Angleterre, et le pays de Picardie dont approchoyent les Angloys, au davant desquelz le Roy alla en sa personne avec grosse armée. Et comme le Roy estoit en la Picardie, les Souysses et Bourgongnons de la Franche Comté descendirent en bon ordre en la duché de Bourgongne, que Maximilian roy des Rommains querelloit, et allerent assieger la ville de Dijon.

Ledict seigneur de La Tremoille et ceulx du dedans avoyent faict faire rampars et autres fortifications, mais non assez fortes pour longuement soustenir ledict siege, et resister à si grosse puissance : à ceste cause ceulx de la ville furent fort esbahiz et en merveilleuse crainte, congnoissans que ceulx qui les tenoyent assiegez estoient gens affamez, non voulans conquerir terres, mais seullement piller leur ville et tout le pays; et pour ceste consideracion portoyent les visaiges timides et tristes, demonstrans la deffaillance de leur vertu, qui donnoit esbaissance audict seigneur de La Tremoille et aultres gens de guerre estans avec luy, avec trois autres consideracions : l'une qu'il congnoissoit la prosperité du Roy estre tournée en maleur et infortune, l'autre que le roy de France estoit en son royaume assailly de toutes pars, et l'autre que la hardiesse des François estoit tant abastardie, et leurs cueurs tant amolliz de crainte et pusillanimité, par divin jugement (comme il conjecturoit), que tout estoit mis en desespoir, et toutes les villes capitalles de France n'actendoient que leur perdicion et ruyne.

Or luy estant en ceste perplexité, par l'opinion du conseil qu'il assembla, fist trois choses : la premiere, qu'il envoya vers le Roy pour l'advertyr dudict affaire, et à ce qu'il luy pleust envoyer secours; l'autre, qu'il envoya vers les ennemys, pour soubz umbre d'accord, savoir l'estat de leur camp et siege, et leur deliberacion, et aussi pour les amuser en actendant nouvelles du Roy; et l'autre, qu'il fist assembler les citoyens pour les encourager à leur deffense et de leur ville; en sorte que les ennemys ne peussent congnoistre la feublesse de leurs cueurs et le rabaissement de leur vertu; et pour à ce les induyre leur dist ainsi :

Persuasions du seigneur de La Tremoille à ceulx de Dijon.

« La plusgrant fortiffication d'une ville et cité, mes-
« sieurs, c'est la vertu des citoyens et de ceulx qui
« sont en icelle, par laquelle vertu conduysent leur
« hardiesse par prudence, et leur prudence par har-
« diesse, soubz louable constance, en resistant aux
« assaulx, et consumant par dissimulacions et ruzes
« les assaillans. Vostre ville est petite, bien fermée,
« persée et artillée, et avons vivres assez pour long-
« temps; reste que nous ayons les courages plus grans
« que noz adversaires. Il me semble, messieurs, que
« aulcuns s'esbayssent, et par craincte perdent la
« vigueur et force de leur vertu, comme si tout le
« royaulme de France estoit en azart de finalle ruyne;
« mais c'est par pusilanimité, et faulte d'entendre les
« choses telles qu'elles sont. Considerons en premier
« lieu l'injuste querelle de noz ennemys, le bon droict
« du Roy nostre maistre, le gracieulx traictement de
« tout son peuple, sa force, sa puissance, sa vertu et
« sa richesse ; gectons apres nostre esprit à l'entre-
« prinse des Souysses, leurs complexions, leur forme
« de batailler et leurs inumanité, cruaulté et oultrecui-
« dance. La premiere consideracion engendre ung es-
« poir de divin secours, et une volunté de servir son
« prince qui ne nous laissera sans secours; la seconde,
« ung courage de ne tumber entre les mains des

« Souysses, noz ennemys mortelz, par contraincte ou
« dedicion, la condicion desquelz est si odieuse et per-
« nicieuse, qu'on ne sçait si plus sont avares que cruelz,
« ne plus libidineux que insatiables de sang humain.
« Les lasches se rendent à leur perpetuel reproche, et
« les gens de cueur et de vertu acquierent repos et
« honneur en mourant par glayve ; et de ma part je ne
« vouldroys vivre par le benefice de mes ennemys,
« mais plustost vouldroys mourir en leur faisant dom-
« maige. Qui est celluy d'entre vous qui, pour vivre si
« peu de années en ce monde, ne aymast mieulx hon-
« nestement mourir, que obnoxieusement et au re-
« proche de chascun vivre? Si nous mourons en nous
« deffendant, nous vivrons par glorieuse renommée
« eternellement, et ne perdrons fors ce que nous ne
« povons emporter avec nous, qui sont les biens ; et si
« vous presumez vivre en vous rendant laschement
« à leur mercy, leur cruaulté ne pourra souffrir
« vostre vivre; et apres que aurez veu prophaner voz
« eglises et monasteres, brusler voz maisons, prendre
« voz biens, forcer voz femmes et filles, et ruyner
« vostre ville, ilz vous occiront comme bestes, au grant
« deshonneur de toute vostre posterité. Prenez donc
« courage, messieurs, contredemandez la mort par
« vertu, pour perpetuellement vivre et ne mourir sans
« vangeance. J'ai envoyé vers le Roy, et bientost au-
« rons de ses nouvelles. »

Aulcuns des citoyens à ces remonstrances changerent leur craincte en hardisse, et delibererent mourir
pour la deffense de leur ville ; mais la pluspart des
aultres demourerent en leurs moulz vouloyrs, desquelz ledict seigneur de La Tremoille ne peult avoir

bonne response, qui luy donna maulvays espoir de bonne execution.

Le jour que ledict seigneur avoit assemblé ceulx de Dijon pour leur faire les remonstrances que avons cy dessus veues, ou aultres semblables, il envoya on camp des Souysses l'ung des gentilz hommes de sa maison, nommé Regnaud de Moussy, chevallier, son visadmiral, pour, soubz umbre de traicter paix avec eulx, sçavoir l'ordre de leur siege, le nombre de leurs gensd'armes, leurs municions, et s'ilz avoient assez vivres et aultres choses necessaires à ung camp et siege.

Ledict de Moussy le sceut tres bien faire, et, de par ledict seigneur de La Tremoille, parlementa avec dix ou douze des principaulx de l'armée des Souysses, lesquelz il trouva fort arrogans et superbes, et non craignans la force de ceulx de Dijon. Pour leur donner craincte, monstrerent audit de Moussy leurs vivres, municions et artillerie, et sceut, avec aulcuns qui avoyent contracté secrete amytié avec ledict seigneur de La Tremoille on voyage par luy faict en leur pays de Souysse, la deliberacion desdictz Souysses et de leurs alliez, qui estoyent Hennuyers et Bourgongnons de la Franche Comté; et pour toute response dyrent audict de Moussy que si ledict seigneur de La Tremoille vouloyt aller vers eulx pour traicter paix, que voluntiers luy donneroyent audience, et, luy ouy, penseroyent en leur affaire; ce que ledict de Moussy rapporta audict seigneur de La Tremoille, et luy asseura que l'armée des ennemys estoit de soixante mille combatans tant à pié que à cheval, et avoient plus de cent pieces d'artillerie, et quatre ou cinq charroys de pouldres, et vivres assez, mesmement de chairs sallées et seiches

qu'ilz mectoyent en pouldres, dont faisoyent pulmens
et potaiges fort nourrissans; et si avoyent les rezins
par les vignes, qu'ilz mangeoyent; et davantaige avoit
sceu, par aulcuns de ses amys, que leur deliberacion
estoit (apres Dijon prins) envoyer seize mille de leurs
gens courir davant Paris pour y entrer et piller la ville;
et que s'ilz trouvoyent resistence, pilleroyent tout le
pays d'environ, et se renderoyent à une aultre bande
de douze mille hommes qu'ilz voulloyent envoyer en
Borbonnensy.

Ledict seigneur de La Tremoille envoya de rechief en
poste par devers le Roy pour l'advertyr de tout cecy, et
à ce qu'il envoyast secours : à quoy le Roy ne fist aultre
response audict seigneur de La Tremoille, fors qu'il ne
povoyt luy envoyer secours, et qu'il fist ce qu'il pourroit
pour le prouffit et utilité de luy et du royaulme. Les
Souysses baptoyent jour et nuyt ladicte ville de Dijon,
et desjà l'avoyent fort endommagée et gastée; et voyant
ledict seigneur ne la povoyr longuement tenir, et que
si elle estoit prinse tout le royaulme de France seroit
en grant dangier de ruyne, assembla le conseil, et leur
declaira tout ce que avons veu cy dessus, et aussi
qu'il ne pouvoyt pour lors avoir secours du Roy, pour
les grans affaires qu'il avoit en la Picardie. La conclusion du conseil fut que ledict seigneur de La Tremoille
s'en yroit vers les ennemys, à ce que, moyennant quelque somme de deniers pour le deffray de leur armée,
on les peust renvoyer en leur pays, sans aultre desplaisir ne dommaige faire; laquelle chose on leur fist
sçavoir : et, leur saufconduyt receu, ledict seigneur
de La Tremoille, sans armes et petitement acompaigné, selon la forme dudict saufconduyt, alla vers

eulx, auquel par ung de leur compaignée parlant bon françoys feirent ainsi parler pour tous :

Oraison et persuasion des Souysses au seigneur de La Tremoille, gouverneur de Bourgongne.

« Si Dieu tout puissant et insuperable eust voulu,
« fidele et prudent gouverneur de Bourgongne, la
« puissance de ton Roy estre à l'immense cupidité de
« son vouloyr semblable, l'Orient et l'Occident ne luy
« suffiroyent; et ne pourroit trouver en ce monde lieu
« pour l'arrest et repos de sa trop desirée gloyre ; et
« sembloit, à veoyr ses entreprinses passées, que si tout
« humain lignaige luy eust obey, eust neantmoins
« entreprins guerre contre les fourestz, fleuves, bestes,
« et le reste des creatures. Ignore il que les grans et
« haultz arbres, qui par si long temps ont prins leur
« croissance, ne puissent en une heure, par ung in-
« convenient de vent et tempeste, ou pour l'affaire des
« hommes, estre couppez à la riz et mis au bas, et que
« le lyon est souvent mangé par les petiz oyseaulx, et
« le fer consumé par la rouille ? Ton Roy ne s'est con-
« tanté d'avoir retiré Milan ne soubmis à luy Gennes,
« mais a guerroyé les Veniciens, injurié le Pape, prins
« querelle au roy d'Espaigne, et retient contre raison
« ceste duché et le pays de Borbonneuse aux enfans
« de l'empereur Maximilian appartenans : et qui plus
« est, apres avoir eu fait toutes ces choses, plus par nostre
« secours que par la force des Françoys, sans en avoir
« esté recompensez, par ingratitude en lieu de satis-
« faire, nous appelle villains. Sçait il point qu'on doit
« mieulx regarder à la vertu de l'homme que à sa no-

« blesse, et que, la premiere origine des hommes re-
« gardée.Nature est commune mere de tous? Les sages
« plus estiment la noblesse acquise par vertu que par
« lignaige, parce que c'est la sourse et origine de no-
« blesse; mais au contraire desprisent ceulx qui, par
« lascheté, paresse et aultres vices, en perdent les me-
« rites et louanges. Sont pas meilleurs à la chose
« publique ceulx qui pour y servir endurent volun-
« tiers froit, chault, faim, soif, et se exposent à peril
« de mort, que ceulx qui, soubz umbre de noblesse,
« sont tousjours enveloppez de leurs privées ayses? Si
« les Françoys eussent leurs delices oubliées, et prins
« exemple à noz labeurs, n'eussent aux extrangiers
« donné la gloyre de leurs victoyres.

« Tout cecy te disons, chevalier illustre, à ce que
« ton Roy ne toy ne pensez que soyons icy sans cause
« et sans querelle. Nous demandons au Roy la soulte
« de ceulx qui furent es batailles de la prinse de Lu-
« dovic Sforce, de Gennes et des Veniciens; et oultre
« qu'il aye à rendre aux enfans dudict Ludovic Sforce
« ladicte duché de Milan, et aux enfans de l'Empereur
« ceste duché de Bourgongne et le pays de Borbon-
« nesy, qui leur appartiennent. Et si le Roy dict le con-
« traire, qu'il mecte ses querelles entre noz mains
« pour en decider, et en garder le droict à celluy au-
« quel congnoistrons justement appartenir. »

Voilà le superbe et arrogant cueur des Souysses, qui
lors se nommoyent correcteurs des princes. Ledict seigneur de La Tremoille ne se esbayst, mais parla à eulx
en ceste maniere :

Oraison et persuasion dudict seigneur de La Tremoille aux Souysses, faisant mencion du droict que le roy de France a en la duché de Bourgongne.

« Si, par le conseil de l'ire, innocence demouroit de
« coulpe chargée, je me adroisseroys à vous, messieurs
« des lygues, pour trouver le chemin de paix; mais
« congnoyssant, pour avoir avec vous frequenté, que
« voulez tousjours estre obeissans à vertu, et que
« mieulx aymez vostre ire perir que la vostre re-
« nommée, et, comme jaloux de vostre bon bruyt,
« vous garder de erreur à ce que par legiere crudelité
« ne mectez les mains es choses dont sans reproche
« ne pourroyent estre retirées, aussi que tenez en sus-
« pens l'execution des choses qui vous sont doubteuses;
« si voulez me ouyr, contenteray, par benigne response,
« voz espritz par ire troublez, en sorte que jugerez le
« Roy mon maistre innocent, et ses adversaires non
« immaculez de desloyaulté. Aultresfoiz, et à la prinse
« de Loys Sforce, vous feiz assez entendre, messieurs, le
« bon droict qu'il avoit et a en la duché de Milan, et
« que Loys Sforce et ses antecesseurs, dont il portoit le
« nom, l'avoyent par tyrannie usurpée et possedée : à
« ceste consideracion, n'en voulans maulvaise querelle
« soustenir, son party laissé, prinstes celluy du Roy.
« Quant à Gennes, vous entendez assez qu'elle est des
« appartenances de Milan, et aussi en sont les villes re-
« couvertes par armes des Veniciens; et au regard du
« Pape, vous sçavez que le Roy lui a faict rendre, et
« semblablement au roy des Rommains et au roy d'Es-
« paigne, les villes et places que lesdictz Veniciens usur-

« poyent, et oultre la ville de Boulongne à l'Eglise
« rommaine; parquoy d'arguer le Roy mon maistre
« d'ambicion et convoytise, c'est à tort; car il ne de-
« mande fors ce que luy appartient, et a despendu
« ung milion d'or, et mis sa personne et son royaulme
« en dangier, pour conserver l'accord de Cambray, et
« faire plaisir au Pape, au roy des Rommains et roy
« d'Espaigne, le tort, maulvaise foy et ingratitude des-
« quelz vous sont congneuz.

« Et ne povez, messieurs, honnestement dire que
« le roy de France n'a droict en ceste duché de Bour-
« gongne; car voz peres, du bon tiltre des roys de
« France bien informez, ont employé leur corps à la
« recouvrir, du temps du roy Loys XI. Chascun sçait
« que la duché de Bourgongne est du pays et monar-
« chie des Gaules, dont les roys Clovis, Clotaire son
« filz, Clotaire II, Dagobert, Clovis II, Pepin, Char-
« lemaigne et Loys Debonnaire, ont esté monarques,
« et que tout le pays de Bourgongne fut baillé par
« apennage à ung des enfans dudict Loys Debonnaire,
« et depuis possedé par divers ducz, jusques à ce qu'il
« retourna, par donnacion, au roy Robert, filz de
« Hugues Capet, qui eut deux enfans, Henry et Ro-
« bert. Henry fut roy de France, et Robert duc de
« Bourgongne. En ce temps les Bourgongnons se divi-
« serent; car ceulx qui sont soubs l'evesché de Besançon,
« qu'on appelle de present la comté de Bourgongne,
« se donnerent à l'empereur Conrat; et les aultres qui
« touchent à la comté de Champeigne, qu'on appelle
« la duché, demourerent soubz l'obeissance de leur-
« dict duc Robert et des François, et y sont tousjours
« depuis demourez. Toutesfois la lignée dudict duc

« Robert faillit en Phelippes le second de ce nom,
« environ l'an 1350; et par ce moyen vinst la duché
« de Bourgongne au roy Jehan, qui estoit filz de Phe-
« lippes de Valoys, et de madame Jehanne, fille dudict
« Phelippes le second, duc de Bourgongne, lequel
« Phelippes le second mourut sans hoyr maslé : par-
« quoy ladicte duché vinst à ladicte Jehanne et audict
« roy Jehan, son filz aisné et principal héritier, lequel
« en l'an 1361 vinst ladicte duché de Bourgongne, in-
« separablement et perpetuellement pour luy et les
« siens, à la couronne de France; et en fut duc Char-
« les v de ce nom, son filz, qui la bailla par apennage
« à Phelippes son frere, et aussi à ses enfans masles,
« o ce que les filles n'y succederoyent ne herite-
« royent.

« Dudict Phelippes vinst Jehan, duc de Bourgon-
« gne, qui fut occis à Monstereul-fault-Yonne, et du-
« dict Jehan vinst le bon duc Phelippes, et d'icelluy
« Phelippes Charles, qui laissa Marie sa fille seulle-
« ment; au moyen dequoy le roy Loys xi s'empara
« de ladicte duché, comme unie à la couronne, et
« parce non tumbant en succession feminine; et en ont
« tousjours depuis jouy les roys de France jusques à
« present, voyans et saichans Maximilian roy des Rom-
« mains, qui espousa ladicte Marie de Bourgongne;
« Phelippes, leur filz, qui fut roy d'Espaigne; et leur
« filz Charles, qui à present est esleu empereur.

« Rememorez, messieurs, et mectez davant voz
« yeulx de vostre entendement en quelle subjection
« et peine voulut vous mettre ledict Charles, duc de
« Bourgongne, environ l'an 1475, et comment il ne
« vous peult nuyre au moyen de l'aliance prinse par

« vous audict roy Loys XI, et combien de dons et
« biensfaictz vous fist lors ledict roy Loys, duquel vous
« eustes, à diverses foiz, plus de cent mille ducas pour
« vous deffendre dudict Charles, contre lequel gai-
« gnastes deux batailles, à sa grant perte, dont l'une
« fut à Grançon. Et depuis ledict an jusques au tres-
« pas dudict roy Loys, vous eustes de luy par chacun
« an quarante mille fleurins de pension, et tant de
« riches dons qu'il faisoit à voz ambassadeurs, que à
« peine on les pourroit extimer; dont ne fustes ingratz,
« car tousjours vous declairastes ses amys et serviteurs
« contre toutes personnes.

« Avez vous mis en oubly commant son filz, le roy
« Charles, continua ceste confederacion et alliance, et
« combien il vous feit de biens au voiage du royaume
« de Naples, où il ne voulut aller sans vous? et plus
« vous en eust fait, si son regne eust longuement duré.
« Mais, à la mutacion d'iceluy, il vous alla de bien en
« mieulx; car le Roy qui à present est son successeur
« ne se contenta de l'aliance ancienne, mais la renou-
« vella; et si prinst pour la garde de son corps certain
« nombre de voz enfans et parens, entre les mains des-
« quelz il a mis sa vie, sa mort et son salut, en declai-
« rant par tel faict la grant confiance qu'il avoit en
« vous. Et si n'a voulu faire guerre ne conqueste sans
« vous y avoir appellez à grans fraitz, et mises oultre
« voz pensions ordinaires; et neantmoins (à la per-
« suasion de ses adversaires, que congnoissez de maul-
« vaise foy, voire perjures), oublieux de vostre bon
« renom et de voz anciennes meurs, avez sans propos
« rompu et brisé son aliance, et prins le party de tirans
« et gens sans conscience.

« Que diront tous les princes chrestiens de vous,
« voire les Infidelles, quant sçauront que, par si legiere
« mutacion de vouloir, serez venuz contre vostre pro-
« pre fait, et impugné et contredict ce que vous avez
« par armes soustenu? De quelz infames umbres sont
« voz intellectuelz yeulx obfusquez? quelle fureur
« vous meut, quelle intencion vous conduict, à quelle
« fin tendez vous? voulez vous piller la terre qui vous
« nourrist, et de laquelle vous et les vostres avez tant
« de benefices et graces receuz? Et si la royalle ma-
« jesté, la reverence des princes et des nobles, qui tant
« vous ont de amytié exibée, ne vous divertissent, que
« la ruyne qui pourra de vostre hostilité proceder sur
« les sacrez lieux, eglises, monasteres et religions, et
« le synderese des forces, violences, blasphemes, stu-
« pracions, sacrileges et aultres crimes provocans la
« divine magesté à ire, retiennent voz furieuses mains,
« arrestent voz immoderez couraiges, et adoulcissent
« voz cruelles entreprinses. Pensez que fortune a helles
« et mains, et non point de piedz ; et si de present vous
« donnoit faveur, que par son legier vol vous pourra
« soudain laisser on miserable gouffre de maleur, par
« l'union des chrestiens princes, lesquelz assemblez et
« uniz se pourroient venger de vous pour le tiltre que
« avez usurpé sur leur magesté, et seront vous nom-
« mans leurs correcteurs.

« Ne presumez, messieurs, que le Pape, le roy de
« France ne les aultres roys ses adversaires se veulent
« tant humilier envers vous, qu'ilz vous facent juges de
« leurs differens. Vous entendez assez que aultre que
« Dieu, sans mortel glayve, ne les peut discuter, et que
« les grans princes n'ont juges que l'espée executeresse

« de leurs oppinions et conseil. Je m'esbays, messieurs,
« commant, contre la sentence des sages, avez confiance
« en nouvelle amitié et en amis reconciliez : savez vous
« point que le venyn se repouse soubz le miel de beau
« semblant, et que, apres avoir eu faict de vous, se de-
« claireront voz adversaires, et vous hayent tant qu'ilz
« ne quierent fors que par l'inimitance des Françoys
« soyez precipitez, vaincuz et adnichillez, sachans que
« seulz ne le pourroient faire. Qui est celuy de tous
« les roys desquelz portez la maulvaise querelle, qui
« vous puisse tant faire de biens que le roy de France?
« Les Hispaniens vous mesprisent, les Italiens vous
« ont en horreur, le Pape en mespris, et les enfans de
« Maximilian sont descenduz de Charles duc de Bour-
« gongne, vostre ancien ennemy et persecuteur.

« Pensez à tout cecy, messieurs, et combien y a de
« provinces on royaume de France qui vous combate-
« ront l'une apres l'autre ! De la ville et cité de Paris
« sortiront cent mil combatans, soixante mille de la
« duché de Bretaigne, de la duché d'Anjou, et comté
« du Mayne autant; en la duché d'Aquitaine, le Roy
« trouvera cent seigneurs, ses subjectz, qui à coup
« prest armeront et mettront en guerre chascun mil
« hommes, qui sont cent mil; sans y comprendre les
« duchez de Berry, comté de Prouvence, pays de
« Lyonnoys, le Daulphiné, la comté de Tholoze, sa
« duché d'Orleans, le pays de Soulogne, sa comté de
« Poictou, la duché de Bourbon, la duché d'Auver-
« gne, la comté de La Marche, la grant et forte duché
« de Normandie, le pays de Picardie, et la comté de
« Champaigne. Quant vous auriés vaincu une province
« à vostre grant perte, l'autre vous affolleroit, qui sont

« toutes choses, messieurs, lesquelles doyvent par vous
« estre considerées avant que mettre à effect voz sou-
« daines voluntez. Soyez vainqueurs de vous mesmes,
« refrenez vostre ire, despouillez votre hostille cou-
« rage, moderez voz desordonnées affections, refroi-
« dissez vos martialles fureurs, donnez ordre à voz
« passions, pensez à l'advenir, rememorez le passé, et
« mitiguez le present : vostre legiere inimitié pour hu-
« miliacion donne lieu à vostre ancienne alliance; et si
« le Roy vous doibt quelques restes de choses promises
« pour voz merites et labeurs, j'en demeure le seul en
« vers vous obligé, et vous en respons. »

La fin de l'oraison du seigneur de La Tremoille fist incontinant assembler les principaulx des Souysses, pour sçavoir, pour ceulx qui n'avoyent l'intelligence de la langue françoyse, la substance du long parler dudict seigneur par leurs interpretes (car peu d'iceulx entendoyent nostre langaige); et une heure aprés la response remise à une aultre heure du jour, et depuis de ce jour au lendemain, furent si bien menez par doulces exhortacions dudict seigneur de La Tremoille, que, moyennant quelque grosse somme de deniers qu'il leur promist, leverent leur siege et retournerent en leur pays, sans aultrement endommager la duché de Bourgongne : mais ce ne fut sans prendre asseurance de la promesse dudict seigneur, qui pour le gaige ou hostaige bailla son nepveu messire René d'Anjou, chevallier, seigneur de Mezieres, l'ung des hardiz et prudens chevalliers et seigneurs du royaulme de France. Et sans ceste honneste deffaicte, le royaulme de France estoit lors affollé; car, assailly en toutes ses extremitez par les voysins adversaires, n'eust, sans grant hazart de finale ruyne, peu soustenir le faix, et se deffendre par tant de batailles.

Ce neantmoins, envie ennemye de vertu souillant la bouche d'aulcuns gentilz-hommes, non princes, estans prés la personne du Roy et de la Royne, engendra quelque murmure et maulvaise extimacion en l'esprit de la Royne, et par le moyen d'elle en celluy du Roy, qui voluntiers prestoit l'oreille à ses paroles, parce que bonne et prudente estoit : et comme le seigneur de La Trémoille eust envoyé ledict messire Regnaud de Moussy advertyr le Roy du grant service qu'il luy avoit faict et à tout le royaume, trouva, par les envieux, le bon extime du seigneur de La Tremoille envers le Roy tout alteré et changé; en sorte qu'il ne peult estre soudain ouy. Ledit de Moussy adverty de la cause, sans emprunter l'ayde d'aulcuns (car hardy homme estoit-il pour ses vertuz), entra en la chambre du Roy, et, prosterné d'ung genou, luy declaira par ordre le service à luy faict par son maistre, et que sans iceluy le royaulme de France estoit en dangier de ruyne, dont il luy declaira les causes; mais ce fut davant ceulx lesquelz avoyent mis le Roy en ceste mauvaise ymaginacion, qui ne sceurent que dire ne respondre au Roy, qui leur dist : « Vous m'a-
« vez rapporté qu'ilz n'estoient que vingt-cinq mil
« hommes de Souysses et Bourgongnons davant Dijon,
« et n'avoyent artillerie ne vivres pour entretenir ung
« camp; et vous voyez le contraire, non par le ra-
« port de Regnaud, mais des seigneurs du pays qui
« m'en escripvent. *Par la foy de mon corps* je pense
« et congnoys par experience que mon cousin le sei-
« gneur de La Tremoille est le plus fidelle et loyal

« serviteur que j'ay en mon royaulme, et auquel je
« suis plus tenu selon la qualité de sa personne.
« Allez, Regnaud, et luy dictes que je feray tout ce
« qu'il a promis; et s'il a bien fait, qu'il face mieulx. »
La Royne sceut ceste bonne responce faicte par le
Roy, qui n'en fut contante, mais depuis (la verité congneue) jugea le contraire de ce qu'elle avoit par faulx
rapport ymaginé et pensé; et depuis, non si tost les
Souysses satisfaictz, ledit seigneur de Mezieres fut delivré et mis hors de leurs mains, aux despens du Roy,
qui bien congnoissoit que la gracieuse roupture de
l'armée des Souysses le mist hors du dangier de tous
ses ennemys, et restaura les timides cueurs du commun peuple de France, qui, tout effrayé, avoit perdu
vouloyr, force et hardiesse de se deffendre; et cest en-
voy remist leurs cueurs en leur sang chault, restaura
leurs forces, et redoubla leurs courages; en sorte que
le roy d'Angleterre vinst à paix par le mariage de madame Marie sa seur avec ledit roy Loys, quelque peu
de temps aprés le trespas de sa tresbonne espouse
madame Anne, duchesse de Bretaigne; à laquelle madame Marie le Roy tinst compaignée quatre moys
seullement, et jusques au dernier jour de decembre [1]
l'an 1514; qu'il deceda en la ville de Paris; et fut
son corps mis avec les autres roys à Sainct Denis en
France.

[1] Il mourut le premier janvier 1515.

CHAPITRE XXV.

Commant monsieur Françoys, duc d'Angoulesme, fut roy de France, le premier de ce nom; et de la victoyre qu'il obtinst contre les Souysses à Saincte Brigide (1).

Le roy Loys laissa deux filles seullement de madame Anne, duchesse de Bretaigne, Claude et Anne; et, par deffault de hoyr masle en droicte ligne, la couronne et ceptre de France vindrent à monsieur Françoys, duc d'Angoulesme, le plus proche en ligne collateralle, lequel avoit au paravant espousé ladicte madame Claude, fille aisnée de France. A l'entrée de son regne confirma ledict seigneur de La Tremoille en tous ses estatz et offices; l'année prochaine apres, il entreprinst le recouvrement de sa duché de Milan, occupée par Maximilian, filz de Ludovic Sforce, par le support des Souysses; et pour ce faire droissa grosse armée, qui ne fut sans ledict seigneur de La Tremoille et monsieur Charle, prince de Thalemont, son filz, qui acompaignerent avec aultre le Roy en ceste expedicion. Ilz prindrent leur chemin à Grenoble, à Nostre-Dame d'Ambrun Agnellestre, et à Sainct Paul; puis passa le Roy, avec son armée et artillerie, par ung chemin qu'on disoit estre inaccessible pour chevaulx et chariotz, dont les ennemys ne se doubtoient. Par le moien dequoy Prospere Columpne (2), avec quinze cens hommes de

---

(1) *A Saincte Brigide :* il s'agit ici de la bataille de Marignan. —
(2) *Prospere Columpne :* Prosper Colonne.

cheval de l'armée dudict Maximilian, furent surprins par les seigneurs de Ymbercourt (¹) et de La Palice à Villefranche, qui est une petite ville du pays de Pymont; et ledict Prospere Columpne emmené prisonnier au Roy, qui l'envoya en France soubz bonne et seure garde.

Les Souysses estoient à Suze, à Villanne et Immole pour garder les passages, qui, courroussez et esbahys de la prinse de Prospere Columpne, commencerent à marcher vers Millan, et à grant diligence passerent la riviere du Pau avec leur artillerie, par ponths de cordes, et entrerent en Novarre, où le Roy les suyvoit; et luy estant à Versel, furent portées parolles de paix, pour laquelle faire furent commis et deputez le bastard de Savoye, le seigneur de Lautrect et aultres gens de sorte; et neantmoins l'armée du Roy marchoit tousjours, qui assiegea Novarre, laquelle, vuyde des Souysses, se rendit; de Novarre allerent à Bufferolle, et ce pendant le Roy eut nouvelle que la paix estoit accordée entre luy et les Souysses, moyennant certaine somme de deniers qu'il leur donnoit pour le deffray de leur armée; et comme on leur portoit l'argent, se mirent à chemin pour aller au davant du Roy et le surprendre, en venant, contre leur accord, à l'exhortacion du cardinal de Syon (²).

O grant malice et lascheté de gens, inventée et soustenue par personne en dignité ecclesiastique constituée, et dont le maleur tumba sur les lasches! car le Roy, de ceste trahyson adverty, non estonné de si prestement combattre, comme hardy et plain de

---

(¹) On verra ce fait mieux détaillé dans les Mémoires de Bayard. —
(²) *Du cardinal de Syon* : Matthieu Scheiner, cardinal de Sion.

cueur, delibera les actendre, et se mettre premier au labeur et dangier; èt ce mesme jour, qui fut le quatorziesme jour de septembre l'an 1515, environ trois ou quatre heures aprés midy, les Souysses, acompaignez des Italiens, vindrent frapper sur l'armée des Françoys, dont les Alemans du Roy de la bande noyre, esbaiz, reculerent, doubtans que le Roy eust intelligence avec les Souysses pour les deffaire, au moyen dudit traicté de paix qui avoit esté tenu pour faict le jour precedent. Mais deux mille avanturiers françoys soustindrent la premiere poincte des Souysses, et se monstrerent gens de bien, car ilz deffirent d'entrée quatre mille Souysses; les autres bandes des Souysses (cuidans mettre en desordre les Françoys comme ilz avoyent faict la bataille à Novarre, en laquelle estoyent les Italiens deux ans davant) donnerent sur la bataille françoyse : mais ilz furent reboutez par l'artillerie, qui besongna si bien avec les hommes d'armes, que les Souysses ne furent les plus fors. Le Roy, qui estoit en la bataille, accompaigné dudict seigneur de La Tremoille et d'autres vaillans capitaines, ne perdit de veue l'artillerie, et si alloit de lieu en autre, croissant tousjours par doulx langaige les hardiz cueurs de ses gensd'armes.

La meslée fut cruelle et longue, car elle dura jusques apres jour couché, à la raison de ce que la lune luysoit; et si estoyent les Françoys et Souysses si acharnez à se occire l'ung l'autre, qu'il n'y eut chose qui les peust separer que l'obscurité de la nuyt, en laquelle le Roy n'eut autre lict, fors le timon d'une charette, et pour fins linceux le harnoys sur le dos: car, d'une part et d'autre, les gensd'armes furent tousjours en doubte. A peine on trouva de l'eaüe clere pour le Roy, parce que les ruisseaux courans autour du lieu de la bataille estoient plains du sang des occis; les autres princes et seigneurs n'eurent moindre peine, comme la raison le vouloit; et entre aultres le seigneur de La Tremoille fut toute la nuyt armé, sans clore les yeulx, prés du Roy : son filz, le prince de Thalemont, estoit en la compaignée du duc de Bourbon, qui conduysoit l'avant-garde. Le landemain matin, le Roy fut adverty que les Italiens et Soüysses retournoient en groz nombre et bon ordre pour leur donner bataille; et considerant la peine prise par ses gens d'armes le jour precedent, affin qu'ilz ne reculassent, les principaulx d'iceulx assemblez, leur dist ces parolles ou semblables en substance :

Oraison et persuasion militaire du roy de France à ses gensd'armes contre les Souysses.

« Toute persuasion, mes fideles amys, n'est à mon
« jugement superflue en haultes entreprinses, l'entrée
« desquelles est dangereuse, et l'yssue à doubter,
« comme celle laquelle, soubz l'asseurance de voz no-
« bles vouloyrs, force et hardiesse, j'ay faicte. Vous
« congnoissez auquel dangier de noz vies, honneur et
« biens avons, à la desloyalle laschete de noz ennemys,
« resisté, dont la premiere gloire à celluy duquel les
« victoires procedent rendue vous en donne le loz et
« bienveillance : et puis que, par secours divin et voz
« labeurs, avons le dangier de l'entrée passé et sur-
« monté, mectons peine que à nostre honneur et avan-
« taige en soit l'issue; et pour aisement le faire, vostre

« nature, qui est hardie et belliqueuse, soit considerée ;
« vostre coustume, qui est de n'estre vaincuz, observée ;
« les meurs de noz ennemis congneues, qui plus sont
« convoiteux de pecune que avaricieux d'honneur ;
« la forme de leur combatre considerée, qui a plus de
« mine que d'effect, plus d'aparence que existence ;
« et que au premier rompre sont vaincuz, et n'ont
« seulz forte resistance ; et leur oultrecuidance mise
« davant voz yeulx, par laquelle se dient correcteurs
« des princes, au rabaissement de toute noblesse. Nos-
« tre juste querelle nous doit donner force ; leur injus-
« tice, seureté ; leurs mauvaises meurs, mespris de leurs
« armes ; et nostre necessité, acroissement de cueur et
« de courage. Considerez nostre honneur et gloire si
« l'orgueil de ces rusticz est humilié, et nostre re-
« proche s'ilz sont noz vainqueurs. Plus devons sou-
« haiter la fin de noz petites vies en honneur, que la
« longueur en misere et reproche ; et plus devons
« desirer mourir en persecutant noz adversaires et
« querant le merite de justice, que laisser vivre, en vi-
« vant, les violateurs d'equité. Je vous prie, messieurs,
« que mourez avec moy, et moy avec vous, pour
« acquerir honneur à noz parens, salut à nostre pays,
« et faire ce à quoy nous sommes tenuz ; et je vous
« asseure que si la victoyre nous demoure, que par
« effect recongnoistray sans ingratitude les biens-
« faisans. »

La necessité de combatre mist fin à ces parolles, pour entendre à l'euvre ; car les Italiens et Souysses, qui estoyent jusques au nombre de trente mil combatans, assaillirent les Françoys en leur camp. Messire Jaques Galiot, chevalier hardy, de grant sens et bonne conduycte, qui estoit maistre de l'artillerie, les receut à leur grosse perte et dommaige, car à grans coups de canons en deffist une partie; neantmoins les aultres, qui tousjours tindrent leur ordre, entrerent sur les François et Alemans, qui les recullerent hardyment. La meslée fut grande et cruelle; mais les Françoys furent les plus fors, et deffirent les Souysses, fors ceulx qui tournerent le doz, et ausquelz les jambes feirent plus de service que les bras et mains; et n'eust esté la poussiere, peu se fussent saulvez. Il en demoura sur le camp quinze ou seize mille; le reste prinst son chemin vers Milan.

CHAPITRE XXVI.

Commant le prince de Thalemont, filz du seigneur de La Tremoille, fut navré de soixante-deux playes, dont il mourut. Reduction de Milan.

Ceste victoyre ne fut sans perdre plusieurs gens de bien de France, et mesmement la plusgrant partie d'une bande de jeunes princes et seigneurs de France estans en l'avant-garde; lesquelz, pour rompre les Souysses, se mirent entre eulx, et furent en partie cause de leur desarroy et desconfiture, où ledict monsieur Charles de La Tremoille, prince de Thalemont, filz dudict seigneur de La Tremoille, fut abatu et blecé en soixante deux parties de son corps, dont il y avoit cinq playes mortelles. Messire Regnault de Moussy, chevalier, qui l'avoit gouverné en ses jeunes ans, le retira de la presse, et le fist porter ainsi blecé jusques en sa tente, où les cirurgiens le panserent à grant diligence. Aussi y furent abbatuz et occis François monsieur, frere puisné du duc de Bourbon; le filz du comte Petillanne, qui conduysoit les Veniciens pour le Roy; le seigneur de Himbercourt, le comte de Sanxerre, le seigneur de Bussy, le capitaine Mouy, et autres gens hardiz et bien renommez.

Le seigneur de La Tremoille sceut commant monsieur Charles, son filz unique, avoit esté blecé en soixante deux parties de son corps; parquoy, apres la victoyre, alla le visiter et consoler. Les médecins et cirurgiens luy donnerent espoyr de guerison, par le moyen dequoy se monstroit joyeux de ce que son filz s'estoit trouvé en si forte presse, et dont il avoit les enseignes de hardiesse, force et noblesse de cueur; puis s'en alla tout consollé vers le Roy, qui luy fist fort bon et joyeulx recueil, luy celant la prochaine mort de son filz, qu'il avoit par les cirurgiens sceu; mais luy voulant donner confort à ce que par soudaine douleur ne fust sa personne blecée, luy recita les histoyres d'aulcuns Rommains qui s'estoyent resjouy d'avoir veu mourir leurs enfans en bataille.

Ledict prince de Thalemont se voyant ainsi navré en tant de lieux, quelque espoyr qu'on luy donnast, dist audit de Moussy et aultres de sa compaignée :
« Or ça, messieurs, il faut que je vous laisse, et les
« miseres du monde. Je meurs en la fleur de mes ans;
« mais ce n'est à mon trop grand regret, puis qu'il plaist
« à Dieu qu'il soit ainsi, et qu'il m'a donné la grace
« de mourir au service du Roy et de la chose publique.
« Toutesfoiz, pour une autre consideracion, je voul-

« droys bien vivre, s'il plaisoit à Dieu, qui est à ce
« que je peusse faire penitence de mes pechez, et de
« mieulx servir et obeyr à Dieu que je n'ay faict
« le temps passé : le vouloyr de Dieu, qui ne peult
« faillir, soit acomply! Je vous prie que je aye le
« prestre pour me confesser. » Ledict seigneur se confessa fort devotement, et receut le sainct sacrement de l'aultier (1); puis, à la fin de trente six heures apres sa bleceure, rendit l'ame à Dieu.

Le Roy, premier adverty de son trespas, alla subit en la tente dudit seigneur de La Tremoille, qui rien ne sçavoit de ce groz inconvenient, et luy dist : « Monsieur de La Tremoille, je vous ay tousjours congneu
« magnanime; et m'a l'on dict vostre fortitude telle,
« que, pour toutes les infortunes et adversitez qui vous
« sont advenues, ne changeastes onc vostre bon pro-
« pos, et n'en furent voz affaires, ne ceulx de la chose
« publicque, onc retardez ne mal conduitz. J'en ay
« veu l'experience derriere, on mal de mon cousin
« vostre filz, que vous avez trespaciemment supporté;
« mais ce n'est assez, car il fault que vous usez de vos-
« tre force et prudence plus que jamais en la mort de
« mondict cousin vostre filz, qui est decedé puis une
« heure : ce que vous suis venu declairer, extimant
« n'y avoir en ma compaignée personnage duquel ac-
« cepterez mieulx la parolle sans immoderé courroux.
« Je sçay qu'il seroit impossible à nature de le passer
« sans griefve douleur, car le personnage le valoit; et
« vous asseure que, hors la paternelle affection, vostre
« regret ne sera plus grant que le mien. Je vous prie,
« chier cousin, que, pour l'honneur de Dieu et l'amour

(1) *L'aultier :* autel.

« que avez à moy, prenez ceste irreparable perte en
« pascience, et vous consollez en son filz qu'il vous a
« laissé, portant jà l'espoir de la preudhommie du
« pere. »

Le seigneur de La Tremoille couvrit son piteux
visage d'une louable constance, contre la magesté de
nature : toutesfoiz les yeulx, qui, selon naturelle providence, plus obeissent au cueur que membre qui soit
en la personne, ne peurent tant celler sa douleur, que
pour luy donner allegence ne distilassent petites larmes, contre la volunté de l'esprit; et respondit au Roy :
« Sire, je vous rends humbles graces de la consolacion
« qu'il vous plaist me donner en l'infortune qui m'est
« advenue pour la mort de mon filz, dont je aurois
« plus de angoisse tristesse si l'on m'eust asseuré mon
« filz estre immortel, ou devoir vivre par necessité
« quatre vingts ou cent ans; mais je savois mon filz
« povoir mourir jeune en guerre ou ailleurs, et n'ay
« mis sa vie en mon esperance pour tousjours durer;
« mais, le voiant aller au danger où les gens de bon
« cueur se mectent pour le bien public, le tenois
« comme si estoit jà mort.

« A ceste consideracion, et qu'il est au lict d'hon-
« neur decedé en vostre compaignée, à vostre service et
« en juste querelle, mon deul n'en est si grant, com-
« bien que accident ayt perverty l'ordre de nature;
« car mieulx seroit, comme il me semble, qu'il fust
« demouré sans pere que moy sans filz, qui ay faict et
« passé la pluspart de mon temps, et il commanceoit
« acquerir honneur et vostre grace; et puis que le
« cas est advenu, je louhe Dieu, et le remercie de ce
« qu'il luy a donné grâce que, apres avoir eu soixante

« deux playes pour le soustenement du bien public
« et en juste guerre, a voulu avoir et a eu confes-
« sion et le sainct sacrement de l'aultier. Je regrete
« apres son cousin monsieur Françoys de Bourbôn,
« le comte de Sanxerre, et aultres jeunes princes et
« seigneurs qui ont esté occis en bataille. Resté faire
« emmener leurs corps en France, prier Dieu pour
« leurs ames, et parfaire vostre voyage et entreprinse,
« où, tout ce nonobstant, je emploieray le reste de
« ma facheuse vie. »

Le Roy fut trescontant de ceste response, aussi estoit honneste et prudente; et depuis le seigneur de
La Tremoille se porta si prudemment en la charge
qu'il avoit du Roy, que à ses gestes et parolles on
n'eust congneu son dueil.

Le dueil de la mort des princes suspendu, et remis
à leurs serviteurs et pensionnaires, et aussi à leurs
meres et femmes, enfans et subjectz estans en France,
le Roy, suyvant sa fortune, s'approcha de Milan; et
considerans les Milannoys France avoir la plus grant
part du baston, et que le Roy s'aprochoit d'eulx, suyvans leurs iniques et mauvaises meurs, se revolterent
contre Maximilian, et envoyerent au Roy les clefz de
leur ville par aulcuns des principaulx de leur corps
politic, l'ung desquelz fist au Roy telle ou semblable
oraison ou persuasion que ceste cy.

*Oraison des citoyens de Milan au roy de France, à
ce qu'il les prinst à mercy.*

« L'immortelle renommée de tes excellentes et di-
« vines vertuz, tresillustre et triumphant roy, nous

« faict de ta clemence et doulceur esperer, et que les
« faultes contre ta royalle magesté commises, non par
« nostre malice et desloyauté, mais pour le trop le-
« gier croyre et facille crainte de Maximilian, con-
« duicte par le cardinal de Syon et ce tant muable
« peuple helvecein, nous seront, par benignité et pitié,
« remises et pardonnées; et à ce te doit induyre et
« exciter le bon vouloyr d'aucuns et la pluspart de
« ceulx de ta cité de Milan, lesquelz (le tort congneu
« de tes adversaires) avoyent chemin prins avant ta
« glorieuse victoyre pour mectre entre tes mains et à
« ta mercy nous, tes subjectz, ta cité et tous noz biens,
« qui fut par le cault et sedicieux cardinal de Syon
« rompu et empesché; lequel, après avoir mis nostre
« ruyne davant noz yeulx et nostre mort à noz por-
« tes, s'est, au subtil et secret, absenté, doubtant la
« vengence de ton couroux estre en luy, comme bien
« le meritant executée.

« Considerez, ô treshumain et begnin prince, noz
« voluntez plus à toy que aux Sforcés, de la tienne
« seigneurie usurpateurs, enclines, et la facilité de
« nostre offense plus procedant de humaine fragilité
« que de malice. Adoulciz la severité de ta justice,
« refrains ta juste ire; que courroux ne soit maistre
« de ton cueur, et ne nous laisse en la deffiance de
« nostre malheur. Nostre offense confessée, voulons
« satisfaire non à la rigueur, mais au dire de ta mi-
« sericorde. Que noz biens facent pour nous l'a-
« mende, et retirent le glayve pugnisseur de la nostre
« passée desobeissance. Ne destruiz, par finalle ruyne,
« ta cité de tant de choses sacrées ornée; saulve la
« sumptueuse structure d'icelle, et que noz richesses

« facent encores vivre ceulx qui en vivant desirent te
« servir et obeyr. »

Briefve oraison et responce du Roy aux Milannoys.

Le Roy, qui est ung treseloquent prince et le plus
de sa court, fist la response de sa bouche, leur disant
ce : « Avec esgal œuil vostre coulpe et le merite de
« clemence se doyvent regarder, à ce que le soudain
« remectre du delict, par trop facille pitié, ne engen-
« dre inconvenient plus grant que le precedent. Vous
« savez, Milannoys, combien de foiz avez failly à mon
« predecesseur roy de France vostre naturel seigneur,
« obeissans plus voluntiers à celuy qui par tyrannie
« vous a tenuz soubz injuste seigneurie, et que le sou-
« dain pardonner vous a soudain et trop hardyment
« donné occasion de retourner à vostre premiere re-
« bellion; parquoy le renouvellement de grace cause-
« roit nouvelles offenses à ma perte. La mort de tant
« de princes, chevaliers et aultres vaillans hommes,
« par voz laschetez occis, clost mon œuil de pitié, et
« me faict par indignacion vous regarder en appetit de
« vengence. Neantmoins, considerant que c'est vostre
« premiere requeste, de laquelle ma benignité ne vous
« peult refuser, je vous donne voz vies, vous restitue
« en voz honneurs, et, au desir de vostre humble
« priere, accepte voz biens pour partie de la deue sa-
« tisfacion, moyennant la fidelité que vous promec-
« tez inviolablement garder, laquelle par vostre coulpe
« brisée se rendra indigne du retour à mercy. »

La response du Roy fut briefve, mais agreable à
ceulx de Milan, lesquelz, apres le serment de fidelité

faict, composerent à certaine somme de deniers qu'ilz payerent pour partie du deffroy de l'armée de France; et entra le Roy triumphamment en la ville de Milan, puis fist assieger le chasteau où estoit Maximilian Sforce, lequel se rendit à la mercy du Roy. Au regard du cardinal de Syon, de toute ceste guerre aucteur, s'en estoit allé sans dire adieu, et deceut les Souysses. Quelque temps apres ceste glorieuse victoyre (ordre mis en toutes les villes), le Roy retourna en France, et ledit seigneur de La Tremoille avec luy.

CHAPITRE XXVII.

Comment le corps du prince de Thalemont, filz dudit seigneur de La Tremoille, fut apporté en France; et des grans regretz que sa mere fist de son trespas.

Le deces du prince de Thalemont advenu, son corps demoura entre les mains de messire Regnaud de Moussy, chevalier, directeur de son adolescence, qui ne demoura seul, car il fut assez acompaigné de douleurs et angoisses; aussi fut il de plusieurs gentilzhommes et autres serviteurs dudit prince, lesquelz, vestuz en dueil, acompaignerent le corps embasmé jusques en France et en la ville de Thouars, pour le mettre es honnorables et riches sepultures dudit seigneur de La Tremoille. Le voyage fut long, à la raison de ce que par toutes les villes, bourgs et paroisses où passoit ce corps, y avoit service pour l'ame de ce bon prince. Et comme on faisoit toutes ces choses, ledit seigneur de La Tremoille envoya la poste diligemment vers madame Gabrielle de Bourbon son espouse, lors estant, au chasteau de Dissay avec monsieur Claude de Tonnerre, evesque de Poictiers, nepveu dudict seigneur, où s'estoit retiré pour le dangier de peste qui lors estoit en ladicte ville de Thouars; et luy escripvit une lettre de sa main, et une autre à sondict nepveu, faisans mencion de la perte de son filz, à ce qu'il eust à consoler sa tante, car bien pensoit qu'elle en auroit ung excessif dueil.

La poste arriva au chasteau de Dissay huyt jours apres le deces dudict prince de Thalemont, combien qu'on avoit sceu troys jours apres la bataille qu'il avoit esté blecé; mais on disoit qu'il en gueriroit, et se y actendoit la bonne dame.

L'evesque receut le pacquet, et leut sa lettre, qui fort estoit briefve, mais piteuse à lire; en sorte que, passionné en son esprit, fut long temps sans parler, actendant que son cueur choysist de quelz pleurs pourroit faire à ses yeulx present. Son dueil (que seul alla faire en sa retraicte, sans en dire aucune chose à personne par prudence) pacifflié, adverty que madame sa tante avoit prins sa reffection du disner, fist appeller son maistre d'hostel et aulcuns gentilz hommes de sa maison, en la compaignée desquelz (apres leur avoir fait declaration de ceste piteuse mort) allerent tous ensemble vers elle en sa chambre, et luy dist l'evesque ce : « Madame, « j'ay receu des lettres de Italie. — Et puis, dist-elle, « commant se porte mon filz? — Madame, dist l'eves- « que, je pense qu'il se porte mieulx que jamais, et qu'il « est au cercle de heroïque louange, et au lieu de « gloire infinie. — Il est donc mort? dist-elle. — Ma- « dame, ce n'est chose qu'on vous puisse plus celler, « voire de la plus honneste mort que mourut onc

« prince ou seigneur; c'est au lict d'honneur, en ba-
« taille permise pour juste querelle, non en fuyant,
« mais en bataillant, et navré de soixante deux playes,
« en la compaignée et au service du Roy, bien extimé
« de toute la gendarmerie, et en la grace de Dieu, car
« luy bien confessé est decedé vray crestien. Vostre
« cousin monsieur Françoys de Bourbon, le comte
« de Sanxerre, et aultres qui sont mors en la bataille,
« n'ont eu ceste grace et don de Dieu. Toutesfoiz je
« extime leur mort bonne, parce qu'ilz ont droicte-
« ment vescu. »

Ceste dure et aspere nouvelle feit soudain reculler
et absenter le sentement et congnoissance de l'esprit
de ceste dame, et à ceste raison devinst froide comme
marbre, et perdit le parler. Soudain fut par aroma-
tiques liqueurs secourue, et tost apres les larmes qui
sortirent de ses yeulx desserrerent son cueur, et commancerent les heraulx de douleur, qui sont souspirs,
sortir de son estomac, et passer à grant peine par sa
tremulente et palle bouche; puis dist : « Ha! mon
« nepveu, pensez vous que je puisse ceste triste for-
« tune, irrecuperable perte, cruel accident et im-
« pourpens inconvenient passer, sans briefvement
« mourir ? Si je pensois ne desplaire à Dieu, luy re-
« querrois mon infortunée vie estre en respos de mort,
« qui est la fin de toutes miseres; car je sçay que la
« joye du monde me engendrera tristesse; la conso-
« lacion des hommes, desconfort; le passement des
« livres, renouvellement de douleurs; labeurs de mes
« amys redoubleront mes angoisses, et la vie solitaire
« me produira inventions de nouveaux tormens pour
« persecuter mon esprit. Je ne feray plus que reiterer

« l'esperance de ma mort, le desespoir de ma vie, et
« l'abominacion de toutes lyesses. Que nourrira plus
« mon ymaginacion, fors monstres hydeux, lamyés
« nocturnes, magiciennes furies, songes tristes, et la-
« chrimables fantasies? car j'ay perdu mon filz, ma
« geniture, mon ymage et ma consolacion: C'estoit
« l'espoir de nostre maison, le coffre de nostre honneur,
« le tresor de nostre richesse, la stabilité de nostre
« gloire, la perpetuacion de nostre renommée, l'advent-
« mur de nostre force et le braz dextre de nostre povoir.
« Il est mort en l'aage de vivre, amateur de vertuz,
« ennemy de vice, amé de chescun, et en la louhée
« extime des bons et nobles cueurs. »

Oraison consolatoire de l'evesque de Poictiers à la dame de La Tremoille.

« Assez vous est congneu, madame, que toutes les
« humaines creatures qui par leur nativité entrent en
« ce monde, combien que pour aucuns temps ils y
« reluysent et triumphent, sont toutesfoiz contrainctes
« aller à la mort, les aucuns lentement par maladies,
« les aultres soudainement par accidens divers, selon
« le cours de la duracion qu'ilz ont à la divine Provi-
« dence. La puissance de la mort est insuperable;
« elle surmonte non seulement ung, mais tous, les
« fors et debilles, les joyeux et tristes, les pauvres et
« riches, les congneux et extrangiers, les jeunes et
« vieulx, les bons et maulvaiz, les hommes et femmes.
« La mort est le tribut, la prison et la crainte certaine
« de tous humains; et comme la mer est le recep-
« tacle de tous les fluves, aussi est la mort la finalle

« reposition de tous les vivans. Les fors par puissance
« ne la peuvent surmonter, les doctes par science ne
« la peuvent vaincre, les riches par pecunes ne la
« peuvent corrumpre, les dignes par eminences ne la
« peuvent destourner, et les jeunes par corporelle
« vertu ne la peuvent esloigner. Elle ne pardonne à
« pauvreté, elle ne tient compte de richesse, elle ne
« revere noblesse, et ne luy chault de vertuz; tous-
« jours est à la porte de vieillesse, et nuyt et jour
« insidie jeunesse; la mort ne excute ses cruelles ope-
« racions tousjours par la contrarieté des elemens
« (qui est chose naturelle), mais souvent par divers et
« merveilleux accidens, comme par eaue, par feu,
« par glayve, par precipitation, par venyn, on lict,
« hors lict, en terre, en mer, en l'aer, en guerre et
« en paix. Et, selon les accidens de mort, on extime,
« par la faulce reputation des hommes, les humains
« eureux ou maleureux.

« Considerez, madame, que feu mon cousin' v ostre
« filz n'est mort par aucun de tous ces maulvaiz acci-
« dens, mais en homme de vertuz, avec les gens de
« bien; non entre les bestes, mais avec les hommes;
« non entre les brigans et pirates, mais en juste guerre;
« non de morsure de bestes silvestres, mais par mar-
« cial glayve; non par canon, mais de coups de lance;
« non laschement, mais hardiment; non seul, mais
« en la compaignée de son pere; non au service de
« tirans, mais à celuy de son Roy; non en reproche,
« mais honnestement, comblé d'honneur, envelopé
« de bon renom, et en l'amour et grace de Dieu. Puis
« que par necessité devoit mourir, devez vous point
« prendre alegence de vostre deul, et regret en sa

« tant honnourable fin? Mieux luy vault et à son
« noble parentage estre ainsi mort en la fleur de son
« aage, hereditant les siens de perpetuelle gloire, que
« avoir vescu trente ans davantage, et puis mourir en
« son lict ou ailleurs de malladie grosse. Si je voulois
« reciter la miserable fin de tant d'empereurs, roys,
« princes et seigneurs du temps passé, extimeriez celle
« de vostre fils, mon cousin, estre eureuse.

« Or voyez vous, madame, quelle grace Dieu vous
« a faict d'avoir donné fin tant eureuse et honnou-
« rable à mondict cousin, et sur ce vous consoller et
« donner reppos à voz souppirs et larmes? Considerez
« les variacions de noz vies pleines de labeurs, en-
« nuytz, tristesses, dangiers, douleurs et aultres mi-
« seres, et que de tout ce mon cousin est mis au deli-
« vré; et l'espoyr que avez eu en luy, gectez le sur
« les bonnes meurs de son filz Françoys, suyvant jà
« celles de son pere. Vous voyez ses puerilles ans,
« tant bien dispousez à vertuz, que j'espere que la
« perte du pere sera recouverte par le fils; et quant
« vous aurez bien le tout consideré, vous arresterez à
« ce qu'il fault adherer à la volonté de Dieu, qui ne
« faict rien sans cause; et jaçoit ce que ses jugemens
« soyent aux humains merveilleux, neanmoins sont
« ilz justiffiez en eulx mesmes, ainsi qu'il les faict; et
« y contredire est murmure et blaspheme.

« Voz raisons sont tresbonnes, mon nepveu, dist
« la dame de La Tremoïlle en plorant; mais Dieu
« povoyt faire vivre mon filz autant ou plus que son
« pere, et augmenter et croistre ses vertuz, force,
« prudence et hardiesse. O combien est la mort aveu-
« gle et desraisonnable qui les vielz laisse, et prend

« les jeunes! Dix ans y a que, par maladie, menassa
« mes longs ans, et elle a la jeunesse de mon filz des-
« robée; mieulx eust observé les loix de nature, gar-
« dant les trente deux ans de mon filz, que pardonner
« aux cinquante de la vieille mere.

« Si mon filz en eust seullement vescu soixante, et
« continué le commancement de sa louable vie, je
« extime, mon nepveu, qu'il eust faict des choses
« inouyes. Il eust surmonté l'honneur de ses ancestres,
« et les renommées escriptes aux maisons dont il est
« descendu. Il eust accompaigné le reste de ma vie
« de joye, et eust regeneré mes longs ans par l'odeur
« de son bruyt et fame; mais j'ay perdu tout cest
« espoyr, et suis asseurée, mon nepveu, que le vivre
« me sera doloreux, et que mon dueil mettra bien
« tost fin à ma desolée vie. »

Ilz eurent plusieurs aultres parolles trop longues à
réciter : suffise aux lecteurs que la bonne dame con-
somma ce luctueux et lamentable jour, et plusieurs
aultres subsequens, en l'opperacion de ses angoisses,
amertumes et pleurs. Elle ne voulut lire la lettre que
luy avoit son espoux escripte de la mort de leur filz,
en presence dudict evesque son nepveu, mais se retira
en son cabinet, où, apres avoir longuement ploré, en
fist lecture, et estoit telle :

*Lettre du seigneur de La Tremoille à madame son
espouse, de la mort de leur filz.*

« Si la mort de nostre trescher filz Charles eust peu
par la myenne estre vaincue, ne fussions, ma tant
amée dame, en peine de regreter, plorer et lamenter la

perte du tant noble fruict de nostre mariage, l'espoyr de nostre maison et l'apuy de nostre vieillesse. Et si ceste mort m'est angoisseuse, autant m'est la desolacion qu'en aurez pesante. Toutesfoiz, vostre prudence consideree, je extime que l'usaige des choses mortelles vous donnera quelque consolacion. Nous ne sommes les premiers de telle infortune assailliz ; souvent advient que, par le desordre de nature, le deces du filz precede celluy du pere. Peu avons de gens anciens congneuz qui n'ayent, à leur grant regret et dommaige, perdu de leurs enfans. La pascience en est trop plus à louher que le trop grant desconfort, parce que le supporter sans murmure et en doulceur *est ung sacrifice à Dieu*, qui faict tout pour le mieulx; et le desraisonnable desconfort luy desplaist. La personne doit estre dicte sage qui se conforme à la divine volunté, et qui ne prend conseil de trop grant douleur en ses adverses visitations, qui sont la vraye garde de l'esprit. Troys choses nous donnent moyen de confort : l'une, que nostre filz est mort en acte de vertu pour le bien public et en juste querelle, et nous a laissé ung filz bien disposé pour vivre; l'autre, combien qu'il ait eu soixanté deux plaies, dont en y avoit quatre ou cinq mortelles, et neantmoins, par la grace de Dieu, a vescu trente six heures après, et, les sacremens de saincte Eglise par luy receuz, a tousjours eu congnoissance de Dieu, et bonne parolle, jusques au depart de l'ame et du corps; et l'autre, qu'il est hors des mondaines miseres, et que son ame est, comme je pense, en eternel repos. Je vous envoye le corps, vous priant, madame, que, par impascience ou trop excessive douleur, je ne perde la mere avec le filz, et que, en perdant les deux je ne me perde : ce que Dieu ne vueille, mais vous donner à vous et moy le necessaire pour nostre salut.

« Escript au camp de Saincte Brigide, le 18 septembre. »

Ceste lectre estoit escripte dudit seigneur de La Tremoille, et non par son secretaire; laquelle ne fut leue sans variacion de propos, et sans gecter grans souspirs et larmes par ladicte dame, qui, apres avoir son dolent cueur, des immundicitez de angoisse, par piteuses larmes lavé, prinst sa plume; et voulant aussi de sa part, en cellant ses angoisses, son cher espoux reconforter, luy escripvit ceste lettre :

Response de ladicte dame audict seigneur de La Tremoille.

« Si la transgression de la justice originelle qui fut à noz premiers parens donnée n'eust entre l'esprit et la chair mortelle guerre engendrée, le trespas de nostre unique filz nous devroit plus consoller que contrister, parce que l'esprit, par la clere verrine de raison, veoyt et congnoist qu'il est de peine transmigré en repos, de misere en gloire, de crainte en seureté, d'espoyr en divine vision, de malladie en incorruptible incolumité, et de mort en eternelle vie; mais la chair, qui pour les tenebres du corps ne veoyt aulcune chose en esprit, regrette, lamente et deplore la perte ou absence de ce qui luy plaist, et de ce qu'elle ayme corporellement, parce qu'elle ne peult veoyr le fruict des choses spirituelles, qui est la cause de vostre desconfort et de ma tant desollée tristesse. Toutesfoiz, monsieur, quant à l'entendement, si trop né summes de raison esloignez, doyvons louher Dieu, et luy rendre graces, pour les consideracions que de vostre grace m'avez escriptes. Croyez, monsieur, que, en rememorant la benignité de nostre filz, son humilité, obedience et honnesté, ma pauvre chair languist, et mon ame n'est que demye vifve : mais au considerer les douaires des ames saulvées, et que j'espere que tous le serons, je me console quant à l'esprit, non que ma chair en soit contante. Toutesfoiz chose contraincte est, si ne voulons offenser Dieu, le louher de nostre infortune. Je vous prie, monsieur, que de vostre part regectez les causes de douleur, et que joygnez la vostre pensée à l'amour spirituelle. Au regard du corps, que je ne pourrois veoyr sans de dueil mourir, sera honnourablement ensepulturé au plus pres de vostre vouloyr, sans aulcune chose y espargner, et encores moins pour le salut de l'ame, qui doibt estre la premiere servie, comme celle qui doit sans fin vivre au palays de eternel repos, ouquel, apres bonne et longue vie, Dieu vous vueille donner lieu.

« Escript à Dissay, le 24 septembre. »

La lettre de ladicte dame, portée audict seigneur de La Tremoille, fut troys jours par luy gardée sans la vouloyr lire, pour le doubte de renouveller sa tristesse. Toutesfoiz ung soyr bien tard en fist lecture de partie; car le tout ne peut lyre, à la raison de ce que l'escripture estoit effacée des larmes de la dame, qui estoyent en l'escripvant sur icelle tumbées.

Je ne me oublieray en cest endroict, parce que, nonobstant ma petite qualité, et que à moy n'appartinst voir le congnoistre du regret de ceste tres noble

dame, toutesfoiz, comme je fusse par devers elle allé pour luy parler d'aulcunes affaires civilz dont j'avoye de par monsieur et elle la charge, ne me presta l'oreille pour me entendre, mais convertit le sens de l'ouye en piteux regards, acompaignez de vehemens souspirs, qui empescherent long temps son parler, que je n'ousoye anticiper, mais l'actendoye en contrainctes larmes soubz emble semblant, par compassion de son infortune. Et comme le temps luy eust donné grace de parler, elle m'ouvrit le coffre de ses piteables douleurs, en me disant : « Ha! Jehan Bouchet, que dictes vous
« de mon malheur et de l'irreparable perte de nostre
« maison? Me doy je arrester de sacriffier par larmes
« ma douloureuse cause davant tout le monde? pen-
« sez vous que le possible de vivre empesche l'effort de
« mort? Me ayderez vous poinct à soustenir le faix de
« mon malheur, qui participez en la perte? Oublierez
« vous l'espoyr par vous actendu en l'exhibicion de
« l'amour de mon filz, et le loyer du service par vous
« à luy faict? Qui presentera plus vos petiz œuvres
« davant les yeulx des princes pour en avoir guerdon?
« qui recepvra et mettra en valeur voz petites compo-
« sicions? N'espargnez vostre plume à escripre le
« congneu de vostre seigneur et maistre, à ce que
« oubliance ne laisse perdre ses merites. »

Toutes ces piteuses parolles donnerent roupture à mon principal affaire, et tant greverent mon cueur que intrinseque douleur deffendit à ma bouche le parler; et sorty de la chambre acompaigné seullement d'angoisse, laissant la desolée plorant et se desconfortant, sans avoir puissance de luy donner lors ung seul confort.

« Ceste dame savoit tres bien que porter paciemment sa perte estoit merite; et quant à l'esprit, n'y failloyt en rien, car c'estoit une dame qui fort bien l'entendoit, et s'estudioit de tousjours conformer son vouloir à la divine volunté. Mais touchant la sensualité qui repugne tousjours à la raison, elle souffroit tant, que le plus l'eust fait soudainement mourir. Et fuz plus d'ung moys que n'ousois à elle me presenter, à la raison de ce quant elle voioit quelqu'un de ceulx que son filz avoit specialement amez, ses doleurs renouvelloient, son esprit en avoit nouvelle guerre, toutes ses consolacions estoient troublées, et tous joieux souvenirs gectez derriere le doz. Et deslors, vaincu du debonaire commandement de ladicte dame, gectay ma fantasie sur nouvelles formes et invencions pour deplorer par escript ceste tant noble et louable mort; querant quel langaige je approprieroye à la nature du cas; et finablement, parce qu'il avoit amé la metrificature, prins commencement à descripre ses meurs et cundicions; dont je sçavoie la verité, nonobstant que depuis aucuns, par envie de sa louange meritée, ont murmuré contre l'opusculle que je feiz, intitulé *le Temple de bonne renommée*.

CHAPITRE XXVIII.

Des regretz de madame la princesse pour le décès de monseigneur le prince son espoux; et du trespas de madame Gabrielle de Bourbon sa mere, qui mourut de deul.

COMBIEN que toutes ses douloureuses plainctes deussent suffire pour faire le deul du bon prince de Talemont, neantmoins fut renouvellé par les doleances de ma dame Loyse, comtesse de Taillebourg, son espouse, laquelle, asseurée de son piteux trespas, feit telz ou semblables regretz : « Ha! mort horrible,
« cruelle, sanguineuse et violente, eternel dormir,
« dissolucion des corps, la crainte et tremeur des ri-
« ches, le desir des pauvres, evenement inevitable,
« incertaine peregrinacion, larronnesse des hommes,
« fuyte de vie, depart des vivans et resolucion de
« toutes choses, que pourray je dire à mon ordre
« contre toy, qui par violent sang me as substraict
« mon amy, meurdy mon espoux, separé de moy toute
« joye, et faict approche de toute angoisse et eternel
« desconfort? Tu es la seule cause dont dorenavant
« je auray pour unanime compaignée triste solitude;
« pour consolatif mariage, desolée viduité; pour con-
« nubiaux ambrassemens, visions nocturnes et lamyes;
« pour amoureulx baisiers, lamentables souspirs; pour
« gracieux regards, fluctuemens de larmes; pour
« honnestes propos, inconsolables regretz; et pour
« solacieuses pensées, inquietes cogitacions. Qu'on ne

« parle de la perfection des bons maryz, desquelz il est
« le paragont et la fine perle, pour en avoir perpétuelle
« louange. »

Toutes ces lamentácions et aultres semblables faisoit ceste bonne et saige dame, dont je laisse le long escripre pour le doubte d'ennuy; et pense que de son secret deuil eust esté oultragée, ne fust le secours du seigneur de La Tremoille son beaupere, lequel, ung moys ou deux apres les tristes funerailles de son filz, neantmoins riches et pompéuses, vinst veoyr les deux desollées espouses à Thouars. Je laisse la pompe des obsequès qui furent faictz sans rien y preterir, ainsi qu'il appartenoit, à grans fraiz et mises; et parleray seullement d'ung brief epitaphe pour la perpetuelle memoyre de ce jeune prince, qui est cestuy :

> Force de corps, hardiesse de cueur,
> Le hault vouloyr d'estre nommé vainqueur,
> Le grant desir d'estre au Roy secourable,
> Et le vouloyr d'impugner la rigueur
> Des rebellans non craignant la vigueur,
> M'ont mis au ranc d'honneur inextimable,
> Par fin honneste aux nobles desirable,
> En surmontant Souysses abontéz.
> Apres soixante et deux coups, mort plorable
> A Marignan me fut inexorable,
> Quant mil cinq cens quinze ans furent comptez.

Le Roy laissa gouverneur à Milan messire Charles de Bourbon, lors connestable de France, qui si bien exercea sa charge, que les Milannoys monstrerent leur obeissance promise contre leurs voluntez jusques en l'an 1521, comme nous verrons cy apres.

Ledict seigneur de La Tremoille, apres avoir accompaigné le Roy jusques à Lyon (son congié prins),

alla veoyr, comme j'ay dict, les deux dames desolées
que plus il amoit, pour les conforter, lesquelles actendoyent
son desiré retour à Thouars. Leur rencontre
fut à la porte de dueil, parée de pleurs, et d'une part
et d'autre furent acompaignez de gemissemens et regretz,
pour le contrepoix des joyeux festins du passé.
Et combien que la dame de La Tremoille dissimulast,
et couvrist sa douleur de face joyeuse, neantmoins
tout le faix des tristes pensemens que tous ensemble
avoyent demoura sur son cueur, et fut tousjours
acompaigné de ses secretes angoisses : voyre fut la contenance
de sa tristesse si longuement en son povoyr,
qu'on ne la povoyt amollir; dont en son cueur se engendra
une mortelle apostume non curable par veue
d'amys, lecture de histoyres, passetemps de gens
joyeux, concionnations, ne aultres humains ne spirituelz
remedes. Et, l'esprit fatigué des ennuytz qu'il
enduroit pour la guerre que raison avoit jour et nuyt
contre charnelle amour en la region de son entendement,
laissa le corps attenué et au lict, malade, certain
peu de temps apres le despart du seigneur de La Tremoille,
qui contrainct, par redoublement de postes, se
retirer en son gouvernement de Bourgongne.

Une lente fievre, acompaignée de mortelle langueur,
empira le mal de la dame de La Tremoille, et par legieres
assaillies la conduyrent, en decepvant les medecins,
jusques au pas de la mort, dont ledit seigneur
de La Tremoille son espoux fut asseuré par sa lectre,
non escripte de sa main comme elle avoit acoustumé,
mais du secretaire; et aussi en fut adverty par les medecins.
A ceste cause son partir fut soudain; et, sa compaignée
laissée, fors de troys gentilz hommes, vinst en

poste à Thouars, où trouva la certitude de la nouvelle qui si tost l'avoit faict venir; et, sans changer de vestement ne faire aultre acte, voulut aller veoyr celle que tant amoit; mais avant que entrer (la compaignée de larmes, qui dés son partement de Bourgougne l'avoit tousjours conduict, laissée à la porte de sa chambre) para de facialle joye la tristesse de son cueur, et à son espouse au lict couchée donna le gracieux bon soir, qui fut par elle humblement accepté, et par ung vehement souspir rendu, luy disant: « Ah! monsieur, l'heure
« de vostre venue par moy tant desirée m'a esté fort
« longue, doubtant, pour la presse de mon mal, jamais
« ne vous veoyr, et ne vous povoyr dire le dernier à Dieu
« avant que mourir. — Vous n'en estes pas là, dist le
« dict seigneur; j'espere, on cas que vouldrez mettre
« peine à chasser de vostre esprit les mortelles tris-
« tesses que trop y avez gardées, que aisement retour-
« nerez à vostre premiere santé. — La chose n'est pos-
« sible, dist elle, quant à nature; et si resjouyssement
« povoyt estre le medecin de mon mal, vostre seul
« regarder le gueriroit comme la chose du monde qui
« plus me plaist: mais je suis au periode de ma mor-
« telle vie, et au terme constitué que je ne puis prete-
« rir ne passer sans mort. Nos corps seront pour ung
« temps esloignez; je vous prie que noustre chaste
« amour soit perpetuelle en vostre souvenir, et que
« ayez eternelle memoyre de celle qui vous a tousjours
« esté fidelle amye et compaigne. — Madame, dist le-
« dict seigneur, si lascheté n'occupoit le mien cueur
« par troublement de sens, je ne vous sçauroys oublier;
« car loyaulté, benignité, amour, honnesteté et bonté
« m'en solliciteront assez, et sçay que j'en auray per-

« petuellement les umbres davant les yeux de mon
« espryt, qui ne me laisseront sans triste regret si je
« vous pers, ce que je n'espere ; mais que guerirez, si
« voulez ouster de vostre esprit toutes ces tristes pen-
« sées, et que, pour amender le mien failli, vivrons
« encores trente ans ensemble. ».

Toutes ces consolacions et aultres semblables luy
donnoit ledict seigneur, et chascun jour la visitoit
cinq ou six foiz, jusques à la piteuse journée de son
trespas, que, apres son testament faict par l'auctorité
dudict seigneur, congnoissant que l'heure de son deffi-
nement approchoit, luy dist : « Monsieur, il y a trente
« troys ans, peu plus ou peu moins, que la loy de
« mariage nous lya, et honneste amour assembla noz
« cueurs, et en fist une volunté; je vous rendy du
« fruict de ceste alliance ung seul filz, ouquel Dieu
« et nature mirent tant de bien que le deces d'icel-
« luy m'a mise en l'estat où me voyez, non du tout
« par ma coulpe, car pour resister à ma douleur je
« me suis de raison aydée autant que mon petit sens
« l'a peu faire; mais la sensualité, contre mon vou-
« loyr, s'en est tant contristée, que mon pauvre enten-
« dement, las de ces fascheries, en a laissé tout le faix
« en mon debille corps, qui plus ne le peult porter;
« dont je rends graces à Dieu, le priant me pardonner
« le deffault de raisonnable pascience. La journée pour
« davant Dieu comparoyr et luy rendre compte est
« venue, qui me faict trembler et fremir, pensant que,
« par le tesmoygnage de la saincte Escripture, à peine
« pourra le juste estre saulvé. Toutesfoiz, armée de
« foy, considerant que Dieu est tout puissant, j'espere
« que son infaillible sapience aura, par son incompre-

« hensible bonté et charité, pitié de moy, sa pauvre
« creature, de laquelle il congnoit l'ignorance et
« fragilité, non par mes operacions, mais par le me-
« rite de la mort et passion de son eternel filz Jhésus,
« nostre saulveur et redempteur, et par les merites et
« prieres de madame Marie sa mere.

« Et parce que à noz espousailles prins de vous l'an-
« neau de la connexité de noz cueurs, par sa rondeur
« signiffiée, laquelle doit estre entiere sans aulcune
« corruption, comme demonstre la purité de l'or, je
« le vous rends non viollé, macullé ne corrumpu des
« vices à conjugalle chasteté contraires. Je n'ay me-
« moyre d'avoir faict chose qui vous deust desplaire,
« ne que mon vouloyr ayt esté contraire à vostre bonne
« volunté; mais, par deue obeissance, me suis tousjours
« efforcée de vous complaire. Toutesfoiz en si longues
« années seroit difficile n'y avoir en quelque chose fail-
« ly; à ceste consideracion, monsieur, vous supplie me
« pardonner ces faultes. Je vous laisse le vif image de
« nostre filz (c'est nostre jeune enfant Françoys), pour
« le resté de tout ce qui vous pourra consoller. Il est
« de cler engin et faciles meurs, et ne tiendra que à
« bonne conduicte s'il n'a toutes les graces de son pere.
« Je m'extimeroys eureuse si plus grant fruict de nostre
« sang je vous laissoys; mais, apres mon deces; si
« voyez que la necessité le requiere, pourrez avoir
« aultre espouse, qui sera plus jeune que moy, pour
« vous donner plus grant lignée, à ce que vostre re-
« doubtable et bien extimé nom soit perpetué; et pour
« le dernier à Dieu je vous recommande mon ame. »

Ce piteux congié prins, la bonne dame tourna les
yeulx vers le ciel, en disant assez hault le commance-

ment de ce pseaulme *In te Domine speravi*, puis demanda l'extreme unction, qu'elle receut, et incontinant apres rendit l'ame à Dieu, le derrier jour de novembre l'an 1516; et ledict seigneur de La Tremoille, qui ne peult veoyr la fin de toutes ces tristes choses, se retyra en une aultre chambre, où en se desconfortant disoit:
« O infortuné accident, inconvenient non precogité,
« malheur non pourpensé, procedans de la subtilité
« du penetrant engin d'une des meilleures dames du
« monde! que à ma volunté son esprit n'eust esté de
« si agu sentement, et n'eust si subtillement appre-
« hendé la perte receue en la mort de nostre filz! O
« famelicque et aveuglée mort! pourquoy n'as tu
« esté contante du filz sans la mere? A l'ung et l'autre
« nature avoit ordonné plus long vivre que à moy; et,
« me laissant proche de vieillesse, a prins ceulx aus-
« quelz tard mourir m'eust donné le long vivre. J'ay
« l'ung perdu par glayve, l'autre par douleur; et je
« me perdray par angoisse, puis que j'ay la compai-
« gnée perdue de deux amateurs de vertuz, ennemys
« de vices, serviteurs de Dieu, mespriseurs du foul
« monde, louhez des bons, crains des maulvaiz, re-
« verez des grans, aymez des pauvres, et par admira-
« cion estimez dignes de tout honneur. »

Aultres grans regretz fist ledict seigneur, que je n'escriptz pour obvier à la despense du temps; et retournant à ladicte dame, je n'oublieray sa tres louable mort, portant tesmoygnage de sa saincte vie; car onc dame ne mourut en plus grant foy, en plus fervente charité et humilité, ne en meilleure esperance, sur la mort et passion de Nostre Seigneur Jhesucrist fondée. Aussi avoit elle tousjours esté de ces troys vertuz acompaignée, et des vertuz moralles bien enseignéc. Onc ne voulut faire chose concernant la civillité sans asseuré conseil. Sa prudence mesuroit tous les temps, en sorte que le passé donnoit ordre au present et advenir; et le present regardoit le futur, lequel moderoit le present. Sa force ne l'avoit onc laissée, fors à la mort de son filz; car au reste n'eust onc une seulle suspeçon de pusillanimité. Sa temperance estoit si grant, que, par jeunesse ne aultrement, ne fist onc chose suspeçonneuse de lascivité, mais fut tousjours si pudicque, que les lascivieux craignoyent le regard de ses chastes yeulx. Ses funereuses pompes furent faictes en son eglise Nostre-Dame de Thouars.

CHAPITRE XXIX.

Le seigneur de La Tremoille est amoureux pour honneur de la duchesse de Valentinoys, et l'espouse.

LE seigneur de La Tremoille s'acquicta tresbien, et diligemment, en l'acompliment des ordonnances testamentaires de son espouse; et fut son deul si grant, qu'il ne prenoit repos asseuré, ne consolacion pour laquelle il peust l'exces de ses soupirs moderer. Toutes les damoiselles de la dame trespassée estoient de larmes tainctes, jusques à mescongnoistre de primeface visaiges et personnes, et la maison pleine de regretz, qui avoit habondé en passetemps honnestes: on n'y parloit que de piteuses et tristes choses. La mort, cause de tout ce desordre, avec dueil, regret, ennuy, tristesse, chagrin et angoisse, vouloient (pour parachever le maleur de ceste maison) abbatre et aterrer ledit seigneur de La Tremoille, chief d'icelle, lequel n'y povoyt si virillement resister qu'il eust faict en sa florissant jeunesse, car jà passoit l'aage de cinquante trois ans. Or, luy estant ainsi mal traicté et en dangier de mort, le Roy (comme Dieu voulut) le manda pour aller à sa court à Bloys, où, au grant regret de laisser son dangier, se transporta, et de Bloys à Paris, avec le Roy, la Royne, madame la Regente, mere du Roy, et autres grans princes, pour recepvoir l'ambassade du roy des Rommains et du roy d'Espaigne.

Trois ans apres, tant remonstrerent au seigneur de La Tremoillé ses amys qu'il estoit encores en sa corporelle force, combien qu'il eust cinquante six ans, et que n'avoir qu'un seul heritier c'estoit n'en point avoir, qu'il consentist à demander la jeune duchesse de Valentinoys. Il lui escrivist. La duchesse ne reculla la main de l'epistre, mais en benigne simplicité la prinst et leut tout au long, et respondit : « Madame la Re-
« gente, mere du Roy, qui de sa grace tient le lieu de
« mes feuz pere et mere, a mon vouloyr entre ses mains,
« et de son simple commandement viendra prompte
« obeissance. »

Restoit encore le bon plaisir de madame la Regente, sans laquelle on n'eust peu le periode de ceste alliance trouver : et pour l'entendre est à considerer que ceste jeune duchesse, nommée Loÿse, estoit seulle fille et heritiere du duc de Valentinoys, et d'une fille de la tresnoble et illustre maison d'Allebret; lequel duc estoit extraict de la noble et ancienne lignée des Borgias d'Espaigne, comme recite Anthonius Sabelicus, et vinst en France au commancement du regne du roy Loys XII, pour les factions qui furent en Italie entre luy et les Ursins; et certain temps apres ledit roy Loys le maria avec ladicte fille d'Allebret, de laquelle il eut ladite dame Loyse : puis decederent, savoir est ledit duc le premier, et laisserent icelle Loyse, leur seulle fille et heritiere, de laquelle madicte dame la Regente prinst le gouvernement.

On se pourroit esbayr commant ledict seigneur de La Tremoille, qui estoit homme prudent et riche, ne gectoit sa fantasie sur aultre dame, non si jeune que ladicte duchesse; car assez y en avoit en France, belles, riches et de bon renom, tant veufves que aultres, qui n'avoient onc experimenté les doulceurs de mariage. J'ay sceu par sa bouche que deux choses le mouvoyent : l'une qu'il ne vouloit espouser femme veufve, l'autre qu'il n'en congnoissoit en court qui fust à luy plus agreable, ne qui mieulx approchast au jugement de sa fantasie, et sçavoit que en la race d'Allebret toutes les femmes et filles ont eu et gardé sans maculle l'honneur et tiltre de chasteté et pudicité; et, par la longue et honneste frequentacion qu'il avoit eue avec ceste jeune duchesse, congnoissoit qu'elle estoit humble sans rusticité, grave sans orgueil, benigne sans sotie, affable sans trop grant familiarité, devote sans ypocrisie, joyeuse sans follye, bien parlant sans fard de langaige, liberalle sans prodigalité, et prudente sans presumption, et finablement qu'elle estoit en l'aage pour avoir lignée, qui estoit l'ung des plus grans desirs dudict seigneur, parce qu'il n'avoit que ung seul heritier. Et combien que ledict seigneur eust plus de cinquante ans, toutesfoiz estoit tant en la grace de nature, qu'il sembloit bien n'en avoir quarante cinq. Aussi les ans ne font les gens vielz totallement, mais l'imperfection de leurs complexions. Or fist tant de demarches envers madame la Regente le seigneur de La Tremoille, que la consummacion du tant desiré mariage d'icelluy seigneur avec ladicte duchesse fut faict à Paris.

CHAPITRE XXX.

Commant monsieur François de La Tremoille, prince de Thalemont, espousa madame Anne de Laval; et des guerres que le roy de France eut en Picardie, où il envoya son lieutenant general le seigneur de La Tremoille.

COMBIEN que, par le jugement des hommes, ceste jeune duchesse fust bien disposée et organisée de tous ses membres, et ledict seigneur de La Tremoille en disposicion convenable pour lui faire des enfans, neantmoins dame Nature ne peut estre la maistresse sur la divine Providence, qui avoit reservé l'entiere succession dudict seigneur à monsieur Françoys, filz unicque du seul filz d'icelluy seigneur de La Tremoille, occis à Saincte Brigide comme dict est. A ceste consideration, et qu'en luy fust si noble generacion perpetuée, ledict seigneur de La Tremoille son ayeul se fist enquerir partout le royaume de quelque dame propre et pareille audict jeune seigneur, qu'on appelle le prince de Thalemont, et de laquelle il peust avoir lignée bien tost : car, considerant la variacion des choses humaines en la petite et incertaine actende des jeunes hommes, dont la mort ravist en plus grant nombre que de vielz, doubtoit fort le mourir et la perte de ce jeune prince. Or fist tant qu'il apporta la volunté d'une jeune dame pareille audit prince en aage, en lignage, en meurs, et en generacion bien disposée : c'estoit madame Anne de Laval (1), fille et heritiere du seigneur de Laval, l'une des anciennes et illustres maisons de Bretaigne et qui plus a duré sans mutacion, et de la princesse de Tharente; laquelle madame Anne fut conjoincte par mariage avec ce jeune prince troys ou quatre ans apres les secondes nopces dudict seigneur de La Tremoille.

L'union de ces deux illustres personnes fut acomplie de toutes les choses qu'on pourroit desirer, tant en biens, en meurs, que en toutes aultres choses de perfection d'esprit; et s'il estoit permis de dire au long les louanges des vivans, je diroys et escriroys sans mentir que, aux parolles et faictz de ce jeune prince, et à l'exercice de son grant et facil engin, on le peult extimer estre en l'advenir une perle en la maison de France; et une reserve de bon et asseuré conseil, sans lequel on ne devra faire ne exécuter aulcune bonne entreprinse. Et au regard de madite dame son espouse, elle est acomplie de toutes les bonnes graces qu'on pourroit en une parfaicte dame choysir : il n'est rien

---

(1) *Anne de Laval* : Anne de Laval étoit fille de Charlotte, princesse de Tarente, fille unique de Frédéric d'Arragon, roi de Naples. Elle épousa en 1521 le jeune prince de Talmont : cette alliance est le fondement des droits que la maison de La Trémouille a depuis fait valoir sur le royaume de Naples, droits qui ont été reconnus dans plusieurs traités.

plus beau, plus humble, plus noble, plus mansuet,
plus affable, plus gracieux, plus begnin, plus saige
ne plus religieux : laquelle, au desir dudit seigneur
de La Tremoille, eut, à la fin du premier an de ses
espousailles, ung beau filz, qui est le plus grant bien
que l'ayeul et le pere eussent peu en ce monde avoir.

Environ ce temps, Charles, roy d'Espaigne, esleu
empereur, et Henry, roi d'Angleterre, son beau frere,
commancerent à manifester et monstrer les envies par
eulx long temps auparavant conspirées contre la prosperité du royaulme de France et des Françoys : et nonobstant l'aliance qui avoit esté faicte on triumphant festin
d'Ardre entre lesdicts roys de France et d'Angleterre,
où ilz s'estoient veuz, entreprindrent faire la guerre
aux Françoys ; sçavoir est ledict roy d'Espaigne à Mozon et Mezieres, par le secours d'aulcuns Allemans,
Namuroys et Hennuyers tousjours rebelles à la couronne de France, où peu gaignerent ; car le roy de
France en eut la victoire par le secours des princes
et bons capitaines de France, et entre aultres messire
Pierre Terrail ; qu'on appelloit le capitaine Bayart,
homme hardy et prudent en guerre, qui sceut bien garder Mezieres ; Monmoreau, lequel y mourut par inconvenient de maladie en la fleur de son aage, et d'aultres
plusieurs. Ceste guerre faicte sans propos, et en hayne
de messire Robert de La Marche, tenant le party du
roy de France, fut sans fruict d'une part et d'aultre,
et avec grant dommage ; car les Alemans mirent à feu
et sang plusieurs bourgs et villages de la Picardie ; et
autant ou plus en firent les Françoys en Henault. Et
peu de temps apres le roy de France, sans faire bruyt,
feit assaillir et prendre sur le roy d'Espaigne la ville de

Fonterabie par messire Guillaume Gouffier, admiral de France; et, adverty que les Anglois vouloient descendre en la Picardie, y envoia ledit seigneur de La Trémoille pour donner secours au duc de Vendosme, gouverneur dudit pays; et eulx deux ensemble pourveurent tresbien aux affaires dudit pays, et avec les garnisons avitaillerent par trois ou quatre foiz Therouenne; ce qui depuis n'a esté fait sans grosse assemblée de gens, ne sans plus grans fraiz et mises. Comme on fasoit toutes ces choses en Picardie, furent apportées nouvelles au roy de France, lors estant à Paris, que les Alemans faisoent grosse assemblée pour venir en Bourgongne de par le roy d'Espaigne; parquoy le Roy manda ledict seigneur de La Tremoille aller vers luy, lequel il trouva à Paris; et delà le Roy l'envoia en Bourgongne à diligence, pour donner ordre audit pays. Les Alemans, certains de sa venue, et de l'ordre qu'il avoit jà mis pour les recevoir, laisserent leur entreprise sans effect, et donnerent roupture à leur voiage : mais les Anglois, sachans que ledit seigneur de La Tremoille n'estoit plus en Picardie, acompaignez des Flamens et Hennuyers, y entrerent en 1522, et assiegerent la ville de Hedin. Pour ceste cause le Roy manda ledit seigneur à diligence, et luy donna charge de aller secourir ledict duc de Vendosme ondict pays de Picardie : aussi y envoia messeigneurs les mareschaux de Foix et Montmorancy, le seigneur de Mezieres et le seigneur Federic de Bauge; avec leurs bandes; mais sceu par les Anglois, Hennuyers et Flamens leur venue, eulx retirerent bien tost, sans auser les actendre.

Ondit temps, le Roy droissoit une aultre armée fort belle et grosse pour aller en Italie recouvrir la ville de Milan, laquelle le seigneur de Lauctrect, qui en estoit gouverneur pour le Roy, avoit esté contrainct laisser par faulte de secours; mais, avant que le faire, voulut bien donner ordre à son royaume; et luy estant à Sainct Germayn en Laye prés Paris, manda audict seigneur de La Tremoille, estant en Bourgongne, se trouver vers luy; ce qu'il fist, et luy dist : « Monseigneur « de La Tremoille, vous voiez les affaires de mon « royaume, et le tour qu'on m'a fait à Milan, où je suis « deliberé aller; mais je ne sçay que, moy party de ce « pays, les Angloys, Hennuyers et Flammans s'effor- « ceront me faire ennuy et dommage on pays de Pi- « cardie; et, adverty qu'ilz vous craignent, vous y « veulx envoier mon lieutenant general. — Sire, dist « ledit seigneur de La Tremoille, je suis tousjours « prest vous obeir; toutesfoiz je me deporterois volun- « tiers de ceste charge, si vous plaisoit m'en bailler « une aultre, parce qu'elle pourroit desplaire à mon- « sieur de Vendosme, gouverneur dudit pays, lequel « est ung prince hardy, prudent et loyal; et, tant à « cause de son auctorité que par son sens, saura tres « bien resister à vos ennemys; et voluntiers soubz sa « charge vous y feray le service auquel je suis tenu. — « Et si mon cousin le duc de Vendosme vous en prie, « dist le Roy, le ferez-vous? —Sire, dist ledict seigneur, « vous sçavez que mon vouloyr a tousjours esté, est et « sera entre voz mains et en vostre puissance. »

Lesdicts duc de Vendosme et seigneur de La Tremoille parlerent ensemble de ceste matiere; et, à sa requeste, ledict seigneur accepta ladicte charge de lieutenant general oudit pays de Picardie; et luy bailla le Roy cinq cens hommes d'armes dont les bandes n'estoyent completés, et dix mil hommes de pié des gens du pays, qui n'avoyent jamais veu de la guerre, et ne faisoyent que saillir de la charrue.

Le Roy prinst le chemin de Lyon pour aller en Italie, et passa par Moulins en Bourbonnoys, où lors estoit malade messire Charles de Bourbon, connestable de France. Et apres avoir parlé ensemble dudit voyage, le Roy, suyvant son chemin, arriva bientost à Lyon; et ledict messire Charles de Bourbon s'en alla au chasteau de Chantelles, qui est l'une des fortes places d'Aquitaine. Dix ou douze jours apres on fist rapport au Roy que s'il alloit delà les monts, ledict de Bourbon (soubz umbre qu'il estoit connestable de France) et aultres de sa faction et entreprinse, avoyent deliberé et conclud eulx emparer du royaulme de France, de monsieur le Daulphin, et des autres enfans du Roy, pour faire d'eulx et du royaulme à leur plaisir; dont il fut fort esbay et courroussé; et incontinant envoya gens à Chantelles pour prendre et luy amenner ledit de Bourbon; lequel, de ce adverty par aucuns de ses amys estans en la court du Roy, laissa Chantelles, et avec ung de ses gentilz hommes nommé Pomperant, et troys ou quatre aultres, se retira à grant diligence par la comté de Bourgongne en Austriche, vers ledict roy d'Espaigne, ennemy du roy de France.

Le seigneur de Sainct Vallier, l'evesque d'Authun, l'evesque du Puys et aultres, qu'on disoit estre de ladicte faction, furent prins prisonniers, et envoyez au chasteau de Loches : toutes lesquelles choses donnerent, non sans cause, roupture au voyage que le Roy avoit deliberé faire en Italie; et y envoya messire Guillaume Gouffier, admiral de France, son lieute-

nant general, avec son armée, qui estoit fort belle et
en bon ordre. Pour ces cas le Roy eut matiere d'avoir
en suspection grande les parens et alliez dudict duc
de Bourbon, et entre aultres ledict seigneur de La Tremoille, parce qu'il avoit esté marié en premieres nopces
avec feue madame Gabrielle de Bourbon, seur du pere
dudict messire Charles de Bourbon. Neantmoins n'eut
jamais aulcune deffiance d'icelluy de La Tremoille;
mais, l'advertissant dudict cas, luy recommanda sa
charge de lieutenant general en Picardie, en laquelle il
s'aquicta tresbien; car dés ce que ledict seigneur eut
eu son expedicion du Roy pour ladicte charge, s'en alla
à Sainct Quentin en Vermandoys, où sejourna quelque
temps, actendant à venir sa gendarmerie, et aussi
qu'il estoit fort blecé de la cheute d'ung cheval tumbé
soubz luy.

De Sainct Quentin, ledit seigneur de La Tremoille,
demy guery dudict mal, s'en alla, tout le long de la frontiere, jusques à Boulongne sur la mer; puis s'en alla à
Monstereul, où il se tinst longuement, à la raison de
ce que c'estoit l'une des feubles villes du pays, et aussi
craignoit, s'il en fust party, que ceulx qui estoyent
ordonnez pour la garder en feissent difficulté, au moyen
de la grant mortalité de peste qui y estoit. Et luy estant
là, le duc de Suffort, avec grosse armée d'Angloys,
descendit ondit pays, et se vinst joindre au seigneur
d'Istam, lors lieutenant general du roy d'Espaigne.
Eulx assemblez avec leurs armées se trouverent jusques au nombre de trente six mil hommes de pié et
six mil chevaulx, et une des plus belles bandes d'artillerie qu'on aye guieres veu en armée. Si prindrent
leur chemin droict à Boulongne; mais, sceu par eulx

le bon ordre que ledict seigneur de La Tremoille y avoit mis, ne l'auzerent assaillir, et prindrent ung petit chasteau qu'on n'avoit pourveu, parce qu'il n'estoit tenable. De là allerent passer davant Therouenne, et furent troys ou quatre jours autour de la ville pour l'assieger; ce que à la fin ne trouverent bon, car dedans estoit le capitaine Pierre Ponth, lieutenant du duc de Lothraint, homme de grant hardiesse et saige conduicte, qui fist plusieurs saillies sur eulx, à leur dommage et perte.

De Therouenne les ennemys allerent à Dorlans, où ilz furent douze ou treze jours sans approcher leur artillerie, parce que en le cuydant faire on y avoit occis tout plain de leurs gens, à coups de canon, d'ung chasteau de terre que avoit faict faire le seigneur de Ponthderemy; et au moyen de ce qu'il n'y avoit assez gens dedans la ville de Dorlans pour la deffendre, ledict seigneur de La Tremoille y envoya deux bandes et enseignes de gens de pié, lesquelz y entrerent de plain jour à enseignes desployées, à la veue de l'armée des ennemys; et quant les ennemys partoyent d'une place pour aller à l'autre, ledict seigneur de La Tremoille estoit contrainct faire partir et aller toute nuyt ceulx de la place que les ennemys avoyent habandonnée, pour eulx mettre en celle où ilz alloyent, à la raison de ce qu'il n'avoit assez gens pour garder si grant frontiere. Et alloit tousjours ledit seigneur, les coustoyant pour donner ordre à tout. Il avoit si peu de gens, qu'il n'eust sceu mettre aux champs à une foiz plus de soixante hommes d'armes et mil hommes de pié.

Au partir de Dorlans, les ennemys prindrent leur

chemin tout le long de la riviere de Somme, sans entrer au pays du Roy, jusques à tant qu'ilz allerent davant la ville de Bray, laquelle ilz prindrent, parce qu'elle n'estoit tenable : et la riviere par eulx passée, allerent à Roys et à Mondidier, qui sont deux petites villes, lesquelles ilz prindrent, à la raison de ce qu'on n'avoit gens ne monicions pour les pourveoyr. Or fault entendre que, dés ce que les ennemys eurent passé la riviere de Somme, ledict seigneur de La Tremoille envoya le comte de Dampmartin à Noyon, qui assembla ce qu'il peult des gens du pays, et rempara la ville à son possible; de sorte que les ennemys n'y allerent. Aussi manda ledict seigneur de La Tremoille à messieurs de la court de parlement, et citoyens de Paris, qu'ilz envoyassent gens et artillerie le long de la riviere de Marne; ce qu'ilz feirent. Et d'une aultre part mist dedans la ville de Peronne les seigneurs de Montmor et de Humieres; et dedans Corbie ledict seigneur de Ponthderemy, les vicomtes de Turenne et Lavedent, et le seigneur de Rochebaron, avec leurs bandes. Brief, ledict seigneur mist si bon ordre par tout, que les ennemys, par faulte de vivres, furent contraincts eulx retirer, et à leur retraicte prindrent Beaurevoir et Bohamg; mais Beaurevoir fut incontinant reprins par ledict seigneur de Ponthderemy, et Bohamg par ledict seigneur de La Tremoille, les ennemys n'estans encores à six lieues loing des Françoys; parquoy ne leur demoura une seulle place dedans les terres du Roy, et si perdirent en eulx retirant grant nombre de leurs gens; qui fut ung gros service faict au Roy et au royaulme.

CHAPITRE XXXI.

Commant, apres ce que l'admiral de France fut retourné de Milan, messire Charles de Bourbon assiegea Marseille, dont fut chassé, et le siege levé par le roy de France, qui suyvit ledict de Bourbon jusques en Italie, où il assiegea la ville de Pavye.

Si les affaires de l'Italie se fussent aussi bien portez que ceulx de la Picardie, le Roy et le royaulme de France n'eussent eu les grans affaires depuis survenuz; mais fortune fût contraire à l'admiral de France, car il trouva Milan occupé et detenu par messire Charles de Bourbon, comme lieutenant general du roy d'Espaigne eleu empereur. Les armées furent long temps l'une pres de l'autre, faisans tousjours quelques saillies et courses, où plusieurs furent occis, et encores plus de prisonniers prins, qu'on rendoit l'ung pour l'aultre, selon la qualité des personnes, contre la nature des François et Gaules, lesquelz, s'ilz ne donnent en collere et fureur, perdent leur force et hardiesse au dissimuler; et les Hispaniens et Italiens sont au contraire, où les François devroient avoir l'œuil, et ne alterer ne changer leurs anciennes meurs; car on ne le peult faire, ne se acoustumer à d'autres, si l'on ne change entierement de toutes condicions. Le dissimuller est bon à gens qui n'ont esté nourriz en leurs aises, et qui sont coustumiers de longuement supporter le froit, le chault, la fain, la soif, le labeur du harnoys, la pluye, le vent, et aultres ennuytz de guerre; mais ceulx qui ont leurs aises suyvyes, comme les François, ne les peuvent par long temps supporter sans malladie, ou diminucion de force et hardiesse. Le seigneur de La Tremoille a esté par aucuns blasmé de trop grant promptitude, mais non par gens congnoissans la nature des Gaules et François. Et si tous les chiefz de guerre françois eussent fait comme luy, peut estre que l'yssue de leurs charges eust esté meilleure et plus avantageuse qu'elle n'a.

Or les Françoys, ennuyez d'estre si longuement aux champs sans donner fin à leur entreprinse, aprés la prinse de Rebet prindrent conseil d'eulx retirer en France, et se mirent au chemin en assez bon ordre. Les adversaires les suyvoient soubz la conduicte de messire Charles de Bourbon, et se rencontrerent, où il y eut quelques gens occis d'une part et d'autre, et mesment messire Pierre Terrail, natif du Daulphiné, qu'on appelloit le capitaine Bayard, d'un coup de hacquebute à crochet; qui fut groz dommage, car, en parlant de l'excellence des bons capitaines, il ne doit estre mis hors du ranc, mais en lieu evident, pour ses memorables faiz et gestes, et pour les bons services par luy faiz aux roys de France, tant au Garillan, recouvrement de Gennes, prinse de Bresse, que à la garde de Mezieres. Aussi fut à ceste suyte frappé d'un coup de hacquebute le seigneur de Vaudenesse, frere du mareschal de Chabannes, dont il mourut certain temps aprés; et en cest estat les François retournerent en France.

Ceste retraicte, faicte à bonne cause, augmenta fort le credit de messire Charles de Bourbon envers le roy d'Espaigne empereur, par l'ayde duquel bien tost apres descendit avec grosse armée en la comté de Provence, où il disoit avoir droit, ne sçay à quel titre; et alla mectre le siege davant la ville de Marseille, en laquelle estoient messire Phelippes Chabot, seigneur de Brion, le seigneur Rances et aultres bons capitaines, qui l'avoient tresbien fortiffiée et pourveue. Le Roy prinst deliberation de aller lever ce siege, et manda ledict seigneur de La Tremoille, lors estant en Bourgongne, se trouver à Lyon; ce qu'il feit, et alla avec le Roy jusques à Tournon, par la riviere du Rosne, où le Roy fut adverty le legat d'Avignon n'avoir voulu mectre la ville d'Avignon entre les mains de messire Jacques de Chabannes, seigneur de La Palice, mareschal de France, et lors lieutenant general pour le Roy en ceste expedition; parquoy envoia ledict seigneur de La Tremoille vers ledict legat, et avec luy les seigneurs d'Aubigny, de Florenges et Mezieres, pour l'acompaigner. Eulx arrivez en ladicte ville d'Avignon, y trouverent ledict mareschal de Chabannes et le duc de Longueville, qui n'avoient les clefz d'une seule porte. Mais, dés ce que ledict seigneur de La Tremoille eut parlé audit legat, toutes les clefz de ladicte ville furent mises entre ses mains, et fut baillée la garde d'icelle ville audict seigneur d'Aubigny, sans laquelle l'armée du Roy estoit en dangier, à la raison de ce que par ladicte ville on povoit avoir vivres et secours.

Le mareschal de Chabannes, lieutenant general pour le Roy, s'en alla loger au camp, et demoura ledict seigneur de La Tremoille en ladicte ville jusques à la venue du Roy : incontinant aprés que le Roy fut en ladicte ville, le camp des François, où se retira ledict seigneur de La Tremoille, marcha jusques à Cavallon. Ledict mareschal de Chabannes mennoit l'avantgarde, et ledict seigneur de La Tremoille la bataille, actendans le Roy à venir d'Avignon. Messire Charles de Bourbon, adverty de la presence du Roy et du bon ordre qui estoit en son armée, voiant qu'il ne pourroit acquerir honneur ne proffit en son entreprinse, ne faire dommage à la ville de Marseille par luy assiegée, leva son siege, et se retira diligemment en Italie, non sans perte de son artillerie et de quelque nombre de ses gens. Le Roy suyvant son armée, se trouva en icelle le jour qu'elle avoit passé la riviere de la Durance à gué, par miracle, ce qu'on n'avoit oncques veu; et à la raison de ce que ses ennemys s'estoyent jà trop esloignez; alla à Aix en Provence, où fut mis en deliberacion s'il devoit suyvir la promesse de sa fortune, et passer les mons avec son armée, dont il avoit bon vouloir pour plusieurs consideracions : l'une, qu'il avoit grosse armée, mesmement de Italiens et avanturiers de France, qui avoient fort endommagé son royaume, et que si plus les retenoit, en paracheveroient la ruyne; parquoy necessaire estoit les envoier ailleurs, ce qu'il pourroit honnestement faire, faisant guerre en Italie; l'aultre, que son armée estoit en bon ordre, et preste à marcher; et l'aultre, que ses gensd'armes avoyent bon vouloyr d'y aller pourveu qu'il y allast; aussi que sa presence croystroit le cueur et courage de la gendarmerie. Pour toutes lesquelles causes et aultres, le Roy, par la deliberacion de son conseil, entreprinst le voyage, et fist marcher son armée soubz la conduycte dudict mareschal de Chabannes par ung chemin; et quant à luy et sa compaignée, allerent par une aultre voye, de laquelle compaignée estoit ledit seigneur de La Tremoille.

Les mons passez et la riviere du Thizin, le Roy alla loger à Biagras, où il eut nouvelles certaines que ledict de Bourbon et l'armée du roy d'Espaigne estoyent dedans Milan; sur quoy y eut plusieurs deliberacions si l'on devoit assieger la ville de Milan, ou non; et, suyvant la meilleure, le Roy y envoya le marquis de Saluces pour faire ung essay; et ledict seigneur de La Tremoille aprés luy, lequel eut nouvelles certaines au chemin comme ledict marquis avoit prins ladicte ville, et que les ennemys s'estoyent retyrez ailleurs; ce qu'il ne voulut si facillement croyre, et y alla pour en sçavoir la verité, puis retourna soudain vers le Roy pour luy en dire ce qui en estoit. Il trouva le Roy on chemin, lequel le renvoya son lieutenant general en ladicte ville de Milan, le penultiemé jour d'octobre l'an 1524. Et apres luy envoya le comte de Sainct Paul, le seigneur de Vaudemont, le mareschal de Foix, et le seigneur Theolde de Trevolth.

Ledict seigneur de La Tremoille fortiffia la ville de Milan au mieulx qu'il peult de tranchées et rempars entre le chasteau et la ville, à ce que les ennemys, qui encores tenoyent le chasteau, ne feissent quelques surprises ou saillies sur ceulx de la ville; et y demoura ledict seigneur jusques au quart jour de fevrier prochain ensuyvant.

De l'aultre part le Roy assiegea la ville de Pavye, et y fist droisser son camp, aussi bien equippé qu'on en veit onc. Ledit camp fut assis davant le chasteau et ville de Pavye, et partie on parc; où y avoit une maison appellée Myrabel, que les Françoys gaignerent, par le moyen de laquelle, et d'une breche qu'ilz feirent en la muraille dudict parc, avoyent vivres sans dangier.

Ceulx du dedans de Pavye, dont messire Anthoyne de Leyve, chevalier vaillant et hardy, estoit chief et capitaine, s'estoyent tresbien fortifiez, et la ville bien garnye de vivres et municions, pour la tenir long temps contre le Roy. Souvent faisoient des saillies sur noz gens, non sans perte d'une part et d'autre, et y furent les Souysses quelque foiz endommagés : ilz fasoient bon guet, et avoient tousjours l'œuil sur ceulx qui alloient visiter les rempars et tranchées du camp du Roy, où monsieur Claude d'Orleans, duc de Longueville, prince jeune et hardy, fut occis en l'aage de seize ans d'un coup de hacquebute par ung de ceulx du chasteau, dont le Roy fut fort desplaisant. Tous les jours le camp du Roy endommageoit les adversaires, et baptoit la ville et le chasteau de toutes pars, et trouva moien le Roy de faire divertir le cours de la riviere du Thizin, à ce qu'elle ne passast plus par ladicte ville, qui ne fut sans grant peine, fraiz et mises. Et parce que l'armée françoise estoit fort grant, et que le Roy trouva, par conseil, qu'il povoit sans dangier en envoier partie ailleurs pour amuser le grant nombre de Hispaniens estans à Naples, et empescher qu'ilz ne vinssent au secours de Pavye, le Roy y envoia le duc d'Albanye avec quatre cens lances et six mille hommes de pié, lesquelz passerent jusques à Romme. Le Roy se tinst tousjours au camp et siege, où il feit tout ce que ung bon chief de guerre pourroit et devroit faire tant aux vivres, paiement de ses gens d'armes, que bonne police : et si par foiz l'argent ou les vivres estoient retardez, consolloit ses gensd'armes, leur remonstrant qu'il enduroit comme eulx; et quant aucun estoit malade, le visitoit, et faisoit mediciner et penser, monstrant par effect qu'il amoit sa gendarmerie, sans toutesfoiz aucune chose diminuer de sa magesté et auctorité envers les desobeissans, contre lesquelz usoit de la severité de justice ainsi que la chose le requeroit, sans aucune crudelité. Et avec ce entretenoit par grant faveur les capitaines et chiefs des bendes desquelles il pensoit avoir plus de service, monstrant avoir singuliere fiance en icelles; voire de sorte que ceulx des aultres bendes estoient conviez et excitez à surmonter la bande favorisée, plus par bon service, en espoir de recompense, que de celle faveur, parce que la faveur estoit en bonne raison fondée, à l'exemple de Julius Cesar, qui monstroit par signes de faveur avoir plus de asseurance en la diziesme legion de ses gensd'armes que aux aultres.

Comme on fasoit toutes ces choses, ledict seigneur de La Tremoille, estant lieutenant general pour le Roy à Milan, se porta si tres bien en sa charge, que les ennemys n'en approcherent, et ne luy feirent dommage; où feit si grosse despense de ses propres deniers, que plusieurs foiz fut contrainct envoier querir grans sommes d'or et d'argent à sa maison; et la derniere foiz, qui fut au moys de janvier dudit an 1524, madame son espouse, pour lui donner quelque consolation en ses labeurs, par ceulx qui luy porterent grosse somme d'escutz au souleil à Milan, luy envoia une amoureuse epistre, et luy une à elle.

CHAPITRE XXXII.

Commant le seigneur de La Tremoille fut occis à la journée de Pavye.

La lettre du seigneur de La Tremoille rapporta grant joye à madame son espouse; mais, avant cinq sepmaines passées, ceste consolacion tourna en merveilleuse tristesse, pour les choses qui depuis advindrent en Italie: car, comme le Roy tenoit Pavye assiegée, messire Charles de Bourbon, lieutenant general de l'armée de l'Empereur, roy d'Espaigne, assembla grosse armée de Alemans, Bourgongnons, Austrasiens, Artisiens, Hennuyers, Brebançons, Hispaniens, Italiens, et quelques aultres gens de France, en nombre excedant l'armée du Roy, qui estoit fort affeublie, à la raison de ce que plusieurs gentilz hommes non stipendiez estoyent retournez malades en France, aultres estoyent mors, et aultres avoyent laissé le siege, par l'ennuy des pluyes et froidures qu'ilz avoyent supportées par quatre moys ou environ, on temps d'automne et d'yver; aussi que le Roy avoit envoyé à Naples quatre cens lances et six mil hommes de pié, comme nous avons veu cy dessus. Et au commancement du moys de fevrier dudit an 1524, ledit messire Charles de Bourbon, le viroy de Naples et le marquis de Pesquere assemblerent leurs gens en la ville de Lode, et y droisserent leur armée, puis sortirent aux champs, deliberez de trouver les moyens d'entrer en Pavye, dont ilz furent repoussez par les Françoys; et suyvans leur chemin, assaillirent le chasteau Sainct Ange, qui fut par eulx prins, et vingt deux Italiens estans au service du Roy, dont les six estoyent de la maison de Gouzaga; puis allerent loger à la veue du camp de France, et au derriere du fort d'icelluy.

Le Roy manda le seigneur de La Tremoille et aultres seigneurs estans en la ville de Milan, qui vindrent au camp de France, fors le seigneur Theolde de Trevol, qui demoura pour la garde de ladicte ville; et arriverent audict camp le 4 fevrier, avec leurs bandes, qu'il faisoit bon veoyr. En ce temps cuiderent avoir la bataille, et ainsi le conseilloit ledit seigneur de La Tremoille, parce que lors les gensd'armes de France estoyent fort deliberez et en meilleur ordre que les ennemys; qui eust esté le meilleur pour les Françoys, parce que voluntiers sont plus fors en la premiere poincte. Mais aultres capitaines ne furent de cest advis, disans que les ennemys ne les ouseroyent assaillir à leur fort, et que longuement ne pourroyent entretenir leur camp, et seroyent contraincts rompre leur armée, à la raison de ce qu'ilz estoyent mal pourveuz de vivres et argent, et que par ces moyens viendroit le Roy à chief de son entreprinse; pour lesquelles raisons, qui avoyent bonne apparance, ne sortirent pour lors, et furent ainsi l'ung camp pres de l'autre environ quinze jours ou troys sepmaines, faisans escarmouches et saillies, et aussi ceulx de Pavye, qui ne fut sans perte de gens d'une part et d'aultre.

Tous les jours la compaignée de l'armée imperialle croissoit; et ne passoit guieres nuyt qu'il n'y eust alarme. Les bons capitaines et gens de bien durant ce temps eurent tousjours le harnoys sur le doz, et

entre aultres ledit seigneur de La Trémoille, qui ne
le laissa onc, fors pour changer de chemise : souvent
predisoit une partie du desordre qui depuis advinst;
mais, sans avoir regard au passé, aulcuns jeunes gens-
d'armes prenoyent le present pour resverie, et l'advenir en presumption. Le Roy se acquitoit autant bien
que fist onc Cesar en ses conquestes ; et voyant la
guerre subjecte à fortune, pour empescher que les
cueurs d'aucuns de son armée ne affeublissent, et que
hardiesse ne tournast en doubteuse suspeçon, aulcunesfoiz les persuadoit et excitoit au bien faire par
telles ou semblables parolles.

Persuasion du Roy à ses gensd'armes, davant Pavye.

« Si la force de noz ennemys n'avoit esté par vous
et voz peres experimentée, mes loyaux chevalliers et
gensd'armes, je m'efforceroys vous exhorter à hardiesse; mais la noblesse de voz cueurs et vos experiences congneues contantent mon esprit, et asseurent
mon espoyr de future victoyre. Vous ne ignorez noz
adversaires estre Hyspaniens, Saxons, Brebançons,
Hennuyers, Artisiens, Sequanoys et Lombars; et que
les Visgotz (desquelz les Hyspaniens se gloriffient estre
yssuz) ont esté, long temps a, vaincuz par les Françoys et Clovis, leur premier roy crestien, voyre chassez d'Aquitaine en Espaigne, où depuis, par plusieurs
batailles, ont esté guerroyez et vaincuz par les roys
Clotaire, premier de ce nom, Sigibert, Chilperic, et
aultres roys mes predecesseurs; comme aussi furent
apres eulx les Sarrazins occupateurs de leurs terres et
agresseurs d'Acquitaine, desquelz furent occis, avec

leur roy Abidran (1), jusques au nombre de troys cens quatre vingts mil, pres Tours, par les Françoys et Charles Martel, lors grant maistre de la maison de France, leur chief et principal conducteur; et encores depuis par Charlemaigne, par le roy Charles v, et par vous et voz peres, de fresche memoyre, à Ravanne.

« Aussi peu devez craindre les Saxons de ancienneté rebelles à la couronne de France, et plusieurs foiz subjuguez par les Françoys durans les regnes desdictz Clovis et Clotaire, et par Clotaire second, qui, leur pays subjugué, fist mettre à mort tous les hommes et enfans adultes passans en grandeur la longueur de son espée. Charlemaigne douze foiz les subjuga, et par douze batailles qui furent entre eulx par la faction et desobeissance de messire Regnaud de Montauban et ses trois frères, enfans du duc Hemon, qu'on appelle vulgairement les quatre filz Hemon; et finablement, pour avoir perpetuelle paix, Charlemaigne fut contrainct faire venir une partie de ce rebelle peuple en France, cuidant leur faire laisser leurs maulvaises meurs, et leur bailla pour demourance la fourest Cherbonniere en la Gaule belgicque, dont Landric fut le premier fourestier; et depuis a esté ce pays erigé en comté, appelée la comté de Flandres, tenue de moy en perrie, et tousjours rebelle, par la malice des habitans tant de foiz deffaiz en leur injustice, mesmient par le roy Phelipes le Bel.

« Si bien rememorez les nobles gestes et faiz de noz peres, ne craindrez les Sequanois, c'est à dire Bourgongnons de la Franche-Comté, et aussi peu les Hennuyers, Artisiens, Austrasiens et Brebançons, tant

(1) *Abidran :* Abderame.

de foiz vaincuz par les roys de France, et premierement par le roy Clovis et ses enfans, qui les soubmirent à la couronne et ceptre de France, et de recente memoire par le roy Loys XI de ce nom. Et pour le reste, qui sont les Italiens ou Lombars, nul de vous ignore comme leur royaume de Lombardie fut autresfoiz supprimé par Charlemaigne, lequel le reunist à la monarchie des Gaules dont il estoit yssu, parce que les Gaules furent de ce pays edificateurs : à cause de ce fut appellée la Gaule Cisalpine, depuis Lombardie, et de present Italie. Et de recente memoire le roy Loys XII, mon beau pere et predecesseur, les a surmontez et vaincuz par trois ou quatre batailles, dont tousjours il a eu la gloire et triumphe; et moy avec vous à la journée Saincte Brigide.

« Puis donc que par tant de batailles, desquelles les François et Gaules ont eu la gloire, toutes ces belliqueuses nations ont esté par les nostres surmontées, vous qui ne voulez degenerer, ne deshereder voz successeurs de l'immortel nom de prouesse avec tant de labeurs par voz peres acquis, je vous supply que voz cueurs ne se amolissent, voz courages ne se rabaissent, et voz corps et mains ne se excusent à humilier ceulx qui, par orgueil et injuste querelle, nous veullent adnichiller. Considerez les agressions de noz adversaires, qui n'est ung spectacle, mais ymage de nostre presente fortune. Le lieutenant de leur armée, que congnoissez, est hors d'espoyr, et avanture son sort à sa totalle ruyne, ou à nostre deshonneur, reproche et perte. Il seroit joyeux nous mettre en fuyte, bien adverty que ceste lascheté tourneroit à nostre generalle intericion, et que le fuyr occiroit plus de gens par mort et deshonneur que l'obstinacion du combatre; car d'ung cousté nous avons la grosse riviere du Thizin et les Alpes qui nous renferment, et de l'autre cousté l'Ytalie, qui tousjours sera contre les vaincuz.

« A ceste consideracion, nous convient vaincre ou mourir. Toutesfoiz fortune, qui nous impose ceste nécessité de combatre, nous promect des loyers telz que plus grans on ne sçauroit à Dieu demander : c'est la paisible seigneurie et possession de tout ce riche pays, qui à juste tiltre me appartient, et le recouvrement du royaulme de Secille et pays de Naples, pour vous remonter de voz pertes et anciens labeurs; voycy la premiacion de voz merites et la fin de voz travaulx. Et si le nom d'émpereur est grant, et le nombre des gens de son armée excedant le nostre, pourtant ne extimez la victoire en estre difficille. Souvent une petite compaignée de gens de vertuz mesprisée deffait et ruyne en ung legier mouvement ung grant et presumptueux exercice. Vous sçavez le presage de bonne fortune que nous eusmes au passer la grosse et profonde riviere de la Durance, qui fut par nous passée à gué, contre nostre espoir. Je ne voy chose de louange en noz ennemys qui ne soit mieulx et par plus grant excellence en vous; et si ont ung chief extrange, non congnoissant leurs meurs et condicions, et mal congneu par eulx : et je, qui suis voustre roy, juge et premiateur de voz merites, congnoissant voz condicions, et vous les miennes, me semble impossible que soyons vaincuz. Je veulx mourir avec vous, pour le proffit de vous, voz enfans et vostre pays. Je vous prie que ne fuyez la mort pour l'amour que avez à moy, et encores plus à vostre honneur et de voz heritiers.

« Considerez combien seroit grant et long le reproche de ceulx qui vouldroyent tourner le doz, et combien leur ennuyroit et à leurs enfans le reproche de lascheté; et au contraire en quel degré de louange seront les victorieux et combatans jusques à la mort, et tous ceulx de leur sang et lignage. D'icy à cent ans, les gens en feront leurs comptes à bien ou à mal, et les livres en porteront perpetuel tesmoygnage. Changeons la convoytise de vivre en l'avarice d'honneur, prenons le desir de noz vies en mourant, et reffusons la vie des corps tant petite, pour acquérir celle de immortel renom. Je ne vous dy ces raisons pour vous instruire, croistre voz forces, ne encourager vos nobles et hardiz cueurs, mais pour contanter le mien esprit, qui ne vous peult celler son desir de victoyre, pour aux guerres de Italie, trente ans a commancées, mettre fin. Chascun se tienne en son ordre, et obeïsse à son capitaine, et j'espere que, par l'ayde de celluy qui donne les victoyres quant et à qui luy plaist, viendrons au parfaict de nostre entreprinse. »

Ces remonstrances et persuasions entrerent es cueurs des nobles et hardiz hommes, de sorte que tous estoyent deliberez de vaincre ou mourir. Et voyans les capitaines de l'Empereur que fortune commançoit leur rire et estre pour eulx, desprisans les dangiers de guerre, delibererent tous ensemble, ainsi qu'on m'a rapporté, entrer on parc de Pavye, et gaigner la place de Myrambel, où estoit logée partie de l'armée de France, pour empescher que les Françoys n'eussent vivres à leur ayse, comme ilz avoyent tousjours eu, et en ce faisant essayer s'ilz pourroyent les surprendre et mettre en desordre; et que, pour à ce parvenir en mesme temps, messire Anthoyne de Leyve, chief et capitaine de Pavye, donneroit de l'autre cousté sur les Françoys : ce qu'ilz ne povoyent mettre à effect sans faire breiche à la muraille du parc de Pavye, parce qu'ilz s'estoyent parquez derriere les Françoys, et que entre eulx et les Françoys estoyent les fors de leurs camps. A ceste cause, suyvans leur deliberacion et entreprinse, le vingt-quatriesme (1) jour du moys de febvrier, deux heures davant jour, une partie de l'armée de l'Empereur, soubz la conduycte du marquis de Pesquere, commença rompre et faire breiche en ladicte muraille du parc de Pavye, avec gros solyveaulx embourrez, à ce qu'on n'en peust ouyr le bruit; et ladite nuyt y eut en l'armée des Françoys quatre ou cinq alarmes. Ceste breiche, pour passer cent hommes de front, fut faicte à si grant labeur et difficulté, que le jour vinst avant le parfaire; en sorte que l'ordre par ledict marquis et autres capitaines de l'Empereur, entrepriz pour donner de nuyt et gaigner la place de Myrambel, estant presque on millieu dudict parc de Pavye, ne peult avoir effect.

Ce neantmoins l'armée de l'Empereur entra par ladicte breiche, fort large et ample, oudict parc, où fut le combat des deux armées plus conduyct par fortune que par art. J'ay prins peine de sçavoir l'ordre et la forme de ceste bataille avec plusieurs qui en sont à leur honneur retournez; mais de quinze ou seize avec lesquelz j'en ay conferé, deux ne se sont accordez de la forme du faire en entrée, meillieu et yssue, et n'en ay voulu prendre le jugement par la description que les Hispaniens en ont faicte en leur vulgaire, obstant qu'il y a plus de parolle affectée que de verité historialle. A ceste consideracion, prie les lecteurs me pardonner

(1). L'assaut de Pavie est du 28 février.

si, voulant eviter l'occasion de mentir, j'ay retyré ma plume d'en escripre plus avant : mais il est certain que les Françoys eurent du pire, plus par maleur que par la proesse et bonne conduicte de noz ennemys; car parce que eulx mesmes en ont escript le confessent, et que en leur armée y eut du desordre premier que en la nostre; aussi leurs hacquebuttes à crochet que portoyent gens de cheval (dont les Françoys ne se doubtoyent) endommagerent plus les Françoys que leur proesse et vaillance : et si tous ceulx de l'armée françoyse se fussent aussi bien acquitez que le Roy et que les princes, capitaines et gentilz hommes estans autour de sa personne, eussent eu la victoyre; car, à la premiere charge où estoyent le Roy et ledict seigneur de La Tremoille, lequel fut blecé par le visaige prés et dessoubz l'oeuil, feirent tant de beaulx et grans faictz d'armes, que, à force de coups et par proesse, sans artillerie, occirent deux ou troys cens hommes d'armes des ennemys; de sorte que le viroy de Naples entra en esbayssement, ainsi qu'on m'a rapporté. Incontinant aprés, ledict seigneur de La Tremoille fut rencontré par messire Loys Bonnyn, chevallier, seigneur du Cluzeau, Jaques de La Brosse, escuyer, gentilz hommes de sa maison, et Jehan Du Bourget, homme d'armes qui l'avoit autresfoiz servy. Et voyant ledict Bonnyn le cheval dudict seigneur de La Tremoille estre blecé à mort, le pria de descendre, ce qu'il fist; et lors ledict de La Brosse, qui avoit esté nourry page en la maison dudict seigneur, se mist à pié, luy bailla son cheval, et s'en alla mettre avec les Souysses. Ledit seigneur de La Tremoille, monsté sur le cheval dudict La Brosse, s'en alla, et ledict Bonnyn avec luy, au lieu où estoit le Roy : et là, environné des ennemys, fut abatu mort d'ung coup de hacquebouze. Plusieurs de ses gens furent aussi occis en ce conflict : savoir est de sa compaignée messire Jehan de Jancourt, chevalier seigneur de Vilarnou, son porte-enseigne; messire Jaques de Salezart, Jehan Jousserant, seigneur de Layre, Marçon, Le Breton, Arras et aultres; et des gentilz hommes de sa maison qu'il avoit nourriz jeunes, Jehan de Poix, filz aisné du seigneur de Villemor, le filz aisné de messire Odet de Chazerat, chevalier, le filz unicque de messire Jehan de Poix, chevalier, et Adam Du Ravenel, frere puisné du seigneur de La Riviere. Et y fut blecé Claude de Cravant, escuyer, frere puisné du seigneur de Banche; et prins prisonniers ledict Bonnyn et messire Georges de Charge, chevalier, lesquelz, et le frere puisné du seigneur de Roncée, qui aussi fut prisonnier, amenerent depuis le corps dudict feu seigneur leur maistre en France.

Le Roy fist vaillamment en ce combat; et apres avoir chocqué domp Ferrand de Castrionte, auquel donna ung grant coup par le visaige, et que son cheval eut esté occis entre ses jambes, fut prins, non deffendu des siens; comme aussi furent le roy de Navarre, le comte de Sainct Paul, François monseigneur de Saluces, le comte de Nevers, le prince de Thalemont, filz dudict seigneur de La Tremoille, le bastard de Savoye, grant-maistre de France, et son filz le seigneur De Lescun, mareschal de Foex; le mareschal de Montmorancy, le vidasme de Chartres, le seigneur de Boysi, le seigneur Galliace Vicomte, le gouverneur de Limousin, Bonneval, messire Phelippes Chabot, seigneur de Brion, le prince de La Roche-sur-Yon, et aultres plusieurs. Les gens de nom du party de

France qui furent occis en la bataille, oultre ledict seigneur de La Tremoille, sont le duc de Suffort, de la maison d'Yort, qui querelloit le royaulme d'Angleterre contre le roy Henri VIII de ce nom, de la maison de Lenclastre; Françoys Monsieur, frere du duc de Lorraine; messire Jaques de Chabannes, chevalier de l'ordre, seigneur de La Palice, et mareschal de France, l'ung des hardiz et vaillans capitaines qui fust en France; messire Guillaume Gouffier, seigneur de Bonnyvet, admiral de France; le seigneur de Bussy d'Ambayse, le seigneur de Morete, le capitaine Federic Cataigne, le comte de Tonnerre, nepveu dudict seigneur de La Tremoille; le seigneur de Turnon, le grant escuyer de France, l'escuyer Maraffin, et autres; dont les ennemys ne doivent prendre gloire, car la pluspart d'iceulx furent occis par les hacquebouziers, qui estoient gens montés sur cropes de chevaulx legiers, chargez de hacquebutes à crochet, dont les Crestiens ne devroient user, fors contre les Infideles. Les corps desdictz princes et seigneurs occis furent par leurs serviteurs quis entre les mors; et pour y estre congneu, ledict seigneur de La Tremoille (qui disoit souvent ne vouloir mourir ailleurs que au lict d'honneur, c'est à dire au service du Roy en juste guerre) avoit laissé croistre dés longtemps l'ongle du gros orteil du pié droit. Apres ces nobles corps trouvez, furent par leurs serviteurs portez és eglises de Pavye, où furent nudz sur la terre par quelque peu de temps, pendant lequel on preparoit les coffres et feretres pour les confire en myerre et aloes, et les transporter en France.

Les serviteurs des occis feirent regretz et complainctées sur les corps nudz de leurs maistres, lesquelz ilz feirent embasmer en coffres; et, sans rien obmectre des pompes funereuses à telz personnages deues, les feirent transporter en France, chacun d'eulx à la principalle eglise de leurs seigneuries; et on moys d'avril ensuyvant de l'an 1525, les obseques dudict seigneur de La Tremoille furent solempnellement et honnorablement faictes en son eglise collegialle Nostre-Dame de Thouars, qu'il avoit nouvellement edifiée, fondée et dotée; et fut mis en sa sepulture pres de son espousé madame Gabrielle de Bourbon, et de monsieur Charles leur filz. Les honneurs qu'on a acoustumé faire en obseques de comtes, princes, chevaliers et chiefz de guerre luy furent baillez, comme bien le meritant, tant pour son honnorable et droicte vie que pour ses nobles faictz et gestes.

Le jour de son enterrement (1), vers le soir, furent apportées nouvelles certaines que monsieur le prince de Thalemont son nepveu, c'est à dire filz de son filz, et son heritier unicque, estoit de retour à Lyon avec madame la Regente, mere du Roy; lequel retour donna quelque consolation aux habitans de Thouars, et à tous les serviteurs de la maison dudict feu seigneur, qui fasoient ung merveilleux deul de leur feu seigneur et maistre, et non sans cause, car ce fut l'un des bons seigneurs qu'on veit onc, et qui mieulx traicta ses subgectz, sans leur faire aucun tort en biens, en corps ne en renommée : il estoit nect de toutes les maculles de tyrannie, et decoré de toutes les meurs que doit avoir ung prince; et combien que, pour les laborieux services qu'il avoit faiz, par le temps de quarante cinq ans, à la couronne de France, il se deust

---

(1) *Le jour de son enterrement* : L'auteur ne parle pas des regrets de la jeune épouse de La Trémouille, probablement parce qu'elle se re maria bientôt avec Philippe de Bourbon, baron de Busset.

estre enrichy d'ung milion d'or, veu le grant revenu qu'il avoit à cause de ses parens, qui estoit de trente cinq ou quarante mil livres de rente, et les pensions des gouvernement de Bourgongne, admiraulté de Guyenne, et aultres estatz qu'il eut en la maison de France. Neantmoins on ne luy trouva que bien peu d'argent contant, et si n'avoit fait aucuns ediffices, fors la structure de son eglise Nostre Dame, qui est fort sumptueuse et magnifique; aussi n'avoit acquis fors la seigneurie de Montagu, dont encores bailla pour recompense, avec quelque somme de deniers, les seigneuries de Puybeliart et Chantonay, qui estoient de son ancien patrimoine.

Il despendoit non seulement ses gages et pensions, mais aussi tout son revenu, au service du Roy et de la chose publicque, et non ailleurs; car il ne feit onc de despence prodigue, mais tousjours honneste et honnourable, à la raison de son povoir, qui est une chose digne de grant louange aux princes et seigneurs, quant, oublieux de leurs privées richesses, applicquent tout ce qu'ilz font au proffit public, et ament mieulx souvent endurer, que de veoir le pauvre peuple piller. Par telz moiens, et aussi pour sa grant loyaulté et fidelité qu'il eut tousjours aux roys et à la maison de France, et parce qu'il fut pur et nect de toute tyrennie, concussion et pillerie, a eu, pour la retribucion ou loyer de si bonnes euvres, le tiltre et nom de *chevalier sans reproche*. La chose que plus craignoit, c'estoit d'offenser le Roy et le royaume : toutesfoiz aucuns ne trouvoient bon dont il se rendoit si tressubgect à la chambre du Roy, et qu'il ne monstroit assez son auctorité et magnificence. Il estoit humain, humble et familier, et l'un des plus veritables en ses parolles de consequence que je congneu onc; car il eust mieulx amé perdre tout son bien, que avoir dit une parolle de consequence contraire à sa pensée. C'estoit le prince qui savoit bien actendre le temps sans murmure, et changeoit incontinant ses conditions selon la disposition du temps, sans vouloir, par envie ne aultrement, detracter de ceulx qui souvent le vouloient supplanter, et surprendre sur son auctorité. Il n'estoit importun ne pressant en requestes de dons d'offices pour luy ne pour les siens, dont aucuns de ses serviteurs estoient aucunesfoiz mal contans; mais il repondoit qu'il avoit de quoy les recompenser, et que les roys qu'il avoit serviz congnoissoient les merites des hommes, pour selon iceulx les remunerer. Ses obseques faictes, fut ceste epitaphe attachée dans sa seigneurie de Sully :

>Au lict d'honneur il a perdu la vie
>Le bon Loys Tremoille cy gisant,
>On dur conflict qui fut davant Pavye,
>Entre Espaignolz et François par envie;
>Dont son renom est en tous lieux luysant.
>Il n'eust voulu mourir en languissant
>En sa maison, ne soubz obscure roche,
>De lascheté, comme il alloit disant;
>Pource est nommé *Chevalier sans reproche.*

Cy finist le Chevalier sans reproche, composé par maistre Jehan Bouchet, procureur es cours royalles de Poictiers, imprimé par Jaques Bouchet, demourant audict Poictiers, à la Celle. Et se vendent en la boutique dudict Bouchet et au Pellican, pres le Palais. Et fut achevé le vingt-huictiesme jour de mars 1527.

TABLE DES MATIÈRES

CONTENUES

DANS LE QUATORZIÈME VOLUME.

Histoire de Louys XI, ou Chronique scandaleuse. Seconde partie.   Page   1

Avertissement sur les Mémoires de Villeneuve
et sur ceux de La Trémouille.   121

Tableau du règne de Charles VIII.   125

Mémoires de Guillaume de Villeneuve.   247

Notice sur Guillaume de Villeneuve.   249

Le Panegyric du Chevallier sans reproche, ou
Memoires de La Tremoille.   323

Notice sur Jean Bouchet.   325

Memoires de La Tremoille.

  Epistre dedicatoire de l'auteur.   335

  Chapitre I. *La genealogie de la riche et illustre
maison de La Tremoille.*   341

  Chap. II. *La nativité de messire Loys de La
Tremoille ; de ses meurs puerilles, et comment il y fut nourry.*   348

Chap. III. *Le roy Loys XI veult avoir le jeune seigneur de La Tremoille pour le servir. Comment ce jeune seigneur pria et pressa son pere de l'envoyer au service du Roy, et avec un jeune paige prinst chemin pour y aller.* Page 352

Chap. IV. *Persuasion du jeune seigneur de La Trimoille à son pere.* 355

Chap. V. *D'aulcunes miseres des gens de court; et commant le jeune seigneur de La Trimoille fut envoyé au service du roi de France.* 358

Chap. VI. *La bonne estimacion que le roy Loys XI eut du jeune seigneur de La Trimoille dés ses jeunes ans.* 365

Chap. VII. *De la grant et honneste amour qui fut entre le jeune seigneur de La Trimoille et une jeune dame.* 366

Chap. VIII. *Commant la lectre de la dame fut portée au seigneur de La Tremoïlle, et son amour descouverte au chevalier son espoux; et commant le chevalier par doulceur les retira de leurs folles affections.* 373

Chap. IX. *L'honneste moyen par lequel le jeune seigneur de La Trimoille et la dame se departirent de leurs secretes amours.* 379

Chap. X. *Comment le jeune seigneur de La Trimoille laissa la maison du chevallier, et s'en alla au trespas de monsieur son pere.* 381

Chap. XI. *Commant le seigneur de La Tri-*

moille fut restitué en la vicomté de Thouars ; et aultres grosses seigneuries à luy appartenantes à cause de sa feue mere, fors d'Amboyse et Montrichart. Page 384

Chap. XII. *Comment le seigneur de La Trimoille fut appellé au service du roy Charles VIII; et commant on traicta le marier avec madame Gabrielle de Bourbon, de la maison de Monpensier, et alla la veoir en habit dissimullé.* 392

Chap. XIII. *La responce que fist madame Gabrielle de Bourbon à l'honneste epistre ou lettre du jeune seigneur de La Trimoille; et commant ilz furent espousez à Escolles.* 396

Chap. XIV. *Comment monsieur Loys, duc d'Orleans, par civille discorde se retira au duc de Bretaigne pour faire guerre au roy de France.* 400

Chap. XV. *Commant le seigneur de La Tremoille, en l'aage de vingt sept ans, fut lieutenant general du roy Charles VIII en la guerre de Bretaigne.* 402

Chap. XVI. *De la journée et rencontre de Sainct Aulbin en Bretaigne, gaignée par les François, soubs la conduicte du seigneur de La Trimoille.* 403

Chap. XVII. *L'entreprise de la conqueste du royaulme de Secille et pays de Naples faicte par le roy Charles VIII. Mort de ce prince.* 409

Chap. XVIII. *Commant, apres le trespas du*

roy Charles VIII, le seigneur de La Tri-moille fut appellé au service du roy Loys, douziesme de ce nom. Page 429

Chap. XIX. Commant, par la sage conduicte du seigneur de La Tremoille, Loys Sforce, usurpateur de Milan, fut prins prisonnier, et la duché de Milan mise entre les mains du roy Loys XII. 434

Chap. XX. Des meurs, vertuz, gouvernement et forme de vivre de madame Gabrielle de Bourbon, premiere espouse du seigneur de La Trimoille, et monsieur Charles leur filz, où est incidemment parlé d'aucunes dames qui ont esté excellentes en bonnes lettres. 446

Chap. XXI. Commant le seigneur de La Tre-moille fist son entrée en son gouvernement de Bourgongne; des services que luy et son filz firent au Roy es guerres contre les Ge-nevois et Veniciens; de la journée de Ra-vanne, et commant les Françoys laisserent la duché de Milan pour retourner en France. 452

Chap. XXII. Commant, par faulte d'avoir obey au seigneur de La Tremoille, lieute-nant general du roy Loys XII, l'armée des Françoys fut rompue davant Novarre. 463

Chap. XXIII. Commant le roy Loys XII en-voia le seigneur de La Tremoille, son lieu-tenant general, en Normandie, pour la for-tification du pays contre les Anglois; et de l'oraison qu'il feist aux gens du pays. 470

Chap. XXIV. *Commant, sans aulcune perte de gens, le seigneur de La Tremoille delivra le pays de Bourgongne et toute la France de la fureur des Souysses et Ennuyers, et aultres ennemys du royaulme. Mort de Louis XII.* Page 476

Chap. XXV. *Commant monsieur Françoys, duc d'Angoulesme, fut roy de France, le premier de ce nom; et de la victoyre qu'il obtinst contre les Souysses à Saincte Brigide.* 493

Chap. XXVI. *Commant le prince de Thalemont, filz du seigneur de La Tremoille, fut navré de soixante-deux playes, dont il mourut. Reduction de Milan.* 498

Chap. XXVII. *Comment le corps du prince de Thalemont, filz dudit seigneur de La Tremoille, fut apporté en France; et des grans regretz que sa mere fist de son trespas.* 505

Chap. XXVIII. *Des regretz de madame la princesse pour le deces de monsieur le prince son espoux; et du trespas de madame Gabrielle de Bourbon sa mere, qui mourut de deul.* 517

Chap. XXIX. *Le seigneur de La Tremoille est amoureux pour honneur de la duchesse de Valentinoys, et l'espouse.* 524

Chap. XXX. *Commant monsieur Françoys de La Tremoille, prince de Thalemont, espousa madame Anne de Laval; et des guerres que* le roy de France eut en Picardie, où il envoya son lieutenant general le seigneur de La Tremoille. Page 527

Chap. XXXI. *Commant, apres ce que l'admiral de France fut retourné de Milan, messire Charles de Bourbon assiegea Marseille, dont fut chassé, et le siege levé par le roy de France, qui suyvit ledict de Bourbon jusques en Italie, où il assiegea la ville de Pavye.* 536

Chap. XXXII. *Commant le seigneur de La Tremoille fut occis à la journée de Pavye.* 543

FIN DU QUATORZIÈME VOLUME.

www.ingramcontent.com/pod-product-compliance
Lightning Source LLC
Chambersburg PA
CBHW060758230426
43667CB00010B/1623